運動生理学 ミニペディア

編集

日本大学教授
長澤 純一

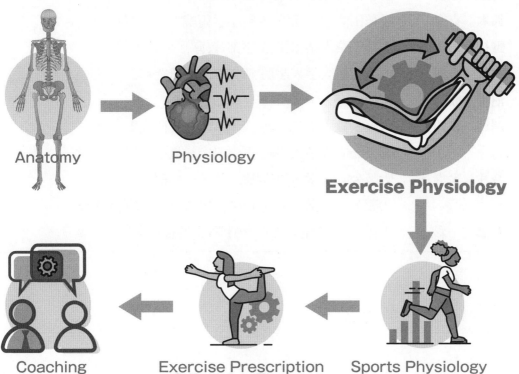

Anatomy

Physiology

Exercise Physiology

Coaching

Exercise Prescription
& Training Theory

Sports Physiology

NAP
Limited

■執筆者一覧（執筆順）

髙橋淳一郎	至学館大学 健康科学部 体育科学科
松林　武生	日本スポーツ振興センター 国立スポーツ科学センター
松井　　健	追手門学院大学 社会学部 社会学科
今　　有礼	東洋大学 健康スポーツ科学部 健康スポーツ科学科
襴屋　光男	びわこ成蹊スポーツ大学 スポーツ学部 スポーツ学科
柳原　　大	東京大学 大学院総合文化研究科 生命環境科学系
井之川　仁	中国学園大学 現代生活学部 人間栄養学科
瀬戸川　将	大阪公立大学大学院 医学研究科 神経生理学 獨協医科大学 先端医科学研究センター
長澤　純一	日本大学 文理学部 体育学科
菊池　直樹	日本体育大学 体育学部 体育学科
鈴木　克彦	早稲田大学 スポーツ科学学術院
野村　由実	千葉工業大学 創造工学部 教育センター
大河原一憲	電気通信大学大学院 情報理工学研究科
沼尾　成晴	鹿屋体育大学 スポーツ生命科学系
岡﨑　和伸	大阪公立大学 都市健康・スポーツ研究センター 大阪公立大学大学院 医学研究科 運動環境生理学
今井　大喜	大阪公立大学 都市健康・スポーツ研究センター 大阪公立大学大学院 医学研究科 運動環境生理学
石橋　　彩	東洋大学 健康スポーツ科学部 栄養科学科

編集にあたって

　身体運動は，私たちの生活を豊かにし，活気づける力を持っている。パフォーマンスの向上あるいは健康や体力を維持増進させる力が運動にあるのだとしたら，運動の何が身体の機能を変える力になるのか。運動生理学は，その力の裏に潜む生体の理屈，そして運動が私たちの身体に与える驚異的な影響を紐解いていく学問といえる。運動生理学の知識を獲得することは，良いパフォーマンスを生む背景を理解することであり，スポーツの指導の根拠を知ることでもある。したがって，トレーナーやコメディカル関連，運動療法や健康運動指導に関する諸資格，栄養学やコーチング論などの分野にまたがって必要とされる基礎として，身体運動の科学を学ぶ者には異論の余地なく不可欠なものである。運動すると身体がどうなるのかの知識もなく，トレーニングやスポーツの指導などできるわけがないではないか。

　このため，体育系の大学学部・学科では，「運動生理学」を必修かそれに準じる形で設置し，あるいは多くが基礎的科目として比較的低学年で配当している…のであるが，科目としての「運動生理学」は，初学の学生には「難解」と感じるらしい。自然科学の分野は，理解にある程度の知識が前提として必要になるので，導入にあたって，基本となる専門用語の多さや新奇さに辟易してしまう学生が多いのかも知れない。昨今の教育環境を見渡してみると，黒板の板書程度であったものがパワーポイントによる提示に変わったことで，基本的に情報量過多で，受講側が消化不良を起こしているようにも感じられる。また，「ウィキペディア（Wikipedia）」に代表される即応型の知識獲得方法の普及，さらにはオンライン型の授業も展開されるようになり，学生は長い文章を読み込むよりも，必要な個々の情報についてコンパクトに応答してくれるスタイルに親和性が高いに違いない。

　本書『運動生理学ミニ（小さな）ペディア（辞典/教育）』は，デジタルネイティブな昨今の受講学生に向けて，運動生理学の「授業に融和しやすい教科書」とすることに意を注いだ。具体的には，全体像を章の「要約」にまとめ，小項は授業で提示されるパワーポイントのスライド1枚にあてることを想定している。また，「Tidbit（ちょびっと記事）」として用語説明のようなコラムを各章に配した。執筆は，それぞれの章の分野に通暁した研究者および運動生理学の科目教育経験の豊富な教員にお願いし，近年，とくに情報展開の速い分野にも瑞々しさを提供してもらうことができた。版組上の制約などが多いにもかかわらず，皆執筆方快諾していただいたことに心から感謝している。

　身体は様々な組織が精密に協調して成り立っている。運動が身体に及ぼす影響と，それがスポーツや健康増進にどうかかわるのか。この教科書を手にしている皆さんに，その知識の切要を受け取ってもらえたら，編者としてこのうえない喜びである。

2024年4月

長澤　純一

目　次

第6章 運動と代謝

第7章 持久力の測定とトレーニング

第3部　調整系

第8章　運動と神経系

第9章　運動と内分泌

第10章　運動と遺伝，免疫

第11章　調整系トレーニングと身体の測定

第4部　応　用

第12章　健康と体力づくりの運動

第13章　運動と環境

第14章　栄養と休息

凡　例

＊本文中, 参照するべき項目は (⇒ 1-1), 図表は (⇒図 1-1) (⇒表 1-1), Tidbit は (⇒ T1-1) のように示す。

＊各項目の執筆担当者は, 下の表のイニシャルで文末に示す。

章	章　題	担当者名	英文名	イニシャル
第 1 章	骨格と骨格筋	髙橋淳一郎	Junichiro Takahashi	JT
		松林　武生	Takeo Matsubayashi	TM[1]
第 2 章	筋力発揮の様式	髙橋淳一郎	Junichiro Takahashi	JT
		松林　武生	Takeo Matsubayashi	TM[1]
第 3 章	筋力のトレーニング	松林　武生	Takeo Matsubayashi	TM[1]
第 4 章	運動と呼吸器系	松井　健	Takeshi Matsui	TM[2]
第 5 章	運動と循環器系	松井　健	Takeshi Matsui	TM[2]
第 6 章	運動と代謝	今　有礼	Michihiro Kon	MK
		長澤　純一	Junichi Nagasawa	JN
第 7 章	持久力の測定とトレーニング	襧屋　光男	Mitsuo Neya	MN
第 8 章	運動と神経系	柳原　大	Dai Yanagihara	DY
		井之川　仁	Hitoshi Inokawa	HI
		瀬戸川　将	Susumu Setogawa	SS
第 9 章	運動と内分泌	長澤　純一	Junichi Nagasawa	JN
第 10 章	運動と遺伝, 免疫	菊池　直樹	Naoki Kikuchi	NK
		鈴木　克彦	Katsuhiko Suzuki	KS
第 11 章	調整系トレーニングと身体の測定	野村　由実	Yumi Nomura	YN
		長澤　純一	Junichi Nagasawa	JN
第 12 章	健康と体力づくりの運動	大河原一憲	Kazunori Ohkawara	KO[1]
		沼尾　成晴	Shigeharu Numao	SN
第 13 章	運動と環境	岡﨑　和伸	Kazunobu Okazaki	KO[2]
		今井　大喜	Daiki Imai	DI
第 14 章	栄養と休息	石橋　彩	Aya Ishibashi	AI

第1部 筋 系
第1章 骨格と骨格筋

■ 要約

骨格と骨格筋

　ヒトの身体運動は，骨格と骨格筋によって作り出される。骨格は約200個の骨と多数の関節で構成され，身体を支えたり運動を行ったりする際の柱となる（⇒ 1-17，1-18）。骨格筋は骨格を動かす力を生み出す役割を担い，力強い動作から精緻な動作まで様々な身体運動を生み出すことに活躍する（⇒ 1-14）。なお，骨格と骨格筋はそれぞれ臓器の保護（⇒ 1-1）や体温の維持（⇒ 1-16）など，身体運動を行うこと以外にも重要な役割を担っている。

筋収縮

　筋の収縮は，筋線維と呼ばれる細長い細胞が縮もうとすることによってなされる（⇒ 1-2）。収縮は筋線維の長軸方向にのみ生じる。筋線維は筋原線維と呼ばれる多数の線維が集まった構造となっている（⇒ 1-3，図1.0.1）。筋原線維にはしま模様（横紋）があり，これは筋節（サルコメア）と呼ばれる筋収縮の最小構造体が直列に並んでいることを反映している。中枢神経系からの運動指令が届くと筋節が収縮し，筋線維や筋全体が収縮する（⇒ 1-4，1-6）。

　筋線維へ運動指令を届ける役割を担う神経細胞を α 運動ニューロンと呼ぶ。また，単一の α 運動ニューロンとこれが支配する筋線維群を運動単位と呼ぶ。運動単位は筋活動の機能的な最小単位となっており，同じ運動単位に含まれる筋線維は収縮をともにする。手指の筋や表情筋など繊細な動作が求められる筋群では，運動単位に含まれる筋線維数（神経支配比）が少ない。筋全体を多くの運動単位に分割して支配することで，筋収縮を精細に制御できるようになっている。

　神経系による筋収縮の制御においては，中枢神経系から発せられる運動指令のみでなく，骨格筋の状態を

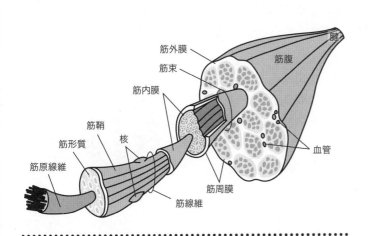

図 1.0.1　骨格筋の構造
（文献7より引用）

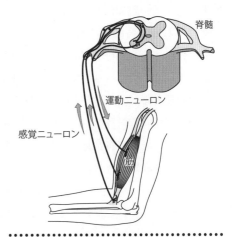

図 1.0.2　骨格筋と神経系
（文献7より引用）

感知して中枢神経系に送り返すことも重要となる。筋の長さ変化を検知する筋紡錘などの感覚受容器がこれに活躍する（⇒ 1-8）。感覚受容器からの情報は感覚ニューロンによって脊髄へ送られ，反射などの形で運動ニューロンの活動へ影響を及ぼす（**図 1.0.2**）。

　筋収縮の際には，エネルギー源となるアデノシン三リン酸（adenosine triphosphate：ATP）が必要不可欠となる。ATP は筋内に一定量蓄えられているが，筋収縮が起きると急激に減少していく。ATP を再合成することを介して筋収縮のエネルギーを供給していく仕組みには，クレアチンリン酸系，解糖系，有酸素系（酸化系）の 3 つが存在する。このうち有酸素系のエネルギー供給は，筋細胞内に点在するミトコンドリアという細胞小器官で行われる。血液によって肺から筋へ運ばれる酸素を利用しながら，グリコーゲンや脂肪酸を分解して ATP を再合成する。一方で，クレアチンリン酸系や解糖系のエネルギー供給は酸素を必要とせずに進行し，有酸素系よりも高速に ATP を再合成できる。しかし，乳酸などの代謝副産物が生み出され，エネルギーを長時間供給し続けることは困難である。

筋線維の種類

　筋線維は，その収縮特性などに基づいて複数の種類に分類される。収縮速度に優れていて大きなパワー発揮を得意とするが持久性には乏しい筋線維を，速筋線維と呼ぶ。これとは対照的に，収縮速度が低くパワー発揮では劣るが持久性が高い筋線維を，遅筋線維と呼ぶ。一部の速筋線維には持久性にも優れたものがあり，中間筋線維と呼ばれる（⇒ 1-11）。

　筋線維のこのような収縮特性は，その筋線維が主に依存するエネルギー供給系などと強く関連している。速筋線維のエネルギー供給は，主に解糖系に依存している。一方で遅筋線維は，主に有酸素系によってエネルギーを得ている。中間筋線維は，解糖系と有酸素系の両方に依存している。速筋(fast twitch)と遅筋(slow twitch)，解糖系（glycolytic）と有酸素系（oxidative）という特徴を踏まえて，速筋線維のことを FG 線維，中間筋線維を FOG 線維，遅筋線維を SO 線維と呼ぶこともある（⇒ 1-12）。

　また，筋線維の収縮特性は収縮タンパク質の 1 つであるミオシンの種類とも関連している。ヒトのミオシンにはタイプ IIx，タイプ IIa，タイプ I の 3 つの種類が存在し，それぞれが速筋線維，中間筋線維，遅筋線維と対応している。このことから，速筋線維をタイプ IIx 筋線維，中間筋線維をタイプ IIa 筋線維，遅筋線維をタイプ I 筋線維と呼ぶこともあり，近年ではこの名称が主流となっている（⇒ 1-13）。

　それぞれの骨格筋には異なる種類の筋線維が混在しているが，その構成比のことを筋線維組成という（⇒ 1-10）。速筋線維や遅筋線維がどのような割合で含まれるかによって，筋全体としての収縮特性が決まる。一流のスポーツ競技者などでは，その競技特性に適した有利な筋線維組成を有している場合が多い。例えば，陸上競技の短距離種目や跳躍種目では速筋線維の割合が高い競技者が，長距離種目では遅筋線維の割合が高い競技者が多いことが報告されている [4]（⇒ 1-15）。筋線維組成には遺伝的要因が強く影響するが [5]，厳しいトレーニングなどの後天的要因によって変化する可能性があることも報告されている [2]（**図 1.0.3**）（TM[1]）

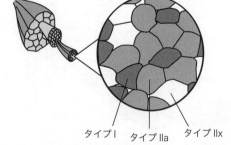

タイプ I　タイプ IIa　タイプ IIx

図 1.0.3　複数の筋線維タイプが混在する骨格筋

● 1-1　骨と骨格

ヒトは 200 個ほどの骨を有しており，これらが複雑に繋がりあって骨格が形成されている。骨と骨との繋がりのうち可動的なものを**関節**と呼び，不可動的なものは**結合**などと呼ぶ。関節を形成する骨同士は，**靭帯**によって強く連結されるほか，骨と骨の接触面でクッションとして機能する**関節軟骨**や，関節全体を包んで関節液で満たす**滑膜**や**関節包**が，関節の機能に貢献している。

骨格は，身体形状を維持して支え，運動を行う際の柱となる。また，頭蓋骨や脊椎，肋骨，胸骨などは，脳，脊髄，心臓，肺などの主要な臓器を守る役割も担っている。脊椎や骨盤など一部の骨の内部には骨髄があり，赤血球や白血球，血小板といった血液細胞がここでつくられる。また，骨はカルシウムなどの貯蔵庫としても機能している（**図 1.1**）。(TM[1])

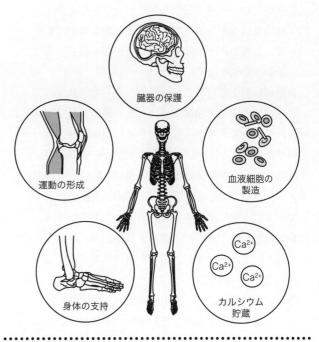

図 1.1　骨と骨格の役割

● 1-2　筋収縮とは（定義）

物理学的な運動は物体が移動することを意味するが，生理学的な運動は筋または筋群が収縮することをいう。随意的な収縮は主に骨格筋の収縮が起こり，不随意的な収縮は主に心筋などの臓器の筋収縮を指す。運動は基本的に 1 つの筋の収縮だけでは成り立たず，1 つ以上の関節をまたいで行われることから，筋収縮は関節運動に直結する。

本来，筋原線維の滑走が起こると，2 つのフィラメントの重複部分が多くなることから筋は短縮するが，力発揮の場面では必ずしも筋が短縮しない場合もある。筋は力発揮をしているが筋長に変化が生じないことを**等尺性収縮**といい，仕事量が自分の発揮筋力以上である場合には，筋長を伸ばしながら収縮する伸張性収縮もみられる（**図 1.2**）。このように，筋の「収縮」というのは筋が短くなることではなく，「筋が筋の中心方向に向かって力を発揮すること」と定義される。(JT)

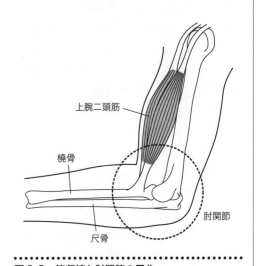

図 1.2　筋収縮と肘関節の屈曲
上腕二頭筋が収縮すると肘関節が屈曲する。

● 1-3　骨格筋の構造

　骨格筋とは，骨格を動かしヒトの身体運動を作り出す作用を持つ筋のことである。関節をまたいで複数の骨に接続し，その収縮によって屈曲や伸展などの関節動作を生み出す。

　骨格筋は**腱**と呼ばれる結合組織を介して骨に接続し，収縮する部分は**筋腹**と呼ばれる。筋腹は**筋束**と呼ばれる**筋線維**の束からなり，さらに筋線維は多数の**筋原線維**からなる。筋原線維にはしま模様（横紋）を観察することができるが，この模様は**筋節**（サルコメア）と呼ばれる筋収縮の最小構造体が直列に並んでいることを反映している。筋節は**アクチン**と**ミオシン**と呼ばれる2つの収縮タンパク質から形成されており，これらの相互作用によって筋の収縮力は生み出される（**図1.3.1**）。

　筋原線維の周辺には，**筋小胞体**という網状膜の形をした細胞小器官があり，その中には筋収縮を引き起こすカルシウムイオンが貯蔵されている。筋小胞体どうしの隙間には，筋線維を横断するように**横行小管**（T管）が伸びており，筋の活動電位を細胞膜から筋内深部の各筋小胞体まで伝達する役割を担っている。神経（α運動ニューロン）と筋細胞との接合部は，**神経筋接合部**と呼ばれる。ここに運動指令（神経インパルス）が到達すると，筋細胞膜に活動電位が生じ，これがT管を通って筋小胞体まで伝えられ，カルシウムイオンが筋細胞内へ放出されると筋収縮が引き起こされる（**図1.3.2**）。

　筋収縮には，エネルギー基質であるATPが必要不可欠である。筋収縮によって消費されるATPを再合成する仕組みの1つが有酸素系によるエネルギー供給であり，筋細胞内に点在するミトコンドリアがこの機能を担っている。ミトコンドリアは，血液によって肺から筋へ運ばれてくる酸素を利用しながら，グリコーゲンや脂肪酸を分解してATPを再合成する細胞小器官である。(TM[1])

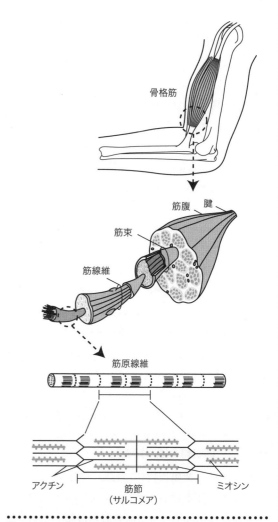

骨格筋

筋腹　腱

筋束

筋線維

筋原線維

アクチン　　筋節（サルコメア）　　ミオシン

図1.3.1　骨格筋の構造

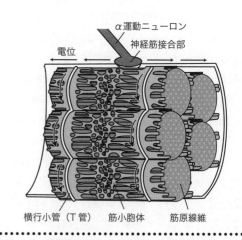

α運動ニューロン

神経筋接合部

電位

横行小管（T管）　　筋小胞体　　筋原線維

図1.3.2　筋原線維をとりまく筋小胞体と横行小管(T管)

● 1-4 興奮収縮連関

筋収縮を起こすためには，どんな運動をするのかについての指令（運動のための刺激）が必要である。この指令によって生じた活動電位は，横行小管から筋小胞体へと伝わる。筋小胞体膜の電位変化が起こると筋小胞体から筋形質内へと Ca^{2+} が放出される。したがって，安静時の筋細胞内は濃度が比較的低いものの，筋収縮の際には急激な濃度の上昇が生じる。筋小胞体から放出された Ca^{2+} は，筋原線維であるアクチンフィラメント内にあるトロポニンと結合する。トロポニンはアクチン

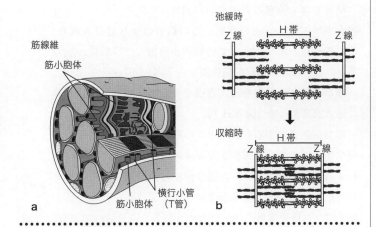

図 1.4　興奮収縮連関
活動電位が発生すると筋線維内の横行小管へと伝達され（**a**），2 つの筋原線維は引き寄せられる（**b**）。

とミオシンの結合を阻害する働きを持つが，トロポニンが Ca^{2+} と結合することでその作用は停止され，アクチンとミオシンの結合が起きる。このアクチンとミオシンの結合によりミオシン ATPase が活性化され，ATP の分解が起こり，筋は張力を発揮する。

以上のように，筋が指令により興奮し，収縮することを**興奮収縮連関**という（**図 1.4**）。(JT)

● 1-5　骨格筋細胞の特徴

骨格筋細胞は細長い形態をしており，**筋線維**という呼び名でも認識されている。収縮タンパク質であるアクチンとミオシンが規則正しく配列され，エネルギー基質である ATP を消費して収縮し，その長さを自ら変化させることができる。細胞内には，ATP を再合成する器官であるミトコンドリアや，ATP 再合成のためのエネルギー源となるグリコーゲン，酸素運搬と貯蔵を担うミオグロビンなども多く含まれている。

骨格筋は強い再生能力を有しており，損傷や過負荷に対して，自己修復したり肥大したりすることができる。しかし，筋細胞自体は細胞分裂を行わない。筋線維が損傷などを

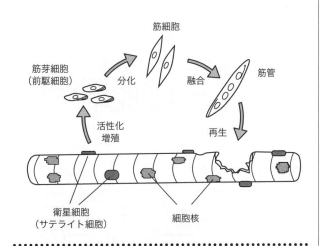

図 1.5　骨格筋再生における衛星細胞の役割

受けると，その周囲に存在する**衛星細胞**（サテライト細胞）が活性化されて筋芽細胞となり，これが分裂，融合しながら筋細胞へと分化する。複数の筋芽細胞が融合することによって形成されることから，筋細胞は複数の核をもつ多核細胞となる（**図 1.5**）。(TM[1])

● 1-6　筋収縮のメカニズム

　反射を除く随意運動での筋収縮は，一般に「どのような運動をするのか」という脳からの指令により遂行される。この脳からの指令によって筋細胞が興奮し，筋収縮が生じるが，このことを興奮収縮連関（⇒ **1-4**）という。

　脳から出された指令は，脊髄を介して運動ニューロンから筋に伝達される（図 **1.6.1**）。

　指令が筋まで伝達されると，筋収縮のための活動電位が発生する。この活動電位が筋線維の膜に伝わると，膜に点在する横行小管（T管）の開口部から筋原線維を取り巻く横行小管に伝わる。図 **1.6.2** に示したように，横行小管と筋小胞体は筋原線維を包み込むように張り巡らされており，横行小管に伝わった活動電位は筋小胞体に広がり，筋原線維全体に伝えられる。

　活動電位が筋小胞体に伝わると，筋収縮のための Ca^{2+} が筋小胞体から放出され，筋細胞内の Ca^{2+} 濃度が高まる。この際発生した Ca^{2+} は，筋原線維のアクチンフィラメントを螺旋状に取り巻くトロポニンと結合する。トロポニンが Ca^{2+} と結合すると，アクチンはミオシンの方向へ滑り込むように移動することで筋収縮が生じる **(図1.6.3)**。(JT)

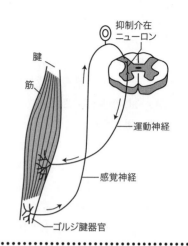

図1.6.1　運動単位
筋線維は脊髄運動ニューロンによって支配されている。

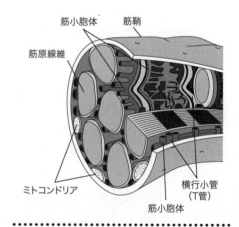

図1.6.2　横行小管と筋小胞体
横行小管と筋小胞体は筋原線維を包み込むように張り巡らされている。
（文献 7 より一部改変）

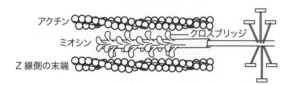

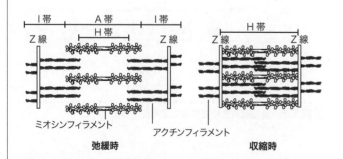

図1.6.3　アクチンフィラメントとミオシンフィラメント
安静時に弛緩している筋線維は，運動時には 2 つのフィラメント（筋原線維）への滑り込みが生じる。

● 1-7 滑走説

　滑走説とは筋収縮が起こるメカニズムについて，大小 2
つの筋原線維アクチンがミオシンの方に引き寄せられる
ように滑り込むことで力発揮がなされるという説である。
興奮収縮連関において，筋収縮のための活動電位が出さ
れると，その活動電位は筋線維内の横行小管を通って筋
原線維を包む筋小胞体へと伝わる。

　筋小胞体に活動電位が伝わると，筋小胞体からは筋収
縮のための Ca^{2+} が放出される。筋小胞体から出された
Ca^{2+} は，アクチンを取り巻くトロポニンと結合し，ミオ
シンの方へ引き寄せられるように移動する。アクチンを
取り巻くトロポニンがミオシンへ引き寄せられるため，
図 1.7 のようにアクチンがミオシンの方向に滑走するよ
うにして筋収縮が起こる。(JT)

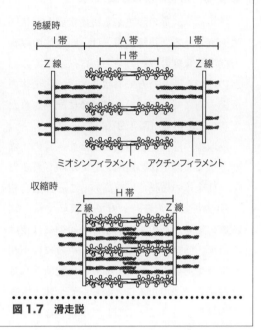

図 1.7　滑走説

● 1-8 筋紡錘

　筋紡錘は，筋の長さ変化を
感知する固有受容器である。
紡錘状の感覚受容器と，その
両端の細くて短い筋線維（**錘
内筋線維**）によって構成され
る。筋力発揮を担う通常の筋
線維（**錘外筋線維**）と並列に
配列されており，それらに長
さ変化が生じると筋紡錘の長
さも変化し，これを感知する
ことができる（**図 1.8**）。筋紡
錘で感知された筋長変化は感
覚神経によって上位中枢（脊
髄）に送られ，伸張反射など
の運動制御に活用される。

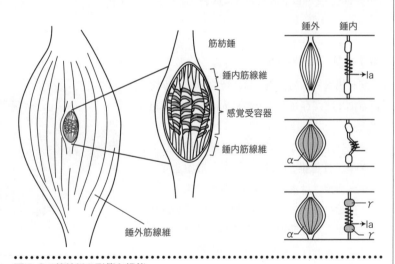

図 1.8　筋紡錘の形態と機能

　筋紡錘の周りの錘外筋線維が収縮する際には，筋紡錘が緩んでしまうことで感覚受容器が機能できなく
なる恐れがある。しかし筋紡錘には，錘外筋線維にあわせて錘内筋線維が同時に収縮し，感覚受容器に緩
みが生じないよう調整される仕組みが備えられている。これは，錘内と錘外それぞれの筋線維にともに収
縮指令が出されることでなされており，それぞれの筋線維を支配する運動ニューロンの名称から $\alpha-\gamma$ 連
関と呼ばれる。(TM[1])

● 1-9 形態による分類

骨格筋は，その形態から紡錘状筋と羽状筋に大別される。**紡錘状筋**とは，筋全体の収縮方向と筋線維の収縮方向とがほぼ一致する形状の筋である。一方で**羽状筋**とは，筋全体の収縮方向に対して筋線維が斜めに配列された形状の筋である（**図1.9**）。

筋収縮の際に，紡錘状筋では筋線維の短縮がそのまま筋全体の短縮として反映されるため，筋全体の短縮速度を高めることには有利な形状だといえる。一方で羽状筋では，筋線維の短縮がそのまま筋全体の短縮には変換されず，筋全体の短縮速度を高めるには不利な形状である。しかし，横並びに配置される筋線維数が多くなることから，筋全体で大きな力発揮を行うことに対しては有利な構造となっている。

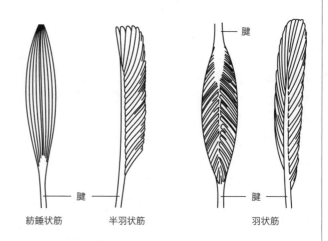

図1.9 骨格筋の形態
（文献6より引用）

上腕二頭筋など関節を屈曲させる筋には紡錘状筋が多い。一方で，下腿三頭筋や大腿四頭筋，上腕三頭筋など関節を伸展させる筋群には羽状筋が多い。(TM[1])

● 1-10 筋線維組成

筋を構成する筋線維には，特性の異なる複数のタイプが存在し，その構成比を**筋線維組成**という。収縮速度に優れており大きなパワー発揮が得意な筋線維を，**速筋線維**もしくは**タイプ II 線維**と呼ぶ。一方で，収縮速度やパワー発揮には劣るものの，有酸素性エネルギー供給に優れており持久的な筋収縮が得意な筋線維を，**遅筋線維**もしくは**タイプ I 線維**と呼ぶ。速筋線維の中には遅筋線維のように有酸素性エネルギー供給に優れたものも存在し，これを**中間筋線維**もしくは**タイプ IIa 線維**

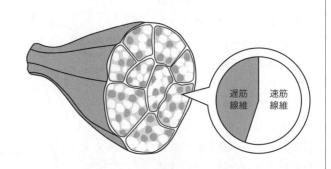

図1.10 速筋線維と遅筋線維の割合

と呼ぶ（これと区別するために，持久性に乏しい速筋線維を**タイプ IIx 線維**とも呼ぶ）。これらの筋線維がどのような割合で含まれるかによって，筋全体の収縮特性が決まる。

筋線維組成は，ほぼ先天的な要因によって決まるとされており[5]，タイプ II 線維とタイプ I 線維の比率が後天的に変化する可能性は低い。しかし，トレーニングなどによってタイプ IIx 線維からタイプ IIa 線維への移行（持久性の獲得）が生じることはある[2]（**図1.10**）。(TM[1])

● 1-11　速筋と遅筋

　筋線維はその収縮速度の特性から大きく 2 つに分類される。収縮力が速く大きな力発揮を可能とするが，収縮持続時間の短いものを**速筋線維**，一方で，収縮速度は遅く力発揮も小さいが，長時間収縮力が持続するものを**遅筋線維**という。

　速筋線維は主に解糖系からグリコーゲンを分解することでエネルギー（ATP）を得ることから，筋細胞内に血中の酸素を運搬する鉄タンパク質であるミオグロビンをあまり多く含まない。ミオグロビンは色素タンパク質なので，速筋線維は白っぽくみえる。一方で遅筋線維は，酸化系において酸素と脂肪が結びつくことで脂肪を分解し，エネルギーを得る。したがって，筋細胞内には多くのミオグロビンが存在し，色は赤っぽくみえる。これらみた目の分類から，速筋を白筋，遅筋を赤筋と呼ぶこともある。

　速筋はその収縮特性からタイプ II 線維（FG はタイプ IIx，FOG はタイプ IIa），遅筋はタイプ I 線維に分類される（**表 1.11**）。(JT)

表 1.11　速筋と遅筋の特徴

	収縮速度	運動持続時間	みた目の色	エネルギー供給系	筋線維タイプ
速筋	速い	短い	白っぽい	解糖系	タイプ IIx
				解糖系と酸化系	タイプ IIa
遅筋	遅い	長い	赤っぽい	酸化系	タイプ I

● 1-12　FG，FOG，SO

　筋線維はその収縮特性とその筋線維が依存するエネルギー供給によって大きく 3 つに分類され，それぞれその特性を持つ単語の頭文字を組み合わせて表現する（**表 1.12**）。

　速筋線維（fast twitch）で解糖系からグリコーゲンを分解することでエネルギー供給を得ているもの（glycolytic）を **FG 線維**という。FG 線維は収縮タイプに分けると**タイプ IIx** となる。同じ速筋線維であるが解糖系に加えて酸化系から脂肪を分解することでエネルギー供給を得ているもの（glycolytic and oxidative）を **FOG 線維**といい，**タイプ IIa** に分類される。一方，遅筋線維（slow twitch）で酸化系からエネルギー供給を得ているもの（oxidative）を **SO 線維**といい，収縮タイプでは**タイプ I** に分類される。収縮速度は FG が最も速く，次いで FOG，SO の順となり，運動持続時間は SO が最も長く，次いで FOG，FG の順に短くなる。(JT)

表 1.12　筋線維の分類と特性

	収縮速度	運動持続時間	エネルギー供給系	筋線維タイプ
FG	速い	短い	解糖系	タイプ IIx
FOG	やや速い	やや短い	解糖系と酸化系	タイプ IIa
SO	遅い	長い	酸化系	タイプ I

● 1-13　遺伝的分類

収縮タンパク質の１つであるミオシンには，３つの種類（MHC IIx, MHC IIa, MHC I）が存在する。これらは，基本的機能は同じであるものの構造や性質が少しずつ異なっており，アイソフォームと呼ばれる。筋線維の収縮特性にはこのミオシンの種類が強く影響しており，組織化学的な筋線維分類（FG, FOG, SO）もこのミオシンの種類に対応している（**表1.13**）。なお，文献によっては MHC IIx を MHC IIb と表記し，これを含む筋線維をタイプ IIb とするものもみられる。ラットなどの小型哺乳類の筋には MHC IIx より収縮速度に優れた第４のミオシン（MHC IIb）が存在しており，ヒトの速筋線維もこのミオシンを含むとかつては考えられていた。しかし，その後の研究により，ヒトの速筋線維に含まれるミオシンは実際には MHC IIx であることが明らかにされている。ヒトは MHC IIb を含むタイプ IIb 筋線維を有していない[3]。

表1.13　ミオシンの種類と筋線維の収縮特性との関係

ミオシン	収縮速度	エネルギー供給	筋線維タイプ
MHC IIx	速い	解糖系	タイプ IIx
MHC IIa	やや速い	酸化系・解糖系	タイプ IIa
MHC I	遅い	酸化系	タイプ I

筋線維を構成するタンパク質は他にも多くあり，収縮タンパク質としてはアクチン，収縮の調整を行うタンパク質としてはトロポニン，筋細胞の形をつくっている構造タンパク質にはタイチンやアクチニンなどが存在する。これらのタンパク質にも複数の種類が認められ，収縮特性と関連するものもある。

筋にどのタンパク質が生成されるかには遺伝が強く影響する[5]。例えば，ACTN3 と呼ばれる遺伝子は速筋線維にのみ存在するアクチニン３タンパク質の生成に関与しており，その多型（遺伝子の種類）が筋のパワー発揮能力と関連することが知られている[10]。(TM¹)

● 1-14　身体運動における筋の位置づけ

身体運動は筋の収縮によって生じるが，これを自動車に例えれば，エンジン（あるいは駆動モーター）に相当するものである。筋収縮には ATP（⇒**第6章**）が不可欠であり，その ATP の供給には糖や脂肪などの栄養素がかかわっている（⇒**第14章**）。その栄養素や酸素の供給は，呼吸循環系の能力である（⇒**第4章, 第5章**）。そもそも筋収縮は，神経系からの信号によって生じる（⇒**第8章**）。以上のように，筋収縮を統御するには多くのシステムがかかわっており，トレーニングに際して，筋だけに着目しても良いパフォーマンスにつながるわけではないので，身体全体の生理学的な知識が欠かせないのである（**表1.14**）。(JN)

表1.14　生体の機能を自動車に例えた場合

生体の機能	自動車で相当するもの
筋	エンジン
栄養素	燃料（ガソリン）
脳，神経	制御コンピュータ
代謝，呼吸・循環	燃料供給システム
骨，関節，腱	駆動力伝達（タイヤ，トランスシャフト）

● 1-15　競技者の筋線維組成

　筋のパワー発揮特性は，筋線維組成に強く依存する。速筋線維（タイプⅡ）は収縮速度に優れており，瞬発的で大きなパワー発揮が得意である。一方で，遅筋線維（タイプⅠ）は持久性に優れており，持続的なパワー発揮が得意である。これらの筋線維がどのような割合で含まれるか（筋線維組成）によって，筋全体の特性が決まる。

　一般人においては，速筋線維と遅筋線維はおおよそ半々の割合で存在する。しかし一流のスポーツ競技者などでは，競技特性に適した有利な筋線維組成を有している場合が多い。例えば，陸上競技の短距離種目や跳躍種目では瞬発的で大きなパワー発揮が求められ，速筋線維の割合が高い競技者

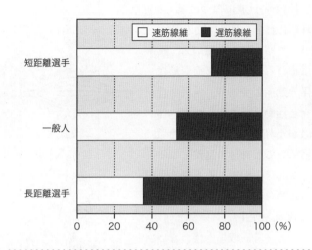

図 1.15　外側広筋の筋線維組成からみる競技者の特徴
（文献 4 に基づき作成）

が多い。一方で，長距離種目ではパワーの大きさよりも持久性が求められ，遅筋線維の割合が高い競技者が多い[4]（図 1.15）。

　筋線維組成には遺伝的要因が強く影響する。競技者における筋線維組成の特徴も，遺伝的（先天的）に決定された側面が強いと考えられる。しかし，筋線維組成が後天的に変化することもある。例えば，持久的なトレーニングや高負荷，高回数の筋力トレーニングを行うと，速筋線維の中でも持久性に劣るタイプⅡx線維は減少し，持久性を兼ね備えているタイプⅡa線維の割合が増えることがわかっている[2]。競技者においては，厳しいトレーニングによって筋線維タイプの移行が生じ，これが長年少しずつ積み重なることで，先述のような競技種目による差異が生じている可能性もある。競技者の筋線維組成が先天的なものか，それとも後天的なものなのかは，未だ決着がついていないトピックの 1 つである。(TM[1])

TIDBIT 1-1

筋バイオプシー

　医学の世界において筋バイオプシーは，筋萎縮などの神経筋疾患に対して他の病理検査では明らかにならない情報について，筋組織を侵襲的に採取し生検することで多くの情報を得ようと試みる方法である。運動生理学的には，筋線維の種類や筋線維組成（速筋あるいは遅筋線維の占める割合）を調べるための生検法であり，一般には生検針を使用したニードルバイオプシー法を用いる。生検は上腕二頭筋や三角筋，大腿四頭筋から筋を採取することが多く，採取された筋組織は液体窒素で瞬間冷凍された後 10 μm 程度の切片を作り，組織科学的染色を行うことで収縮特性や酸化能力，毛細血管分布などを評価する。

　以前はアスリートの速筋線維と遅筋線維の割合などを正確に評価するために実験的に行われていたが，現在は倫理上の問題から健常者を対象に筋バイオプシー法を用いた実験を行うことは困難となっている。(JT)

● 1-16　熱産生の仕組み

体温を一定に保つために，身体には熱を産生する仕組みがいくつも備わっている。まず挙げられるのは，筋収縮に伴う熱産生である。運動を行うと活動筋から熱が生じ，体温が上昇する。また，寒冷環境にいると身体に自然とふるえが起きるが，これも熱産生のために生じる筋収縮である（**ふるえ熱産生**）。

一方で，筋収縮を伴わない熱産生の仕組みも存在する（**非ふるえ熱産生**）。その代表的なものが，褐色脂肪細胞やベージュ脂肪細胞における熱産生である。同細胞のミトコンド

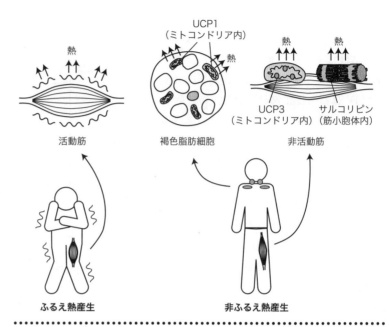

図1.16　熱産生の仕組み

リア内に存在する脱共役タンパク質（UCP1）が，脂肪を燃焼させたエネルギーを熱に変換する[8]。同様の性質を持つタンパク質は筋内にもあり（UCP3），筋細胞における非ふるえ熱産生の一役を担っている[9]。また近年では，筋内に存在するサルコリピンというタンパク質がUCP以上に非ふるえ熱産生に貢献していることが明らかとなりつつある[1]。サルコリピンは筋小胞体に存在し，同器官が筋収縮のために行うカルシウムイオンの放出と再回収を調整している。サルコリピンが多い筋では，カルシウムイオン回収のためにエネルギーが多く必要となり，これに伴って熱が産生される。

UPCやサルコリピンは，体温調節にかかわる因子としてのみでなく，熱産生のために増加する基礎代謝量との関連から，肥満や生活習慣病との関連についても注目され，多くの研究者から注目を集めている（図1.16）。(TM[1])

TIDBIT 1-2

α運動ニューロン

骨格筋の制御を担う遠心性の神経細胞をα運動ニューロンと呼ぶ。筋収縮は脳や脊髄などの中枢神経系から発せられる運動指令によって制御されるが，α運動ニューロンはこの運動指令を活動電位（インパルス）として筋へ伝達する役割を担う。α運動ニューロンの細胞体は脊髄前角にあり，その軸索は筋線維の神経筋接合部まで伸びて停止する。軸索は絶縁性のある髄鞘で覆われており，活動電位は髄鞘の間隙を跳びとびで伝導されることで高速に伝わっていく（**跳躍伝導**）。

単一のα運動ニューロンとこれに支配される筋線維のまとまりを**運動単位**と呼び，これが筋活動の最小単位となる。1つの筋に接続されるα運動ニューロンの数，つまり運動単位数は500〜2,000ほどである。1つの運動単位に含まれる筋線維数を神経支配比と呼ぶ。手指の筋や表情筋などではこの数が少なく，繊細な運動を行うためにより細かな単位で筋活動を制御できるようになっている。(TM[1])

● 1-17　運動と骨

ヒトの骨格は大小 200 個以上の骨で構成されており，頭蓋骨，脊柱，肋骨，胸骨を**体軸性骨格**，鎖骨，肩甲骨，上腕骨，上肢・下肢の長官骨と骨盤を**付属性骨格**という。骨の構造について，外側は**皮質骨**と呼ばれる高密度な部分で覆われ，その中をスポンジ状の骨梁と呼ばれる構造を持つ**海綿骨**が占める。骨量の中には脂肪組織や骨髄組織があり，骨髄組織から皮質骨へと血管が通っている（**図 1.17**）。骨は運動などの力学的ストレスによって成長や再生を繰り返す組織である。

ヒトが重力に抗して運動する環境では，接地の際に地面からの反力を受ける。この時に受ける力は重力加速度を伴うことから，落下する高さあるいは落下する物体の重量によって異なる。通常，ジャンプ動作やランニング動作などで接地する場合，ヒトの骨格は筋の

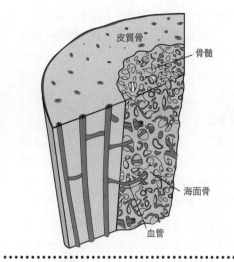

図 1.17　骨の構造
（文献 6 より引用）

伸張性収縮や腱などの弾性組織によってショックを吸収する。この際に，骨はたわむことで衝撃から構造を守ろうとする働きがあるが，衝撃が強すぎたり，繰り返したくさんの衝撃を受け続けたりした場合，骨は金属疲労と同様の状態を起こす可能性がある。そこで骨は，絶えず細胞分裂を繰り返しながらその強度を確保する構造となっている。

骨の形成は，**破骨細胞**と呼ばれる骨細胞を破壊する役割を持つ細胞が，**骨吸収**という古い骨を削る働きを行った後，**骨芽細胞**と呼ばれる新しく骨を作る細胞がタンパク質を削られた部位に沈着し骨の強度を強めている。その後，このタンパク質にハイドロキシアパタイトと呼ばれるリン酸カルシウムが結合することで，骨の石灰化を促進させる。この過程を**骨形成**という。

骨代謝を活発にするためには，骨の長軸方向に強い負荷を与えることが必要であることから，ジャンプや高負荷でのウェイトトレーニングなど，地面反力から大きな力を発揮する動作を行うことが求められる。(JT)

TIDBIT 1-3

運動単位

すべての筋は神経支配を受けている。基本的に 1 つの筋は 1 本の神経により支配されている。筋を支配する神経は，筋から中枢へと伝達する感覚神経（求心性）と中枢から筋へと伝達する運動神経（遠心性）からなる。1 本の神経が支配する筋線維は複数あり，多いものでは約 2,000 もの筋線維を支配する。このように 1 本の神経が支配する筋線維のグループを合わせて運動単位と呼ぶ。

1 つの運動単位が支配する筋線維のタイプは同一であることから，運動単位内で発揮される筋収縮力や収縮速度と収縮持続時間は同一となる。運動単位は脊髄からの運動ニューロンによって支配されるが，速筋線維（タイプ IIx）は速い伝達速度と大きな収縮力（張力）を必要とするため支配する運動ニューロンは大きくなり，遅筋線維（タイプ I）は伝達速度の遅い小さな運動ニューロンにより支配される。(JT)

● 1-18 関節

関節は複数の骨を連結する役割を持っている。ヒトの関節は，**線維性連結，軟骨性連結**および**滑膜関節**の3つに分類することができるが，可動性に富んだ運動に関与するのは滑膜関節である。骨と骨を滑膜で覆い，その中に動きを滑らかにする滑液を産生している。滑膜関節のうち肘関節は上腕骨と尺骨および橈骨を結び，腕尺関節，腕橈関節，上橈尺関節の3つからなる蝶番型の関節である。一方，肩の肩甲上腕関節や股関節は，球型の骨とソケット型の窩を有する骨とが組み合わさった球状の関節である。さらに手関節は橈骨と尺骨を結ぶ車軸型の関節である。球状の関節は可動性に富むが，蝶番型の関節は屈曲，伸展方向にのみ，車軸型の関節は内旋，外旋方向にのみ稼働する。球関節と同様の構造であるが，その関節窩がソケット型のものと比べて

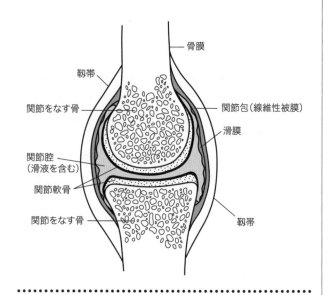

図1.18 関節の構造
(文献6より引用)

浅いものを臼状関節といい，股関節がこれにあたる（**図1.18**）。

関節には通常，2つ以上の骨が接触しており，その骨と骨を結びつけているのが「靱帯」である。靱帯には関節を安定させ，過伸展を防ぐ役割がある。腱は筋と骨をつないでいる。靱帯は強い線維製の結合組織で，腱と同じくコラーゲンが主要な成分である。靱帯が損傷することを捻挫といい，1度（靱帯が伸びる程度），2度（一部断裂），3度（完全断裂）と定義されている。(JT)

TIDBIT 1-4

破骨細胞

骨は外側を硬い高密度の皮質骨で覆われ，中はスポンジ状の骨梁という構造を持つ海綿骨で構成されており，力学的なストレスによって成長や再生を繰り返す組織である。重力に抗して運動する環境において，接地の際に地面から反力を受ける。ジャンプやランニングなどの激しい動作の中で，骨は地面に接地する際にたわむことでその構造を衝撃から守ろうとする。しかし，衝撃が積み重なると金属疲労のような状態を起こす可能性があることから，骨は絶えず細胞分裂を繰り返しながらその強度を確保しようとする機能を持っている。

骨が再生する機序として，骨細胞を破壊する**骨吸収**と，新しい骨を作る**骨形成**が挙げられる。骨吸収の際，古い骨を削るように作用し骨を破壊する役割を持つ細胞のことを破骨細胞という。なお，骨吸収の後，**骨芽細胞**と呼ばれる細胞が骨が削られた部分にタンパク質を沈着させて骨形成を行う。(JT)

第1部 筋 系
第2章 筋力発揮の様式

■ 要約

筋収縮条件に基づく筋力発揮の分類

　骨格筋は力を発揮する器官であるが（⇒ **2-1**），力発揮の際の条件は様々に考えられ，その条件に基づいて筋力発揮はいくつかの様式に分類することができる（⇒ **2-3**）。

　筋が長さを変えないまま収縮することを，等尺性収縮と呼ぶ。手で物を掴む際の前腕筋群，立位姿勢を保持する際の足関節底屈筋群など，日常生活の中でも等尺性の筋力発揮はしばしば行われている。これに対して，筋の長さが小さくなりながら収縮することを求心性収縮，筋の長さが大きくなりながら収縮することを遠心性収縮と呼ぶ。求心性と遠心性の収縮ではさらに，筋力が一定であるものを等張性収縮，収縮速度が一定であるものを等速性収縮と呼ぶ。等張性収縮は，物をゆっくりと持ち上げたり動かしたりする際などに現れる。一方で等速性収縮は，日常生活の中でみられることはほとんどなく，専用機器を用いて動的筋力を測定する場合などにおいてのみ現れる筋力発揮の様式である。

筋の収縮特性

　筋は，収縮する条件によって発揮できる力が変化する。これには，筋に備わる2つの収縮特性が関与する。1つめは**力‐長さ関係**と呼ばれるものであり，筋力は筋の長さに依存するという特性である。筋には，筋力発揮が最大となるための至適な長さが存在する。2つめは**力‐速度関係**と呼ばれるものであり，短縮速度が高いほど発揮できる筋力が小さくなるという特性である（**図2.0.1**）（⇒ **2-2**）。なお，遠心性収縮の際には等尺性および求心性の収縮時よりも大きな筋力を発揮することができる（⇒ **2-4**）。

　筋収縮の効果を力ではなくパワーで評価する場合もある（⇒ **2-6**）。**パワー**とは単位時間あたりに行われる仕事量（仕事率）のことであり，力と速度の積として求められる（⇒ **2-7**）。筋の発揮パワーが最大となるのは，筋力と短縮速度とが程よく両立される時である（⇒ **2-8**）。

筋力・筋パワーの決定要因

　筋力や筋パワーの大きさは，上記のような筋の収縮特性の他にも，筋線維組成，筋横断面積，神経系要因などに依存する。速筋線維を多く含む筋は収縮速度に優れており，パワー発揮に有利である。筋横断面積が大きい筋は，大きな筋力を発揮することができる。神経系要因とは，力やパワーを発揮するためにどれだけ多くの筋線維を動員できるかに関連するものである。随意的な筋収縮の際には，遅筋筋線維からなる小さな運動単位がまず動員され，収縮速度が高くなるとと

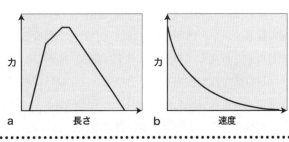

図2.0.1　筋の収縮特性　a：力‐長さ関係，b：力‐速度関係

もに，速筋線維からなる大きな運動単位が動員されるようになる（⇒ **2-9**）。動員率が高ければ筋力や筋パワーは大きくなるが，収縮条件（収縮速度など）やトレーニング歴などによって動員率は異なってくる。また，動員率は心理的抑制などともかかわっている（⇒ **2-18**）。

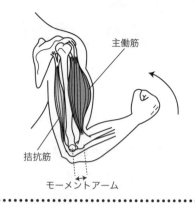

図 2.0.2　関節を動かす筋とそのモーメントアーム

身体運動における力発揮

　全身レベルでの力発揮を考える際には，筋レベルでの筋力要因に加えて，さらにいくつかの要因が力の大きさに関係してくる。その1つ目は**モーメントアーム**である。骨格筋の多くは，関節をまたいで骨の根元に付着し，第2種もしくは第3種のテコを形成している（⇒ **2-11**，**2-12**，**2-13**）。テコの支点（関節中心）から筋力線までの距離は筋のモーメントアームと呼ばれ，これが長ければ筋力がより大きな関節回転力に転換される（**図 2.0.2**）（⇒ **2-5**，**2-14**）。

　2つ目は，拮抗筋の存在である。関節がある方向へ力発揮をする時，この力を生じさせる中心的

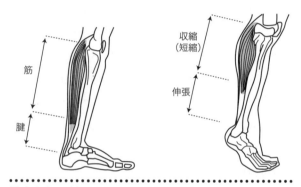

図 2.0.3　バネのようにふるまう腱組織

な役割を担う筋を主働筋と呼び，反対方向への動きを生じさせる筋を拮抗筋と呼ぶ（⇒ **2-10**）。拮抗筋の収縮は主働筋の作用を相殺し，その関節の力発揮を見た目上小さくする。運動の精度を高めたり障害発生を防ぐために，拮抗筋は少なからず活動するが，運動への習熟などに伴って活動が小さくなる場合もある。

　3つ目は，筋力が立ち上がるまでの所要時間（力の立ち上がり率）である。随意的な力発揮においては，筋の力が最大値に至るまでに0.3秒ほどかかるとされる[7]。しかし，例えば全力疾走などにおいては各ステップの接地時間はこれより短く，より短時間で大きな力を発揮する必要がある。力の立ち上がり率には神経系の要因が関与するほか，腱の弾性（ゆるみ）などが影響する。反射的な神経活動や予備緊張などが，筋力の立ち上がりを素早くさせることに貢献する。

　4つ目は，腱などに備わる弾性要素の影響である。筋は腱を介して骨につながるが，腱には力が加わると伸張されるというバネに似た特性がある。筋が力を発揮すると，腱は伸ばされながら骨に力を伝達する。伸ばされた腱には弾性エネルギーが蓄積し，腱が短縮する際にはこれが筋や骨格へ放出される（⇒ **2-15**）。腱の長さや硬さに依存して，筋収縮の動態も異なるものになる。長くよく伸びる腱を有する骨格筋は，筋自体が短縮しやすく（伸張しにくく）なる。縄跳びなどの跳躍運動では，下腿三頭筋とアキレス腱は一度引き伸ばされてから短縮するが，その長さ変化はほぼ腱の伸張によるものである。筋自体は遠心性から等尺性に移行するような収縮を行い，パワー発揮が小さくエネルギー消費は少なく済む。このような筋収縮様式は伸張 – 短縮サイクルと呼ばれる（**図 2.0.3**）。(TM[1])

● 2-1　筋力とは

　筋力とは筋または筋群の収縮力のことを指す。筋線維は，収縮速度が速く大きな力を発揮できるが力発揮の持続力に乏しい速筋線維と，力発揮は小さいものの収縮の持続時間が長い遅筋線維の 2 つに大別される。筋力は，速筋線維のうちでもより収縮速度と発揮できる力の大きいタイプ IIx 線維の収縮によってなされる力発揮の大きさに大きく起因している。筋力の大きさは筋の横断面積に比例して大きくなるといわれており，筋力トレーニングにより発揮できる力が大きくなった筋は横断面積も大きく（太く）なる。また，筋力発揮の大きさはその筋が占める速筋線維と遅筋線維との割合（筋線維組成）によっても異なる。上記の通り，タイプ IIx 線維の動員が筋力の大きさに影響を及ぼしていることからみると，同じ横断面積でも速筋線維，特にタイプ IIx 線維を多く含んでいる筋の方が発揮できる力は大きくなる。

　筋線維の組成はトレーニングなどで変化させることはできないが，速筋線維，特にタイプ IIx 線維は遅筋線維であるタイプ I と比較してより肥大しやすいという特性を持っていることから，積極的に筋力トレーニングを行うことで，その部位のタイプ IIx 線維を選択的に肥大させることは可能である。

　筋力を改善するためには筋活動に負荷抵抗を与えるレジスタンストレーニング（いわゆる筋力トレーニング）を行う必要がある。この際，少ない回数しか反復できないようなより高い負荷のレジスタンストレーニングを行うと，筋肥大には有効とされている。レジスタンストレーニングにより筋肥大が起こるメカニズムは，レジスタンストレーニングなどを行うとその負荷により筋線維（筋細胞）に微細な傷が生じる。この後の回復期にタンパク質を多く含んだ栄養と十分な休養をとることで，成長ホルモンの影響により超回復が起こり肥大する。筋力には，レジスタンストレーニングなどの際に発揮される見かけの筋力と，実際にその筋が持つ真の筋力がある。(JT)

● 2-2　最大筋力

　筋が発揮できる力の最大値を**最大筋力**と呼ぶ。筋には力 – 速度関係があり，短縮速度が高いほど収縮力は小さくなるため，狭義での最大筋力は，等尺性収縮で発揮できる筋力の最大値（等尺性最大筋力）のことを意味する。しかし広義では，ある決められた条件下で発揮できる筋力の最大値を全般的に指す場合も多い。例えば，ダンベルやバーベルを用いたレジスタンス運動における 1 回だけ挙上可能な重量（1 RM：repetition maximum）も，広義での最大筋力を表わす指標の 1 つである（**図2.2**）。

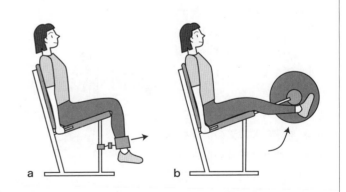

図2.2　最大筋力の測定方法。a：等尺性最大筋力，b：1 RM

　最大筋力を決定する生理学的因子は主に 2 つある。1 つ目は筋の太さ（**筋横断面積**）である。1 本 1 本の筋線維が太く，筋全体が太いほど，発揮できる筋力は大きくなる。羽状筋では並列に並ぶ筋線維が多く，実質的な筋横断面積が大きくなるため，筋力もより大きくなる。2 つ目は筋を収縮させる神経系の要因である。随意的な筋収縮においては，多くの筋線維を動員することができるほど，筋力は大きくなる。(TM[1])

● 2-3　筋力発揮の様式（等尺性・等張性・等速性）

　筋の力発揮は，等尺性，等張性，等速性など，いくつかの様式に分類して考えることができる。

　等尺性（アイソメトリック）の筋力発揮とは，筋の長さが一定のままで力を発揮することをいう。手で物を掴む際の前腕筋群，立位姿勢を保持する際の足関節底屈筋群など，日常生活の中でも等尺性の筋力発揮はしばしば行われている。筋には力－長さ関係という特性があり，同じ等尺性の筋力発揮であっても，筋の長さ（関節の角度）に依存して発揮できる筋力は変化する。多くの関節では，日常でよく用いる角度範囲で大きな力を発揮できるようになっている（図2.3.1）。

　等張性（アイソトニック）の筋力発揮とは，筋にかかる張力が一定となる条件で力を発揮することをいう。物をゆっくりと持ち上げたり動かしたりする際などに，等張性の筋力発揮が現れる。例え物体の重さが一定であっても，これを一気に加速させて素早く動かそうとすれば筋の力発揮は大きくなり，厳密には等張性の筋力発揮とはいい難くなる。しかし，慣習的にはこのような場合も含めて，動かす物体の重さが一定である場合を広く等張性と表現することが多い（図2.3.2）。

　等速性（アイソキネティック）の筋力発揮とは，筋の収縮速度が一定となる条件で力を発揮することをいう。日常生活の中でこの条件が厳密に成り立つことはほとんどなく，専用機器を用いて動的筋力を測定する場合などにおいてのみ現れる筋力発揮の様式である。筋には力－速度関係という特性があり，収縮速度が高いほど筋が発揮できる力は小さくなる。このような収縮特性を把握しやすいことから，等速性の筋力発揮はアスリートを対象とした専門的な筋力評価や筋生理学分野の研究などにおいてよく用いられている（図2.3.3）。(TM[1])

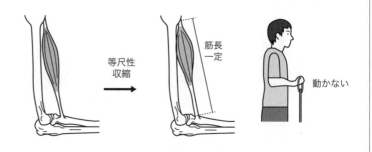

図2.3.1　等尺性収縮
筋の長さが一定のままで力を発揮することを等尺性収縮という。

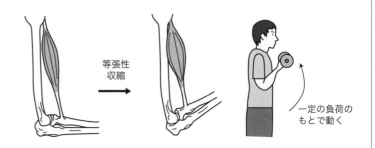

図2.3.2　等張性収縮
筋にかかる張力が一定となる条件で力を発揮することを等張性収縮という。

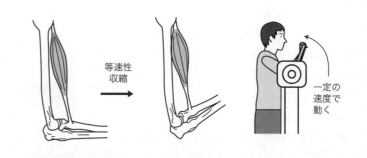

図2.3.3　等速性収縮
筋の収縮速度が一定となる条件で力を発揮することを等速性収縮という。

● 2-4　伸張性収縮

　筋は通常の仕事において力を発揮する場合，筋長を縮めながら力を発揮している。このことを短縮というが，実際の筋活動では筋は短縮しながら力発揮をする以外の状況も多々生じてくる。筋が短縮しながら力発揮することを**短縮性収縮**というが，この状況下では仕事は自分の思い通りに遂行されている状況である。つまり，物を持ち上げたい，あるいは物を手前に引っ張りたいなどの際の筋活動は，すべて短縮性収縮となっている。

　しかし，筋が短縮しながら筋収縮できない条件，つまり物が重くて支えられない状況などでは，筋は引き伸ばされながら張力を発揮することになる。この筋収縮のことを**伸張性収縮**という。伸張性収縮が起こっている状況とは，例えば腕相撲で相手の方が力が強い場合に，組み合った手は自分の目的と反対側に移動してしまう。この際に上腕の筋群は引き伸ばされながら力発揮することになる。つまり，自分の能力以上の力発揮をしなければならない状況では，筋は伸張性収縮により力発揮をすることとなる。

　筋収縮にはもう 1 つ，等尺性収縮というものもある。前述の腕相撲を例にとると，相手との力が拮抗していて両者とも動かない場合，筋は全力で力発揮しているにもかかわらず，発揮している筋の長さは一定となる。このような状況下で筋は**等尺性収縮**する。

　伸張性収縮は自身の最大努力を超えた仕事が要求された際に生じる筋収縮パターンなので，その後の筋に生じるダメージも大きくなる。筋が引き伸ばされながら力発揮しているため，伸張性収縮が繰り返された後，筋は激しい筋痛を生じることとなる。この筋痛は通常のものよりも遅れて生じることが多く，さらにその後数日痛みが継続する場合が多い。この筋痛のことを**遅発性筋痛**といい，伸張性収縮を繰り返した際の代表的なダメージといえる。

　山登りを例に挙げると，登りよりも下りの際に筋のダメージが大きくなるということは一般に知られているが，下坂に対するブロック動作で伸張性収縮が繰り返されることに起因する。(JT)

● 2-5　見かけの筋力と真の筋力

　四肢の先端で物体に力を加える時，これを支える関節の筋群はどの程度の筋力を発揮しているだろうか。これらの筋群の多くは関節の近くに付着部があり，第 3 種のテコの仕組みによって物体へ力を加えている。例え物体の質量が小さく，これを支えたり動かしたりすることに必要な力がわずかなものであったとしても，関節からの距離の比に応じて筋はそれよりも大きな力を発揮する必要がある（**図 2.5**）。

　関節の多くが第 3 のテコの構造をとる利点の 1 つは，筋の短縮が小さくても四肢の大きくダイナミックな動作を作り出すことができることにある。しかしこれを達成するためには，筋が四肢先端での出力よりも非常に大きな筋力発揮をする必要があることが理解できる。物体を急激に加速させようとする場合には，必要となる筋力はさらに大きなものとなる。小さなボールであっても，高速に投げるためにはトレーニングが必要となるのはこのためである。(TM[1])

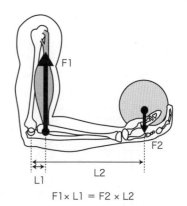

$$F1 \times L1 = F2 \times L2$$

図 2.5　骨格筋が発揮している真の筋力（F1）
L1/L2 をテコ比といい，F2 の重さにテコ比をかけたものが真の筋力（F1）となる。上腕のテコ比は 4.9 くらいであり，例えば手に 20 kg の重りを持った時上腕二頭筋は 98 kg（4.9×20 kg）の収縮力を発揮していることになる。

● 2-6　筋のパワー発揮

　筋が発揮する**パワー**は，筋力と筋収縮速度の積として計算することができる。大きな筋力を速い筋収縮の中で発揮することができれば，筋のパワー発揮は大きくなる。ただし，筋には力−速度関係と呼ばれる特性があり，収縮速度が高いほど発揮できる力は小さくなる。よって，現実的には筋力と筋収縮速度とがほどよく両立される際に筋の発揮パワーは最大となる（**図2.6.1**）。

　単一筋の収縮や単関節運動においては，力−速度関係は双曲線の形をしている。ここからパワーを計算すると，力発揮が最大値の30〜35%程度となる時にパワー発揮が最大となる[2,3]。一方，日常生活でもよくみられるような多関節運動（脚伸展，自転車ペダリングなど）では，力−速度関係はより直線的であり[1]，パワー発揮が最大となるのは力や運動速度が最大の50%程度となる時である。

　スポーツなどにおいては，筋の発揮パワーが運動パフォーマンスと強く関連する。ただし，筋がパワー発揮をする条件は運動に依存し，必ずしもパワー発揮を最大に行える条件とは一致しない。投げる，振る，跳ぶ，走るなど四肢の高速な動作を伴う運動では，速い筋収縮条件でのパワー発揮が重要となる。一方でラグビーのスクラムなどでは，筋がほとんど短縮せず，ほぼ等尺性に近い条件でのパワー（力）発揮が求められる。自転車ペダリングなどでは，ギア比を調整することで自身のパワー発揮に最適な条件を作り出すことも可能である（**図2.6.2**）。

　筋が発揮できるパワーを決める生理学的因子には，筋線維組成，筋横断面積，神経系要因などが挙げられる。速筋線維を多く含む筋は収縮速度に優れており，特に速い筋収縮条件でのパワー発揮に有利である。筋横断面積が大きい筋では，大きな筋力を発揮できることから，パワー発揮にも有利となる。神経系要因は，パワー発揮のために多くの筋線維を動員できるかに関連するものであり，その動員率は筋収縮条件（収縮速度など）によっても異なる。(TM[1])

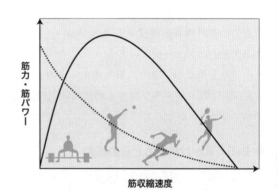

図2.6.2　各種スポーツにおいて筋パワーが発揮される収縮速度条件

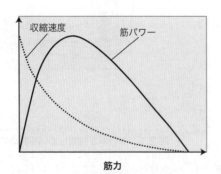

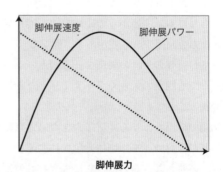

図2.6.1　筋の力−速度−パワー関係（a）と多関節運動の力−速度−パワー関係（b）

● 2-7　パワーの計算方法

ある物体に力を加えて位置を変化させた時，力を発揮した者はその物体に仕事をしたといい，その仕事量は力と位置変位の積によって表わされる。仕事量の単位はジュール（J）であるが，これはニュートンメートル（Nm）と等価であり，物体を１Ｎの力で１ｍ動かすことを意味する。

仕事量は時間的概念のない物理量であり，ある仕事を行うために何秒かかったとしてもその仕事量は同じである。これに対して，一定時間あたりに行われる仕事量を，**仕事率**もしくは**パワー**と呼ぶ。パワーの単位はワット（W）であるが，これはジュール毎秒（J/秒）やニュートンメートル毎秒（Nm/秒）と等価であり，物体を１Ｎの力で１秒に１ｍ動かすことを意味する（**図2.7**）。

パワーは，その定義に従えば，仕事量（J）を時間（秒）で割ることによって計算することができる。例えば，100 Nの摩擦力に対抗して物体を10 m動かせば1,000 Jの仕事量となり，これを10秒かけて行ったならば，この間の平均パワーは100 Wとなる。しかし，この計算は**図2.7**の式３のように変形することもでき，より現実的には各種センサーを用いて計測が可能な力（N）と速度（m/秒）の積としてパワーが計算される場合が多い。この方法によれば，力や速度が時々刻々と変化する様相を踏まえて，パワーの推移を詳細に評価することも可能である。平均パワーが100 Wとなる場合でも，瞬時のパワーはより大きなものとなっている場合がある。（TM[1]）

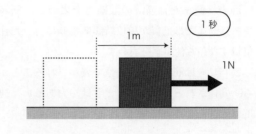

仕事量

$$1\,N \times 1\,m = 1\,Nm = 1\,J \qquad \text{〈式1〉}$$

パワー（仕事率）

$$1\,J \div 1\,秒 = 1\,J/秒 = 1\,W \qquad \text{〈式2〉}$$

$$1\,N \times 1\,m \div 1\,秒 = 1\,N \times 1\,m/秒 \qquad \text{〈式3〉}$$
$$= 1\,Nm/秒 = 1\,W$$

図2.7　パワーの計算方法
１Wは１Nの力で１秒間に１ｍ動かすこと。

TIDBIT 2-1

ニュートンとキログラム

ニュートン（N）は力の大きさを表わす単位で，重力加速度に依存する。一方**キログラム**（kg）は物体の質量を表わす単位である。キログラムはニュートンに変換することができるが，重力によってその大きさは変化する。地球上の重力加速度は $9.8\ m/s^2$ なので，１kgは9.8 Nということになる。キログラムは重さの単位としても知られているが，実はニュートンが重さを表わす単位である。地球上では重力を１として換算するため，１kgの物体は１kgの重さ（9.8 Nの重さ）を感じることができるが，無重力の状態では重力が０となるため１kgの物体の重さは０N（重さ０）となる。したがって，キログラムは重さの単位ではなく物体の質量の単位と表現する方が正しい。ちなみに月面では重力加速度が約 $1.6\ m/s^2$ となることから，１kgの質量の物体の重さは1.6 Nとなる。（JT）

● 2-8　筋力と筋パワーの関係

　筋力は筋または筋群の収縮力を表わし，**筋パワー**は筋または筋群が単位時間あたりに行った仕事量すなわち仕事率を表わす。

　筋パワーは筋力と速度の積で表わされることから，発揮されるパワーの大きさは，力あるいは速度に大きく影響される。**図2.12**はヒトの筋パワーの大きさを力と速度の関係からみたものである。前述の通り筋パワーは力と速度の積であることから，100％の力を発揮している場合，すなわち筋が等尺性収縮を行っている場合は物体の移動を生じないことから速度は0となり，筋パワーも0となる。一方で，100％の速度を発揮しているような場合，すなわち力の発揮がなされていない場合も筋パワーは0となる。

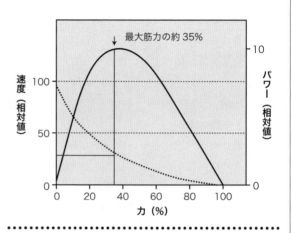

図2.8　力と速度の関係からみた筋パワーの大きさ

　力と速度の関係からみると，最大筋力の30〜60％の力を発揮している際にパワーは大きくなる傾向があり，トレーニングに依存するものの最大筋力の35％程度の力発揮をしている時に発揮される筋パワーは最大となる（**図2.8**）。(JT)

● 2-9　運動単位の分類

　単一のα運動ニューロンとそれによって活動を支配されている筋線維群を**運動単位**と呼ぶ。それぞれの骨格筋には500〜2,000ほどの運動単位が含まれる。運動単位は筋活動が生じる際の最も小さな機能的単位であり，同じ運動単位に含まれる筋線維は収縮をともにする。

　それぞれの運動単位はある特定の筋線維タイプでほぼ構成されている。また，この筋線維タイプと関連しながら，運動単位に含まれる筋線維数（神経支配比）やα運動ニューロンの細胞体の大きさなどに特徴がみられる。

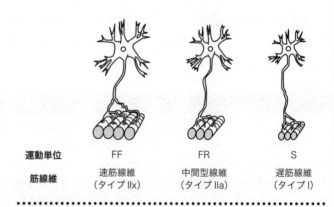

図2.9　運動単位の分類

この特徴に基づくと，運動単位はS，FR，FFの3つのタイプに大別され，その収縮特性や随意的筋収縮において動員される順序が決まる。

　指先や眼のまわりなど繊細な動作が求められる筋群では，大腿部などにある大きな筋群と比べて神経支配比が小さい。より多くの運動単位で筋を支配することによって，筋収縮をより精細に制御できるようになると考えられる（**図2.9**）。(TM[1])

● 2-10　主働筋と拮抗筋

　関節にある動作を行わせる際，その動作を生じさせる中心的な役割を担う筋を**主働筋**と呼ぶ。一方で，それとは反対方向への動きを生じさせる筋のことを**拮抗筋**と呼ぶ。肘関節を屈曲させる際には上腕二頭筋が主働筋となり，上腕三頭筋は拮抗筋となる。これとは反対に，肘関節を伸展させる際には上腕三頭筋が主働筋となり，上腕二頭筋が拮抗筋となる（**図2.10**）。

　拮抗筋の収縮は主働筋の作用を相殺してしまうため，運動の効率性のみから考えると拮抗筋の活動は小さいほうが望ましい。しかしながら，様々な運動において拮抗筋は少なからず活動する。関節の動きや力発揮を正確に制御したい場合や関節を高速に動かそうとする場合などに拮抗筋は活動しやすく，運動の精度を高めること，障害発生を防ぐことなどに貢献している。習熟していない動作を行う際にも拮抗筋に活動が生じやすいが，動作への習熟とともにその活動は必要最小限のものへと変化していく。(TM[1])

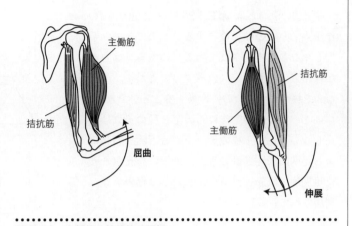

図2.10　主働筋と拮抗筋の関係

● 2-11　第1種のテコ（安定性の確保）

　第1種のテコとは，**図2.11**のように支点を中心に力点と荷重点が左右両端にあるテコで，大きな物を小さな力で動かすのに利用される。くぎ抜きなどがこの例にあたる。ヒトの運動に置き換えると，中央の関節を支点として末端の作用点を逆側の筋で持ち上げるという動作となる。この動作は，支点の肘関節に対して手の作用点に対して力点である上腕三頭筋を伸展させる運動や，足関節を支点として力点の下腿三頭筋で足関節を底屈させる運動などと同様である。この動作は安定性が高いことから，重力に抗して体を支える運動に多くみられる。(JT)

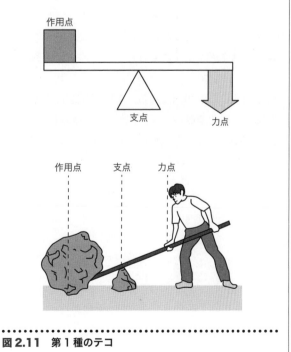

図2.11　第1種のテコ

● 2-12　第2種のテコ（力の増強）

　第2種のテコとは,**図2.12**に示した通り支点,作用点,力点の順に位置するテコのことで,手押し車などで応用されている。このテコは力点が作用点よりも遠くに位置することから,小さな力を極めて大きな力に変換することができる。原則としてヒトの動作にこの第2種のテコは存在しないが,第1種のテコである下腿三頭筋による足関節底屈運動のうち,母指球を支点とした足関節の底屈運動では,この第2種のテコが利用されている。(JT)

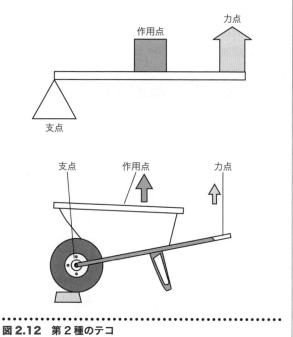

図2.12　第2種のテコ

● 2-13　第3種のテコ（速さ・大きさの増強）

　第3種のテコは力点を中心に置き,支点と作用点がそれぞれ両端にあるテコのことで,ピンセットやトングがこれにあたる（**図2.13**）。このテコは作用点が端にあるため力学的には不利だが,作用点での大きな動き,あるいは高い速度を出すことが可能になる。上腕二頭筋による肘関節の屈曲運動や大腿四頭筋による膝関節の伸展運動など,ヒトの動作の多くがこの第3種のテコを利用している。(JT)

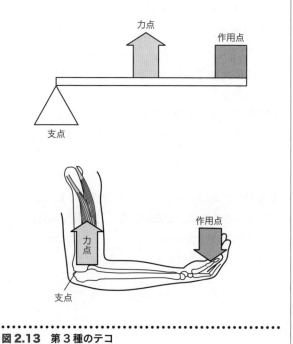

図2.13　第3種のテコ

● 2-14　関節角度で筋力が変わるわけ

　ヒトの筋活動は 1 つ以上の関節をまたいで行われることが一般的である。これは解剖学上，筋が靱帯と腱を介して関節をまたいで付着する構造に起因する。この構造により，筋が収縮することで関節が折れ曲がり（回転し），身体各部位の動作が起こる。運動は，筋収縮によって 1 つの関節のみが動く**単関節運動**と，複数の関節が動く**多関節運動**に分けることができる。代表的な単関節運動のアームカールを例にとると，肘関節を挟んだ上腕と前腕の骨と重りを動かす筋との間に「テコ」の原理が生じる（⇒ **2-13**）。

　これにより関節角度によって筋の力発揮は変わってくる。上記のアームカールで用いられる肘関節の屈曲運動では，最大屈曲位（肘関節角度 30° 程度）と最大伸展位では力発揮が小さく，肘屈曲中間位（肘関節角度 90° 程度）では最も高い力発揮がみられる（**図 2.14**）。(JT)

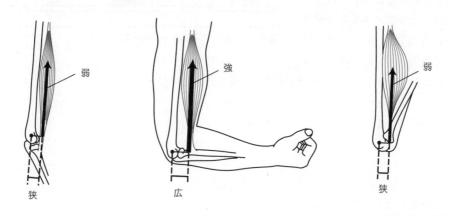

図 2.14　関節角度と力発揮
肘屈曲筋力の大きさは，肘の関節角度によって異なる。
（文献 5 より引用）

TIDBIT 2-2

関節角度特異性（アイソメトリクス）

　アイソメトリクスとは等尺性運動のことであり，筋が張力を発揮する際に筋の長さに変化が生じない状態のことをいう。腕相撲を例に挙げると，両者の力が拮抗し 1 歩も譲らないような状態では，互いに最大努力の力発揮をしているものの，それぞれの筋長は一定のままである。解剖学上，ヒトの筋は靱帯と腱を介して関節をまたいで付着している。したがって，筋が収縮することで関節が折れ曲がり（回転し）身体各部の動作が起こる。いずれの関節運動も回転運動として表わすことができ，その大きさに応じて筋力トルクが発生する。アイソメトリクスによる力発揮の大きさを表わす場合，運動する関節角度によってその発揮筋力は大きく異なる。例えば肘屈曲運動では，中間位である関節角度 90° 程度の時に最も大きな力が発揮される。一方で，最大伸展位である 180°程度や最大屈曲位である 30° 程度では，発揮できる筋力は最も小さくなる。(JT)

■ 2-15 弾性エネルギーとプライオメトリックトレーニング

筋と骨とを繋ぐ腱には，力が加わると伸張され力が抜けると短縮するという，バネに似た特性がある。筋が力を発揮すると，腱は伸ばされながら骨に力を伝達する。腱が伸張される際にはここに弾性エネルギーが蓄積し，短縮時にはこれが筋や骨格へ放出（再利用）される。

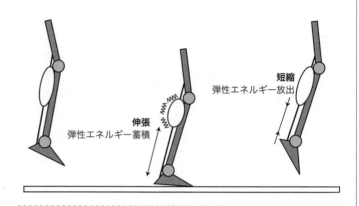

図2.15 弾性エネルギーの再利用

縄跳びなどの跳躍運動では，着地時に腱に蓄積された弾性エネルギーがその後の跳躍に再利用されることで，運動が効率よく行われる。筋と腱は一度引き伸ばされてから短縮するが，その長さ変化の大部分は腱の伸張によるものである[4]。筋自体のパワー発揮は小さく，エネルギー消費は少なく済む。これを効果的に行うためには，着地にあわせて下肢筋の力を適時に高める必要がある。この力発揮を動作実践の中で向上させるトレーニングを，プライオメトリックトレーニングと呼ぶ。ドロップジャンプやバウンディングがその例である（図2.15）。(TM[1])

● 2-16 アナボリックステロイド

男性ホルモンや女性ホルモンをステロイドホルモンというが，**アナボリックステロイドは男性ホルモン**であるテストステロンに類似した性ホルモンであり，食物などで摂取した物質からタンパク質を作り出すタンパク同化作用を持つ。

アナボリックステロイドには，タンパク質の合成を高め，アミノ酸の分解を抑制する働きがある。本来は，テストステロンの分泌を改善するなどの目的で使用されるもので，筋肉注射あるいは経口投与により体内に注入される。アナボリックステロイドを摂取すると筋力とパワーが増大し，過度な筋肥大を引き起こす。このような作用を利用するために，短距離種目のアスリートやパワーリフター，ボディービルダーなどがドーピング目的で使用することが多く，最も有名なドーピング禁止薬物の1つといえる。

アナボリックステロイドは，細胞組織の修復能力を高めたり，疲労の発現を遅延させたりする効果もあることから，摂取すると激しいトレーニングを繰り返すことも可能となり，ドーピングにみられるように異常に高いパフォーマンスを発揮できるようになることもある。この間，アスリートは非常に攻撃的になり，自信にあふれた言動も多くみられるようになる。

一方で，ジュニア世代のアスリートがアナボリックステロイドを摂取した場合，骨の成長に悪影響が及ぶ。また，男性アスリートがアナボリックステロイドを過剰に摂取した場合，睾丸が萎縮し，精子の産生に影響が及ぶ。女性アスリートでは，声が低くなったりヒゲが生えるなどの男性化が生じる。さらに，攻撃的な精神状態からやがて凶暴化したり，肝臓や心臓の機能に障害が起きるなど，重篤な症状が起こることも多い。

これまで，パワー系種目のアスリートで，アナボリックステロイドの過剰摂取によるとみられる死亡事故が数多く報告されている。(JT)

● 2-17　筋持久力

　ある動作を持続的に反復するために，特定の筋が収縮を繰り返し続ける能力のことを，**筋持久力**（動的筋持久力）と呼ぶ。動作を反復できる回数がこの能力を評価する指標となる。発揮される筋力の大きさに反比例して，反復回数は少なくなる。呼吸循環器系の機能などが関与する全身性持久力に対して，筋持久力は末梢性の持久力を表わす概念といえる。なお腕を横に広げて同じ姿勢で何分保持できるかというように，動きを伴わないものを，静的筋持久力として区別することもある。

　筋持久力にかかわる生理学的因子には，筋線維組成（筋線維タイプ）やミトコンドリア密度，毛細血管密度などが挙げられる。筋を構成する筋線維は，持久性の高い遅筋線維（タイプ I 筋線維）と，持久性が乏しいかわりに素早い筋収縮を得意とする速筋線維（タイプ II 筋線維）に大別される。遅筋線維にはミトコンドリアが豊富に存在しており，有酸素系による持続的なエネルギー供給を行うことが得意である。また，遅筋線維では毛細血管が発達し，さらには筋内での酸素運搬を担うミオグロビンも多く含まれていることから，酸素供給にも優れている。これらの特徴が，持久的な筋収縮を可能とさせている。

　筋線維組成は先天的な要因に強く依存して決まるとされている。しかし，速筋線維においてもトレーニングを行うことでミトコンドリアや毛細血管が増加し，後天的に持久性を向上させることができる。持久性を備えた速筋線維は中間型筋線維（タイプ IIa 筋線維）と呼ばれる（**図 2.17**）。(TM[1])

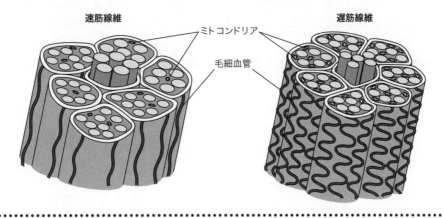

図 2.17　速筋線維と遅筋線維
遅筋線維はミトコンドリアが豊富で毛細血管が発達している。
（文献 6 より引用）

TIDBIT 2-3

サイズの原理の例外

　運動のための筋収縮には，まず小さな運動単位から動員され，大きな運動単位が動員されるようになると力発揮も大きくなるという順序性が存在する。これを**サイズの原理**といい，運動の最初は小さな運動単位すなわちエネルギー効率のよい遅筋線維が，その後運動強度が上がるにしたがって大きな運動単位すなわち速筋線維が動員されるようになる。ところが，一瞬にして大きな力発揮が必要な場合，例えばドロップジャンプなどを行う場合や，下り坂をダッシュするような伸張性収縮を必要とするような運動では，サイズの原理にしたがって動員する運動単位を増加させていては間に合わない。このような運動には，最初から大きな運動単位が動員される。

　一般に，小さな運動単位は遅筋線維，大きな運動単位は速筋線維で構成されていることから，瞬間的に大きな力発揮をする場合，遅筋線維から動員しては非常に効率が悪い。したがって，最初から速筋線維を動員する。(JT)

● 2-18　心理的限界と生理的限界

　随意運動は，脳からの指令によってなされるヒトの運動（筋活動）である。日常生活やスポーツ活動の場面で発揮される筋活動の能力の限界は，生活水準の強度やトレーニングに依存する。この発揮される能力（筋力，筋パワー，筋持久力）の限界には心理的限界と生理的限界が存在する。

　上述の通り，随意運動におけるヒトの筋活動は，原則として脳からの指令によってなされている。したがって，神経−筋協調能における出力の限界が**心理的限界**ということになる。この神経−筋の機能的限界は，筋活動を行う条件によって左右される。特別な条件下に置かれていない状況では，上位中枢の抑制反応（防衛反応）により発揮される限界は，本来筋が持つ限界（生理的限界）の7割程度に止められているといわれている。ところが，危機迫ったような条件下で発揮されるいわゆる「火事場の馬鹿力」は，生理的限界の9割にも達する力発揮を可能にするといわれる。

　以上より，トップアスリートは常に「火事場の馬鹿力」を発揮させるために，力発揮の際に大声を出したり（シャウト効果），自身を極限まで追い込むような精神状態を作ったりすることで，心理的限界を高める工夫をしており，実際に通常の心理的限界を超える力発揮を実現している。

　一方で**生理的限界**とは，筋本来の構造による限界ということができる。筋（筋群）が発揮できる能力（筋力）は，発揮する筋の横断面積に比例するといわれている。また，活動する筋（筋群）の組成にも影響を受ける。すなわち，速筋線維が多い筋（筋群）は遅筋線維が多い筋（筋群）よりも大きな力発揮ができることになる。その構造上の限界が生理的限界ということとなり，筋が絶対にそれ以上の力を発揮できない臨界点といえる。

　「火事場の馬鹿力」を発揮している状況は無意識である可能性もあるが，ヒトが意識的に心理的限界を生理的限界に近づけたとしても，本来筋の持つ構造的な限界すなわち生理的限界に達することは不可能である。生理的限界まで発揮させようとするのであれば，収縮させたい部位に電極を貼付し，EMS（electrical muscle stimulation）などの電気刺激を用いることで可能となる。しかしこの方法は，意識的になされる収縮ではなく，生理的限界を超えてしまった場合は筋断裂などの重篤な事故を生じる可能性があるため，避けるべきである。(JT)

TIDBIT 2-4

筋電図

　ヒトは様々な電気を発生しており，これを生体電気現象という。筋も同様に電気を発生しており，その放電量は力発揮によって異なる。この筋の放電量（活動電位）を測定したものが**筋電図**（electromyography：EMG）である。厳密には筋線維の活動電位を計測する機器であり，力発揮によってどの程度の筋線維が動員されたかを推量できる。

　筋電図で計測できるものは活動電位であり，力発揮が大きくなるほど活動電位も大きくなる。これは発揮した力の量を表わすのではなく，どれだけ多くの筋線維が動員されているか，すなわち運動単位の量を反映する。筋線維には安静時でも80〜90 mVの静止電位がある。筋電図では，筋の活動電位を時間経過ごとに細かく評価できるという特徴がある。

　筋電図の測定方法は，針筋電図と表面筋電図に大きく2分される。**針筋電図**は針電極を被検筋に刺して検査する方法で，評価したい筋を直接同定することが可能であるが，測定の際に疼痛を伴う。一方，**表面筋電図**は，表面電極を被検筋周辺の皮膚に添付し測定する方法である。疼痛を伴わない反面，被検筋を完全に同定できない可能性もある。(JT)

第3章　筋力のトレーニング

■ 要約

筋力トレーニングとは

　筋がより大きな力を発揮できるようにすることを主な目的として，筋-神経系に負荷を与えてその機能的な発達（適応）を促していくことを筋力トレーニングと呼ぶ（⇒ **3-1**）。力を強くするということからストレングストレーニングと呼ばれたり，筋収縮の抵抗となる負荷をかけた運動を用いることからレジスタンストレーニングとも呼ばれる。競技スポーツを行うアスリートはもちろん，一般人の健康づくり，高齢者の体力向上，トレーニング愛好家のワークアウトなどとして広く行われている。

　筋力トレーニングの様式は様々である。簡便に行うことができるものとしては，自分自身の体重を負荷とする腕立て伏せや懸垂，腹筋運動，自重スクワットなどが挙げられる。より高い負荷や多様な運動様式でトレーニングを行いたい場合には，ダンベルやバーベル，ウエイトマシン，ゴムバンドなどの器具が用いられる。また，ジャンプ運動やスロー運動を用いたトレーニングも，大きな筋力や筋パワーの発揮を目指すものであり，広義の筋力トレーニングに含まれる。

　筋力を高めるためには，日常生活よりも高い負荷（過負荷）を筋-神経系に与えてより大きな力発揮を行うための身体適応を生じさせる必要がある。筋力は力を生み出す器官である筋の機能のみでなく，筋の収縮を制御する神経系の機能にも依存する。筋力トレーニングは筋と神経系の両方に適応をもたらす（⇒ **3-2**）。

神経系の適応

　筋力トレーニングを開始して早期に適応が現れるのは神経系である。筋にはα運動ニューロンが多数接続されており，筋を構成する筋線維はそのいずれかによって活動を制御（支配）され，運動単位を形成している。随意的な力発揮においては，動員される運動単位が多いほど力が大きくなる。しかし，全ての運動単位（筋線維）を随意的に動員できる者は稀であり，一般人では最大努力で力発揮を行っても70％程度の筋線維しか活動していなかったとする研究もある[1]。大きな力を発揮することは筋や腱，関節の損傷につながる可能性があるため，過度の力発揮を防ぐ機能が神経系に備えられていると考えられる。筋力トレーニングは，この神経系における筋活動の抑制を小さくし，より多くの筋線維を動員できるようにするとともに，各運動単位に伝えられる神経インパルスの発火頻度を増大させ，筋の興奮水準を高める[35]（図3.0.1）。その結果として，筋が本来持つ力発揮機能がより高い水準で発揮されるようになり，筋力が向上する（⇒ **3-6**）。

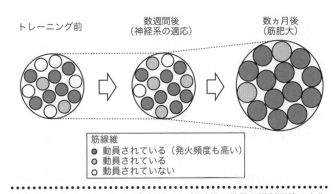

トレーニング前　　数週間後（神経系の適応）　　数ヵ月後（筋肥大）

筋線維
● 動員されている（発火頻度も高い）
● 動員されている
○ 動員されていない

図3.0.1　筋力トレーニングがもたらす筋線維の動員と横断面積の変化

　神経系にこれらの適応を生じさせるためには，多くの筋線維を強く興奮させるような力発揮を筋力トレーニングにおいて繰り返し実践していくことが重要となる。トレーニングを開始した初期においては，中程度のトレーニング負荷であっても日常より高い水準で筋線維を動員することとなり，神経系の適応が生じていく。しかし，その動員水準に神経系が十分に適応して（慣れて）しまうと，適応はそれ以上生じにくくなる。神経系の適応をさらに限界近くまで引き出すためには，より高い水準で筋線維を動員して興奮させるような高負荷のトレーニングに挑戦していく必要がある。

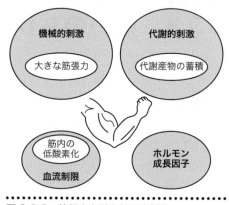

図 3.0.2　筋肥大を引き起こす刺激

筋肥大

　初期の神経系の適応に続き，筋力トレーニングは筋にも適応をもたらす。その最も特徴的な変化は，筋の肥大である。収縮器官である筋線維 1 本 1 本の横断面積が大きくなることで筋全体が太くなり，それとともに筋力も向上していく（図 3.0.1）。筋線維の本数増加が筋肥大に貢献する可能性も指摘されているが，その貢献は現実的には小さいようである[27,30]。筋肥大は，筋タンパク質（アクチンやミオシンなど）が新たに合成され，筋線維を構成している筋原線維が増えることによって生じる。筋へかかる強い張力（機械的刺激）や，筋内のエネルギー代謝産物の蓄積（代謝的刺激），これらに誘発されて生じるホルモンや成長因子の分泌などが，筋タンパク質合成を亢進させるシグナルとなる[22〜24,52]（図 3.0.2）（⇒ 3-3）。なお，持久性トレーニングは筋タンパク質合成を抑制するシグナルを生じさせるため，筋力トレーニングとともに持久性トレーニングを行うと筋肥大の効果が得られにくくなる[7,34]。

筋線維の変化

　筋力トレーニングは，筋線維の横断面積の変化のみでなく，その収縮特性にも変化を生じさせる。筋線維はこれを構成する収縮タンパク質（ミオシン）のタイプによって収縮特性が異なり，遅筋線維はタイプ I，速筋線維はタイプ IIx とタイプ IIa に分類される。タイプ IIx は収縮速度が高いが持久性に乏しいいわゆる速筋線維であるのに対して，タイプ IIa は速筋線維であるものの持久性の高い中間型の筋線維である。筋力トレーニングは，タイプ IIx からタイプ IIa への移行をしばしば生じさせる[13]（⇒ 3-4）。筋肥大を引き起こしやすい高負荷で高反復回数（高容量）のトレーニングが，速筋線維の持久性を高める適応（遅筋化）を生じさせていると考えられる。逆方向へのタイプ移行，つまりタイプ I からタイプ II への移行も，非常に少例ではあるものの，爆発的な力発揮を用いたトレーニングなどにおいて確認されている[25,31]。トレーニング刺激の内容（筋収縮の速度など）が，タイプ移行の方向へ影響している可能性がある。

エネルギー供給機構の変化

　筋のエネルギー供給機構に対しても，筋力トレーニングは影響を及ぼす。高強度の力発揮では無酸素性のエネルギー供給機構であるクレアチンリン酸系と解糖系が主に動員されるが，筋力トレーニングはこれらにかかわる酵素の活性を高めたり，エネルギー基質（クレアチンリン酸，グリコーゲン）の筋内含有量を増加

させることで，その機能を強化する[11,16,28,44]。ただし，筋肥大が顕著に生じるような場合にはこれらの変化が相対的に「薄まる」こととなり，酵素活性が低下する例が認められる[48]（⇒ **3-7**）。有酸素性（酸化系）エネルギー供給機構に関しても同様に，筋力トレーニングは酸化系の酵素活性を高めうるが[11,21,44]，筋肥大とともにこれが低下する場合がある[10]。また，酸化系エネルギー産生を担うミトコンドリアや酸素供給を担う毛細血管の密度も，筋肥大とともにしばしば低下が生じる[26,29,47]。これらを顕著に向上させようとするならば，筋力トレーニングよりもスプリントトレーニングや持久性トレーニングを用いる方が適している。

表 3.0.1　トレーニングの内容と効果の関係

トレーニングの狙い	トレーニング負荷（1 RM に対する相対値）	反復回数の目安
神経系の適応	85%以上	6 回以下
筋肥大	85〜67%	6〜12 回
筋持久力	67%以下	12 回以上

（文献 3 を参考に作成）

トレーニングの負荷と回数

　実際に筋力トレーニングを行う際には，その目的や実施者の特性などに応じてトレーニングの内容が検討される。筋力トレーニングの目的には，アスリートの競技力向上から高齢者の体力づくりまで様々なものがあるだろう。どのような身体的変化（適応）を求めるのか，どのような内容であれば継続的な実施が可能か，などを踏まえて計画を立てる必要がある。

　筋力トレーニングの効果は，負荷や反復回数などに応じて変化する。トレーニング内容と効果の対応は，一般的には**表 3.0.1** のように整理される[3]。ここでトレーニング負荷は 1 RM（repetition maximum）（1 回だけ動作を行うことができる最大の負荷重量）に対する比率で示されている。表中にある「神経系の適応」とは，トレーニング開始初期に認められる顕著な適応のことではなく，その後さらに限界近くまで神経系機能を高めようとする際のものである。1 RM の 85%以上は非常に高い負荷となり，多くとも 5, 6 回しか動作の反復を行うことはできない。筋はほぼ全ての筋線維を動員して高強度の収縮をせざるをえなくなるが，そのような力発揮を繰り返すことが神経系の適応を引き出す刺激となる。一方，「筋肥大」の効果を得たい場合には，1 RM の 67〜85%，6〜12 回ほど反復可能な負荷を用いて，トレーニングの容量（重さ × 回数）が大きくなるようにする。多くの機械的刺激を筋に与えるとともに，何度も動作を反復することで筋内のエネルギー代謝の環境を著しく変化させる（代謝的刺激）。これによって筋タンパク質合成を亢進させるシグナルが強く誘発され，筋肥大が生じる。1 RM の 67%を下回る負荷は，一般的には神経系の適応や筋肥大に対する効果は小さいとされており，筋力よりも筋の持久性を高めるためのトレーニングに利用される場合が多い。

筋力の評価

　トレーニング負荷を適切に決定するためには，定期的に筋力の評価を行うことが望ましい。なぜなら，筋力の向上に合わせて負荷を漸増させていく必要があるためである。実施者がアスリートであれば，スクワットなどの動作において 1 RM の測定が行われるだろう。負荷重量を少しずつ大きくしながら動作を試行し，適切に動作を 1 回実施できる重量の最大値を確認するというものである。ただし，1 RM の測定は高負荷を扱うことによる危険性が高く，広く一般に利用しやすい方法であるとはいいがたい。この代替として，3 回もしくは 5 回反復できる最大負荷重量（3 RM, 5 RM）などを測定して 1 RM を推定する方法もある[39]（**表**

3.0.2）。また，既定された負荷に対する反復可能回数で筋力を評価する方法もあり，かつて学校のスポーツテストなどで行われていた懸垂などはその例である。さらには，新体力テストにある30秒間上体起こしや，高齢者を対象として行われる30秒間椅子立ち上がりテストのように，時間制限を設けて反復回数を評価する場合もある。これらの評価から筋力の最大値を推定することは難しいが，高負荷を利用するトレーニングを実施しない者（児童や高齢者など）にとっては，安全性が高く簡便に筋力を評価できる有効な方法だといえる。

表3.0.2　最大反復回数と1RM負荷重量との関係

最大反復回数	1RMに対する相対値（%）
1	100
2	95
3	93
4	90
5	87
6	85
7	83
8	80
9	77
10	75

（文献39を参考に作成）

低負荷での筋力トレーニング

　高負荷を用いることは，筋力トレーニングに必須だろうか。かつては，筋肥大を引き起こすためには強い機械的刺激が必須であると考えられていたが，近年では必ずしもそうではないとする研究が多く示されている。例えば，血流を適度に制限して行うトレーニング（血流制限トレーニング）では，1RMの20〜50%という低負荷であっても，高負荷の筋力トレーニングと同等の筋肥大が生じる [32,40,42,43]（**図3.0.3**）。血流が制限されることによって筋への酸素供給が滞り筋内のエネルギー代謝産物が速く蓄積するとともに，これらが筋内に滞留すること，また酸素が不足する状況でも機能する解糖系エネルギー供給に優れた速筋線維が動員されやすくなることなどが，筋肥大を効果的に生じさせる要員だと考えられている [32]。また，筋

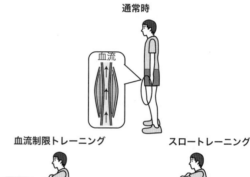

図3.0.3　血流制限を利用したトレーニング
血流制限トレーニングでは，上肢や下肢の根元部をバンドで縛ることによって血流を適度に制限する（専門家の管理下において実施する）。スロートレーニングでは，筋収縮によって生じる血流制限を応用する。筋収縮を保つために，動作は反動をつけずにゆっくりと，完全に立ち上がらない範囲で行う。

の張力を緩めずにゆっくりと動作を行うスロートレーニングは，筋収縮によって血流が制限された状態をセット中に維持することで同様の代謝的刺激を誘発するものであり，同様に低負荷でも筋肥大が生じる [45]。このような低負荷でも実施できる筋力トレーニングは，関節への負担や高重量を扱う危険性などが小さいことから，高齢者の体力づくりやリハビリテーションなどに適していると考えられる。

筋収縮条件を考慮した筋力トレーニング

　アスリートが競技力向上のために筋力トレーニングを行う場合には，最大筋力の向上を図るとともに，競技動作に近い筋収縮条件での力発揮を強化することにも留意される。神経系の適応，つまり筋線維の興奮水準が高まる適応は，トレーニング時と同じ筋収縮条件（姿勢，収縮速度，力立ち上げの瞬発性など）にしか

現れにくい。このように，トレーニング内容に対応する身体機能のみに適応が生じることは，トレーニングの特異性と呼ばれる（⇒ **3-9，3-10**）。競技中の力発揮は高速な動作の中で短時間のうちに行われる場合が多いが，これは高負荷のスクワットをゆっくりと行う力発揮とは大きく異なる。より瞬発的で爆発的な力発揮をトレーニングに含めることで，神経系は筋活動を瞬時に大きく立ち上げられるように適応していく。具体的には，スクワットジャンプなどのバリスティックトレーニング，ドロップジャンプなどのプライオメトリックトレーニングなどがこれに利用される（**図**

図 3.0.4　爆発的な力発揮の向上を目指したトレーニング
a：スクワットジャンプ，b：ドロップジャンプ

3.0.4）。これらは筋力と収縮速度の両面を重視したものとなることから，筋パワー（力 × 速度）向上を目的としたトレーニングとも表現される。このようなトレーニングを実施する際には，短時間で一気に力を立ち上げることを意識し，神経系にそのような適応が生じることを促すことが重要となる[5]。近年では，意図した筋収縮条件を達成できているかを確認するためにトレーニング動作の速度を毎回計測して，その計測値に基づいてトレーニングを管理する VBT（velocity based training）という試みも行われている[14]。

トレーニングの計画

　アスリートなどでは，筋肥大，最大筋力の向上，競技に近い筋収縮条件での筋力向上など，様々な狙いをもってトレーニングを行うことが求められる。それぞれの効果を得るために必要とされるトレーニングの内容は異なるが，これらを同時に行ってもトレーニング刺激が相殺されて効果が十分に得られない場合がある。そこで，アスリートの長期的なトレーニング計画を考える際には時期によってトレーニング内容を変化させ，時期ごとに狙いとする身体適応を効率的に得ていく工夫なども行われる。このような考えはピリオダイゼーション（期分け）と呼ばれ，現実的には競技会スケジュールなども考慮して期分けが行われることが一般的である（**図 3.0.5**）。試合のない準備期の筋力トレーニングは，筋肥大期，最大筋力期，専門的筋力期（筋パワー期）などの順で期分けする[8]。その後の試合期には，筋力を維持することなどに主眼を置いた筋力トレーニングが計画される。また，試合直前においてはトレーニング強度を低下させ（テーパリング），アスリートの身体コンディションが試合において最大限に高められるように図っていく（ピーキング）。このように長期と短期での計画性をもってトレーニングを実施していくことが，アスリートの体力と競技力を効果的に向上させていくうえで重要となる。（TM[I]）

長期サイクル	年間プラン						
	準備				試合		移行
筋力トレーニングの期分け	基礎	筋肥大	最大筋力	専門的筋力	筋力維持	中断	補償
中期サイクル							
短期サイクル							

トレーニング強度

中期 1　　中期 2

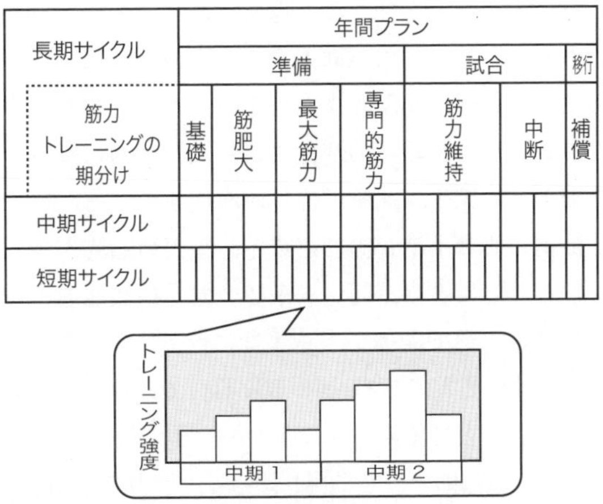

図 3.0.5　アスリートのピリオダイゼーション（期分け）例

● 3-1　筋力トレーニング

　筋力トレーニングとは，筋力の向上を目
的として筋－神経系に負荷を与え，その機
能的発達を促すものである。ストレングス
トレーニングやレジスタンストレーニング
などとも呼ばれる。筋力トレーニングには
様々な様式や方法がある。最も簡便に行う
ことができるのは腕立て伏せや腹筋運動な
どであり，自分自身の重さを負荷として利
用することから自重トレーニングと呼ばれ
る。より大きな負荷をかけたり運動様式を
増やしたりしたい場合には，ダンベルやバー
ベルのような重りを用いたウェイトトレー
ニングや，ゴムチューブなどの弾性素材を
用いたチューブトレーニングが行われる。

図3.1　様々な筋力トレーニングの様式

瞬発的な力発揮を向上させたい場合には各種ジャンプ運動などが用いられ，バリスティックトレーニングや
プライオメトリックトレーニングなどと呼ばれる。以上の例は大きな力発揮を繰り返し行うことで筋－神
経系の発達を促すものだが，小さな力発揮でも筋力向上を達成しようというトレーニング方法も存在する。
活動筋の血流を適度に制限して筋肥大効果を効率的に得ようとする血流制限トレーニングやスロートレー
ニングなどがその例である。(TM[1])

● 3-2　筋力向上の要因

　人の筋－神経系には可塑性があり，日常より
も大きな負荷がかけられると，これを克服する
ように機能を向上させ，負荷へ適応しようとす
る特性がある。筋力トレーニングは，筋－神経
系に大きな力発揮を繰り返し行わせるので，そ
の適応として筋力が向上する。筋力向上には主
に2つの要因が関与する。その1つ目は筋収縮
を制御する神経系の変化である。随意的に動員
できる筋線維（運動単位）が増加すること，筋
線維の興奮水準が高まること，などの適応が生
じることにより，筋が本来持つ力発揮機能をよ
り高い水準で発揮できるようになる。2つ目の

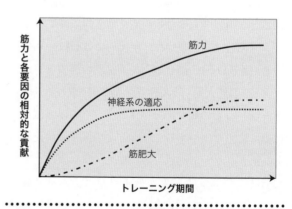

図3.2　筋力トレーニングによる筋力向上の推移

要因は筋肥大である。筋の収縮器官である筋線維1本1本の横断面積が大きくなることで筋全体が太くなり，
これとともに発揮できる筋力が大きくなる。初心者が筋力トレーニングを開始した場合，神経系の適応は
初めの数週間のうちに現れ始める。一方で，筋肥大の成果が実感できるようになるには少なくとも1〜3ヵ
月が必要である。(TM[1])

● 3-3　筋肥大のメカニズム

　筋の肥大は，筋タンパク質（アクチン，ミオシンなど）が合成されて筋線維が太くなることによって生じる。筋タンパク質は合成と分解が常に行われており，通常はそのバランスが均衡しているために筋線維の大きさは変わらない。筋力トレーニングは，筋タンパク質合成を強く亢進させることでこのバランスを崩す。合成が強められた状態が継続されると，筋タンパク質の総量は次第に増加し，筋は肥大していく。筋タンパク質の合成は，タンパク質リン酸化酵素である mTOR（mechanistic target of rapamycin）などによって調整されている。筋力トレーニングはこの mTOR を活性化させるシグナルを複数生じさせる。例えば，強い筋収縮によって生じる機械的刺激は，筋細胞膜上の機械受容器を活性化し，ホスファジン酸（phosphatidic acid：PA）と

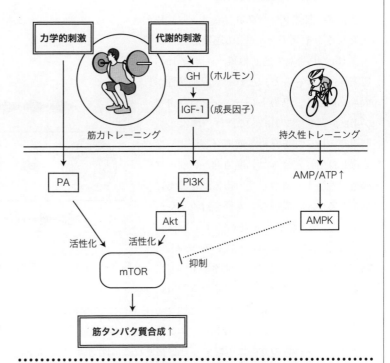

図 3.3　筋タンパク質合成を調整する mTOR にかかわるシグナル
四角で囲まれた記号は，シグナル伝達を仲介する物質を表わす（GH：成長ホルモン，IGF-1：インスリン様成長因子 1，PI3k：ホスファチジルイノシトール 3 キナーゼ，Akt：プロテインキナーゼ B，PA：ホスファジン酸，AMPK：AMP 活性化プロテインキナーゼ）。AMP／ATP：アデノシン 1 リン酸 − アデノシン 3 リン酸比

いう脂質分子の増加を介して mTOR を活性化させる[52]。また，代謝的刺激（筋内のエネルギー代謝産物の蓄積）によって分泌が誘発されるインスリン様成長因子 1（insulin growth factor1：IGF−1）も同様に mTOR を活性化させる[36]（**図 3.3**）。（TM[1]）

TIDBIT 3-1

RM

　スクワットやベンチプレスなどのトレーニング種目において，ある負荷重量に対して動作を反復できる最大回数のことを **RM**（repetition maximum，最大反復回数）と呼び，1 回だけ動作を行うことができる最大の負荷重量を 1 RM，3 回反復できる負荷重量を 3 RM などと呼ぶ。これらは筋力の評価指標として用いられる。1 RM は筋力トレーニングの負荷設定の基準として広く利用されている。例えば，筋肥大を狙う場合には 1 RM の 67 〜 85％の負荷重量を用いて 10 〜 13 回の動作反復，神経系の適応を狙う場合には 1 RM の 85％以上の負荷重量を用いて 5 〜 6 回の動作反復，といった目安が広く利用されている[3]。1 RM の測定においては，負荷重量を少しずつ大きくしながら動作を試行し，適切に 1 回実施できる重量の最大値を確認する。1 RM の測定は高負荷を扱うことによる危険性が高いことから，5 RM を測定し，これが 1 RM の約 87％に相当するという仮定に基づいて 1 RM を逆算するという代替方法などもしばしば用いられる[39]（**表 3.0.2**）。（TM[1]）

● 3-4　筋線維の機能的変化

　筋線維の収縮タンパク質（ミオシン）には異なるタイプ（タイプI：遅筋線維，タイプIIa：中間型の速筋線維，タイプIIx：速筋線維）が存在し，それぞれ収縮特性が大きく異なる。筋力トレーニングは，タイプIIxからタイプIIaへの移行，すなわち筋線維の持久性を高める適応（遅筋化）をしばしば生じさせる[13]。逆方向へのタイプ移行（速筋化）についての報告例は非常に稀であるが，爆発的な力発揮を行うトレーニング[25]や伸張性収縮を行うトレーニング[31]などにおいて認められている。しかし，瞬発的で大きな力発揮を長期的に実践しているパワー系アスリートにタイプII線維の

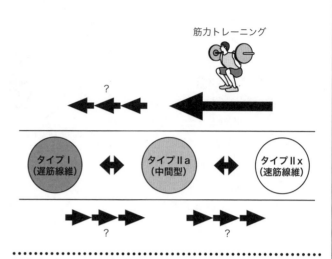

図3.4　トレーニングと筋線維タイプ移行

比率の高い者が多く確認されていることからも[38,46,50]，トレーニングによる筋線維の速筋化が生じる可能性はあると考えられる。筋力トレーニングやその他のトレーニングにおける筋収縮の速度や瞬発性などが，筋線維タイプ移行の方向に影響すると推察される（図3.4）。(TM[1])

● 3-5　筋の形態的変化

　筋力トレーニングによって筋は肥大する。筋は多くの筋線維からなるが，筋肥大はその筋線維1本1本の横断面積の増大によってもたらされる。筋線維の本数増加が筋肥大に貢献する可能性もあるが，その貢献は筋線維横断面積の増大に比べると小さい[27,30]。羽状筋においては，筋肥大の際に羽状角の増大がしばしば生じる[19,20]。このことは筋線維の力が筋全体の力へと変換される際の効率が低下してしまうことを意味するが，通常はその影響は小さく，筋力は筋線維横断面積の増大を反映して向上す

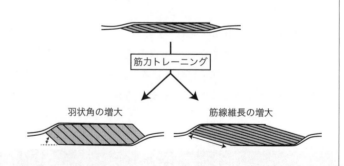

図3.5　羽状筋の筋肥大と形態変化

る。また，筋肥大とともに筋線維長の増大が生じる場合があることも報告されている[12,33]。これは，筋原線維に直列に並ぶ筋節（サルコメア）が新生されることによって生じる。羽状角や筋線維長の変化のしかたはトレーニング時の力発揮様式に依存している可能性があり，伸張性収縮があると筋線維長の増大が生じやすいのではないかと考えられている[12,33]（図3.5）。(TM[1])

● 3-6　神経系の適応

筋力トレーニングは，筋収縮を制御する神経系に様々な適応をもたらす。その代表的な変化は，筋線維（運動単位）動員率の向上と，神経インパルスの発火頻度の増大である[35]。これらは活動筋の興奮水準を高め，筋が本来持つ力発揮機能をより高い水準で発揮できるようにする。また，拮抗筋の筋活動が減少することも，筋力向上に貢献する[9]。さらには，運動単位間もしくは協働筋間の神経インパルス発火の同期性が高まるような適応もみられる[37]。この適応は最大筋力には影響を及ぼさないものの，力立ち上げの瞬発性や筋間の力発揮の協調性を高めることに貢献する。これらの適応は筋力トレーニングを開始した初期からすぐに生じ始め，筋力の向上に貢献する。なお，神経系の適応においては筋収縮条件（姿勢，収縮速度，力立ち上げの瞬発性など）の特異性が高く，爆発的な力発揮，高速な動作における力発揮での筋活動を高めるためには，それぞれの筋収縮条件においてトレーニングを実施する必要がある。(TM[1])

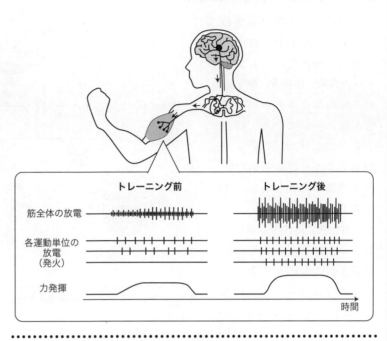

図 3.6　筋力トレーニングがもたらす神経系の適応

TIDBIT 3-2

ピリオダイゼーション

時期によってトレーニング内容を計画的に変化させ，トレーニングの最終的目標の達成を効率的に目指していく長期的な戦略を**ピリオダイゼーション**（期分け）と呼ぶ。トレーニングは，その実施内容に依存して得られる効果が異なる。また，狙いが異なる複数のトレーニングを同時に行うと，それぞれの刺激が相殺されて効果が得られにくい場合がある。ピリオダイゼーションではこれらのことを考慮し，トレーニング期間を，長期（年単位），中期（数ヵ月単位），短期（週や日単位）のサイクルに分割し，サイクルごとにトレーニングの狙いや強度を変化させていく。アスリートであれば，競技会スケジュールを踏まえて長期サイクルを準備期，試合期，移行期などのサブサイクルに分ける。そして，準備期の筋力トレーニングを筋肥大期，最大筋力期，専門的筋力期（筋パワー期）などの中期サイクルで設計し[8]，それぞれの期における負荷漸増やトレーニング種目変更を短期サイクルで計画する。(TM[1])

● 3-7 エネルギー供給機構の変化

筋収縮には ATP 分解が必要であり，ATP を再合成するために筋内ではクレアチンリン酸系，解糖系，酸化系の３つのエネルギー供給機構が常に働いている。筋力トレーニングは，この３つのエネルギー供給系にかかわる酵素の活性を高めるように作用する [11,16,21,44]。また，酸化系エネルギー産生を担うミトコンドリアや血液供給を担う毛細血管を新生する場合もある [17,18]。これらの変化を生じさせるために

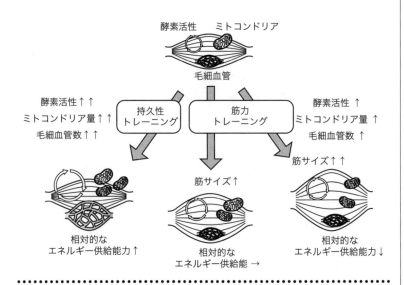

図3.7 トレーニングが筋のエネルギー供給機構に及ぼす影響

は，筋力トレーニングにおける毎セットの動作反復を疲労困憊まで（繰り返せなくなるまで）行うことが効果的だとされている [41]。しかし，筋が顕著に肥大する場合にはこれらが相対的に「薄まる」こととなり，各酵素活性が低下したり [10,48]，ミトコンドリアや毛細血管の密度が低下する場合がある [26,29,47]。これらを効果的に向上させるには，スプリントトレーニングや持久性トレーニングに取り組む必要がある。(TM[1])

● 3-8 身体組成への影響

体脂肪をエネルギーとして消費するには，直接的には有酸素運動が効果的である。筋力トレーニングでは糖質が主なエネルギー源となり，脂質消費という観点ではそれほど有効ではない。しかしより広い視点でみれば，筋力トレーニングは体脂肪の減少，身体組成の改善に効果があるとされる。筋力トレーニングは成長ホルモンなどの分泌を一時的に亢進させるが [22]，これらは中性脂肪とし

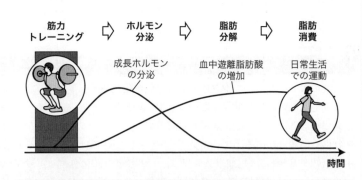

図3.8 筋力トレーニングがもたらす脂肪の分解と消費
(文献 15 を参考に作成)

て脂肪細胞に蓄えられている体脂肪の分解を促し，筋がエネルギー源として利用できる遊離脂肪酸へ変換する。この状態は筋力トレーニング後にしばらく続き [15]，その間に行われる運動や日常生活での脂質消費を促進する。また，筋力トレーニングがもたらす筋量の増加は基礎代謝量（安静時のエネルギー消費量）を高める。筋は褐色脂肪細胞とともに非ふるえ熱産生（筋収縮を介さない熱生産）を担っており [4]，この機能が基礎代謝量と体脂肪の蓄積に関係しているのではないかと近年注目を集めている。(TM[1])

● 3-9　トレーニングの原理

　筋力トレーニングの効果は，人の身体に備わる適応能力によって生み出される。身体適応の基礎的メカニズム（原理）を理解しておくことは，トレーニングを効果的に実践するうえで重要である。トレーニングに関連する原理は3つ挙げられる。1つ目は**過負荷**の原理であり，身体適応は日常よりも大きな負荷（過負荷）が与えられた際に生じる，というものである。小さな負荷では，トレーニング効果を生じさせるには不十分である。2つ目は**可逆性**の原理であり，適応を生じさせた負荷がなくなれば身体は次第に元に戻っていく（可逆），というものである。トレーニングの継続を止めれば，トレーニング効果は消えていく。3つ目は**特異性**の原理であり，

過負荷　　可逆性　　特異性

図 3.9　トレーニングの原理

適応は負荷をかけた身体機能にのみ生じるというものである。神経系の適応がトレーニング時の筋収縮条件（姿勢，収縮速度，力立ち上げの瞬発性など）と一致する筋力発揮においてのみ生じることは，トレーニングの特異性についての好例である。(TM[1])

● 3-10　トレーニングの原則

　トレーニングの原理を踏まえて，トレーニング効果を生み出すためのより具体的な留意についてまとめられたものが，トレーニングの原則である。漸進性，個別性，反復性，全面性，意識性などが挙げられる。**漸進性**とは，トレーニングによる筋力向上とともに負荷を少しずつ大きくしていく必要があることを意味する。**個別性**とは，トレーニングに適した負荷が人それぞれに異なることを意味する。漸進性と個別性は，過負荷の原理を踏まえたものである。**反復性**とは，トレーニングは繰り返し継続的に行う必要があることを意味し，可逆性の原理を踏まえている。**全面性**とは，様々な身体部位や運動内容（最大筋力に近い筋収縮，低負荷だが高速な筋収縮など）でトレーニングを行う必要性を意味する。

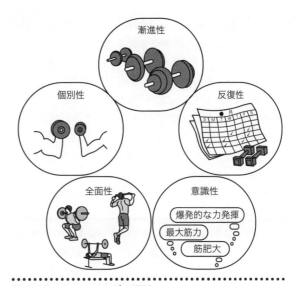

漸進性　　個別性　　反復性　　全面性　　意識性（爆発的な力発揮／最大筋力／筋肥大）

図 3.10　トレーニングの原則

意識性は，そのトレーニングの意図を理解すること，例えば，爆発的筋力を向上させたい場合にはできるだけ瞬間的な力の立ち上げを意識するとよいことなどを意味する。全面性と意識性は，特異性の原理を踏まえたものである。(TM[1])

TIDBIT 3-3

バリスティックトレーニング，プライオメトリックトレーニング

　素早く瞬発的に大きな力を立ち上げることを，爆発的な力発揮，もしくはバリスティックな力発揮と呼び，このような力発揮を取り入れたトレーニングを**バリスティックトレーニング**と呼ぶ。スクワットジャンプやクイッククリフト，メディシンボール投げなどがこれに該当する。また，反動動作や跳躍動作などにみられる伸張性収縮（沈み込み，着地）から短縮性収縮（跳躍）への切り返しの中で力発揮を行う筋収縮様式を伸張－短縮サイクル（stretch-shortening cycle：SSC）と呼び，この筋収縮様式の中で爆発的な力発揮を実践するトレーニングを**プライオメトリックトレーニング**と呼ぶ。デプスジャンプやバウンディングなどがこれに該当する。これらのトレーニングは爆発的な力発揮能力を向上させるためにしばしば利用され，筋活動を瞬時に立ち上げる神経系の適応などが期待できる。トレーニング効果を高めるためには，短時間で一気に力を立ち上げることを意識しながらトレーニングを行うことが重要である[5]。(TM[1])

TIDBIT 3-4

テーパリング，ピーキング

　アスリートが競技会へ向けてトレーニング負荷（強度, 容量, 頻度）を減らしていくことを**テーパリング**と呼び，これによって身体コンディションを最良の状態へ整えていくことを**ピーキング**と呼ぶ。トレーニングを行うと身体は疲労し，身体コンディションや運動パフォーマンスは一時的に低下する。適切な休養を挟むことによってコンディションは元の水準もしくはそれ以上の水準へと回復し，運動パフォーマンスは向上する。競技会などを最良のコンディションで迎えるためには，ある時期からトレーニングを競技特化した内容（高い運動強度，競技技術を含む動作，試合期に近い心理）へと少しずつ近づけて運動パフォーマンスを高めていき，競技会直前にはトレーニングの量や頻度を抑えて疲労回復を促進させるという方法がよく用いられる。高強度運動への適応が高度に進んだ身体コンディションで競技会に挑むことができれば，高い運動パフォーマンスが期待できる。(TM[1])

TIDBIT 3-5

VBT

　筋力トレーニングの強度を負荷重量ではなく動作速度に基づいて管理するトレーニング方法が**VBT**（velocity based training）である[14]。多くのトレーニング動作において，負荷重量と動作速度との間には直線的な対応関係が成り立つ。負荷が高ければ動作は低速となり，反対に負荷が低ければ動作を高速に行うことができる。VBTでは，狙いとするトレーニング強度を実現させる動作速度を予め設定しておき，専用デバイスを用いて動作速度を測定しながらトレーニングを行い，設定した速度が達成できていることを毎回確認する。動作速度が設定水準を下回れば，動作反復によって疲労が蓄積したと判断して反復を終了する。動作速度を毎回測定することによって，日々の筋力向上やセッション中の疲労を適切に評価し，目的とするトレーニング刺激を実現できる。動作速度が重要となるパワー向上を目指したトレーニングなどでVBTの有効性が確認されている[51]。(TM[1])

TIDBIT 3-6

コンカレントトレーニング

　筋力トレーニングと持久性トレーニングとを同時に行うことを，**コンカレントトレーニング**と呼ぶ。アスリートなどにとって筋力と持久力はどちらも重要な能力であり，両者をともに向上させることが望まれる。しかし，持久性トレーニングは筋タンパク質の合成を抑制するため，筋力トレーニングがもたらす筋肥大効果を制限することが知られている[2,49]。また，持久性トレーニングによって生じる筋疲労は，高負荷での筋力トレーニングを実施困難とし，トレーニングの質を低下させる。これらのことから，両トレーニングを同時に行う際には，その順序や間隔，頻度などに気を配り，トレーニング効果が得られやすいように工夫をすることが重要となる。具体的には，筋力トレーニングは持久性トレーニングの前に行うこと，両トレーニング間の回復時間を十分に確保すること，持久性トレーニングの頻度を週2回に留めること，などが推奨されている[6]。(TM[1])

第2部　呼吸循環系
第4章　運動と呼吸器系

■ 要約

呼吸器系の要となるガス交換の特徴

　呼吸器系は，上気道，下気道，肺で構成される（図4.0.1）。これらの系で大気から酸素を取り入れ，血中からの二酸化炭素を体外に排出する。そのための物理的，化学的，神経性の各種呼吸調節機能が備わっている。これらの調節機能は周囲の環境，身体活動，ならびにトレーニングによる影響を受ける。

　呼吸の基本となる酸素（O_2）と二酸化炭素（CO_2）の受け渡し，すなわちガス交換は，大別して2箇所で行われる。1つは肺胞とそれを取り巻く肺毛細血管の間で，**外呼吸**と呼ばれる（⇒ **4-3**，**4-5**）。吸息動作により体内に取り込まれた空気は，鼻腔，咽頭などの上気道から気管，気管支などの下気道を経由して肺に到達する（⇒ **4-1**）。肺は細気管支部分の先に，ガス交換の場となる肺胞を形成している。肺胞内の酸素は，肺胞を取り巻く肺毛細血管内に移動し，逆に体内の各組織で生産された二酸化炭素は，血液中を肺胞へと運搬され，肺胞内へと移動する。最終的に呼息動作によって体外へと排出される。もう1つは，骨格筋などの組織と，それらに接している毛細血管の間で行われ，**内呼吸**と呼ばれる（⇒ **4-4**，**4-5**）。外呼吸で血液中に取り込まれた酸素は，赤血球中のヘモグロビンと結びついて，体内の各組織へと運搬され，毛細血管から組織へと入っていく。一方，組織で産出された二酸化炭素は毛細血管内に取り込まれ，肺胞へと運搬され，前述の外呼吸によって体外へ排出される。

　外呼吸と内呼吸における酸素と二酸化炭素の移動は，気体の分圧差によって生じる拡散によって行われている。特に酸素の分圧は，酸素カスケード（⇒ **4-2**）として，大気160 mmHg，気道内150 mmHg，肺胞気100 mmHg，動脈血95 mmHg，混合静脈血40 mmHg，ミトコンドリア2 mmHgとなっており，末梢へと酸素が移動しやすい分圧差となっている。また，酸素分圧が低い部位では，ヘモグロビンの酸素飽和度が低下し，ヘモグロビンが酸素を離しやすくなっている。運動時の体温上昇，二酸化炭素分圧上昇，pH低下な

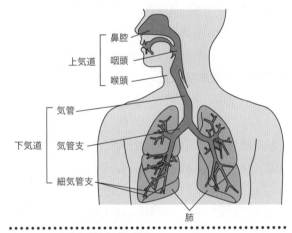

図4.0.1　呼吸器系の基本構造

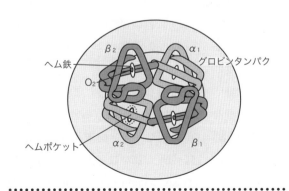

図4.0.2　動脈血の赤血球中のヘモグロビン
酸素と結びついたオキシヘモグロビン。4ヵ所のヘム鉄に酸素が結合している。

どの体内変化は，ヘモグロビンが酸素を離すことを促進している（ボーア効果）（⇒ 4-6）（図 4.0.2）。

呼吸運動を支える呼吸筋の働き

　体内で適切な量のガス運搬とガス交換が行われるためには，呼吸運動を支える呼吸筋（⇒ 4-8）や肺が正常に機能し，十分な肺気量を肺に取り込む必要がある。呼吸運動は，延髄の網様体にある呼吸中枢によって調節されている（⇒ 4-9）。呼吸は随意的に行うことができる。しかし，睡眠時や運動時などには反射的で不随意に調節されている。肺は自力で拡張・収縮ができず，胸壁を覆う呼吸筋が胸壁を変化させて肺の拡張・収縮を行っている。吸息時には，横隔膜や肋間筋が収縮して胸郭が広がる。その結果，胸腔内が陰圧になることで肺が広がり，空気が体内に流入する。気道の平滑筋にある伸展受容器は，肺の伸展によって迷走神経を介した求心性インパルスを吸息中枢へと送る。これによって吸息が抑制され，呼息へと切り変わる（ヘーリング・ブロイアー反射）（⇒ 4-9）。呼息時には，呼吸筋が弛緩して胸郭が自重で下がり，肺が自らの復元力で元の大きさに戻る。運動中の吸息時には，より大きく胸腔が広がるため，呼息時においても肋骨を押し下げるために肋間筋，腹直筋，外腹斜筋が働く。中強度以上で長時間行うスポーツ競技では，このような呼吸筋動作による疲労がパフォーマンスを左右すると考えられるため，呼吸筋を強化するトレーニングが有効である。

　スパイロメトリーは，スパイロメータを使った呼吸機能検査の手法であり，呼吸運動に関連する呼吸筋や気管支の状態，各機能を調べることができる。医療やスポーツなどの領域で用いられている（⇒ 4-10）。

酸素運搬と酸素摂取量

　酸素は生体のエネルギー産生に必要である。空気中の酸素はガス交換によって血中に入り，赤血球中のヘモグロビンによって運搬される。1 g のヘモグロビンは，最大 1.34 mL の酸素と結合でき，概ね最大 20.1 mL の酸素を運搬できる。動脈血と静脈血で運搬される酸素量の差が組織で利用された酸素の量となるが，心臓から送り出される血液量（心拍出量）と動静脈の酸素較差の積（⇒ 4-7）で求めることができる（Fick の原理）。便宜的には，非侵襲的な呼気ガス分析によって酸素摂取量を求めている。一般健常者は，安静時 1 分間に約 250 mL の酸素を摂取している（⇒ 4-11）。

　運動時には，運動強度に比例して筋の酸素需要が高まり，酸素摂取量が増加する（⇒ 4-15）。運動による血流量（心拍出量）の増加と組織における酸素利用量の増加（動静脈酸素較差の拡大）がこの増加をもたらす。中等度強度までの軽い運動においては，運動中の酸素摂取量が需要レベルに追いつき，酸素摂取量は定常状態となる。概ね 30 分間，同じ酸素摂取量レベルを維持することが可能である（⇒ 4-15）。しかし，より高強度になると，一定強度の運動でも酸素摂取量は上昇し続け，運動中に酸素供給の遅れが生じる。また，酸素摂取量における定常状態が得られる軽い運動でも，初期には同様な遅れが生じる。こうした供給が遅れる部分の酸素の量を**酸素借**と呼ぶ（⇒ 4-14）。運動終了後は安静時の酸素摂取量に戻るが，それまでの酸素借を補う酸素負債が発生する。酸素負債はただ酸素借を補うだけでなく，運動後の体温上昇や代謝亢進の影響も反映し，運動強度が高いほど大きくなる。そのため，運動後の過剰な酸素摂取量を近年では，EPOC（excess post-exercise oxygen consumption）と表するようになった（⇒ 4-14）。運動後には，EPOC に関連して，呼吸数増加に伴う換気亢進，心拍数増加，体温上昇，筋中のミオグロビンや血液中のヘモグロビンの再酸素化などの生理学的変化が促進される。

運動時の呼吸調節と呼吸商

　運動時には，筋組織からの二酸化炭素排泄量も，強度に比例して増加する。酸素需要に対応した換気亢進は，二酸化炭素を効率的に体外に排出するためにも役立つ（⇒ **4-16**）。延髄などに存在する化学受容器（血液中の二酸化炭素分圧などを感知する）や筋内の器械受容器（筋収縮自体を感知する）によって呼吸調節が促進される。中等度の運動までは，呼吸の深さ（1 回換気量）が増すことで換気量が増加する。高強度では，呼吸数の増加も換気量増加に貢献する。

　筋組織のエネルギー代謝で利用した酸素の量と，その結果産生された二酸化炭素量の比を**呼吸商**（respiratory quotient：RQ）といい，この値から栄養素の燃焼比率を知ることができる（⇒ **4-12**）。糖質（炭水化物），脂質，タンパク質の RQ はそれぞれ 1.00，0.70，0.82 であり，運動時に運動強度が高くなると糖質の代謝が高まるため，RQ は 1.00 に近づく。

持久性トレーニングと呼吸機能

　呼吸器系の機能は，持久性トレーニングによって高めることができる。トップ選手は呼吸筋が鍛えられており，高強度運動時の換気能力が一般健常者に比べて優れている（⇒ **4-17，4-18**）。呼吸数を最大約 60 回/分まで増加させることができる（一般成人は約 40 回/分）。そのため，外呼吸による酸素の取り込み量が増加する。また，トレーニングによって組織における運動時の酸素利用能力が向上するため，動静脈の酸素較差が増大する。このことは，同じ酸素摂取水準で運動を行った場合，心拍出量が少なくて済むことを意味している。また，最大酸素摂取量も高まる。最大酸素摂取量は，スタミナの評価指標として有用であり，体重 1 kg あたりで補正した相対値は，一流競技者で約 80 mL/kg/分という報告がある（⇒ **4-13，4-18**）。また，最大下の強度レベルで測定する評価指標として，**無酸素性作業閾値**（anaerobic threshold：AT）がある。運動強度を漸増させると，酸素摂取量，二酸化炭素排泄量，換気量，心拍数が比例して増加し，中等度以上の強度では，ある時点から二酸化炭素排泄量と換気量が過剰に増える。この逸脱点を**換気性作業閾値**と呼ぶ（⇒ **4-19**）。無酸素性作業閾値の指標として，運動強度の設定などで活用されている。(TM²)

TIDBIT 4-1

アルカローシス，アシドーシス

　動脈血は pH が約 7.4 に保たれており，静脈血や間質液では約 7.35 となっている。生体では pH 7.4 を基準にして大きく値が変動することはないが，塩基が高まる（7.4 より値が大きくなる）場合を**アルカローシス**，酸が高まる（7.4 より値が小さくなる）場合を**アシドーシス**という。割合としては，運動などによる代謝亢進によって酸が高まることの方が多く，それに対する緩衝機構が機能している。例えば，運動中に活動筋で乳酸がエネルギー物質として産生され，同時に乳酸から解離した H^+ の濃度が高まるが，H^+ は重炭酸ナトリウムと反応し，炭酸を経て水と二酸化炭素ができる過程で中和される（次式）。

$$H^+ + HCO_3^- \rightarrow H_2CO_3 \rightarrow CO_2 + H_2O$$

　中等度の運動強度までは，この緩衝作用が機能し pH は維持される。高強度の運動時には，pH の低下が生じるが，H^+ 増加に対する呼吸作用の高まり（過剰換気によって血液中の CO_2 の排出を高めること，すなわち呼吸性アルカローシスの状態にすること）によって pH 低下の度合いが抑えられている。(TM²)

● 4-1　呼吸器系とは

　呼吸器系は，大気から酸素を取り入れ，血中からの二酸化炭素を体外に排出する呼吸の調節を担っている系である。構造としては，①鼻腔，咽頭，喉頭からなる**上気道**，②気管，気管支，細気管支からなる**下気道**，③**肺**に区分される。肺は下気道の気管支と細気管支部分を含み，主なガス交換の場となる肺胞で構成される（**図4.1**）。気管から

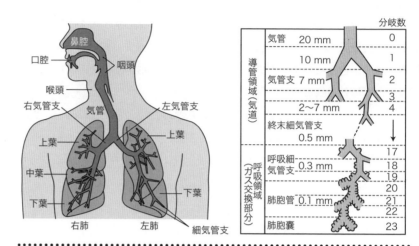

図4.1　呼吸器の構成と肺胞に至るまでの気道のイメージ
（右図：文献 12 より改変）

分岐した気管支は，終末細気管支，呼吸細気管支を経て，最終的に肺胞囊へと分岐していく。終末細気管支までを**導管領域**といい，空気の濾過と加湿機能を担っている。細気管支から肺胞囊までは**呼吸領域**といい，ガス交換を担っている。1 回の呼吸で導管領域を行き来する空気の量を**1 回換気量**といい，解剖学的死腔の分量を差し引いた換気量を**肺胞換気量**という。呼吸器系の換気機能では，肺の拡張しやすさと導管領域での空気の通りやすさが重要である。また，呼吸領域でのガス交換は，肺の血管機能や血流量バランス，肺胞と周りの毛細血管の間で行われるスムーズな拡散が重要となる。(TM^2)

● 4-2　体内の酸素圧

　体内に取り込まれた大気（760 mmHg）は気道で加湿され，水蒸気圧を生じる（体温 37℃ で 47 mmHg）。また，循環器系を経て肺毛細血管から肺胞に戻る二酸化炭素の分圧が生じる（40 mmHg）。呼吸交換比が 0.8 の場合，次の「肺胞気式」から肺胞の**酸素分圧**（PaO$_2$）は概ね 100 mmHg になる。

$$PaO_2 = (760 - 47) \times 0.2093 - 40 \div 0.8$$
$$= 99.2 \text{ mmHg}$$

　分圧勾配で肺毛細血管内に移動し，動脈血中（95 mmHg）に拡散した酸素は，内呼吸により筋などの組織に移動し拡散する。その結果，混合静脈血中の酸素分圧は 40 mmHg へと低下する。(TM^2)

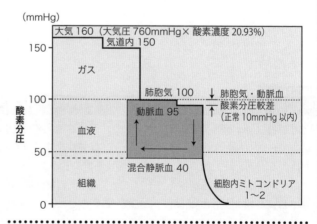

図4.2　酸素カスケード：大気中から組織・細胞までの酸素分圧の変化

● 4-3　ガス交換（外呼吸）

外呼吸は呼吸器系で行われるガス交換であり，肺呼吸ともいう。呼吸細気管支，肺胞管，肺胞嚢で構成される「呼吸領域」が担っている。肺胞は肺動脈が分岐した毛細血管網に囲まれていて，肺胞と毛細血管網の間でガス交換が行われる。肺胞の壁をなす上皮細胞は，基底膜をはさんで肺胞を取り巻く毛細血管の内皮細胞と接し，呼吸膜と呼ばれる血液空気関門（厚さ 0.5 μm）を有する。この関門を利

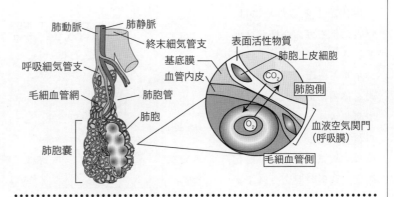

図 4.3　呼吸領域の構造と肺胞でのガス交換
分圧勾配によって肺胞中の酸素が血管内へ，血管内の二酸化炭素が肺胞内へと拡散する。

用して，酸素と二酸化炭素が拡散する（**図 4.3**）。毛細血管網の先は，再び集合して肺静脈につながっている。肺胞は片肺で約 3 億個あり，合算した表面積は約 60 m^2（畳約 37 畳分に相当）に及ぶ。（TM^2）

● 4-4　ガス交換（内呼吸）

外呼吸で取り入れた酸素は，赤血球中のヘモグロビンと結合し，各組織に運搬される。組織では末梢の毛細血管から分圧勾配で組織・細胞内へと取り込まれる（拡散）。この酸素を利用して，呼吸基質（糖質，脂質，タンパク質)が分解され，細胞がエネルギーを獲得する。その過程で生成された二酸化炭素は分圧勾配によって逆に血液中へと取り込まれる。このような組織，細胞レベルでのガス交換を**内呼吸**（組織呼吸あるいは細胞呼吸）という。なお，好気的にエネルギーを産生するミトコンドリアは，その内膜上の呼吸鎖複合体において酸化還元反応を利用したエネルギー代謝を進行させ，ATP（アデノシン三リン酸）を再合成している（**図 4.4**）。（TM^2）

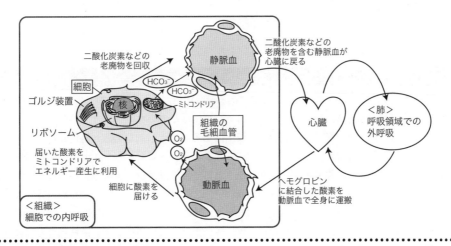

図 4.4　細胞でのガス交換とエネルギー産生

● 4-5　ガス交換の原理

生体が生きるためには、呼吸による**ガス交換**が必要となる。ガス交換によってエネルギー産生に必要な酸素を体内に取り入れ、代謝で産生された二酸化炭素と水蒸気を体外へと排出する。体外の大気は酸素、二酸化炭素、窒素の混合ガスであり、これらの体積比によって分圧が決まる（ドルトンの分圧の法則）。大気圧 760 mmHg、湿度 0% の状態で、

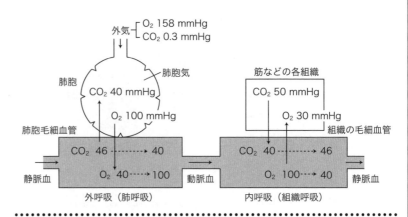

図 4.5　呼吸によるガス交換の模式図
（文献 6 より改変）

酸素は 21%（$760 \times 0.21 = 160$ mmHg）、二酸化炭素は 0.04%（$760 \times 0.0004 = 0.30$ mmHg）、窒素は 79%（$760 \times 0.79 = 600$ mmHg）である。吸入した大気は気道内に入ると、水蒸気圧（37 ℃、47 mmHg）で飽和されるため、上記の全圧の部分が 713（$760 \sim 47$）mmHg になる。それに伴い酸素と窒素の分圧はそれぞれ、150 mmHg、563 mmHg になる。肺に到達した空気は、肺胞とそれを取り囲む毛細血管網の間で行われるガス交換に用いられる。ガス交換は、ガスの分圧差によって高い分圧のところから低い分圧のところへ拡散するという原理に基づき、肺胞内の酸素が血管内（血液）へ、血管内（血液）の二酸化炭素が肺胞へと拡散する（**図 4.5**）。このような肺胞でのガス交換を**外呼吸**という。高地では、動脈血の酸素分圧（PaO_2）が高度とともに低下する。標高 4,000 m では理論上 32 mmHg まで下がる。そのため、分圧差で肺胞から血管内へと酸素が拡散することができず、呼吸困難に陥る可能性がある。

肺胞を取り囲む毛細血管網の先は、再び集合して肺静脈へとつながっている。肺胞は、片肺で約 3 億個あり、合算した表面積は約 60 m² に及ぶ。この広い表面積がガス交換（拡散）を容易にしている。外呼吸で血液中に取り入れられた酸素は、体内の各組織に到達し、細胞内へ取り込まれる。酸素が利用され、二酸化炭素が細胞外の毛細血管内へと放出される。このような組織でのガス交換を**内呼吸**という。（TM²）

TIDBIT 4-2

呼吸中枢

呼吸運動は神経性の調節を受けており、延髄と橋にある**呼吸中枢**がその調節を担っている。延髄の網様体には、吸息時に働く吸息中枢と、呼息時に働く呼息中枢がある。橋にはこの 2 つを統合する呼吸調節中枢があり、呼吸のリズムを整えている。無意識的な呼吸の調整は、反射的あるいは化学的な刺激が延髄と橋にある呼吸中枢に伝えられて行われる。反射的な神経性調節においては、呼吸器各所の知覚受容器への刺激が迷走神経を介して呼吸中枢に伝達され、横隔膜や肋間筋などの呼吸筋が制御される。化学調節は、主に頸動脈小体と延髄の呼吸中枢に近い中枢部分に存在する化学受容野が、血液中の化学成分（O_2 分圧、CO_2 分圧、pH）の情報を検出して行われる。一方、意識的な呼吸の場合には、呼吸の数や深さを変え、息こらえ（自発的無呼吸）や過呼吸（自発的過呼吸）の状況を作り出すことができる。スポーツにおいては、水泳競技、短距離走、格技系種目などのように、呼吸のタイミングを調節したり、息こらえをしたりする随意的な呼吸制御の場面がみられる。（TM²）

● 4-6　ヘモグロビンの酸素解離曲線（ボーア効果）

　ヘモグロビンは，赤血球内にある色素タンパク質である。血液 100 mL 中に約 15 g 含まれる。1 g のヘモグロビンは 1.34 mL の酸素と結びつく。肺で酸素と結びつき（酸素化），その酸素を末梢で組織へ放出する。すなわち，酸素を各組織に運搬，供給して，それぞれの代謝を円滑に進める役割を担っている。この時，酸素を組織へ効率よく供給するためには，ヘモグロビンが肺で容易に酸素化され，末梢でより多くの酸素を離す性質をもっていると都合がよい。酸素飽和度は，ヘモグロビンと酸素が結びついている度合いを表わす指標であるが，酸素分圧との関係において図 4.6.1 のように S 字状の曲線で示される。これを**酸素解離曲線**という。ヘモグロビンと酸素の結合が促進される（親和性が高まる）場合には，曲線は左に寄り直角双曲線に近づく。逆に体内で二酸化炭素分圧の上昇，pH の低下，温度（体温）の上昇のいずれかを生じた場合，曲線は右下方にシフトする（図 4.6.2）。すなわち，ヘモグロビンが酸素との結合を弱め，酸素を離しやすくする。そのため，同じ酸素分圧の時点での酸素飽和度が下がり（ヘモグロビンの酸素親和性が低下し），組織への酸素供給量が増加する。このようにヘモグロビンが酸素を離しやすくなる方向に酸素解離曲線がシフトすることを**ボーア効果**という。

　運動時の体内では二酸化炭素分圧の上昇，pH の低下，体温の上昇などが複合的に生じる。そのためボーア効果が得られやすく，ヘモグロビンと結合していた酸素が離れやすくなり，各組織内での酸素供給が円滑に行われるようになる（図 4.6.2）。

　筋にはミオグロビンが存在し，ヘモグロビンで運ばれてきた酸素を受け取り，筋組織に貯蔵する。そのため，ミオグロビンはヘモグロビンよりも酸素との親和性が高く，図 4.6.1 に示すようにその解離曲線はヘモグロビンのものよりも左方に位置する。運動中の筋内でより低い酸素分圧となった時に酸素を離す。(TM[2])

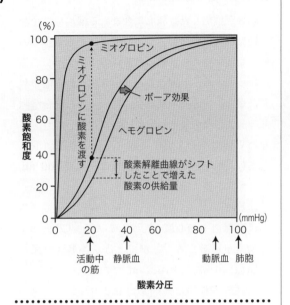

図 4.6.1　ヘモグロビンの酸素解離曲線とボーア効果
（文献 11 より改変）

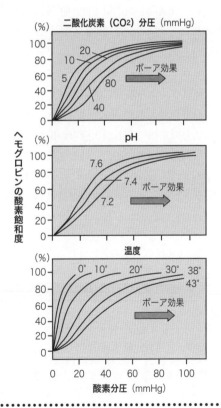

図 4.6.2　二酸化炭素分圧，pH，温度がヘモグロビンの酸素飽和度に及ぼす影響
（文献 1 より改変）

● 4-7　動静脈酸素較差

　心臓が拍出した動脈血に含まれる酸素は，全身に運ばれ各組織で必要な量が取り込まれる。その後，血液中に残った酸素は静脈環流によって心臓に戻ってくる。心臓から送り出された動脈血の酸素含量と，右心室・肺動脈に戻ってきた混合静脈血の酸素含量の差を，**動静脈酸素較差**という。すなわち体循環を 1 周する間に全身の組織に取り込まれた酸素の量を示す。通常は，血液 100 mL 中の酸素の量（割合）で表わす。

　安静時には，ヘモグロビンを正常に持っている人は動脈血中で血液 100 mL あたり約 20.1 mL の酸素を運搬することができる。各組織を経た静脈血中の酸素が 15.5 mL であったとすると，動静脈酸素較差は血液 100 mL 中 4.6 mL（4.6 vol%）となる。Fick の原理を全身における酸素の動静脈較差と心拍出量との関係にあてはめると，酸素摂取量は心拍出量と動静脈酸素較差の積で求めることができる。**図4.7.1** に示すように安静時の心拍出量を 5 L/分と仮定すると，酸素摂取量は 0.23 L（230 mL）/分となる。

　運動時には，より多くの酸素が筋において摂取され，動静脈酸素較差が拡大し 15 mL ほどになる。持久力の指標である最大酸素摂取量の向上には，心拍出量の増加に加え，動静脈酸素較差の増大が寄与する。**図4.7.2** に示すように持久性トレーニングによって，酸素摂取量の確保に向けた動静脈酸素較差の寄与が高まる。(TM²)

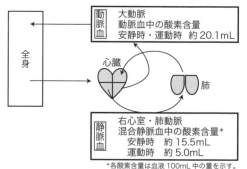

*各酸素含量は血液 100 mL 中の量を示す。

【計算例】

＜動静脈酸素較差＞

動静脈酸素含量の較差⊿
安静時　20.1−15.5 = 4.6mL（4.6 vol%）
運動時　20.1−5.0 = 15.1mL（15.1vol%）

★酸素摂取量
安静時
　= 心拍出量 5.0L/分 × 動静脈酸素較差 0.046 = 0.23 L/分
運動時
　= 心拍出量 20.0L/分 × 動静脈酸素較差 0.151 = 3.02 L/分

図4.7.1　動静脈酸素較差と酸素摂取量の計算

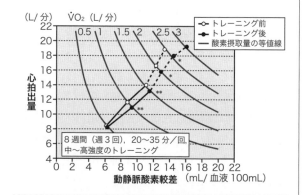

図4.7.2　最大下から最大レベルの運動時酸素摂取量に対する心拍出量および動静脈酸素較差の寄与（文献 3 を一部改変）
持続的運動による持久性トレーニングによってグラフが右にシフトする。すなわち，動静脈酸素較差が寄与する度合が増加する。$*p < 0.05$，$**p < 0.01$，トレーニング前後の比較。

TIDBIT 4-3

気圧と大気の成分

　気圧は気体あるいは大気の圧力であり，我々の身体はおよそ 1 cm² あたり約 1 kgw の力を受けている。標高 0 m 地点の気圧（海面気圧）が標準の大気圧であり，1 気圧（atm）は 1,013.25 hPa，水銀柱ミリメートルで 760 mmHg である。気圧は気象（天気）によって変化するが，高度（標高）の影響を強く受ける。標高が概ね 100 m 高くなると，気圧は 100 hPa（75 mmHg）低下する。これに伴い大気中の酸素分圧も低下する。1 気圧の環境下では大気中の酸素分圧が約 160 mmHg であるが，富士山頂（標高 3,776 m）では約 100 mmHg となり，2/3 へと低下する。また，肺胞の酸素分圧も大気中の 100 mmHg から，富士山頂では 50 mmHg へと低下する。

　大気の成分は窒素が最も多く，体積割合で 78.08 ％ を占めている。2 番目に多いのが酸素であり，20.95 ％ である。この 2 つでほとんどの割合を占めている。3 番目のアルゴンは 0.93 ％，酸素とともに運動やスポーツに関連する二酸化炭素は 0.03 ％ である（4 番目）。(TM²)

● 4-8　呼吸筋

　呼吸筋は胸を構成する骨格（胸郭）とともに胸壁を形成し，骨格筋に分類される。呼吸運動において容量を増やす吸息時には胸腔を広げるための呼吸筋が働く。安静時の胸式呼吸では，肋骨や胸骨を挙上する筋が主に働く（図4.8）。また腹式呼吸時には主に横隔膜（下制する）が働く。これらの呼吸筋が収縮して胸腔が拡張し，それに合わせて肺が広がる。一方，肺の容量を減らす呼息時には，肺や胸壁の弾力によって受動的に胸腔が狭まり呼吸筋は働かなくてすむ。運動時の吸息においては各呼吸筋が強く働き，胸腔がより上方に拡大する。呼息時においても肋間筋，腹直筋，外腹斜筋が働き，速やかに肋骨が押し下げられて胸腔が狭まり，肺が縮小する。中強度以上の長時間運動では吸息・呼息の両局面で呼吸

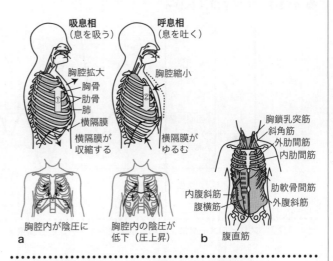

図4.8　横隔膜の働き（a）と横隔膜以外の呼吸筋（b）
肋骨が上方に持ち上がることで胸腔が横方向にも拡大・縮小する。①，②の白矢印は，胸式呼吸時に肋間筋が収縮・弛緩することで肋骨前方部が動く方向（上方と下方）を示す。

筋が十分に働いて換気量を確保することが重要となる。そのため呼吸筋のトレーニングが欠かせない。(TM²)

● 4-9　呼吸の調節

　外呼吸において肺や胸郭で行われる呼吸運動は**呼吸中枢**によって調節されている。呼吸中枢には延髄の網様体にある吸息と呼息の中枢（図4.9），橋にある呼吸調節中枢，精神的興奮で間接的に作用する大脳皮質がある。

　外呼吸の要である肺は自力で拡張・収縮できないが，周囲の呼吸筋が胸壁の立体構造を変化させ肺の拡張・収縮を行っている。吸息時には横隔膜や肋間筋が収縮して胸郭が広がり，胸腔内圧が陰圧になって肺が伸展し空気が体内に入る。また，気道平滑筋の伸展受容

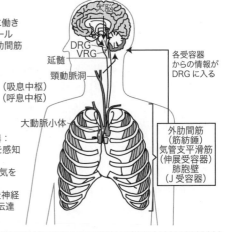

①神経性調節
・大脳皮質が延髄の呼吸中枢に働きかけて，随意呼吸をコントロール
・VRG から頸髄・胸髄を経て肋間筋や横隔膜へ情報を伝達

＜呼吸中枢＞＠延髄網様体
DRG：背側呼吸ニューロン群（吸息中枢）
VRG：腹側呼吸ニューロン群（呼息中枢）

②化学性調節
・大動脈，頸動脈にある受容器：
　二酸化炭素分圧，酸素分圧を感知
・気管支にある伸展受容器：
　肺の伸長を感知し，吸気と呼気を
　自動的に切り替える
・各受容器からの情報は，迷走神経
　や舌咽神経を介して DRG へ伝達
　される

図4.9　呼吸調節のしくみ（⇒ 4-16）

器がこの肺伸展を感知し，迷走神経経由で吸息中枢に信号を送る。これによって吸息が抑制され，呼息へと切り変わる（ヘーリング・ブロイアー反射）（⇒ T4-4）。一方，呼息時は呼吸筋が弛緩して胸郭が自身の重さで下がり，肺が自らの復元力で元の大きさに戻る。そのため受動的に肺の外へ空気が流れ，呼息が行われる。運動時には補助呼吸筋が収縮してより大きな呼吸が可能になる。

　呼吸の調節は血液の化学的変化に対しても行われ，動脈血中の二酸化炭素濃度の増加，酸素濃度の低下，水素イオン濃度の酸性度上昇（pH 上昇）によって呼吸が盛んになる。(TM²)

● 4-10　スパイロメトリー

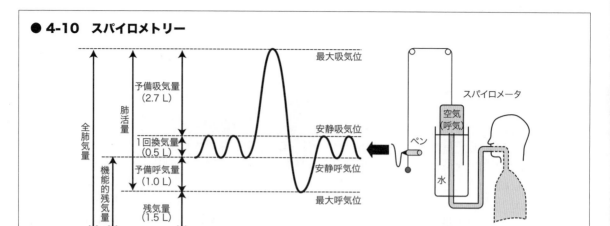

図 4.10.1　スパイロメータによる肺気量の測定イメージと各肺気量分画（文献 8 より引用）

　スパイロメトリーとはスパイロメータを用いて肺機能を検査する手法であり，医療現場の検査やアスリートの体力測定などで呼吸機能を計測するために用いられている。スパイロメータでは，X 軸に時間を，Y 軸に肺気量の変化を記録する。呼吸の記録曲線を**スパイログラム**といい，各気量の計量が可能となる（**図 4.10.1**）。安静吸気位と安静呼気位の変動幅から求める指標を**1 回換気量**という。また，最大吸気位と安静吸気位の差分を**予備吸気量**いい，最大に息を吐き出した時の最大呼気位と安静呼気位の差分を**予備呼気量**という。予備吸気量，1 回換気量，予備呼気量の総和がいわゆる肺活量であり，この値に残気量（最大呼気時に体内に残る空気の量）を加えた値が全肺気量となる。ただし，スパイロメトリーでは残気量を測定できない。残気量は，ヘリウムガスを再呼吸して測定する機能的残気量の測定値から予備呼気量の値を引いて求める。

　安静呼吸の後，最大限に息を吸った状態からできるだけ速く一気に息を吐き出した際の呼出量を**努力性肺活量**（forced vital capacity：FVC）という。その途中で呼出開始から 1 秒間で呼出した量を**1 秒量**といい，1 秒量を努力性肺活量で除した値を**1 秒率**という。これらは呼吸機能の検査指標として用いられている（**図 4.10.2a**）。

　近年，一般的な測定装置として電子スパイロメータが普及しており，肺気量と気流速度の関係（フローボリューム曲線）をみることが可能であり，気道の閉塞状況も検査できる（**図 4.10.2b**）。(TM²)

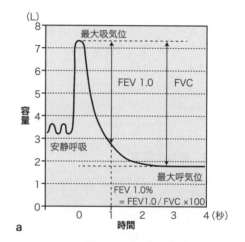

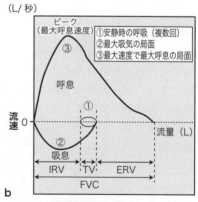

図 4.10.2　呼吸機能検査の例　a：スパイログラ ム（時間−気量曲線）**における 1 秒量，努力性肺活量，1 秒率の計算，b：電子スパイロメータによるフローボリューム曲線**

FVC：努力性肺活量，FEV1.0：1 秒量，FEV1.0%：1 秒率，IRV：予備吸気量，ERV：予備呼気量，TV：1 回換気量（⇒ T4-6）

● 4-11　酸素摂取量

生きるためには，持続的な酸素摂取が不可欠である。成人は安静時に1分間で約250 mLの酸素を摂取している。呼吸によって気道と肺胞を経て血液中に入った酸素は赤血球中のヘモグロビンと結びついて全身に運搬される。体組織における毛細血管床でのガス交換を経て組織に供給される。赤血球中のヘモグロビンは1 gあたり最大1.34 mLの酸素を結合できる。そのため血液100 mLで最大20.1 mL（15 × 1.34）の酸素運搬が可能となる。動脈血と静脈血の酸素運搬量の差が，組織で摂取した酸素摂取量であり，Fickの原理に基づき，心臓から送り出される血液の量（心拍出量）と組織で利用された酸素含量（動静脈酸素較差）を掛け合わせることで求めることができる（**図4.11**）（⇒図4.7.1）。便宜的には，呼気中の酸素と二酸化炭素の濃度，換気量を計測して，非侵襲的な呼気ガス分析で算出することが多い。

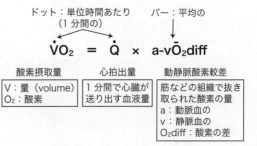

図4.11　酸素摂取量と心拍出量，動静脈酸素較差の関係

運動中の酸素摂取量は強度に比例して増加し，最大レベルの強度付近で最大酸素摂取量が得られる。最大に至らない固定の負荷強度（最大下強度）で一定時間の運動を行うと，運動開始後数分で酸素摂取量と消費量のバランスがとれ定常状態となる（⇒図4.15a，b）。また酸素摂取量は心拍出量と動静脈酸素較差の積として表わされ（**図4.11**），心拍出量の構成要素である心拍数と高い相関関係にある。(TM^2)

● 4-12　呼吸商と呼吸交換比（代謝基質）

組織のエネルギー代謝によって消費された酸素量（QO_2）と産生された二酸化炭素量（QCO_2）の比，QCO_2/QO_2を**呼吸商**（respiratory quotient：**RQ**）という。栄養素によって酸化過程で消費されるO_2と，産生されるCO_2の量が異なるという性質を利用して，エネルギー源となる栄養素の利用割合を推測することができる。

表4.12から栄養素の燃焼比率と$O_2$1 Lあたりの発生熱量を推定できる。ただし，タンパク質の酸化によるRQは糖質と脂質の中間値で変動が少な

表4.12　非タンパク性呼吸商と酸素1Lあたりのカロリー

非タンパク性呼吸商	炭水化物（%）	脂肪（%）	酸素1Lあたりのカロリー（kcal）
0.71	0	100.0	4.69
0.75	14.7	85.3	4.74
0.80	31.7	68.3	4.80
0.85	48.8	51.2	4.86
0.90	65.9	34.1	4.92
0.95	82.9	17.1	4.99
1.00	100.0	0	5.05

（文献2より改編）

いため，通常はタンパク質代謝分を差し引いた糖質と脂質の利用比を指標としている。三大栄養素1モルの代謝（酸化）によるO_2とCO_2のモル数から算出するRQは，糖質が1.00（= 6 CO_2/6 O_2），脂質が0.70（= 16 CO_2/23 O_2），タンパク質が0.82（= 63 CO_2/77 O_2）と計算されている。

日常の安静時には，糖質と脂質の燃焼比が半々であり，RQは0.85付近である。運動強度が高いと糖質代謝が高まり1.00へと近づく。筋組織でのQO_2ならびにQCO_2は測定が難しく，通常RQは呼気分析で得られる呼吸交換比（respiratory exchange ratio：RER：$\dot{V}CO_2/\dot{V}O_2$）で代用されている。(TM^2)

● 4-13　アスリートの最大酸素摂取量

　酸素摂取量は1分間に体内で摂取する酸素の量であり，運動時には強度に比例して増加する。自転車エルゴメータやトレッドミルなどで仕事量や速度を規定し，負荷を適切な間隔で漸増させながら，運動中の酸素摂取量を計測する。運動を行っている者が強度の上昇に応じて運動を遂行できなくなった時点，あるいは酸素摂取量の増加がみられなくなった時点で，概ね酸素摂取量の最大値が得られる。これを**最大酸素摂取量**といい，持久的能力を示す指標として広く用いられている。持久的競技のアスリートは運動を遂行できる最大レベルが高いため，最大酸素摂取量が大きい。アスリートは，取り組んでいる種目によって体格が異なり，一般の人々に比べて体格が大きい傾向にある。酸素摂取量は体格に比例するため，体格差がある者を対象として比較する際には，体格の影響を補正する必要がある。一般的には，体重1kgあたりの値に補正して，相対的な選手間比較を行っている。一般男女の最大酸素摂取量は30〜50 mL/kg/分であるが，持久系トレーニングを日常的に行っている選手では，70〜80 mL/kg/分の高値を示す。図4.13のデータにおいても，最大酸素摂取量の上位選手は下位選手の1.7〜2.0倍の値を示している。(TM^2)

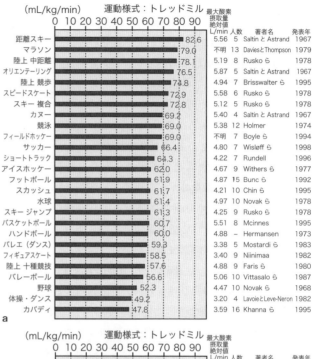

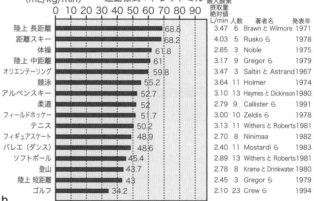

図4.13　アスリートの最大酸素摂取量　a：男子，b：女子
（文献15より改編）

TIDBIT 4-4

ヘーリング・ブロイアー反射

　呼吸筋は，心臓のような自動能を持たないので，呼息と吸息は酸素や二酸化炭素，pHの変化に応答する化学的な機構と，神経性の反射的機構による調節を受けている。Hering-Breuer（**ヘーリング・ブロイアーあるいはブロイウェル**）反射は，呼吸における反射的調節機構の代表的なものである。吸息により空気が入って肺が膨張すると，肺の伸展（張力）受容器が興奮し，迷走神経を介して延髄にある吸息中枢を抑制する。その結果，吸息を促す筋が弛緩して反射的に呼息に切り替わる。肺への過度の吸気を防ぐ自律性の調節を行っており，呼息・吸息の周期を作っている。(TM^2)

● 4-14　運動後の酸素消費量の亢進（酸素負債とEPOC）

軽い運動を始めた時でも，呼吸数や心拍数がその運動に見合う水準に高まり，活動筋に十分な酸素が供給されるまでには少しのタイムラグがある。この初期の酸素不足量を**酸素借**という（**図4.14.1**）。最大下レベルの運動では，その運動に必要な酸素の量（酸素需要量）に見合った酸素が摂取されれば（酸素摂取量），酸素摂取水準が定常状態になる（**図4.14.1a**）。その運動に必要だった酸素必要量（総酸素需要量）から実際の総酸素摂取量を引くと，その差分が酸素借に相当する。運動を終了すると運動のための酸素需要はなくなるが，運動中の酸素借を補うための酸素必要量は緩やかに減少していく。すなわち，運動中に借りた酸素を，運動後に酸素摂取量を安静レベルよりも高くして，回復期に返済するというものである（**酸素負債**）。

軽度の運動では，「酸素借 ≒ 酸素負債」になる。一方，最大酸素摂取量を上回るほどの高強度の運動では，高い酸素需要量に対して酸素摂取量が追いつかず（定常状態が得られず），**図4.14.1b**のように酸素借は時間とともに増え続ける。このような場合，酸素供給が追いつかなくても運動を継続できる体力，すなわち無酸素的なエネルギー獲得能力（無酸素性代謝能力）が必要になる。この能力の測定には，運動後の過剰酸素摂取量が用いられてきた（**図4.14.2**）。

他方運動終了後には，内分泌系に起因した代謝亢進や運動に伴う体温上昇などが生じ，酸素借とは別の要因で酸素摂取量が高まる。そのため，運動強度が高まるほど実際の酸素借との差が大きくなり，最大酸素負債量が必ずしも無酸素性代謝能力を反映してないことが指摘されるようになった。このため近年，無酸素性代謝能力の測定には，最大酸素摂取量の120%相当の酸素需要量レベルの強度で，超最大運動時の酸素借を求める方法などが採用されるようになっている。なお，最大酸素負債量については，運動後過剰酸素消費量（EPOC：excess post-exercise oxygen consumption）と表記されるようになった。(TM²)

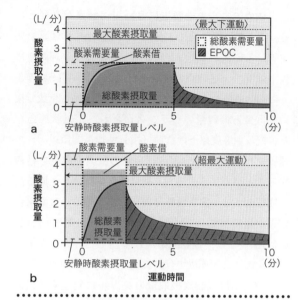

図4.14.1　最大下ならびに超最大運動を行った際の酸素需要量，酸素借，酸素摂取量，EPOC

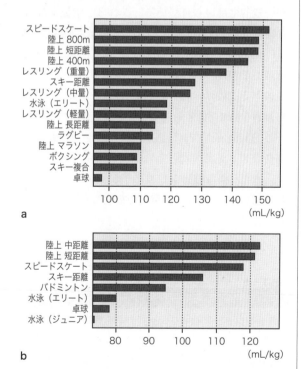

図4.14.2　日本一流スポーツ選手の最大酸素負債量と体重あたり最大酸素負債量　a：男子，b：女子
（文献9より改編）

● 4-15　運動強度と酸素摂取量の関係

　生体のエネルギー産生においては酸素が必要とな
る。成人では安静時に 1 分間で約 250mL の酸素を要
する。トレッドミルなどによるダイナミック運動で最
大下強度，一定時間の運動を行うと，**図 4.15a** のよ
うに開始直後から酸素摂取量は急速に上昇し，数分後
に摂取量と消費量のバランスがとれ，定常状態とな
る。概ね中等度以下の負荷（換気性作業閾値以下）で
運動を行うと，30 分程度は定常の酸素摂取量を維持
することができる。一方，換気性作業閾値を上回る高
強度運動では，定常状態は得られず，緩やかに酸素摂
取量が増加していく（slow component of $\dot{V}O_2$）（**図
4.15b**）。また，運動開始から 1 分ごとに強度を上げ
ていく漸増負荷運動では，比例して酸素摂取量も増加
し，やがて最大酸素摂取量のレベルに到達する（**図
4.15c**）。

　運動や日常活動の強度を示すには，メッツ（METs）
が一般的に用いられている。これは，座位安静時の
代謝量，すなわち体重 1 kg あたりの酸素摂取量（3.5
mL/kg/分）を基準（1 MET）とし，各運動・動作の
強度を 1 MET の倍数値として推定する指標である。
この考えに基づいて，安静時（座位）を基準とした，
相対的な生理学的運動強度を求めることができる。し
かし，運動の現場では酸素摂取の測定は困難なため，
簡便なメッツ表[7]などから強度を推定することが多
い。また，概ね酸素 1 L あたり 5 kcal として運動や
身体活動のエネルギー消費量の推定にも用いられてい
る。(TM[2])

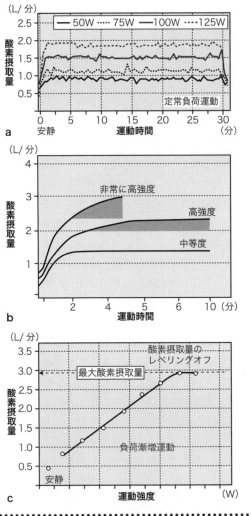

**図 4.15　定常負荷運動時と漸増負荷運動時の酸素摂
取動態**
W 負荷は自転車エルゴメータによる運動。

TIDBIT 4-5

ミトコンドリア

　ミトコンドリアはギリシャ語で糸を意味する「ミト（mito）」と，粒子を意味する「コンドリオン（chondrion,
複数形は chondria）」から命名された細胞内の構造物（細胞小器官：オルガネラ）である。糸状で，径は 0.5 ～
1 μm 程度で，細胞内に多数（数百から数千）存在する。他の細胞内の器官と異なり，核と異なる独自の DNA
を持つことから，一部のタンパク質を自分で合成可能であり，細胞内では細菌のように自分で分裂して増殖する。
これらは，もともとは違う生物（バクテリア）であったものが，20 億年ほど前に細胞質に取り込まれ，共生し
た証拠とされる（細胞内共生説）。外膜と内膜の二重の膜を持ち，内膜にはクリステと呼ばれる櫛状の構造がある。
有酸素代謝はミトコンドリアの中だけで生じ，細胞の活動に必要なほとんどのエネルギーを産生している（⇒ **6-
5**）。(TM[2])

● 4-16　運動中に換気が亢進する理由

運動中には，活動する筋において酸素需要が高まるため，運動強度に応じて必要な酸素量を筋に届ける必要がある。また，血液中の二酸化炭素濃度が上昇し，酸塩基平衡が酸性に傾くため，二酸化炭素を効率よく体外に排出しなければならない。そのため換気を亢進し肺胞におけるガス交換の量を増やす調節系が機能する。運動中には延髄や大動脈, 頸動脈にある化学受容器が血液中の二酸化炭素分圧の増加を感知して，呼吸中枢に信号を送り換気量を増加させるための調節を行う。また，頸動脈，大動脈，骨格筋の化学受容器においては動脈血 pH の低下を感知して同様の調節を行っている。その他, 頸動脈では, 酸素分圧の低下を，また骨格筋はカリウム濃度の上昇を感知している。骨格筋においては筋の収縮自体が器械受容器に感知され，運動強度に応じた呼吸の調節がなされている。**換気量**は次の式で表わすことができ，運動中には呼吸 1 回あたりの換気量（呼吸の深さ）や呼吸数（呼吸の速さ）が増加して，換気量（総量）が増加する。

$$換気量（\dot{V}E \text{ L/分}）＝ 1 回換気量（TV \text{ L}）× 1 分間の呼吸数（f 回/分）$$

中強度までの運動では，主に 1 回換気量の増加が換気量の増加に貢献する。高強度になると呼吸数の増加も貢献すると考えられる。(TM²)

表 4.16　運動時の呼吸調節に関与する受容器（受容器から呼吸中枢への刺激を伝達）

受容器	刺激	呼吸調節の解説
延髄の化学受容器 （中枢化学受容器）	PCO_2↑	動脈血 PCO_2 の上昇→血中から脳へと CO_2 が拡散→脳脊髄液の pH 低下→中枢化学受容器を刺激→呼吸中枢へ信号を送る→肺胞換気が増加→ CO_2 除去
頸動脈小体 （末梢化学受容器）	PCO_2↑ pH↓ PO_2↓	動脈血 PO_2 の低下，PCO_2 の上昇，pH の低下→頸動脈小体を刺激→呼吸中枢へ信号を送る→呼吸増加
大動脈小体 （末梢化学受容器）	PCO_2↑ pH↓	動脈血 PCO_2 の上昇，pH の低下→大動脈小体を刺激→呼吸中枢へ信号を送る→呼吸増加
筋の機械受容器	筋収縮活動↑	骨格筋の収縮→機械受容器（筋紡錘，ゴルジ腱器官など）を刺激→呼吸中枢へ神経信号を送る→呼吸増加（運動強度に比例して）
筋の化学受容器 （筋の代謝性受容器）	pH↓ カリウム↑	運動による骨格筋 pH の低下→細胞外カリウム濃度の上昇→化学受容器を刺激 →呼吸中枢へ神経信号を送る→呼吸増加（運動強度に比例して）

（文献 10 を改変）

● 4-17　最大換気量（アスリート）

安静時には，1 回換気量（TV）が 0.5 L，呼吸数（f）が 12 回/分であると仮定すると，換気量（$\dot{V}E$）は 6.0 L/分になる。1 回換気量は，健康な若年成人もアスリートも最大運動時に約 2 L を超えるが，自身の肺活量の 6 割以内に収まっている。最大運動時の呼吸数は, 若年成人では約 40 回/分, 持久系のトップアスリートでは 60 〜 70 回/分まで上昇する。1 回換気量が 3.0 L とすると，呼吸数が 50 回/分のアスリートは，**最大換気量が 150 L/分**となり，65 回/分では 195 L/分となる。持久系トレーニングによって呼吸数を増加させることができれば，最大換気量を高めることができ有利である。実際の値として，プロサッカー選手で 208 L/分という報告がある [13]。Di Paco ら [4] は，エリートサッカー選手（90 名）の報告において, トレッドミル走のパフォーマンスが高かった選手（高パフォーマンス選手）は，低かった選手（低パフォーマンス選手）に比べて換気量の最高値が約 10 L/分高いこと（156 対 147 L/分），換気量と酸素摂取量の最高値の間に有意な相関関係（p < 0.001）があることを報告している。また，同じ対象者を換気量のピーク値で上位と下位に 2 群分けすると，1 回換気量と酸素摂取量のピーク値において有意な群間差があることを示している。このことからも，より大きな換気量を発揮できるアスリートの方が持久力が高いことがわかる。(TM²)

● 4-18　トレーニングによる呼吸器系の変化

表 4.18 は呼吸器系の測定値の特徴が，一般鍛錬者のトレーニング前後，および世界的ランナーの事例として表わされたものである。安静状態においては毎分の換気量，呼吸数，1 回換気量は，トレーニングをしても，また世界水準のランナーとの比較においてもほぼ同水準である。安静時に身体が必要とする酸素量は，トレーニングの度合いによる影響を受けず個人差がないことを意味している。他方，最大値でみると，トレーニングの程度に応じて顕著な増加がみられる。世界水準ランナーの換気量は，一般非鍛錬者と比べて 80％の増加を示しており，これは呼吸数や 1 回換気量の増加における相乗的な効果であることがわかる。最大換気量が高値であることは，大気から酸素をより多く取り入れ，有酸素代謝として ATP をより多く産生できる能力があることを示す。この変化はトレーニング効果として合目的的である。ま

表 4.18　トレーニングによる呼吸器系変数の変化

変　数 （単位）	条件	一般正常者		世界的 持久 走者
		トレー ニング 前	トレー ニング 後	
換気量 （L/分）	安静	7	6	6
	最大	110	135	195
呼吸数 （回/分）	安静	14	12	12
	最大	40	45	55
1 回換気量 （L）	安静	0.5	0.5	0.5
	最大	2.8	3.0	3.2
肺活量（L）		5.8	6.0	6.2
残気量（L）		1.4	1.2	1.2
酸素摂取量 （mL/kg/分）	安静	3.5	3.7	4.0
	最大	40.5	49.8	76.7

トレーニング：ジョギング，75%$\dot{V}O_2$max，3 〜 4 回/週，30 分/日，6 ヵ月。（文献 14 より一部改変）

た，これは体重あたりの最大酸素摂取量の増加に直結していて，世界水準のランナーでは一般非鍛錬者の 2 倍近いことがわかる。クロスカントリーやマラソンなどの一流競技者では，80 〜 90 mL/kg/分といった値を示す例も多くみられる。かつての箱根駅伝出場選手においても 80 mL/kg/分を超えるような値が報告されている。(TM^2)

TIDBIT 4-6

呼吸器系の変数

呼吸器系の変数には，呼吸器量（volume）に分類される変数と，呼吸器系の最大容量（capacity）に分類される変数がある。詳細は次の通りである。

呼吸器量（volume）

1 回換気量（tidal volume：TV）：1 回の呼吸運動によって気道・肺に出入りする空気の量

予備吸気量（inspiratory reserve volume：IRV）：安静吸気位からさらに吸入できる空気の量

予備呼気量（expiratory reserve volume：ERV）：安静呼気位からさらに呼出できる空気の量

残気量（residual volume：RV）最大呼気位で肺内に残存した空気

1 秒量（forced expiratory volume in 1 second：FEV1.0）：努力性肺活量のうち最初の 1 秒間に吐き出される空気の量

1 秒率（forced expiratory volume% in 1 second：FEV1.0%）：努力性肺活量に対する 1 秒量の比率

呼吸器系の最大容量（capacity：容量）

最大吸気量（IC）：IRV+TV

機能的残気量（FRC）：ERV+RV

肺活量（VC）：IRV+TV+ERV

努力性肺活量（forced vital capacity：FVC）：息を最大限吸い込んだ後に肺から一気に吐き出される空気の量

全肺気量（TLC）：IRV+TV+ERV+RV （=VC+RV）

(TM^2)

● 4-19　換気性作業閾値

　運動の負荷を連続的に上げていくと，より多くの酸素が筋において必要となるため，酸素摂取量や心拍数が運動強度に比例して（直線的に）増加していく。また，体内で過剰となった二酸化炭素を体外へ速やかに排出するため，呼吸数が増えて換気量が増加する。

　呼気ガス中の二酸化炭素排泄量や換気量は，中等度から高強度の負荷になると，直線的な増加から逸脱した過剰な増加を示すようになる（**図4.19.1**）。この逸脱点の強度を**換気性作業閾値**（ventilatory threshold：VT）といい，その人の**無酸素性作業閾値**（anaerobic threshold：AT）を表わす指標の1つとして用いることができる。運動強度が高くなると，筋におけるATP生成において解糖作用（無酸素性代謝）の割合が高まり，その後のクエン酸回路での代謝（有酸素代謝）率を上回ると乳酸が生成される。この乳酸処理のために，より多くの酸素が必要となり，そのためのプラスアルファの換気が必要になる（直線的上昇からの逸脱：**図4.19.1b**のQ点）。また，乳酸を血中の重炭酸イオン（HCO_3^-）が緩衝処理した結果として二酸化炭素が生じる。血中に二酸化炭素が生成されると，呼気ガス中の二酸化炭素排泄量も高まり始める（**図4.19.1a**）。このように，酸素摂取量の増加率を上回って二酸化炭素排泄量が増加するポイント（**図4.19.1a**のR点）を，換気性作業閾値として定めている。実際の測定では，①呼気ガス交換比（$R = \dot{V}CO_2 / \dot{V}O_2$）が上昇し始める点，②$\dot{V}CO_2 - \dot{V}O_2$関係の傾きが急に増す点（V-slope法）（**図4.19.2**），③$\dot{V}E / \dot{V}O_2$が増加し始める点，④$PETO_2$（呼気終末酸素濃度）が増加し始める点などを総合して判定される。

　「閾値」とは境目を意味するが，換気性閾値はそのポイントから無酸素代謝に切り替わるということではなく，運動負荷に見合うように無酸素代謝が活発になって，呼気ガスパラメータに表出し始める強度ととらえられている。そのため，その人の有酸素性エネルギー代謝の水準を表わすものとして，運動プログラムの強度設定に利用されることが多い。一般的には$50 \sim 60\%\dot{V}O_2$max程度の強度で観察されるが，持久系種目のエリート競技者では，$90\%\dot{V}O_2$max付近に観察される例もみられる。（TM²）

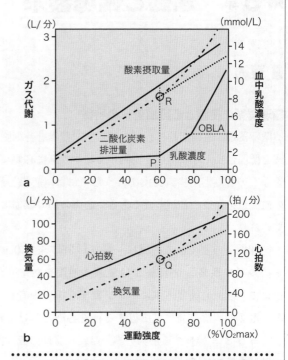

図4.19.1　運動強度と酸素摂取量，二酸化炭素排泄量，換気量，心拍数，血中乳酸濃度との関係
（文献5より引用）

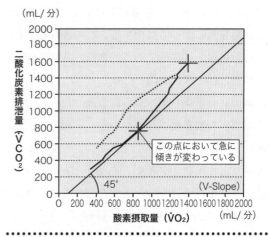

図4.19.2　負荷漸増運動時の酸素摂取量と二酸化炭素排泄量の関係 breath by breath 測定による V-slope 法によるデータ

第5章　運動と循環器系

■ 要約

循環器系の役割と心臓血管系の特徴

　循環器系は生命活動に必要な酸素や栄養素を各細胞へ運び，代謝の副産物を除去するシステムである。血液を循環させ，呼吸器系と協働して身体各部に必要な酸素や栄養物を運搬・供給している。肺，腎臓，消化管などの各臓器で物質交換を行うためには，心臓と血管による適切な循環調節（⇒ **5-1**）によって各臓器の血流量を保つことが重要である。心臓の筋の収縮に必要な酸素や栄養は，冠動脈の血流によって運搬されている。

　循環器系の要である心臓は，重さが250〜300gで，4つの部屋（右心房，右心室，左心房，左心室）を持つ（⇒ **5-2**）。各部屋には血液の逆流を防ぐ弁が付いている。心筋は，主にポンプ機能を担う固有心筋と，電気的興奮を発生・伝導する特殊心筋に分けられる（⇒ **5-3**）。発揮する筋力の調整は，拡張期の流入血液量と交感神経活動によって行われている。

　心臓の特殊心筋は，電気的興奮を発生させ，心臓の各部位に伝導する。その際の活動電位の複合波形が心電図である（⇒ **5-3**）。電気刺激によって心筋細胞が収縮し，再分極によって弛緩する。この繰り返しがいわゆる心臓のポンプ作用である。また，これら一連の心臓の動作を心周期と呼ぶ。

　心臓の右心室から肺へ送られる血液は，肺でのガス交換によって酸素化され，左心房へと戻って来る（肺循環）。次に左心室に流入した血液は，左心室から全身へと送り出される（体循環）。右心系と左心系は同時に収縮と弛緩を行い，等量の血液をそれぞれの径路に送り出し，循環を円滑にしている（図5.0.1）。

　心臓から駆出された血液は動脈を通じて全身に流れ，毛細血管での物質交換を経て，静脈経由で心臓に戻る。血液は動脈と静脈の圧力差（血圧差）によって流れるため，心臓に近い動脈部分では，壁が厚く太い血管（大動脈）が配置され（⇒ **5-1**），高い圧力を維持している。また，こうした太い血管は，心臓から強い力で駆出される血液を柔らかく受けとめて流すことができるため，

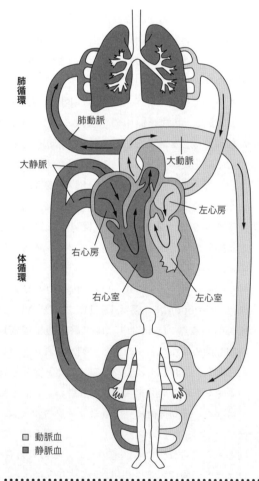

図 5.0.1　肺循環と体循環の概略
（文献9より引用）

弾性動脈ともよばれている。末梢にある筋性動脈は，平滑筋の収縮・弛緩によって血管腔を変化させることができる。これによって酸素や栄養素の需要が高まっている器官や組織に対して，血流量を配分する調整が可能となる。動脈はさらに分岐して細動脈，毛細血管を形成し，毛細血管は静脈に合流する。静脈は，細静脈，静脈，大静脈の順で太い静脈に合流していく。全血液量の約 60 〜 70 ％が静脈内にあるため，静脈は容量血管といわれている。

循環器系のダイナミクスと血流配分

　人体に流れている血液の重量は，体重の約 8 ％に相当する。心臓のポンプ作用によって全身を循環する血液の量，心拍出量は身体活動や運動にあわせて変化する。心拍出量は心拍数と 1 回拍出量（1 回の拍動で駆出する血液量）の積で表わされる（⇒ 5-4, 5-5）。運動時には，40 ％の運動強度までは，両方が増加して心拍出量が増加する。しかし，それ以上の強度では心拍数の増加のみが心拍出量の増加を担っている。最大運動時には，最大心拍出量が得られ，安静時の約 5 倍の血液量が心臓から送り出される（⇒ 5-10）。

　運動時の血流配分は，肝臓や腎臓への血流が減少し，筋への血流が増加する。最大運動時には心拍出量の 80 ％以上が筋に流入する。活動筋では血管が拡張し，非活動筋では血流量が減少する。

　運動時に心臓へ帰還する血流量は，第 2 の心臓ともいわれている骨格筋のミルキングアクション（筋ポンプ作用）（⇒ 5-11）によって効率的に保たれている。骨格筋収縮時に静脈弁の構造により静脈血は逆流せずに心臓に向かってのみ流れる。下肢をリズミカルに動かすような歩行などの軽運動は，立位や座位が長時間続いた後などの血液の貯留防止に役立つ。

血圧に関する指標と特徴

　血圧は心臓のポンプ力，循環血液量，血管壁弾性，血液粘性，血管床面積などの影響を受ける。仰臥姿勢では血圧が低く，立位姿勢時の足部では静水圧が加わるため約 200 mmHg に達する（⇒ 5-12）。一般的に椅座位で計測する上腕血圧によって高血圧症の判断をすることが多い。世界保健機関（WHO）の基準では，高血圧症は収縮期血圧が 140 mmHg 以上，または拡張期血圧が 90 mmHg 以上と定義されている。また，収縮期と拡張期の差である脈圧は大動脈の硬化度に関連し，平均血圧は末梢の細い血管の硬化度と関連している。

　心臓の拍動にあわせて動脈血流における脈波が血管壁を伝わっていく。脈波の伝播速度を計測する装置を用いると，図 5.0.2 のような上腕と足首の脈波が得られる。血圧脈波の情報から血管の状態を推測することができる。

　足関節上腕血圧比（ankle-brachial pressure index：ABI）は，下肢動脈の狭窄・閉塞を表わす指標で，末梢動脈の疾患に対するスクリーニングに用いられている（⇒ 5-13）。左右足関節の収縮期血圧値を左右上腕の高い方の血圧値で除して算出する。0.91 〜 0.99 が境界領域，1.0 〜 1.4 が基準範囲とされている。

　アイソメトリック運動では，心拍出量の増加が少ない

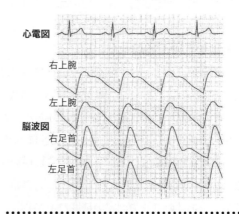

図 5.0.2　心電図と脈の波形
心臓の拍動によって送り出された血液の流れが血管における脈波を形成する。

が，血圧が大きく上昇する。これは，活動筋による血管圧迫と強いいきみによって大静脈が圧迫されることに起因する。血圧が高い人には危険な運動様式となる。一方，有酸素運動では，強度に比例して収縮期血圧が高まるが，拡張期血圧は安静時とほぼ同じレベルを維持する（⇒ 5-14）。

運動，トレーニングによる影響

　心臓は，長期間負荷を受け続けると，形態と機能面での適応が生じる（⇒ 5-6）。持久的な運動では，心拍出量が増え，それに伴う容量負荷が増えるため，左室の拡張末期径が拡大し，内腔容積が増加する。このことは，左室の前負荷を増大させるため，1回拍出量が増え，徐脈を生じさせる。そのため，同じ酸素摂取量（強度）レベルで運動すると，持久系種目の選手は，非持久系種目の選手よりも低い心拍数で運動することができる。一方，大きな筋力を発揮する競技では，運動時の血圧上昇が顕著で，心臓の強い収縮力が必要となる。そのため，左室の壁厚が厚くなる。

　安静時の心拍出量には差がないが，最大運動時の心拍出量は，トップランナーの方が一般健常者に比べて約60%高い値を示す（⇒ 5-17）。これは，高度な持久性トレーニングによってランナーの心臓容積の拡張が引き起こされたことに起因する。

　スタミナを養成する持久性トレーニングは，呼吸循環器系の多くの要素に影響を与え，最大酸素摂取量，すなわち酸素を体内に取り込み，活動筋でエネルギー代謝に利用する能力を向上させる。酸素を摂取し，代謝に利用するためには，生命活動の基幹となる呼吸循環器系の諸機能を動員する必要がある（⇒ 5-15）。したがって，酸素摂取量は外気から筋に酸素を運ぶ全要素の総合力といえる。これに関与する要素は，①呼吸の能力（⇒ 5-16），②心臓のポンプ機能（⇒ 5-17），③活動組織の血管拡張能力と非活動組織の血管収縮能力（⇒ 5-10），④筋の酸素利用能（⇒ 5-15）である。これらを改善するトレーニングは，生命活動の基幹部分を鍛え，健康の増進に深く結びつく。

　運動強度が上がると，エネルギー供給系が有酸素性から無酸素性へと切り替わる。運動強度と血中乳酸濃度の関係（乳酸カーブ）から，この切り替わりのタイミングを知ることができる。すなわち，漸増的な負荷上昇の中で，乳酸濃度が増加に転じる変曲点（乳酸閾値）（⇒ 5-18）を示すことから，把握できる。持久性トレーニングによって有酸素能力が高まると，乳酸カーブにおけるこの閾値が右にシフトする。スポーツではこの乳酸閾値が持久性トレーニングの効果検証に使われることが多い。

心拍数の特徴と応用

　心拍数は1分あたりの心臓の拍動数を示し，自律神経活動の影響や姿勢の影響を受けて絶えず変動している。例えば，立位姿勢では静脈環流量が減少し，1回拍出量が減少するため，仰臥位に比べて心拍数を増加させ，一定の心拍出量を確保している。また，持久系のアスリートにおいては，安静時の心拍数が低くなる傾向にある（⇒ 5-8）。これは心臓容積の増大（スポーツ心臓）に起因していると考えられる（⇒ 5-6）。

　心拍数は運動強度に比例して直線的に増加するため，運動強度の把握やトレーニング強度の設定において活用されている（⇒ 5-7）。運動時の最高心拍数をもとに，トレーニング強度の目標となる心拍数を設定する。近年は心拍計の普及で測定の精度が上がり，かつ簡便になったため，健康の維持やレース出場，上位入賞など，個人が目指すトレーニングレベルを安全かつ効果的に設定することが可能となった（⇒ 5-9）。(TM^2)

● 5-1　心臓血管系のなりたち

　心臓血管系は体内の血液循環を制御している。血液循環は身体各部に必要な酸素や栄養物を運搬・供給し，また，各部で発生した代謝産物を運搬・除去する重要な役割を担っている。この系は起点となる心臓（ポンプの役割）と，体中に張り巡らされた血管（パイプの役割）で構成され，肺循環と体循環の 2 つの系が直列に配置されている。各系における動脈と静脈の圧力差（血圧の差）によって血液が流れている。**体循環**において，心臓から駆出された血液は，動脈を経て全身の各組織に到達し，静脈を経て心臓に帰還する。動脈は各組織に向かうため，樹状に分岐し，細動脈から最終的には毛細血管床を構成する。毛細血管床を通過した血液は静脈の経路に入り，細静脈を経て静脈，大静脈へと合流していく。

　心臓に近い血管部位では，壁が厚く太い動脈血管が配置され（大動脈，動脈）（**図 5.1a**），圧力を高めて全身に血液を送り出している。大動脈に代表される弾性動脈は中膜が厚く高い弾力を有し，心臓から駆出される血液を柔らかく受け滑らかに流している（**図 5.1b**）。末梢にある筋性動脈は，平滑筋を収縮・弛緩させて血管腔を変化させて血流量を調節している。さらに枝分かれした細い動脈（細動脈，毛細血管）によって組織の細部まで血液が運搬される。毛細血管は一層の内皮細胞で構成され，管内の血流量は血管表面に付着している前毛細血管括約筋や周皮細胞によって調整されている。血管の横断面積の総和は，毛細血管が最も多く，約 3,000 cm^2 である。組織を経て心臓に戻る血液は細静脈，静脈，大静脈の順に，太い静脈内に合流していく。静脈には，血管の内膜が変化してできた静脈弁があり，これによって，心臓に向かう血液が逆流せずに流れる。

　血管の総延長は，標準的な成人で 160,000 km（地球約 4 周）に及ぶ。(TM^2)

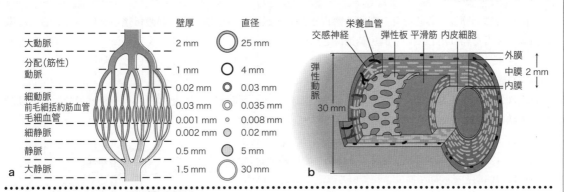

図 5.1　血管の種類，太さ，動脈血管構造のイメージ
（右図：文献 10 より改変）

TIDBIT 5-1

心電図

　心電図（electro cardiogram：ECG）は，電気的興奮を発生・伝導する役割を持つ特殊心筋における活動電位の複合波形であり，胸部，左右手首，左足首に電極をあてて導出する。通常，心電計を用いて計測し，1 mV が 1 cm となる校正波形とともに記録する。心電図は 6 つの波形で表わされ，各波形にアルファベットの P 〜 U が振られている。心房の興奮（脱分極）時に P 波が現れる。QRST の波形は心室の活動電位であり，房室結節，ヒス束を通過し，左脚と右脚からプルキンエ線維に至る伝達経路で心室の興奮局面を示す QRS の波形が発現する。鋭い R 波形は心拍数の計測に用いられる。その後，心室の興奮が回復する局面を示す T 波が発現する。S 波の終わりから T 波の始まりまでを ST 部分といい，心室全体が興奮している時期を示している。また，Q 波の始まりから T 波の終わりまでを QT 間隔といい，心室が収縮している時間を表わしている。(TM^2)

● 5-2　心臓の構造と特徴

　心臓は，横紋筋からなる心筋線維で構成されており，右心房，右心室，左心房，左心室の４つの部屋を持つ（**図 5.2**）。大きさは握り拳程度で，250〜300 g の重量である。心臓の筋肉（心筋）は，心房筋と心室筋のようなポンプ機能を担う固有心筋と電気的興奮を発生・伝導する役割を持つ特殊心筋に区別できる。心筋は，骨格筋の遅筋線維に似てミトコンドリアを多く含むため，動脈血からの酸素利用率が他の臓器よりも高い。収縮し続ける（強縮する）ことはなく，単収縮のみで収縮と弛緩を交互に行っている。心筋の発揮筋力は，①拡張期の流入血液量によって心筋が伸展した度合いに応じて張力が増す（その結果，１回拍出量が増す）仕組みと，②交感神経活動と，血液中のアドレナリンとノルアドレナリンが作用して収縮期の収縮力を増大させる仕組みによって調整されている。

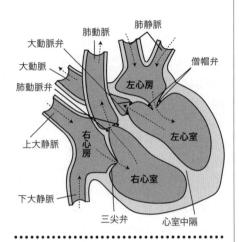

図 5.2　心臓の構造（文献９より引用）

　心臓の各部屋には血液の逆流を防ぐ弁が付いていて，右心房と右心室の間には三尖弁，左心房と左心室の間には僧帽弁，右心室と肺動脈の境目には肺動脈弁，左心室と大動脈の境目には大動脈弁がある。(TM^2)

● 5-3　刺激伝達系

　心臓の特殊心筋は，心筋特有の電気的興奮を発生・伝導する役割を持つ**刺激伝達系**を担っている。心臓の拍動リズムを作り出している洞房結節，心房から心室へと興奮を伝導する房室結節，インパルスが通過するヒス束，左右脚，プルキンエ線維などを含んでいる。これらの伝達系における活動電位の複合波形が心電図を構成している。

　心電図として現れる電気的刺激が心筋細胞（固有心筋）を収縮させ，その後の再分極（脱分極した膜がもとの状態に戻ること）によって心筋が弛緩する。この刺激伝達系による収縮と弛緩の繰り返しが心臓のポンプ作用を生み出している。心臓が１回収縮・弛緩する経過を**心周期**といい，心周期は収縮期と拡張期で構成されている（**図 5.3**）。(TM^2)

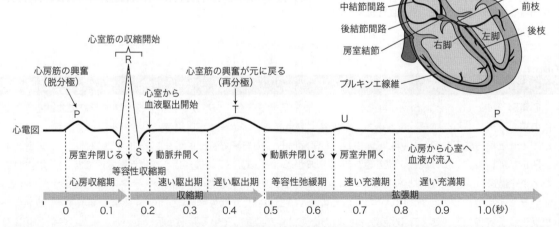

図 5.3　心電図から見た心臓の活動の概略（文献 10 より改変）

● 5-4　心拍出量と運動

　全身の血液量は体重の約 8 ％であり例えば，70 kg（日本人 30 歳代男性の平均体重）の人は約 5,600 mL の血液が全身を循環している計算になる。1 分間に心臓から拍出される血液量を**心拍出量**という。運動時の心拍出量は運動強度に比例して増加する。最大運動時の心拍出量（**最大心拍出量**）は，成人男子で約 20 ～ 25 L/分であり，安静時の 4 ～ 5 倍の血液量が拍出される。女子は男子の約 70 ％であり，体格差を考慮して体重 1 kg あたりで比較すると，概ね男子の 85 ％となる。最大心拍出量は 20 歳代でピークに達し，その後年齢とともに低下する傾向にあるが，中高年期でも定期的な運動を継続することでその低下を抑えることができる。

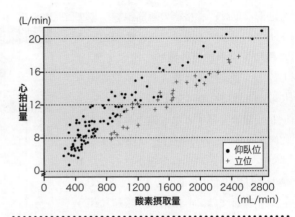

図 5.4　酸素摂取量と心拍出量の関係
仰臥位での自転車漕ぎ運動と立位姿勢でのトレッドミル歩行運動におけるデータ
（文献 12 より引用）

　また，心拍出量は姿勢の影響を受ける。立位の心拍出量は仰臥位に比べて 2 ～ 3 L/分少ない。これは立位では仰臥位に比べて重力の影響により，血液が下肢などから心臓へ戻りにくくなるためである。すなわち，静脈環流量（心臓へ戻る静脈血の量）の減少がこの差を生じさせている。**図 5.4** で示すように，運動時にも各強度で仰臥位と立位の差がみられる。(TM[2])

● 5-5　運動による心拍数と 1 回拍出量の変化

　心拍数は心臓が 1 分間に拍動する回数であり，**1 回拍出量**は心臓が 1 拍動で駆出する血液の量である。心拍出量は，これらの積として表わされる。

$$心拍出量 ＝ 1 回拍出量 × 心拍数$$

　安静時の 1 回拍出量を概ね 70 mL とすると，心拍数が 70 拍/分の時には心拍出量が 4,900 mL/分となる。持久系種目の運動選手はトレーニング効果で 1 回拍出量が 100 mL 近くになるため，同じ心拍出量を得るのに心拍数が少なくて済む。

　運動時には，活動筋の細動脈が拡張して後負荷（心臓が血液を駆出する際にかかる圧力負荷）が減少し，血液を駆出しやすい状態となるため，1 回拍出量が増加する。また，心臓への交感神経刺

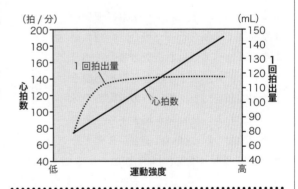

図 5.5　運動時の心拍数と 1 回拍出量の変化
運動強度の増加に伴い心拍数は直線的に増加するが，1 回拍出量は最大酸素摂取量の 40 ％レベルで増加が止まる。

激によって心筋の発揮張力が高まることも，運動時の 1 回拍出量増加の要因となっている。しかし 1 回拍出量の増加は，**図 5.5** に示すように，最大酸素摂取量の 40 ％程度の負荷強度で上限に達する。それ以降の負荷漸増に伴う心拍出量の増加は，心拍数の増加によってもたらされる。心拍数は，個人差があるが，概ね 220 から年齢を引いた最高心拍数のレベルまで上昇する。(TM[2])

● 5-6　スポーツ心臓

心臓の筋は，骨格筋の遅筋線維に似てミトコンドリアを多く含み，動脈血からの酸素利用率が他の臓器に比べて高い。しかし，骨格筋とは異なり，単収縮のみで収縮と弛緩を毎回交互に行っている。1回拍出量は発揮する単収縮の強さによって変化する。この特徴を持つ心臓にトレーニングを行い長期間負荷をかけると，形態および機能面での適応を示す（**表 5.6**）。持久系種目では，心拍出量の増加に伴う容量負荷が増えるため，左室の拡張末期径が拡大し，左室の内腔容積（容量）が増加する。左室の壁も若干厚くなる。各種競技選手の体重 1 kg あたりの心臓容積（相対値）でみた場合，持久系種目の選手ほど容積が大きいことがわかる（**図 5.6**）。こうした左室の内腔容積の増大は，左室拡張期の前負荷を増大させ，安静時や運動時の 1 回拍出量を増加させる。これによって持久系競技の選手では，安静時の心拍数に徐脈が生じ，40 拍/分程度になることがある。また，同一酸素摂取量の運動強度で運動を行った場合，非持久系の選手に比べて低い心拍数で運動を遂行できる。一方，大きな筋力発揮を必要とする競技種目では，運動時の血圧の上昇が顕著となり，後負荷が増大する。そのため，拍動の際に強い収縮力が必要となり，左室の壁厚（後壁や中隔）が厚くなる。(TM[2])

表 5.6　トレーニングによる心臓の適応・変化

	持久系トレーニング選手	非トレーニング群	筋力トレーニング群
	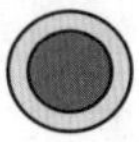	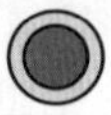	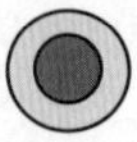
	遠心性適応		求心性適応
機能的変化	⬇	心拍数	➡
	⬇	収縮力	⬆
	⬇	心筋酸素消費	➡?
	⬆⬆	1 回拍出量	⬇
形態的変化	⬆⬆	心容量	⬆⬆
	⬆	壁厚	➡⬇
	⬆	心筋量	⬆
	⬆	1 回拍出量/心容量	⬇

⬆向上　⬇低下　➡不変
（文献 6 より引用）

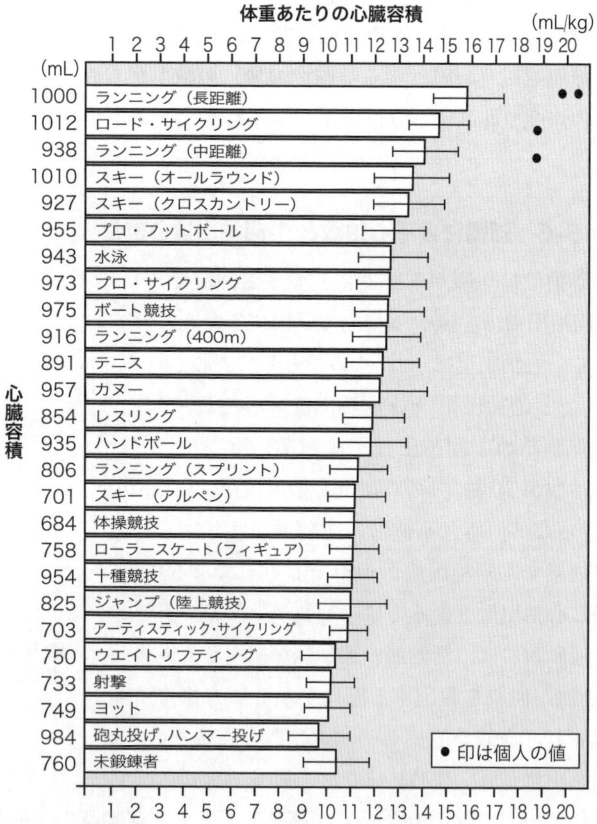
体重あたりの心臓容積
(mL/kg)
1 2 3 4 5 6 7 8 9 10 11 12 13 14 15 16 17 18 19 20
(mL)
心臓容積
1000 ランニング（長距離）
1012 ロード・サイクリング
938 ランニング（中距離）
1010 スキー（オールラウンド）
927 スキー（クロスカントリー）
955 プロ・フットボール
943 水泳
973 プロ・サイクリング
975 ボート競技
916 ランニング（400m）
891 テニス
957 カヌー
854 レスリング
935 ハンドボール
806 ランニング（スプリント）
701 スキー（アルペン）
684 体操競技
758 ローラースケート（フィギュア）
954 十種競技
825 ジャンプ（陸上競技）
703 アーティスティック・サイクリング
750 ウエイトリフティング
733 射撃
749 ヨット
984 砲丸投げ，ハンマー投げ
760 未鍛錬者
● 印は個人の値

図 5.6　各種競技選手の体重あたりの心臓容積
（文献 6 より改変）

● 5-7　運動と心拍数

　運動時には骨格筋の酸素需要に対応するため心拍出量が増加する。心拍出量の増加には1回拍出量と心拍数の増加が寄与する。**心拍数**は心臓の拍動数であり，一般的には1分あたりの値で示す。運動時の心拍数は，酸素摂取量と同様に強度に比例してほぼ直線的に上昇する（**図5.7.1**）。酸素摂取量よりも簡便に測定できる利点もあり，運動強度の指標として多くの運動・スポーツの現場で用いられている。一定の負荷強度で運動を行った場合，心拍数が適応し，定常状態となるまでに一定の時間を要する。強度のレベルが高くなるほど，適応までの時間が長くなる。最大強度の運動において最高心拍数が得られる。この最高心拍数を用いて，トレーニングにおいて目標とする心拍数（**生理学的運動強度**）を設定することが一般的である（⇒ 5-9）。

　心拍数は，心電図記録からR波の時間間隔を測定する方法や，心拍数計測機器（胸に電極ベルトを巻いて腕時計タイプの受信機で測定するデバイスなど）によって確認できる。また，特別な機器がなくても，ストップウォッチなどがあれば触診法によって簡便に測定できる。頸動脈や手の親指の付け根にある橈骨動脈を手の指先（人差し指，中指，薬指の3本）で触れ，拍動を6もしくは10秒数える。その値を10もしくは6倍して1分間値にする方法である（**図5.7.2**）。(TM²)

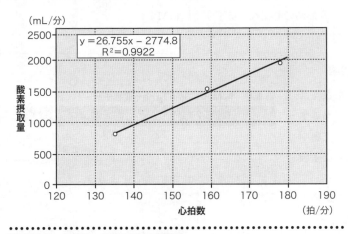

図5.7.1　心拍数−酸素摂取量の関係
運動負荷の増加に伴い，心拍数と酸素摂取量が比例して増加する。

図5.7.2　触診法による脈拍数（心拍数）の計測
親指の付け根の橈骨動脈に反対側の人差し指，中指，薬指をあてて脈拍を計測する。10秒カウントして6倍，もしくは6秒の値を10倍して，1分間値として求める。

TIDBIT 5-2

一酸化窒素

　血管の内皮細胞は血管内膜の内側にあり，直接血液の流れによって生じるずり応力の影響を受けている。運動によって血流速度が速くなった際にはずり応力によって内皮細胞が**一酸化窒素**（NO）を放出する。放出されたNOは内膜の外側に位置する中膜の血管平滑筋を弛緩させ，血管の内腔を拡張させる。1987年に内皮細胞からのNOが血管内皮由来弛緩因子（endothelium-derived relaxing factor：EDRF）の本態であることが確認され，運動時の活動筋における血管拡張と血流増加に関連するNOの役割が明らかとなった。またNOの分泌量は血管の柔軟性と関連することが確かめられている。運動不足や喫煙などで血管内皮細胞の機能が低下し，NOが十分に確保できない時には，血管の拡張性が低下する。また，動脈硬化につながる可能性がある。したがって，継続的な持久性運動トレーニングによって血管内皮細胞に対するずり応力を維持し，NOを放出し続けることが重要である。(TM²)

● 5-8　安静時心拍数

心拍数は，1 分あたりの心臓の拍動数を表わす。安静時には自律神経活動の影響を強く受け，交感神経活動が亢進すると上昇し，副交感神経活動が亢進すると低下する。仰臥位に比べて立位では，静脈還流が減少し，1 回拍出量が減少する。そのため立位では，仰臥位に比べて心拍数を増加させて一定の心拍出量を確保している。低酸素環境や高温環境も循環器系の調節反応をもたらし，心拍数が増加する。

表 5.8　一流選手の安静時心拍数

競技種目	距離	心拍数（拍/分）	
		平均値	範囲
短距離走	$100 \sim 200\,m$	65	$58 \sim 76$
中距離走	$400 \sim 800\,m$	63	$49 \sim 76$
長距離走	$1,500 \sim 10,000\,m$	61	$46 \sim 64$
マラソン	$42.195\,km$	58	$50 \sim 67$

（文献 1 より引用）

また，**安静時心拍数**は，加齢による影響で変動することが知られており，生命予後にも影響する。60 拍/分程度の群と 90 拍/分を超える群との比較では，後者の全死亡率が約 2.7 倍高いことが報告されている[2]。

運動・トレーニングの影響を受け，持久系スポーツ選手の安静時心拍数が低いことが古くから知られている。例えば，**表 5.8** に示すように，長距離走者は短距離走者に比べて安静心拍数の平均値が低く，60 拍/分台前半から 50 拍/分台後半である。これは，持久系競技において増大する心臓の容量負荷に起因している。容量負荷の増大が心臓容積の増大（スポーツ心臓）をもたらし，1 回拍出量が増える。その結果，同じ心拍出量を得るための心拍数が少なくて済み，安静時の心拍数が低下する。(TM²)

● 5-9　トレーニングへの心拍数の適用

トレーニングセッションにおいて心拍数を計測することは，心拍数と直線的な関係にある生理学的運動強度（身体負担）を把握し，実施中のトレーニングの効果を知るうえで有効な手段となる。初めに，**表 5.9** に示すようなトレーニング適応の目標を確認する。次に，その適応効果が得られる心拍数レベルを設定するために，対象者の**最高心拍数**（maximum heart rate : MHR）の推定値を計算する（220–年齢）。フェーズ 1 において，単に健康維持のためのジョギングによって持久力をつけたい場合には，MHR の 75％ 未満の心拍数を目標とする。

表 5.9　% MHR–%V̇O₂max 変換チャート

% MHR	相当する% V̇O₂max	トレーニングによる適応
50	~ 22	トレーニングされたアスリートの最低レベル
55	~ 28	
60	~ 42	フェーズ 1：持久力
65	~ 48	
70	~ 52	
75	~ 60	フェーズ 2：スタミナ
80	~ 70	
85	~ 78	フェーズ 3：経済性
90	~ 85	
$95 \sim 100$	~ 93	フェーズ 4：スピード

同様に，フェーズ 2 では，レース出場に向けてスタミナをつけるため，$75 \sim 85\%$ MHR に設定する。フェーズ 3 は，無酸素性作業閾値を超えた強度で，酸素と炭水化物利用の経済性を獲得し，最適なレースペース調整能力を高める局面である。概ね $85 \sim 95\%$ MHR に設定する。最終のフェーズ 4 は，作業筋での乳酸蓄積に耐えながら，短時間の最大努力で運動を遂行する局面であり，無酸素性最大パワーを発揮しながら，実際のレーススピードを上回る強度で行う。概ね $95 \sim 100\%$ MHR に設定する。

これらの心拍水準による運動強度は，**表 5.3** にあるように，最大酸素摂取量に対する割合（酸素摂取水準：% V̇O₂max）に変換して強度を設定することも可能である。(TM²)

● 5-10　運動と血流配分

各組織への血流量は，組織が必要とする量に応じて配分されている。安静時には図5.10に示すように，筋，肝臓，腎臓への血流がそれぞれ20％を超える。しかし，運動時には腹部臓器への血流配分が減少し，筋への循環血液量が増加する。最大運動時には安静時の20倍以上となり，概ね心拍出量全体の80％を超える量が筋に流入している。その他，脳への血流量の絶対値は微増し，心臓の冠動脈における血流は増加する。

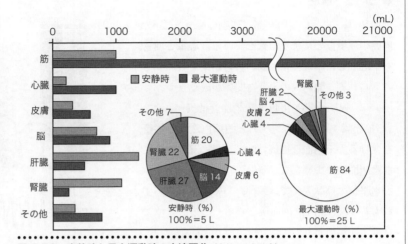

図 5.10　安静時と最大運動時の血液配分（文献 7 より改変）
最大運動時には心拍出量が約 5 倍に増え，筋への血流量が大幅に増える。

活動筋への血流量の増加は，活動筋の代謝需要を満たすために必要で，主に細動脈における血管平滑筋の弛緩と拡張によって調節されている。細動脈は，直径約 0.2 mm 以下の細さで断面積も小さい。安静時には交感神経系の働きによって収縮し，抵抗性を高めて筋への血流量を制限している。血管における平滑筋の弛緩と拡張においては，局所的に産生される一酸化窒素（NO）などの血管拡張物質が作用している。また，血管内皮細胞から産生されるエンドセリンは，運動時に活動していない筋の血管収縮と血流量の減少を促し，活動筋への血流配分を高めることに寄与する物質として知られている。(TM[2])

● 5-11　ミルキングアクション

筋ポンプ作用とも称され，骨格筋（特に下肢筋）に接する静脈中の血液を物理的に重力に抗して心臓へと環流させることをミルキングアクションという。収縮する筋が静脈血管を挟んで圧迫してミルクを絞るように作用するため，この名称が付けられている。静脈には逆流を防ぐ弁が配置されているため，律動的な筋収縮の合間，すなわち筋が弛緩している間には血液が下方から流れ込むのみで，逆流しない。筋の収縮によって圧迫された静脈血管は血圧が上昇し，中を流れる血液は弁の作用によって上方の心臓方向へと押し出される。下方へは閉じた弁によって流れることはできない（図5.11）。下肢のミルキングアクションによって，立位での運動時にも円滑に血液が循環することから，この作用は第 2 の心臓としての役割を担っている。日常生活で立位姿勢や座位姿勢を長時間維持した後には下半身に血液が貯留しやすくなるため，ミルキングアクションを意識して下肢をリズミカルに動かすような歩行などの軽運動を行うとよい。(TM[2])

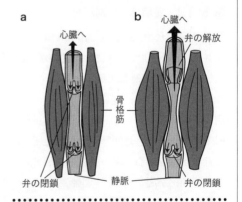

図 5.11　ミルキングアクションにおける静脈弁の作用　a：弛緩時，b：収縮時
骨格筋の収縮が，血液が心臓に戻るのを助けている。静脈の一方向弁は心臓方向からの逆流を防ぐ。

● 5-12　血圧

　血圧は，ストレスの有無，運動の様式，姿勢，周囲の環境などによる影響を受ける。心臓と血管を中心とした循環器系調節の最終結果を表わすと考えられる。概ね次のような関係が成り立つ。

$$血圧 = 心拍出量 × 末梢血管抵抗$$

（心拍出量：心臓のポンプ力と循環血液量の影響を受ける。末梢血管抵抗：血管壁弾性，血液粘性，血管床面積の影響を受ける。）

　水平位の仰臥姿勢では頭部，心臓，足部のいずれも約 100 mmHg の血圧となる。一方，立位では静水圧が加わり，足部で約 200 mmHg となる。

　血圧測定では，マンシェット（カフ）を巻き締め付けて測定する。マンシェットの下の動脈に聴診器をあてて，音が聞こえ始めた時の圧力値が**収縮期血圧**である。また，音の消失時が**拡張期血圧**の値である（**図 5.12**）。音の代わりに振動を感知して測定するオシロメトリック法もある。世界保健機関（WHO）は，椅座位での収縮期 140 mmHg 以上，あるいは拡張期 90 mmHg 以上を高血圧症と定義している。また，脈圧（収縮期と拡張期の血圧差）は大動脈の硬化度に関連しており，差が大きいほど硬化度が高い。平均血圧は，脈の波形（三角形）の面積を平均化するイメージで，脈圧を 1/3 倍して，その値を拡張期血圧にプラスして求める。この平均血圧は，末梢の血管の硬化度に関連している。(TM²)

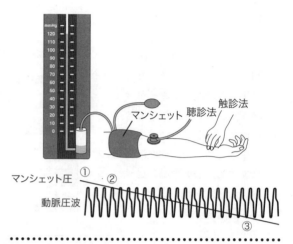

図 5.12　血流音（コロトコフ音）による血圧測定方法
触診法は最高血圧の測定のみに用いる。①マンシェットによって動脈圧より強い圧力をかけると，血流が途絶え，血流の乱流音が消える，②マンシェットの圧力を徐々に緩めていくと，音が聞こえ始める（最高血圧），③さらに緩めていくと，音が聞こえなくなる（最低血圧）。
（文献 8 より引用）

● 5-13　足関節上腕血圧比

　足関節上腕血圧比（ankle-brachial pressure index：ABI）は，下肢動脈の狭窄・閉塞の程度を表わす指標として医療分野では末梢動脈疾患を診断するために用いられている。簡便的に脈波検査装置によってオシロメトリック法で計測する血圧値を用いることが多い。具体的には，左右上腕の収縮期血圧と左右足関節の収縮期血圧を計測し，左右足関節の各血圧値を左右上腕の高い方の値で除して算出する。比較的動脈硬化が起こりにくい上腕の血圧と，閉塞性の病変による虚血性の症状（影響）が出やすい足関節部の血圧を比較するため，これらの比で表わしている。一般的には足関節の血圧は上腕に比べて 10 〜 20 mmHg 程度高くなるため，ABI は 1.0 よりも大きくなる。末梢動脈疾患のスクリーニングにおいて感度が高く，心血管リスクの予測因子としての可能性があることも指摘されている（**図 5.13**）。(TM²)

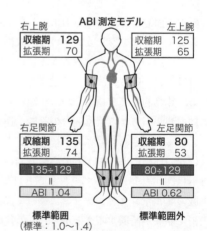

図 5.13　足関節上腕血圧比（ABI）の測定方法
仰臥位で左右上腕および左右足首の血圧を同時測定して，高い方の上腕収縮期血圧と各足首の収縮期血圧の比を求める。

● 5-14　運動様式と血圧

　アイソメトリック運動（等尺性運動）では，全身的な有酸素運動に比べて心拍出量の増加が少ないものの，活動筋による血管圧迫のため血圧が大きく上昇する。**図 5.14a** は最大握力の 25％強度のハンドグリップ運動での変化を示したもので，アイソメトリック運動では拡張期血圧も上昇する特徴がみられる。息を止め，強いいきみ（怒責）を伴って力を発揮すると，迷走神経刺激により筋緊張が高まってより強い力を発揮することができる。これをバルサルバ（Valsalva）反射という。怒責の時には，胸腔・腹腔内圧が著しく上昇し，大静脈を圧迫する。これが心臓に戻る血流をせき止め，血圧を急上昇させることになる。重量物を持ち上げている時に，腕や頸などの静脈が浮き立っているようにみえるのは，筋の静的な収縮と怒責によって帰還静脈血がせき止められ，血液が静脈に貯留するからである。怒責によって生じる血圧上昇分は，安静時の血圧にそのまま累加される。したがって，もともと血圧が高い人に対する高負荷の筋力トレーニングなどは心血管リスクが高く，非常に危険な運動様式になりうる。

　全身的な有酸素運動時には，運動強度に比例して収縮期血圧が高まる。運動時の心拍出量の増加が収縮期血圧の増加をもたらす。一方，拡張期血圧は強度に比例せず，安静時とほぼ同じである（**図 5.14b**）。最大運動時には収縮期血圧が 200 mmHg を超えることもあるが，中高年者では最大下運動時でも 200 mmHg を超えることは珍しくない。(TM^2)

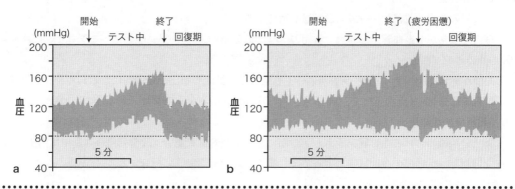

図 5.14　運動時の血圧変化（直接法による血圧測定）　a：局所的な等尺性運動，b：全身的な有酸素運動
（文献 11 より改変）

TIDBIT 5-3

動脈血酸素飽和度

　動脈血の赤血球に含まれるヘモグロビンのうち，酸素と結合している酸素化ヘモグロビンの割合を**動脈血酸素飽和度（SaO$_2$）**という。パルスオキシメータによる経皮的測定（SpO$_2$）は，手指などをプローブで挟んで経皮的に光を血管に照射し，ヘモグロビンの吸収度から酸素飽和度を求める方法である。簡便で，いつでもどこでも測定ができるものの，若干の誤差が生じる可能性が高い。正確に測定する場合は，動脈血を採取し，専用のガス分析装置で酸素分圧を計測する方法（PaO$_2$）が用いられるが，医師による侵襲的な測定のため，繰り返すことができないというデメリットがある。SpO$_2$ は 95 〜 98％が正常，90％未満が低酸素血症と診断される（SaO$_2$ は 80 〜 97 Torr が正常，60 Torr 未満が低酸素血症）。呼吸器系の疾患に罹患しない限り，日常的な SpO$_2$ は正常範囲を逸脱しない（96 〜 99％の値を示す）。(TM^2)

● 5-15　最大酸素摂取量を決定する因子

　筋が有酸素代謝（ATP 再合成）を起こすためには，十分量の酸素を筋組織に供給する必要がある。**最大酸素摂取量**は，身体運動のために酸素を取り込み，活動筋のエネルギー代謝で利用する能力の大きさを示すものである。**図5.15**のように外気から活動筋に酸素を送り届けるすべての因子の総合力であり，これらのどこかに機能不全があると酸素摂取量の値は高まらない。これらを支えているのは，呼吸器系では肺，循環器系では心臓，血管，血液性状，血流配分を

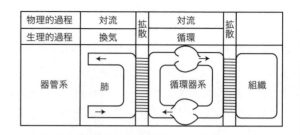

図5.15　酸素利用のプロセス
（文献 4 より改編）

最適化する自律神経系，筋組織では毛細血管内の血液からミトコンドリアへの酸素の拡散能と代謝酵素活性などで，すべてが生命活動の基幹部分といえる。したがって，最大酸素摂取量を高めるトレーニングは生命活動の基幹部分を鍛えることになり，健康の増進に結びつく。

　酸素が筋で利用されるまでの呼吸循環系の能力と機能を具体的に挙げると，次のようになる。

1）呼吸の能力

・呼吸筋の能力：改善効果→最大換気量が増加する。

・肺内の酸素が毛細血管壁を通過する能力（酸素拡散能）：改善効果→酸素化ヘモグロビンが増加する。

2）心臓のポンプ機能

・心臓が血液を拍出する能力：改善効果→①心臓容積が拡大し拍出が効率的になる（1 回拍出量の増加），②最大運動時の心拍出量が増大する（全身へ送り出す酸素化ヘモグロビンの量の増加）。

3）活動組織の血液配分

・非活動組織における血管収縮能力と活動筋における血管拡張能力：改善効果→運動中に内臓への血流を抑制し，活動筋の血管拡張によってより多くの血液を活動筋に配分する。

4）動員される筋の酸素利用能

・筋組織の酸素利用能力：改善効果→毛細血管網が密になり，血管内（血液）から筋への酸素拡散能が向上する。

・ミトコンドリアでの ATP 再合成のための代謝酵素利用能力：ミオグロビンやミトコンドリアが相対的に多い，いわゆる赤筋（遅筋線維，SO 線維）の割合が多い人はこの能力が高い。

（TM[2]）

TIDBIT 5-4

フランク・スターリングの法則

　大静脈を経て心臓に帰還する静脈血（静脈環流量）は，右心房，肺動脈，肺，肺静脈，左心房を経由して左心室に流入する。流入量が増加し，左心室の拡張期に充満度が上がると，心筋が大きく伸展する〔心室拡張終末期容量：end-diastolic volume（EDV）の増加〕。この伸展が次の収縮への刺激となり，心筋が強く収縮する。その結果，1 回心拍出量が増加する。この現象は，心筋細胞の機械的性質によるものであり，発見者であるイギリスの生理学者フランク（Frank）とスターリング（Starling）の名をとった「**フランク・スターリングの法則**」として，よく知られている。心室に充満する血液量と圧の大きさを前負荷といい，前負荷の増大によって心筋の収縮力が高まる。この法則から，静脈環流量が多いほど 1 回拍出量が増えることになる。（TM[2]）

● 5-16 酸素が末梢に届けられるまで

外気から取り込まれた酸素は，図 5.16 に示す流れで末梢の作業筋に運搬される。初めに換気によって肺胞に取り込まれ，肺胞から肺毛細血管内の血液中に移動する（肺拡散，外呼吸）。血液中の酸素は 2 つの方法で全身へ運ばれる。1 つは血液（血漿）に溶けた状態で運搬される方法，もう 1 つは赤血球のヘモグロビンと結合するかたちの運搬方法である。前者の血漿に溶ける酸素はわずかであり，多くは後者のヘモグロビンと結合する方法で運搬される。酸素と結合したヘモグロビンを**オキシヘモグロビン**（酸素化ヘモグロビン：HbO_2）と呼び，結合していないものを**デオキシヘモグロビン**（脱酸素化ヘモグロビン：Hb あるいは HHb）と呼ぶ。酸素とヘモグロビンの結びつきは，血液中の酸素容量に対して，実際にヘモグロビンが結合している酸素量の割合，すなわちヘモグロビンの酸素飽和度（％）で表わされ，次式で求める。

$$ヘモグロビンの酸素飽和度（％）= \{[HbO_2] /酸素容量\} \times 100$$

1 g のヘモグロビンは 1.38 mL の酸素と結合可能であるが，動脈血酸素飽和度を 97％とすると，実質の結合酸素量は 1.34 mL となる。血液 100 mL 中のヘモグロビン量は約 15 g であるため，計算上，血液 100 mL で最大 20.1 mL（15 × 1.34）の酸素を運搬できる（酸素容量）。

オキシヘモグロビンは，循環する血流にのって全身に運搬される。内呼吸が行われる末梢組織（作業筋）レベルでは，酸素分圧が低いため，ヘモグロビンと酸素の結合力が弱まり，ヘモグロビンが酸素を離しやすくなる。作業筋における筋拡散によって筋毛細血管から筋線維内へ移動した酸素は，ミオグロビンと結びつく。酸素を受け取ったミオグロビンは，筋ミトコンドリアへと酸素を運搬する。ここで，酸素が筋のエネルギー代謝に用いられる。(TM[2])

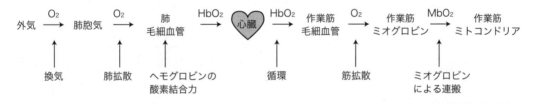

図 5.16 酸素輸送系
（文献 5 より改編）

TIDBIT 5-5

シンシチウム

複数の核を含む細胞を**シンシチウム**（合胞体）という。心臓で心筋細胞は 1 つひとつ独立しているが，コネクソンという構造を有しており，それらがギャップ結合という特殊な結合によって細胞どうしを結びつけている。コネクソン部分では，低分子量の分子や無機イオンが自由に行き来できるため，結果的に電気的な径路が作られて電流が細胞間を伝播する（筋細胞の脱分極が他の細胞へと受け渡される）。すなわち，それらの細胞は電気的に連結された状態となり，個々にばらばらに動くのではなく，心臓全体としてあたかも 1 つの細胞のように動作するようになる。このしくみによって心臓全体がポンプとして機能することが可能となる。このようなふるまいを「機能的シンシチウム（機能的合胞体：functional syncytium）」という。個々の心筋細胞に異常がなくても，何らかの原因で心筋細胞が非同期的に収縮している状態が「心室細動」という機能不全であり，血液ポンプとしての機能が失われた致命的状況になる。(TM[2])

● 5-17　トレーニングによる循環器系変数の変化

　安静時の**心拍出量**（心拍数 ×1 回拍出量）をみると，トレーニング後だけでなく世界的持久走者の値でも，一般の正常者と大きな差異は認められない（**表5.17**）。他方，最大運動時には 60％弱高い値になっている。世界的持久系走者の例に示されるように，最大心拍数は長期の高度なトレーニングによって低下傾向を示す。これは**1回拍出量**の増加によるところが大きい。世界的持久走者の 1 回拍出量は非鍛錬者の約 2 倍であり，逆に最大心拍数は 6％ほど少ない。

　長期の持久性トレーニングは，心臓容積の拡張を生じさせる。さらにアスリートでは，非鍛錬者に比べて安静時の心臓副交感神経活動が亢進していることも，安静時の心拍数が低い要因である。

　運動時，筋ポンプ作用の亢進によって心臓への帰還静脈血量が増大すると，心筋は血液量増加による伸展の度合に応じた収縮力を発生する（フランク・スターリングの法則）（⇒ **T5-4**）。その結果，1回拍出量が増大する。これは，トレーニングによる心臓容積の拡張とともに，最大下運動時の心拍数を下げる要因になる。血流量の増加を伴う持久性トレーニングへの適応として，太い血管の内腔拡大，動脈スティフネス（硬度）の低下，コンプライアンスの向上などが報告されている。これらは有酸素性作業能力の改善や高強度運動中の**収縮期血圧**の過度な上昇を防ぐ点で有効であると考えられる。（TM²）

表5.17　トレーニングによる循環器系変数の変化

変数 （単位）	条件	一般正常者		世界的 持久走者
		トレーニング前	トレーニング後	
心拍数 （拍/分）	安静時	71	59	36
	最大	185	183	174
1 回拍出量 （mL）	安静	65	80	125
	最大	120	140	200
心拍出量 （L）	安静	4.6	4.7	4.5
	最大	22.2	25.6	34.8
心臓容積 （mL）		750	820	1,200
収縮期血圧 （mmHg）	安静	135	130	120
	最大	210	205	210
拡張期血圧 （mmHg）	安静	78	76	65
	最大	82	80	65

トレーニング：ジョギング，75％ V̇o₂max，3〜4 回/週，30 分/日，6 ヵ月
（文献 13 より引用）

TIDBIT 5-6

ポワズイユの法則

　発見者 2 名の名前から，**ハーゲン（Hagen）・ポアズイユ（Poiseuille）の法則**ともいう。細い円筒の管内を流量 Q で流体が流れている時，円筒管両端の圧力差 ΔP，円筒管の半径 r，長さ l，流体の粘度 η（イータ）の間には，

$$Q = [(\pi r^4)/8\eta] \cdot [\Delta P/l]$$

の関係がある。

　簡単にいうと，細い管の中の粘性がある液体がどれほど流れるか（流量）は，管の長さに反比例し，管の半径の 4 乗に比例するというもので，電流におけるオーム（Ohm）の法則にあたる。血流の変化を表わす理論として有用な法則で，血管の半径によって抵抗が大きく変化することを示している。4 乗に比例するので，血管がわずかに収縮するだけで血流が大きく低下することになり，逆に血管の半径がわずかに大きくなるだけで血流が大きく増えることになる。（TM²）

● 5-18　乳酸閾値（乳酸性作業閾値）

漸増負荷運動において段階的に強度を上げていくと，活動筋へのエネルギー供給系の主体が有酸素性から無酸素性へと切り替わる。つまり，運動強度が上がると，十分な酸素の供給を前提とした脂肪中心の有酸素性エネルギー代謝のみでは ATP の再合成が間に合わなくなるため，糖（グルコース）を利用した解糖系による無酸素性のエネルギー供給系が動員されるようになる。このように無酸素性を中心としたエネルギー供給系へのシフトは，漸増負荷運動の各負荷時の換気量や血中乳酸濃度の変化（閾値）から推定することができる。**乳酸閾値**（lactate threshold：LT）は x 軸に運動強度，y 軸に血中乳酸濃度をプロットし，両者の関係を示す乳酸カーブから決定する（**図 5.18.1**）。カーブで乳酸濃度が増加に転じる変曲点を確認し，増加する直前の運動強度を乳酸閾値として定める。この乳酸閾値からグルコースを中心とした無酸素性のエネルギー供給系が動員されるタイミングを知ることができる。

血中の乳酸濃度は，乳酸の生成と利用のバランスで決まる。これらのバランスがとれている漸増負荷運動の初期（低い強度の時）には変化がなく，安静時と同様の値を維持する。運動の強度を上げた際に乳酸閾値（乳酸カーブの変曲点）が出現するが，持久性トレーニングを積むことによってこの閾値がグラフの右側にシフトする（**図 5.18.1**）。すなわち，鍛錬者ほど強度がより高いレベルまで，乳酸を蓄積することなく，有酸素的に運動を遂行することが可能となる。そのため，この乳酸閾値は，無酸素性作業閾値の 1 つとして，アスリートの持久力評価やトレーニング効果の検証などに用いられている。なお，血中乳酸が 4 mmol／L 蓄

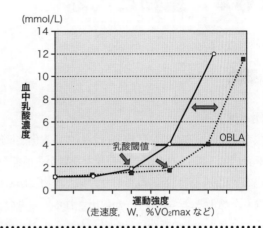

図 5.18.1　運動強度と血中乳酸濃度の関係
持久性トレーニングによって乳酸カーブは右側にシフトする。持久力が低下すると乳酸カーブは左側にシフトする。鍛錬者と非鍛錬者を比較すると鍛錬者のカーブは右に位置する。OBLA：血中乳酸蓄積開始点

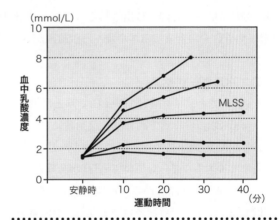

図 5.18.2　強度の異なる複数の一定負荷運動に対する血中乳酸値の反応
負荷強度を上げていくとグラフは上方にシフトする。血中乳酸濃度が定常状態であると認められる最高の作業負荷は，最大乳酸定常状態（MLSS）と定義される（文献 3 より改編）

積した時の運動強度を乳酸閾値とする簡便な方法もある。血中乳酸蓄積開始点（onset of blood lactate accumulation：OBLA）として具体的な乳酸濃度を定めているため，上昇に転じる変曲点を判断する際の誤差が生じにくい（**図 5.18.1**）。

測定時間は長くなるものの，30 分以上の一定負荷運動を複数日程に分けて実施する方法もある。**図 5.18.2** に示すように異なる 5 段階の負荷で実施した場合，乳酸閾値を超えない強度では，時間が長くなっても乳酸濃度の定常レベルが維持される〔最大乳酸定常状態（maximal lactate steady state：MLSS）のレベルまで〕。一方，乳酸閾値を超えた強度では，**図 5.18.2** の上方 2 つの折れ線のように，血中乳酸濃度が運動時間に比例して上昇する。(TM[2])

第2部　呼吸循環系
第6章　運動と代謝

■ 要約

代謝とは

　生命を維持するために体内で行われている化学反応全般のことを指す。代謝は，単純な物質から複雑な物質を合成する反応（同化）と，複雑な物質から単純な物質に分解する反応（異化）に大別できる。体内では，同化と異化が同時に行われており，様々な物質が常に合成され分解されている。同化ではエネルギーが必要となり，異化ではエネルギーが放出される。前者のように代謝を物質の面からみた場合を物質代謝，後者のようにエネルギーの面から見た場合をエネルギー代謝と呼ぶ（⇒ 6–1）。

ATP の再合成

　我々が運動（筋収縮）を行う際には，エネルギーが必要となる。筋収縮を行うためのエネルギー源は，アデノシン三リン酸（ATP）と呼ばれる化学物質である（⇒ 6–2）。筋収縮には，ATP がアデノシン二リン酸とリン酸に分解される際に放出されるエネルギーが利用される。しかし，体内の ATP 量は限られているため，体内には ATP を再合成するエネルギー供給系が3つ備わっている。

3 つのエネルギー供給系

　ATP–クレアチンリン酸（ATP–PCr）系と解糖系は，酸素を必要としない無酸素系のエネルギー供給系である（⇒ 6–3）。短時間で高強度の運動時には，ATP–PCr 系と解糖系が主要なエネルギー供給系として動員される。ATP–PCr 系では，高エネルギーリン酸化合物である PCr が，クレアチンとリン酸に分解される時に発生するエネルギーを用いて ATP が合成される（⇒ 6–4）。解糖系では，糖質（グルコース，グリコーゲン）が代謝される際に得られるエネルギーを用いて ATP が合成される。ATP の供給速度は，ATP–PCr 系が最も速く，次いで解糖系の順となる。有酸素系は，マラソンなどの長時間の運動時に多く利用されるエネルギー供給系である。有酸素系は，3 つの供給系の中では最も ATP の供給速度が遅いが，酸素を利用してピルビン酸（解糖系の代謝産物）と脂肪酸から最も多くの ATP を合成することが可能である（⇒ 6–5）。これら 3 つのエネルギー供給系は，それぞれが独立して働くことはなく，協働しながら必要となる ATP を合成する。非常に高強度で 30 秒以内の運動では ATP–PCr 系，高強度で 30 秒〜3 分程度の運動では解糖系，3 分以上の長時間の運動では有酸素系が主要なエネルギー供給系として動員される（⇒ 6–13）。

ATP を再合成するエネルギー

　我々は，食事をすることにより ATP 合成に必要な栄養素(糖質, 脂質, タンパク質)を摂取している(⇒ 6–9, 6–12)。中でも糖質と脂質は，主要なエネルギー基質として ATP の合成に利用されている。安静時に利用される割合は，糖質よりも脂質の方が高いが，運動強度が高まっていくとその割合が逆転する。運動強度が高強度になるにつれて脂質の利用量は減少し，代謝しやすい糖質の利用量が増加していく。糖質は分解されてピルビン酸となり，その後細胞内でアセチル CoA に代謝されるが，アセチル CoA に代謝されないピル

ビン酸は乳酸となる（⇒ 6-4，6-6）。

運動と糖質

　糖質は，血液中にグルコースとして，組織中においてはグリコーゲンとして蓄えられている。グリコーゲンは，グルコースが多数結合した化合物であり，エネルギー基質として利用される際には再びグルコースに分解される。血中グルコースは，グルコーストランスポーター 4（GLUT4）を介して骨格筋内へ取り込まれ，ATP 合成のエネルギー基質として利用される。高強度や長時間の運動では多くの筋グリコーゲンが消費されるため，運動後には速やかに糖質を摂取し，筋グリコーゲンを回復させる必要がある（⇒ 6-9，6-10）。

運動と脂質

　脂質は，脂肪細胞内の脂肪滴に中性脂肪（トリグリセリド）として貯蔵されている。トリグリセリドは，カテコールアミンが活性化させる酵素の働きにより脂肪酸に分解される。分解された脂肪酸は，アルブミンと結合して血中に放出され，骨格筋内に取り込まれてエネルギー基質として利用される（⇒ 6-11）。

運動とタンパク質

　エネルギー基質として利用されるタンパク質の割合は，糖質や脂質と比較し非常に低い。我々の体は，筋や内臓など様々な組織で構成されている。タンパク質の主な働きは，これら組織をつくる材料になることである。体内ではタンパク質の合成と分解が，常に行われており，食事からタンパク質を摂取することにより合成が促進される。一方，空腹状態の時には，分解が亢進する。また，運動時もタンパク質が分解されるため，筋の減少を抑えるには運動量に見合ったタンパク質を補給する必要がある。タンパク質は，エネルギー基質よりもむしろ組織をつくる材料としての役割が強い。筋肥大を引き起こすには，タンパク質の分解以上に合成を高める必要がある。筋力トレーニング後には，合成が高まるが分解も同様に高まる。したがって，合成を分解以上に高めるためには，筋力トレーニング後にトレーニング量に見合ったタンパク質を補給することが重要となる。また，トレーニング後の糖質とタンパク質の同時摂取は，それぞれを単独に摂取する場合よりも筋グリコーゲンの回復や筋肥大に効果的である（⇒ 6-15，6-16，6-17）。

エネルギー基質とトレーニング

　持久性トレーニングが骨格筋に様々な適応を引き起こし，エネルギー代謝に影響を及ぼすことはよく知られている。持久性トレーニングを行うと脂質の酸化能力が向上するため，運動時の筋内のエネルギー基質利用に変化をもたらす。トレーニング前と同じ強度でトレーニング後に運動を行うと，糖質の利用が減少し，脂質の利用が高まる（図 6.0.1）。運動時に使われる糖質の利用量が減少すると，糖質の代謝産物である乳酸の生成量も減少する。また，トレーニングによる適応により，運動で生成された乳酸の活動筋内での利用も高まる。そのため，トレーニング後の乳酸閾値（LT）の強度はトレーニング前よりも高くなる（⇒ 6-14）。(MK)

図 6.0.1　持久性トレーニング後の骨格筋の適応
持久性トレーニング後にトレーニング前と同一強度で運動を行うと，糖質の利用量が減少し，脂質の利用量が高まる。

● 6-1　代謝とは

　我々人間（生物）の体内では，生命活動を維持するために様々な化学反応が絶え間なく起こっている。この生体内で起こる化学反応全般のことを**代謝**という。代謝は，様々な酵素（化学反応を促進させる物質）が関与する多くの化学反応から成り立っており，大きくは合成反応「同化（anabolism）」と分解反応「異化（catabolism）」の 2 つに分けることができる（**図6.1**）。同化とは，体外から取り入れた単純な物質から生命活動に有用な複雑な物質を合成する反応のことを指す。例えば，アミノ酸のような単純な物質から筋の材料となるタンパク質を合成する反応が同化である。一方，**異化**とは，複雑な物質を単純な物質に分解する反応のことを

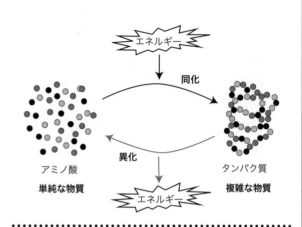

図 6.1　代謝
単純な物質から生命活動に必要な複雑な物質を合成する反応を同化，その逆の反応を異化という。

指す。我々の体内では，常に同化と異化が同時に行われており，様々な物質が合成され分解されている。同化ではエネルギーを必要とし，異化ではエネルギーが産生される。前者のように代謝を物質の面からみた場合を物質代謝と呼び，後者のように代謝をエネルギーの面からみた場合をエネルギー代謝と呼ぶ。(MK)

● 6-2　ATP とは

　タンパク質の合成，細胞分裂，神経の興奮伝導あるいは汗をかくことから何かを考えることに至るまで，あらゆる細胞が活動するための唯一のエネルギーは**アデノシン三リン酸**（adenosine triphosphate：ATP）である。細胞にとって，糖や脂肪やタンパク質などの栄養素は，ATP をつくる（再合成する）ために必要なエネルギー源である。ATP は，塩基であるアデニンと糖であるリボースが結合したアデノシン分子に，3 つの無機リン酸（Pi）が結合した化学物質である。ATP の Pi 同士の結合は高エネルギーリン酸結合と呼ばれ，ここに多くの化学エネルギーが蓄えられている。ATP の末端の Pi が外れ，アデノシン二リン酸（ADP）と Pi に加水

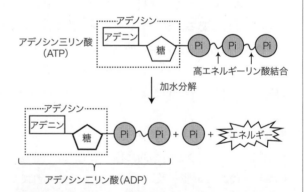

図 6.2　アデノシン三リン酸 (ATP) の分解によるエネルギー産生
ATP が ADP と Pi に加水分解され，蓄えられていたエネルギーが放出される。
（文献 6 より引用）

分解される時，ATP 1 mol あたり約 7.3 kcal のエネルギーが放出される（**図 6.2**）。筋収縮も，この時放出されるエネルギーがなければ生じない。ATP の体内の総量は数十グラムで，運動（筋収縮）を持続するためには体内で ATP を合成し続けなければならない。そのため，体内には ATP を再合成するためのエネルギー供給系が備わっている。再合成される ATP 量は 50 〜 100 kg/日に及ぶ。(MK)

● 6-3　無酸素代謝と無酸素運動

ATP–PCr 系（ATP–CP 系と略されることもある）は，陸上競技の 100 m 走などの短距離種目や走り幅跳びなどの瞬発的な種目のように，短時間で大きなパワーを発揮しなければならない高強度の運動時に主に動員されるエネルギー供給系である。高エネルギーリン酸化合物の 1 つであるクレアチンリン酸（creatine phosphate：PCr）が，クレアチンキナーゼ（creatine kinase：CK）と呼ばれる酵素の働きにより，クレアチン（creatine：Cr）と無機リン酸（inorganic phosphate：Pi，「i」は無機を表わす）に分解される。ATP–PCr 系では，この分解時に発生するエネルギーを用いて，ADP と Pi から ATP が合成される（**図 6.3.1**）。PCr 1 mol（モル）からは，ATP 1 mol が産生される。ATP–PCr 系は，酸素を必要としない無酸素性のエネルギー供給系であり，体内のエネルギー供給系の中では最も早く ATP を供給することができる。しかし，筋内の PCr 含有量は微量であるため，ATP–PCr 系が最大限に動員されるような高強度の運動時には，この系からの ATP 供給はすぐに停止してしまう。

解糖系は，陸上競技の 400 m 走や 800 m 走などのように強度は高いが時間としては短い種目（数十秒〜 3 分程度），また剣道や柔道などのように間欠的に大きな力を発揮しなければな

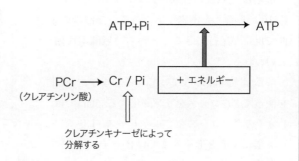

図 6.3.1　ATP–PCr 系による ATP 再合成
ATP–PCr 系は，クレアチンリン酸（PCr）が分解する時のエネルギーを利用して，ADP（アデノシン二リン酸）と 1 つの Pi（無機リン酸）を結合し，ATP を再合成する系である。

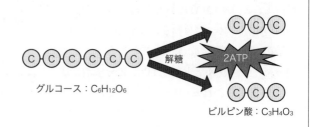

グルコース：$C_6H_{12}O_6$

解糖

2ATP

ピルビン酸：$C_3H_4O_3$

図 6.3.2　解糖による ATP の再合成
1 mol のグルコースは 10 の酵素反応を経てピルビン酸にまで分解される。解糖によって，グルコースからは正味 2 mol の ATP が再合成される。

らないような種目で多く利用されるエネルギー供給系である。解糖系の酵素は細胞質に高濃度で存在するため，ATP の再合成は酸化的リン酸化によるよりも 100 倍も速い。したがって，筋組織が急速に ATP を消費する時，ATP はもっぱら解糖系で無酸素的に再合成される。

解糖系では，体内の糖質（グルコースとグリコーゲン）が代謝される際に得られるエネルギーを用いて，ATP が再合成される。グルコースとグリコーゲンは，グルコース –6– リン酸に変換され，その後いくつかの反応を経て細胞質内でピルビン酸にまで代謝される（**図 6.3.2**）。この反応過程において，グリコーゲン 1 mol からは 3 mol の ATP が生成されるが，グルコースにおいてはグルコース –6– リン酸に変換される際に 1 mol の ATP が利用されるため，グルコースからは 2 mol の ATP が生成される。運動強度が高く糖質の代謝速度が比較的速い場合には，過剰になったピルビン酸は細胞質内で乳酸に代謝される。安静時の血中乳酸濃度は，0.5 〜 1 mmol/L 程度であるが，90 秒の自転車全力ペダリング運動などでは乳酸が著しく蓄積し，20 mmol/L を超えることもある。蓄積した乳酸はその後再びピルビン酸に代謝され，ATP をつくるためのエネルギー基質として利用される。(MK)

● 6–4　解糖系の詳細

　解糖は，ATP 再合成のために細胞質で生じる 10 の連続した酵素反応である。無酸素の条件で反応が進行できることから「**無酸素代謝**」といわれる。

　解糖は３局面からなっている。まず，「ATP を使ってグルコースをリン酸化する局面」では，１分子のグルコースをフルクトース–1,6–ビスリン酸に反応を進めるまでに２分子の ATP を消費する（ATP → ADP + Pi）。この時に得られた２つの Pi が生成産物に付加され（○○–リン酸になる），次の局面では，付加された２つのリン酸を軸に，炭素（C）６個からなる化合物を「２つに分割する（$C_6 → C_3 + C_3$）」。その後，ADP から「ATP を再合成する局面」に移行し，２分子の ATP が再合成されるが，その前の段階で２つに分割されているため，計４分子の ATP が再合成されることになる。したがって，トータルとして ATP は２分子消費され４分子獲得されるので，解糖系では１分子のグルコースから総計２分子の ATP が再合成できることになる（グリコーゲンからの場合は

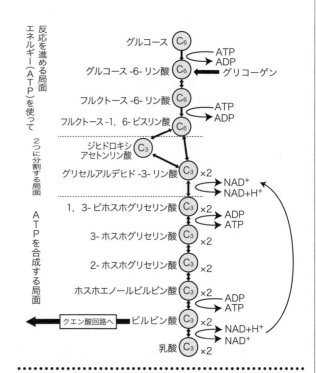

図 6.4　解糖系
糖（グルコース）を分解して無酸素的に ATP を産生する。解糖は酵素反応によって進行する。

３分子になる）。なお，グリセルアルデヒド–3–リン酸から 1,3–ビスホスホグリセリン酸への反応を進めるには NAD^+ が必要になるが，ピルビン酸からさらに有酸素代謝に進まないと，クエン酸回路で生成される NAD^+ が枯渇してしまうため，酸素が十分に利用できない環境では，ピルビン酸を乳酸に変えることによって NAD^+ を獲得し，解糖を続けることができるようになる。「無酸素運動」を続けると乳酸値が上昇するのはこのためである。(JN)

TIDBIT 6-1

炭水化物

　五大栄養素（炭水化物，脂質，タンパク質，ビタミン，ミネラル）のうち，運動（筋収縮）時のエネルギー源である ATP を合成するための材料となる炭水化物，脂質，タンパク質のことを，エネルギー産生栄養素（いわゆる三大栄養素）という。エネルギー産生栄養素の１つである**炭水化物**に含まれる糖質は，米やもち，パン，うどんやパスタといった麺類などの主食に含まれる構成成分であり，高強度運動時に特に必要となるエネルギー基質である。炭水化物と糖質はよく混同されがちだが，厳密には異なる。糖質に関しては，分子量が小さい単糖類（グルコース，フルクトース，ガラクトースなど）や二糖類（スクロース，マルトース，ラクトースなど），分子量が大きい多糖類（グリコーゲン，でんぷん，デキストリンなど）などを指す。一方，炭水化物は，これら糖質に加えて野菜，果物，海藻などに多く含まれる食物繊維（ヒトの消化酵素で分解できない成分）を含んだものの総称を指す。(MK)

● 6-5 有酸素代謝と有酸素運動

　有酸素系は，マラソンやトライアスロンなどの長距離系の種目で多く利用されるエネルギー供給系であり，糖質と脂質が（特殊な環境下ではタンパク質も）エネルギー基質として用いられる。糖質は，解糖系でピルビン酸まで，脂質は，遊離脂肪酸に分解された後，アセチル CoA へと酵素的に変換され，クエン酸回路と電子伝達系で ATP 再合成の反応が進行する（図6.5.1）。有酸素系では，グルコース 1 mol からは，解糖系でピルビン酸に至るまでに正味 2 mol，クエン酸回路で 2 mol，電子伝達系では 34 mol の ATP がつくられるので，計 38 mol の ATP が再合成されることになる。また，脂肪酸の一種であるパルミチン酸 1 mol からは，129 mol もの ATP が生成される。このように，酸素が十分に利用できる状況であれば，無酸素代謝のみよりもエネルギー獲得効率が飛躍的によくなる。

　実際の運動場面では，一瞬の，あるいはきわめて短時間の最大運動を除き，ATP–PCr 系，解糖系ならびに有酸素系によるエネルギー供給系の作動割合は，運動の強度や時間とともに連続的に変化しており（図6.5.2），運動に対して 1 つの系だけが単独で選択されているということではない。すなわち，ある運動中，無酸素代謝の割合が高ければ「**無酸素運動**（無酸素性運動，無酸素的運動）」，有酸素代謝の割合が高ければ「**有酸素運動**（有酸素性運動，有酸素的運動）」といわれるのである。(MK)

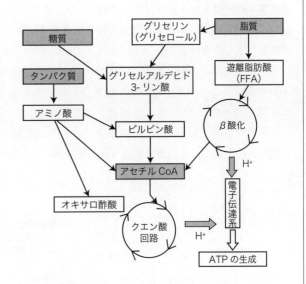

図6.5.1　糖質，脂質，タンパク質の代謝過程
アセチル CoA はクエン酸回路に入る前の重要な化合物であり，解糖系からの糖質だけでなく，脂質やタンパク質の代謝過程からも生成される。

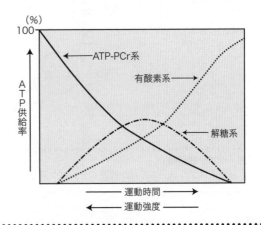

図6.5.2　運動強度・運動時間とエネルギー供給系の関係
3 つのエネルギー供給系の ATP 合成に対する貢献度は，運動強度や運動時間により変化する。
（文献 1 より改変）

● 6-6　クエン酸回路の詳細

　クエン酸回路とはミトコンドリアのマトリックスで生じる化学反応であり，トリカルボン酸(tricarboxylic acid：TCA) **回路**，あるいは発見者の名前から**クレブス**（Krebs）**回路**と呼ばれることもある。反応はすべて酵素によって進行するが，一連の反応の中で二酸化炭素（CO_2）と 2 mol の ATP が再合成される（**図 6.6**）。

　クエン酸回路は有酸素代謝の本体ではあるが，この回路自体で直接酸素を利用するわけではなく，また ATP の生成もごくわずかである。**図 6.6** に示されるように，クエン酸回路の主要な役割は，NAD+（ニコチンアミドアデニンジヌクレオチド：異種原子間の２つの水素を同時に抜き取る）ならびに FAD（フラビンアデニンジヌクレオチド：炭素原子上の２つの水素を１つずつ抜き取る）といった水素の授受にかかわる補酵素によって，その後の反応（電子伝達系）のために水素イオン（H+）を抜き取ることである。(MK)

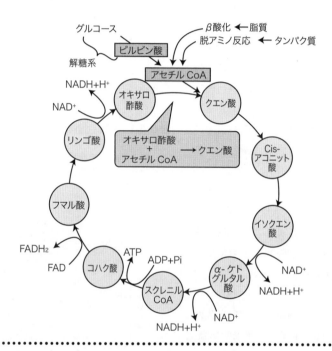

図 6.6　クエン酸回路
クエン酸回路はグルコースのほか脂質やタンパク質を利用することもできる。

TIDBIT 6-2

ミトコンドリア

　ミトコンドリアは，エネルギー代謝において重要な役割を担っている細胞内小器官である。ミトコンドリア内では酸素を利用して，糖質や脂質から非常に多くの ATP（エネルギー源）が合成される。このようなことから，ミトコンドリアはよく車のエンジンや火力発電所に例えられたり，エネルギー産生工場と呼ばれたりする。ミトコンドリアは，「外膜（outer membrane）」と「内膜（inner membrane）」に囲まれた二重膜構造になっている。内膜がつくるひだ状の構造を「クリステ（cristae）」といい，外膜と内膜に挟まれた空間の部分を「膜間腔（intermembrane space）」という。また，内膜に囲まれた内側の部分を「マトリックス（matrix space）」と呼び，クエン酸回路や β 酸化など，代謝にかかわる様々な酵素が存在している。

　ミトコンドリアは１つの細胞に 2,000 個程度あるとされ，ヒトの総細胞数を 37 兆個とすると，全部で 7.4 × 10^{16} 個にもなる。(MK)

● 6-7 β酸化

クエン酸回路で脂肪を利用するために必要な前処理がβ**酸化**である。まず、①中性脂肪（トリグリセリド）が脂肪分解酵素によってグリセロールと脂肪酸に分解される。②この脂肪酸に補酵素A（CoA）が結合してアシルCoAになる（脂肪酸の活性化）。③アシルCoAは、カルニチンという分子と結合することで、細胞質からミトコンドリア内へ輸送される（膜輸送）。

ここからがβ酸化である。④アシルCoAがβ位（炭素がつながった形の脂肪分子の端から2つ目の炭素の位置）で切り離され、アセチルCoAが生成される。⑤その後、新たな補酵素Aが結合してこれが繰り返され、アシルCoA

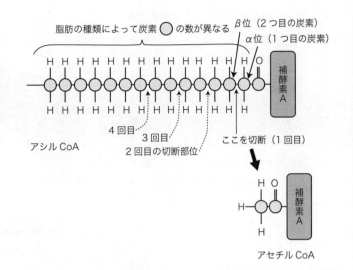

図 6.7 β酸化のメカニズム
クエン酸回路で脂肪を代謝するための前処理プロセスがβ酸化である。

が2炭素ずつ短縮されていく。このように、アシルCoAからアセチルCoAが順次生成され、ATP再合成のためにクエン酸回路で利用されていく（**図6.7**）。(JN)

● 6-8 電子伝達系

電子伝達系（呼吸鎖）は大部分のATPが再合成されることから、有酸素代謝の本体といえる。電子伝達系の機能は、ミトコンドリアの内膜に組み込まれた5つの複合体と呼ばれるタンパク質が連携して電子を移動させることを通じて、クエン酸回路で抽出されたH^+（プロトン＝水素イオン）をミトコンドリアのマトリックスから内膜と外膜の間（膜間スペース）にくみ出して、プロトンの膜内外差（プロトン勾配）を生み出すことである。膜間腔にプロトンが増えると、プロトンは（プラス電荷どうしの反発力で）マトリックスに流入しようとする。このプロトンの流れがATP合成酵素（複合体

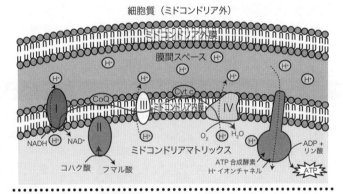

図 6.8 電子伝達系の概略
複合体が電子を移動させながらH^+を膜間スペースにくみ出し、H^+が複合体Vを通じて再流入する駆動力でADPとPiからATPを再合成する。I、II、III、IV、Vはそれぞれ電子伝達系酵素複合体。

V）を駆動させ、ADPとPiをATPへ再合成させる。さらに酸素が、流入したプロトンと電子を引き込んで水（H_2O）になって一連の反応が終了する。酸素が必要になるのはこの部分で、酸素がなければ電子の流れが停滞し、有酸素代謝が進行しない（**図6.8**）。(JN)

● 6-9　運動時の糖質代謝

　我々が食事から摂取している栄養素（糖質，脂質，タンパク質，ビタミン，ミネラル）のうち，ATP（エネルギー源）の材料として利用されているのは，主に糖質と脂質である。運動時には糖質と脂質の利用が増えていくが，運動強度が高強度になるにつれて脂質よりも代謝しやすい糖質の利用が著しく増加していく。我々の体内において，糖質は血液中に血糖（グルコース）として，そして骨格筋と肝臓においては**グリコーゲン**として蓄えられている。トレーニングの状況などにより異なってくるが，グリコーゲンの貯蔵量は，肝臓に肝グリコーゲンとして約 125 g（約 500 kcal，4 kcal/g として算出），骨

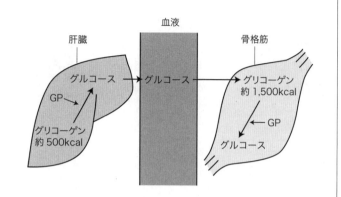

図 6.9　運動時の糖質代謝
グリコーゲンは肝臓に約 500 kcal，骨格筋に約 1,500 kcal 貯蔵されている。グリコーゲンが ATP をつくる材料として使われる際は再びグルコースに分解される。

格筋に筋グリコーゲンとして約 375 g（約 1,500 kcal，4 kcal/g として算出）程度であるといわれている。グリコーゲンは，グルコースが多数結合した高分子化合物である。グリコーゲンが ATP をつくるための材料として利用される際には，グリコーゲンホスホリラーゼ（glycogen phosphorylase：GP）と呼ばれる酵素の働きにより，再びグルコース（正式にはグルコース 1 リン酸）に分解される（**図 6.9**）。筋グリコーゲンの貯蔵量は，筋線維の種類によって異なることが明らかにされている。筋線維の種類は，大きく遅筋線維と速筋線維に大別される。グリコーゲンの貯蔵量は，遅筋線維よりも糖の分解能力が高い速筋線維の方が多い。低強度の運動では主に遅筋線維が使われているが，運動強度が高くなっていくと徐々に速筋線維の動員が増え，筋グリコーゲンの分解がより促進する。(MK)

TIDBIT 6-3

グリコーゲン

　グリコーゲンは，多数のグルコースが複雑に連結した多糖類に分類される高分子化合物である。生体内においてグリコーゲンは，主に骨格筋（1,500 kcal 程度）と肝臓（500 kcal 程度）に貯蔵されている。グリコーゲンが，ATP を合成するためのエネルギー基質となる際には，グリコーゲン分解酵素（グリコーゲンホスホリラーゼ）の作用により，再びグルコースに分解されて利用される。運動，特に高強度や長時間の運動において，骨格筋内のグリコーゲンは著しく減少するが，その後の休息や適切な糖質の摂取により，運動前よりも安静時の筋グリコーゲンの貯蔵量は増加する（超回復）。我々が生きていくうえで非常に重要な臓器である脳は，基本的には糖質のみをエネルギー基質として利用している。近年は，脳内のグリコーゲンが，筋グリコーゲンと同様に長時間の運動で減少し，その後の休息と糖質摂取で超回復が起こることが，ラットを対象とした研究で明らかにされている。(MK)

● 6-10 運動時のグルコース取り込み

糖質は常に ATP をつくる材料として使われており, 運動強度が高くなるにつれて利用量は増加していく。そのため, 特に運動時には血液中のグルコースを効率よく活動筋に取り込まなければならない。血中グルコースの骨格筋細胞内への取り込みには, 糖輸送担体であるグルコーストランスポーター 4 (glucose transporter 4：GLUT4) が重要な役割を担っている。GLUT4 は, 普段は細胞の内部 (細胞質) に存在している。しかし, 食事から糖質を摂取して血糖値 (血液中のグルコース濃度) が上昇すると, 血糖値を下げるために膵臓から**インスリ**

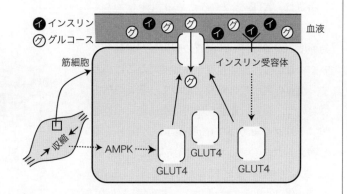

図 6.10 GULT4 によるグルコースの取り込み
GLUT4 は普段は細胞内部に存在しているが, インスリンや筋収縮の刺激で細胞膜へ移動し, グルコースの筋細胞内への取り込みに関与する。

ンと呼ばれるホルモンが分泌され, 筋細胞膜に存在するインスリン受容体に結合する。この結合が刺激となり, 細胞内の GLUT4 が細胞膜上へと移動 (トランスロケーション) し通り道となることで, 血液中から筋細胞内へグルコースが取り込まれる (**図6.10**)。運動中のグルコースの取り込みに関しては, 運動による筋収縮自体が刺激となり, インスリンの作用がなくても GLUT4 が細胞質から細胞膜上へトランスロケーションする。これは, 筋収縮に伴う ATP, PCr, 筋グリコーゲンの減少や, アデノシン一リン酸 (adenosine monophosphate：AMP) の増加で活性化される AMP 依存性プロテインキナーゼ (AMP-activated protein kinase：AMPK) と呼ばれる酵素の働きによって引き起こされる。このようなメカニズムで血中から筋細胞内にグルコースが取り込まれるが, 運動時には肝グリコーゲンが分解されることにより血糖値が維持されている。(MK)

TIDBIT 6-4

酵素

体内では, 様々な化学反応 (代謝) が絶え間なく起こっている。我々が生命活動を維持するためには, 化学反応を促進させて必要な物質を常に補う必要がある。化学反応には温度が関係しており, 温度が高くなるほど化学反応は促進される。しかし, 我々の体温は, 通常約37℃程度であるため, 温度以外の他の要因が体内での化学反応の促進にかかわっている。それが「**酵素** (enzyme)」と呼ばれるタンパク質でできた触媒 (生体触媒) である。**触媒**とは, 化学反応を促進するが, 自分自身は変化しない物質のことを指す。酵素の働きのおかげで, 約37℃という条件下でも, 我々の生体内では化学反応の速度を速めることができている。各酵素が結合して反応を触媒できる相手 (物質) は決まっており, その相手のことを「**基質**（substrate）」と呼ぶ。このように特定の決まった基質とのみ結合し, 特定の化学反応を引き起こす酵素の性質のことを基質特異性という。(MK)

● 6-11　運動時の脂質代謝

　脂質は，ATP をつくるための主要なエネルギー基質である。運動時には，糖質と同様に運動強度の増加に伴い，脂質の利用量が増加していく。しかし，運動強度が高強度になるにつれて，脂質の利用量は漸減していく。我々の体内において，脂質は脂肪細胞内の脂肪滴に中性脂肪（トリグリセリド：triglyceride：TG）として蓄えられている。体内の脂肪量は，体重 70 kg の人の体脂肪率を 15% とした場合，10,500 g（75,600 kcal，7.2 kcal/g として算出）となり，糖質（グリコーゲン）の貯蔵量と比較すると圧倒的に多い。運動などの刺激により，トリグリセリドは脂肪酸とグリセロールに加水分解されて血中に放出される。この現象のことを「脂肪動員」と呼ぶ。運動時には，アドレナリンや

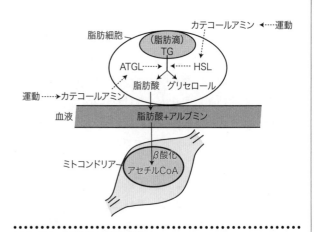

図 6.11　運動時の脂質代謝
カテコールアミンの刺激によりリパーゼが活性化され，トリグリセリド（TG）が脂肪酸とグリセロールに分解される。脂肪酸は筋細胞内のミトコンドリア内で β 酸化を受け，ATP 合成のための材料となる。

ノルアドレナリンなどのカテコールアミンと呼ばれるホルモンの分泌が増加し，脂肪細胞表面にある受容体に結合する。この結合が刺激となり，脂肪分解酵素であるホルモン感受性リパーゼ（hormone sensitive lipase：HSL）や脂肪組織中性脂肪リパーゼ（adipose triglyceride lipase：ATGL）が活性化され，トリグリセリドの加水分解が促進する。トリグリセリドから分解された脂肪酸（遊離脂肪酸）は，アルブミンと呼ばれるタンパク質と結合して血中に放出され，運動中の活動筋に取り込まれる（**図 6.11**）。筋細胞内に取り込まれた脂肪酸は，ミトコンドリア内で β 酸化を受けて，ATP を合成するための材料として利用される。(MK)

TIDBIT 6-5

運動生理学で使われる数を表わす接頭語

| 国際単位系（SI）接頭語 | | | | | | ギリシャ語・ラテン語の数詞 | | |

数値	名称	記号	数値	名称	記号	数値	名称	読み方
10^{12}	テラ (tera)	T	10^{-1}	デシ (deci)	d	1	mono–,uni–	モノ，ユニ
10^{9}	ギガ (giga)	G	10^{-2}	センチ (centi)	c	2	di–, bi–	ジ，バイ
10^{6}	メガ (mega)	M	10^{-3}	ミリ (milli)	m	3	tri–	トリ
10^{3}	キロ (kilo)	k	10^{-6}	マイクロ (micro)	μ	4	quadr–	クワドロ
10^{2}	ヘクト (hecto)	h	10^{-9}	ナノ (nano)	n	5	penta–	ペンタ
10^{1}	デカ (deca)	da	10^{-12}	ピコ (pico)	p	6	hexa–	ヘキサ
						7	hepta–, sept–	ヘプタ，セプト
						8	octa–, oct–	オクタ，オクト
						9	nona–	ノナ
						10	deca–	デカ

　「センチ」の 1/10 が「ミリ」（1 桁違う），その 1/1,000 が「マイクロ」（3 桁違う）。アデノシン三リン酸は「アデノシン**tri**フォスフェート（adenosine **tri**phosphate）」，大腿四頭筋は「**クワド**リセプス（**quadr**iceps）」というように用いられる。(JN)

● 6-12　運動強度とエネルギー基質

　我々は食事から生きるために必要な栄養素（糖質，脂質，タンパク質，ビタミン，ミネラル）を摂取している。栄養素の中でも糖質と脂質は，エネルギー源である ATP をつくるための材料（**エネルギー基質**）として常に使われている。タンパク質も ATP 産生に用いられるが，その割合は糖質や脂質と比べて非常に小さく，高強度の運動時にはほとんど利用されない。ATP 産生に用いられるエネルギー基質の割合は，安静時には脂質の方が糖質よりも高いが，運動強度が高まっていくとその割合は逆転する。運動時には，運動強度の増加に伴い低強度から中強度までは糖質・脂質ともに利用量が増加していくが，中強度から高強度になるにしたがい脂質の利用量が減少し，代謝

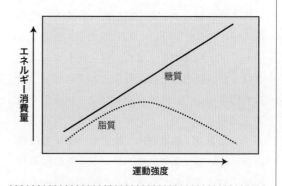

図 6.12　運動強度とエネルギー基質の利用
運動強度が高くなると脂質の利用量が減少し，糖質の利用量のみが増加していく。

しやすい糖質の利用量だけが増加していく（**図 6.12**）。糖質が代謝される過程で乳酸が生成されるが，脂質の利用量が減少し糖質の利用量のみが増加する運動強度から，乳酸の産生量が急に増加する。(MK)

● 6-13　運動強度，運動時間とエネルギー供給系

　我々の体内には，ATP を合成するための**エネルギー供給系**が 3 つ備わっている。この 3 つの系の ATP 合成に対する貢献度は，運動強度の違いにより変わってくる。しかし，各エネルギー供給系が独立して働くことはなく，それぞれの系が協働しながら，必要となる ATP を合成する（**図 6.13**）。陸上競技の種目を例にすると，100 〜 200 m 走のように非常に高強度で運動時間が 30 秒以内の種目では，最も早くATP を合成することが可能な **ATP-PCr 系**の貢献度が高くなる。400 〜 800 m 走のように高強度で運動時間が 30 秒〜 3 分程度の種目では，**解糖系**の貢献度が高くなる。また，10,000 m 走やマラソンのように長時間運動で酸素が十分に利用できる種目では，**有酸素系**の貢献度が高くなる。一方，サッカーやバスケットボールのように高強度と低強度の運動が繰り返される種目では，その時の状況にあわせて各エネルギー供給系の貢献度が変わってくる。(MK)

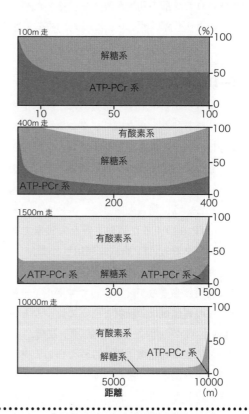

図 6.13　最大運動中の ATP 供給の割合（文献 3 より改変）

● 6-14　持久性トレーニングによるエネルギー基質利用の変化

持久性トレーニングを継続的に行うと，骨格筋内では酸素を利用して ATP を合成するミトコンドリアが増加する。また，持久性トレーニングは，骨格筋内の毛細血管やミオグロビンの増加も引き起こす。ミオグロビンは，血液中で酸素を運搬しているヘモグロビンとよく似たタンパク質であり，筋細胞内で酸素を運搬する役割を担っている。また，ミトコンドリアの酸素利用能力やミオグロビンを介した酸素供給能力も向上させる。持久性トレーニングによるこのような適応は，骨格筋内における脂質の酸化能力を高めるため，運動時の活動筋内のエネルギー基質利用に変化をもたらす。トレーニング後に

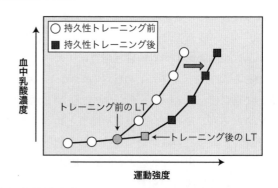

図6.14　持久性トレーニングによる乳酸閾値の変化
持久性トレーニングによる骨格筋の適応により，乳酸閾値（LT）の強度が高くなる。

トレーニング前と同じ強度で運動を実施すると，トレーニング前よりも糖質の利用が減少し，脂質の利用が高まる。また持久性トレーニングによって運動時に使われる糖質の利用量が減少すると，糖質の代謝過程で生成される乳酸の量も減少する。さらに，生成された乳酸はその後ミトコンドリアにおいて ATP をつくるための材料として利用されるが，持久性トレーニングによりミトコンドリアが増加することで，運動で生成された乳酸の利用が高まる。そのため，トレーニング後の乳酸閾値のポイント（強度）は，トレーニング前よりも高いポイントにシフトする（**図6.14**）。(MK)

● 6-15　タンパク質の働き

我々が食事から摂取する栄養素は，炭水化物（糖質），脂質，タンパク質，ビタミン，ミネラルに分けられ，これらをまとめて**五大栄養素**と呼ぶ。五大栄養素のうち，特に糖質，脂質，タンパク質のことをエネルギー産生栄養素（**三大栄養素**）という。糖質と脂質は，エネルギー源である ATP をつくるための主要な栄養素である。タンパク質も ATP 合成に利用されており，特に糖が不足している状態（飢餓や空腹状態）の時に利用は高まるが，基本的にエネルギー基質としての貢献度は，糖質と脂質に比べると著しく低い。我々の体は，筋，血管，髪，皮膚，爪，内臓など，様々な組織で構成されている。タン

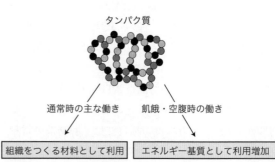

図6.15　タンパク質の働き
タンパク質の主な働きは体の組織をつくる材料になることだが，飢餓や空腹状態の時にはエネルギー基質としての利用が増加する。

パク質の主な働きは，それら体の組織をつくる材料になることである（**図6.15**）。我々は食事からタンパク質を摂取しているが，体の中に取り込まれたタンパク質は一旦アミノ酸に分解され，各組織でその組織に必要なタンパク質として再合成される。(MK)

● 6–16　タンパク質の合成と分解

　我々の身体は，水分と脂肪を除くとほとんどがタンパク質でできている。体内の組織は主にタンパク質で構成されており，特に筋に関しては，水分を除くとおおよそ 80 ％がタンパク質によってつくられている。我々の体内では，タンパク質の合成と分解が常に行われている。体内のタンパク質と食事から摂取したタンパク質は，分解されてアミノ酸になる。分解されたアミノ酸は，遊離アミノ酸（アミノ酸プール）の状態で血液や組織中に蓄えられる。この蓄えられた遊離アミノ酸の一部を使って，分解された量と同量の新しいタンパク質が合成される（図6.16）。食事などからタンパク質を摂取することにより，タンパク質の合成は促進される。一方，

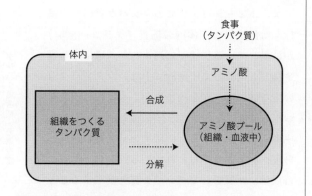

図 6.16　タンパク質の合成と分解
食事から摂取したタンパク質は，アミノ酸に分解されて組織や血液中のアミノ酸プールに蓄えられる。蓄えられたアミノ酸を使って，分解量と同量の新しいタンパク質が合成される。

空腹状態や飢餓状態では，タンパク質の分解が亢進する。また運動時には，糖質（グリコーゲン）や脂質（トリグリセリド）だけでなくタンパク質も分解されるため，筋の減少を抑えるには運動量に見合ったタンパク質を補給する必要がある。(MK)

● 6–17　エネルギー必要量

　我々は，食事から栄養素を摂取し，生きるために必要となるエネルギーをつくり出している。ヒトが 1 日に必要とするエネルギー量は，「基礎代謝量」「活動時代謝量」「食事誘発性熱産生」で構成されている（**図 6.17**）。**基礎代謝量**とは，我々が生命活動を維持するために必要とする最小限のエネルギー代謝量のことをいう。つまり，心身ともに落ち着いた状態（安静状態）で，呼吸，各器官（脳や心臓など）の活動，体温調節などに必要となるエネルギーが基礎代謝量である。一方，**活動時代謝量**とは，日常生活の中で活動している時に消費されるエネルギーのことをいう。運動・スポーツをはじめ，家事や通勤・通学，仕事など，日常の生活活動での消費エネ

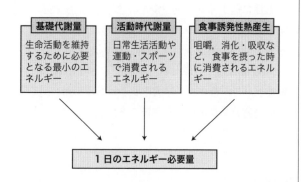

図 6.17　1 日のエネルギー必要量
基礎代謝量，活動時代謝量，食事誘発性熱産生の総和が，1日に必要となるエネルギー量である。

ルギーのことを指す。また，我々は，食事をする時にもエネルギーを必要としており，その時に消費されるエネルギーのことを**食事誘発性熱産生**という。これらの総和が，1 日に必要となるエネルギー量である。(MK)

● 6-18　運動時のタンパク質代謝

　エネルギー基質としての**タンパク質**の利用量は，飢餓状態など体内の糖質（グリコーゲン）が枯渇している状態では高まるが，通常は糖質や脂質と比較して圧倒的に少ない。タンパク質の主な働きは，筋をはじめとする体内の組織をつくる材料になることである。我々の体内では，生命活動を維持するためにタンパク質の合成と分解が絶え間なく行われている。タンパク質の合成は，食事をしてタンパク質を摂取することにより高まる。一方，空腹状態や飢餓状態では，タンパク質の分解が促進する。また，運動もタンパク質の分解を促進させる刺激であり，空腹状態で運動を行うと，タンパク質の分解がより亢進する。筋肥大や筋量の増加を引き起こすには，タンパク質の分解量以上に合成量を高める必要がある。**レジスタンストレーニング**（筋力トレーニング）は筋肥大や筋量増加に有効なトレーニング法であり，アスリートから高齢者に至るまで幅広く行われている。筋力トレーニングを 1 回行った後には，筋タンパク質の合成が一過性に高まるが，筋タンパク質の分解も上昇するため，筋力トレーニングを行っただけでは合成と分解のバランスは分解に傾いたままである（図 6.18）。そのため，筋を肥大させ筋量を

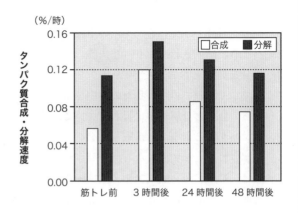

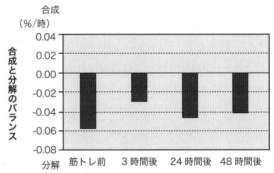

図 6.18　筋力トレーニング後のタンパク質の合成と分解
筋力トレーニングを 1 回行った後には，タンパク質の合成と分解がどちらも増加する。またそれらのバランスは分解に傾いたままである。
（文献 4 より改変）

増加させるためには，筋力トレーニングの量に見合ったタンパク質を補給しなければならない。また，空腹状態で筋力トレーニングを行うと，筋タンパク質のエネルギー基質としての利用が増加してしまうため，避けるべきである。(MK)

TIDBIT 6-6

アミノ酸

　骨格筋は，生体内で最大の重量を占める組織であり，エネルギー代謝において極めて重要な役割を果たしている。骨格筋の構成成分は，水分を除けばほとんどがタンパク質であり，そのタンパク質を構成する最小単位が**アミノ酸**である。タンパク質は，アミノ酸が多数（50 個以上）結合してできた高分子化合物である。アミノ酸は，アミノ基（–NH2）とカルボキシル基（–COOH）をもつ有機化合物であり，側鎖の違いにより 20 種類に分けられる。この 20 種類のアミノ酸は，我々の体の中でつくることができない**必須アミノ酸**（9 種類）と，体の中でつくることができる**非必須アミノ酸**（11 種類）に大きく分けられる。必須アミノ酸は体内で合成することができないため，食事から摂取しなければならない。必須アミノ酸の中で**分岐鎖アミノ酸**（branched chain amino acids：**BCAA**）に分類されるバリン，ロイシン，イソロイシンは，筋の合成に特に重要なアミノ酸である。(MK)

● 6-19　運動トレーニング後の栄養素の補給

　運動時には，運動強度が高いほど**糖質**の利用量は増加する。糖質は**グリコーゲン**として主に骨格筋と肝臓に数百グラム蓄えられているが，脂質の貯蔵量（数キログラム以上）と比較すると圧倒的に少ない。高強度や長時間のトレーニングでは，多くのグリコーゲンが消費されるが，その後十分にグリコーゲンの回復が行われない場合には，エネルギー不足から次のトレーニングの質の低下につながってしまう。また，このような状態でトレーニングを行うと，骨格筋（タンパク質）が分解されてアミノ酸がエネルギー基質として使われてしまうこともあり，トレーニング後には速やかにグリコーゲンを回復させることが望ましい。グリコーゲン量の回復は，トレーニング後の糖質の摂取が早ければ早いほど早まる。トレーニング後の糖質とタンパク質の同時摂取は，それぞれを単独に摂取するよりもグリコーゲンの回復や筋肉づくりに効果的に働くため，トレーニング後にはこれら 2 つの栄養素を速やかに摂取することが重要である（**図6.19**）。(MK)

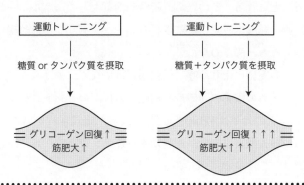

図6.19　運動トレーニング後の糖質とタンパク質の補給
運動トレーニング後には，糖質とタンパク質をそれぞれ単独で摂取するよりも同時に摂取した方が，筋グリコーゲンの回復や筋肥大に効果的である。

● 6-20　基礎代謝の測定と推定

　食物の消化吸収，環境温度などに影響されない条件（食後 12 時間以上の早朝空腹時，仰臥位安静状態，室温や湿度が快適な環境および覚醒状態）で，生命維持に必要な最低限の代謝量を**基礎代謝**という。基礎代謝量は，厚生労働省のホームページに記載されている性別と年齢別に定められた**基礎代謝基準値**（**表6.20**）を用いて，以下の計算式で推定値を算出することもできる。

基礎代謝量(kcal/日)＝基礎代謝基準値(kcal/kg 体重/日)× 体重(kg)

　筋量が多い人は肥満者や座業者より高値になる。女性は男性より 15 〜 20％低いが，体表面積あたりでは差が少なくなり，除脂肪体重あたりでみると性差がなくなって，ほぼ 1,000 kcal/m^2/日 になる。基礎代謝は温度環境によって変わり，日本人では春から夏にかけて 5％低く，秋から冬には 5％高いことが知られる。なお，椅子に静かに腰かけている時などの代謝は**安静時代謝**として区別され，一般に基礎代謝よりも 20％程度高値を示す。(MK)

表6.20　基礎代謝基準値（kcal/kg 体重/日）

年齢（歳）	男子	女子
1〜2	61.0	59.7
3〜5	54.8	52.2
6〜7	44.3	41.9
8〜9	40.8	38.3
10〜11	37.4	34.8
12〜14	31.0	29.6
15〜17	27.0	25.3
18〜29	23.7	22.1
30〜49	22.5	21.9
50〜64	21.8	20.7
65〜74	21.6	20.7
70以上	21.5	20.7

（文献 2 より引用）

第2部　呼吸循環系
第7章　持久力の測定とトレーニング

■ 要約

持久性トレーニング，トレーニングによる生理学的変化

　持久力とは一般的には，ある強度（速度やパワー）で運動をできるだけ長く発揮できる能力といえる。スポーツ競技・種目の多くで持久性パフォーマンスは競技パフォーマンスの重要な構成要素であり，持久性トレーニングは広く実施されている。持久性パフォーマンスの発揮はATP（アデノシン三リン酸）の供給を大きく有酸素系に依存することになる。そのため，脂質や糖質などのエネルギー基質の供給および肺からの酸素の運搬（中枢系）と，動静脈酸素較差に反映されるミトコンドリアでの酸素の利用（末梢系）の，両方の呼吸循環系の機能が重要となる（**図7.0.1**）。

　また，持久性トレーニングの実施により，呼吸循環系だけでなく，神経系などにも変化（持久性運動への適応）が生じ，ミトコンドリアへの酸素の運搬や筋細胞内の代謝のコントロールが向上する。

　一般に，持久性トレーニングの効果はWhippら[22]によって定義されたいくつかの有酸素性指標によって評価される。主なものは，最大酸素摂取量，運動効率（運動エコノミー），乳酸閾値などである。

持久性トレーニングによる最大酸素摂取量の変化

　最大酸素摂取量（maximal oxygen uptake：$\dot{V}O_2max$）（⇒ **7-1**，**7-2**）は持久性パフォーマンスの指標として最も広く利用されているものであり，多くの研究成果が長年にわたり発表されている。$\dot{V}O_2max$は身体が利用する酸素の最大量として定義されるが，血液によって運搬された酸素分子を筋細胞のミトコンドリアが利用する機能（末梢系）よりも，筋に酸素を供給できる呼吸循環系の機能（中枢系）の影響を大きく受ける[17]。そのため$\dot{V}O_2max$は最大心拍出量と強い相関がある。高い最大心拍出量と$\dot{V}O_2max$はエリート持久性アスリートに多くみられる。心拍出量は1回拍出量と心拍数の積で算出されるが（⇒ **7-10**），最大心

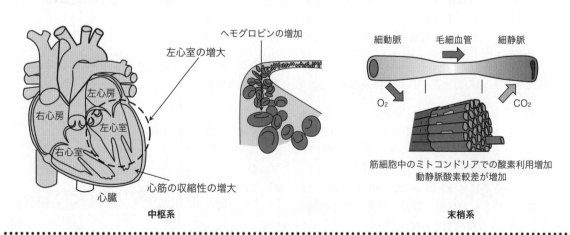

図7.0.1　持久性トレーニングによる筋への酸素供給と筋における酸素の利用の変化

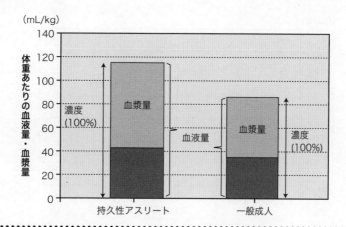

図 7.0.2　持久性アスリートと一般成人の血液量，ヘモグロビン量，血漿量の典型例
持久性アスリートは一般成人よりも血液量，血漿量ともに多いが，血漿量の方が増加割合が大きいため，濃度で比較すると血球成分（ヘモグロビンなど）が低値となる。
（文献 13 より引用）

拍数は持久性能力の高低による差がそれほど大きくないため，エリート持久性アスリートの最大心拍出量が大きいのは 1 回拍出量が大きいことが影響していると考えられる[21]。したがって，エリート持久性アスリートの高い $\dot{V}O_2max$ は 1 回拍出量の大きさが最も大きく貢献していると考えられる。また，$\dot{V}O_2max$ は年齢の影響も大きく受ける（⇒ **7-7**）。

　持久性トレーニングの継続により，動静脈酸素較差も増大すること（末梢系の適応）が知られている。これは筋細胞がより多くの酸素を利用し，ミトコンドリアで ATP を多く産生していることを示唆している。そのため，同じ血液量で酸素を提供されていたとしても，その筋細胞は有酸素系によってより効率よく ATP を産生できることになり，供給する血液量を大きく増大させなくてもより多くの ATP を産生できるようになる。しかし，さらに持久性トレーニングを継続すれば，さらに多くの ATP 産生のため供給する血液量は増大する。より効率よく血液を供給するために，1 回拍出量の増大が行われるが，これは左心室の増大，心筋の収縮性の向上などを伴って生じる[19]。また，血液供給量の増大は 1 回拍出量の増大だけでなく，身体内の血液の量（ヘモグロビン量や血漿量など）そのものの増大によっても行われる。一般に血液検査などで測定されるヘモグロビン濃度は，持久性アスリートは一般成人と比較して低い傾向を示す。これは持久性アスリートの場合，ヘモグロビン量も血漿量も一般成人よりも増大しているが，両者の増大の割合が血漿量の方が多く，濃度で評価した場合希釈されて評価されるためである。これは，希釈されて血液の粘性が低くなり血流の抵抗が低下するという，1 つの持久性トレーニングによる適応と考えられている（**図 7.0.2**）。

　$\dot{V}O_2max$ の増大には元々の体力レベルや，トレーニングの期間，頻度，強度など，様々な要素が関与している。これらについて多くの研究報告がなされているが，トレーニングの統一的な処方は確立していない。すでに高い持久性パフォーマンスを有するアスリートではより高いトレーニング強度や長い期間が必要である一方で，一般成人の場合は比較的低いトレーニング強度や短い期間でも有酸素性パフォーマンスの向上が報告されている。6 週間で週に 3 〜 5 回，1 回あたり 20 〜 30 分の LT 相当の速度でのランニングトレーニングで 10％の $\dot{V}O_2max$ 向上が報告されている[5]。また，同様に 1 ヵ月の短い期間の持久性トレーニングでも 5％程度の $\dot{V}O_2max$ の向上が報告されている[14]。このような比較的早期の $\dot{V}O_2max$ の増大は血漿量やヘ

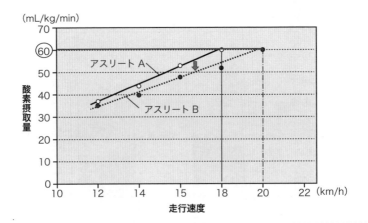

図 7.0.3　vVO₂max によるパフォーマンスの評価例

アスリート A, B ともに $\dot{V}O_2max$ は 60 mL/kg/min であるが，$v\dot{V}O_2max$ で比較すると A は 18 km/h, B は 20 km/h となり，B の方が持久性パフォーマンスは優位であると評価できる。同じ最大下速度において，B の方が酸素摂取量は低値を示しており，運動効率が高いと評価できる。

モグロビン量の増大による血液量増大が影響を及ぼしていると考えられ，その結果最大下強度での運動においても心拍数の低下などの適応がみられる。そして，持久性アスリートのように，長期にわたって持久性トレーニングを実施する場合，$\dot{V}O_2max$ の値は頭打ちとなり，大きく増大することはなくなる。

　$\dot{V}O_2max$ そのものの変化だけではなく，発揮パフォーマンスとの関係から持久性パフォーマンスを評価することもある（⇒**7-3**）。走行テストにより $\dot{V}O_2max$ を測定する場合，$\dot{V}O_2max$ が発現した速度を $v\dot{V}O_2max$ として持久性パフォーマンスの指標とする。2名の同じ $\dot{V}O_2max$ のアスリートがいた場合，より速度の速い時点で $\dot{V}O_2max$ に達するアスリートの方が運動効率が優れていると評価される（**図 7.0.3**）。この $v\dot{V}O_2max$ 発現時の速度は最大運動時の速度ではあるが，スプリントテストなどで発現する最大速度とは異なる。いくつかの研究から持久性トレーニングによって $\dot{V}O_2max$ が増加しない場合でも，$v\dot{V}O_2max$ の向上が報告されている。このため，$v\dot{V}O_2max$ は持久性パフォーマンスの向上のための最適なトレーニング刺激を反映していると考えられている[9]。Hill ら[9] によると $v\dot{V}O_2max$ は $\dot{V}O_2max$ が発現する最低限の速度となるので，$\dot{V}O_2max$ 向上のためにはこれ以上の速度を用いてトレーニングすることが必要であると報告している。これは $v\dot{V}O_2max$ で運動を継続できる時間に関係している。$v\dot{V}O_2max$ で運動を継続できる時間を延長することを目的にトレーニングを行う場合，インターバルトレーニングやレペティショントレーニングでの1セッションの運動時間はその時間の 60%以上に相当する運動時間で構成することを提唱している。そのため，$v\dot{V}O_2max$ の向上は運動効率の向上を示唆しており，$\dot{V}O_2max$ を測定する際は最大下速度から測定し，$\dot{V}O_2$ と速度との関係直線を確認することが重要である。

持久性トレーニングによる運動効率の向上

　持久性パフォーマンスの評価として $\dot{V}O_2max$ は最も広く使われているものではあるが，スポーツ競技においては $\dot{V}O_2max$ に相当する強度でパフォーマンスを発揮することはそれほど多くはない。むしろ，最大下運動強度で持続的にパフォーマンスを発揮することが求められる（⇒**7-4, 7-5, 7-6**）。それは例えば，サッカーにおいて 90 分間プレイを継続できること，などがあげられる。そこで持久性パフォーマンスを評価す

る指標として運動効率が用いられることも多い。運動効率とは，ある最大下の運動強度（速度やパワー）における酸素摂取量として定義される。$\dot{V}O_2$max レベルが同じである複数のアスリートがいた場合，ある最大下強度での酸素の消費はかなりの個人差があることがわかっている[12]。ある最大下運動強度における酸素摂取量が低いということは，より少ないエネルギーコストでその強度の運動を実施できるということを示し，運動効率は高いということになる。したがって，運動効率の向上（ある最大下運動強度での酸素摂取量の低下）は持久性パフォーマンスの向上を示す１つの指標となる。前述の通り，長期間にわたり持久性トレーニングを実施する場合，そのトレーニング効果は $\dot{V}O_2$max の向上よりも運動効率の向上が中心となる。これまでの研究により，高い運動効率をみせるアスリートは長年にわたる競技経験を有する者が多く，また週間のトレーニング量も非常に多いことが報告されている。そのため，運動効率の向上は持久性トレーニングの累積的な量に関係していると推察される[8]。特に下肢の運動（走行や自転車運動など）における運動効率の改善には筋の弾性なども関与しているという研究報告もある[6]。運動効率の改善は呼吸循環系やエネルギー代謝系だけでなく，身体の動きも影響するため，筋の弾性や柔軟性も運動効率向上の貢献要素となる。

　スポーツ競技のトレーニングにおいては筋の構造の改善にはレジスタンストレーニングが有効である。一般的なレジスタンストレーニングでは高重量を用いて比較的低速で運動するため，持久性パフォーマンスの改善には効果的ではないとされてきた。しかし，スプリントやジャンプを伴うレジスタンストレーニングや高重量と低重量を用いる筋力トレーニングで，5 km のレース時の運動効率が向上したことも報告されている[16]（⇒ 7-8）。これは筋の弾性や剛性（スティフネス）の変化によるものと考えられている。したがって，持久性パフォーマンスのうち運動効率の向上の観点では，持久性トレーニングに加えて，レジスタンストレーニングもトレーニング処方の際に考慮に入れることでより高い効果が得られると考えられる。

持久性トレーニングによる乳酸閾値の向上

　持久性トレーニングの実施による効果の評価として，運動効率に加えて，乳酸閾値（乳酸性作業閾値：lactate threshold：LT）が広く用いられる（⇒ 7-9）。運動強度を徐々に増加させていった場合，血中乳酸濃度が急激に増加し始める点を LT と呼んでいる。多くの研究によって，持久性トレーニングによって LT が向上することが報告されている。これは図 7.0.4 のように，運動強度と血中乳酸濃度をグラフ化した場合，LT が右方に移動することを意味する。同時にこの運動強度–血中乳酸曲線全体が右方に移動することになる。この右方移動により，同じ運動強度において，より少ない乳酸の生成がなされていることが示唆される。これは ATP の供給について解糖系への依存を遅らせることができていることを意味し，これが持久性トレーニングの１つの効果といえる。LT レベル以上の運動強度では，血中乳酸濃度は非線形的に急激に増加し始め，筋収縮に伴う代謝性アシドーシスや筋グリコーゲンの消耗・

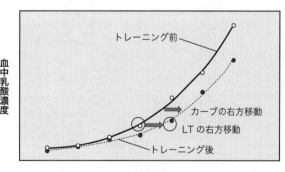

図 7.0.4　持久性トレーニングによる乳酸カーブの右方移動
同じ運動強度における血中乳酸濃度は，持久性トレーニング後に低値を示し，解糖系への依存が減少し有酸素系でのエネルギー供給が増加したことを示している。LT：乳酸域値

枯渇によって急速に疲労が生じ，運動の継続が困難となる。したがって，LTの右方移動は持久性パフォーマンスの向上を明確に示唆する指標となる。

　持久性トレーニングにより，筋細胞中の単位体積あたりのミトコンドリアのサイズや量が増加し，有酸素系エネルギー代謝にかかわる酵素活性も増加する。また，筋の毛細血管密度やミオグロビン量が増加し，血液から酸素やエネルギー基質をより多く取り込むことできるようになり，筋の酸化能力が向上する。特にタイプI線維はミトコンドリア量が多く，有酸素系エネルギー代謝にかかわる酵素活性も高いため，持久性トレーニングによるタイプI筋線維の肥大と，筋細胞レベルでのこれらの反応は，より有酸素性エネルギー代謝を亢進させる。その結果，LTの発現を遅らせ，運動強度 - 血中乳酸濃度曲線の右方移動が生じる。

　さらに，持久性トレーニングにより，タイプI線維の肥大だけではなく，いくつかの研究報告によって速筋型の筋線維においてもより酸化能力の高いタイプに移行すること（IIx → IIa）も明らかになっている[20]（⇒ 1-12）。

　これらの反応により持久性トレーニングによって筋の酸化能力が向上し，筋グリコーゲンの消耗を減少させることができる。筋グリコーゲンは競技パフォーマンスにとって非常に重要な存在であり，この曲線の右方移動はエネルギー代謝の観点からは非常に大きなトレーニング効果といえる。

　さらに，持久性トレーニングの継続により運動時のホルモンの反応も比較的早期に生じることが知られている。エピネフリン（アドレナリン）などのカテコールアミンは，トレーニングの実施により同じ運動強度では分泌が減少することが知られている[7]。エピネフリンは筋グリコーゲンの分解やそれによる乳酸の産生などに大きく関与している。持久性トレーニング継続による筋グリコーゲンの利用の減少の一因としてこのエピネフリンの分泌低下が関係していると考えられる。

持久性パフォーマンス向上のためのトレーニング処方の開発

　日常的に持久性トレーニングを継続しているアスリートの場合，すでに高いレベルで生理学的に持久性パフォーマンスを発揮できる状態となっているため，さらに大きな効果が生じる余地が少ない。そのため，より高いトレーニング刺激を提供できるトレーニングプログラムについての研究や開発は，従来から現在に至るまで継続している。その中で高地・低酸素トレーニングは最も注目されてきているトレーニングの1つである。自然環境の高地や人工低酸素環境では身体内に取り入れられる酸素量が減少するため，それに適応するよう身体内で様々な反応が生じる。主な反応としてヘモグロビン量の増加や筋細胞内のミトコンドリア量の増加などが起こり，持久性パフォーマンスの向上が生じることが知られている。

　また，LTは持久性トレーニングの運動強度設定の指標として広く用いられているが，LTレベルでの持久性トレーニングはこのLTを右方移動させるために必要であると考えられている。持久性トレーニングの中でも，インターバルトレーニングやレペティショントレーニングなど適切に処方された高い運動強度でのトレーニングは，LTの右方移動や持久性パフォーマンスの向上に非常に効果的な刺激となる。近年ではインターバルトレーニングなどでhigh intensity interval training（HIIT）や sprint interval training（SIT）など短い運動時間でより高い持久性パフォーマンスを向上させるトレーニング方法も開発されている。(MN)

● 7-1　全身持久力の測定

　持久力とは一般に「持久的に（持続的に）筋運動を継続できる能力」とされる。筋が運動するために必要なエネルギー源である ATP（adenosin triphosphate：アデノシン三リン酸）の供給系は 3 つあるが，最も多量に，そして持続的に ATP を供給できるのが有酸素系である。有酸素系では脂肪や糖を基質として酸素を介在させて細胞内のミトコンドリアで ATP を産生する。そのため，ミトコンドリアへの酸素の供給量とそれに伴うミトコンドリアでの酸素の消費量が，有酸素系での ATP 産生量に直接影響する。ミトコンドリアに供給され消費された酸素量を**酸素摂取量（$\dot{V}O_2$）** と呼ぶが，$\dot{V}O_2$ が多くなれ

図 7.1　最大酸素摂取量測定時の風景

ば ATP の産生量をより増加させることが可能となる。全身運動の場合，この $\dot{V}O_2$ の値によって，全身持久力を評価する。特に，最大運動を実施して，$\dot{V}O_2$ の最大値を測定し（**図 7.1**），全身持久力の指標とすることが一般的である。これを**最大酸素摂取量（$\dot{V}O_2$max）** と呼ぶ。$\dot{V}O_2$max は通常，体重 1 kg あたり，1 分間あたりの値を用いる。(MN)

● 7-2　運動負荷装置（図 7.2）

　一定強度における $\dot{V}O_2$ や $\dot{V}O_2$max を測定し，競技者の有酸素代謝や全身持久力を評価することがある。全身持久力の評価のために $\dot{V}O_2$max を測定する場合，最大努力まで運動負荷を増加させる必要がある。一般的な測定ではトレッドミル上での走行や自転車エルゴメータを用いての自転車運動で，運動強度を徐々に増大させて，運動を継続できなくなる時点まで $\dot{V}O_2$ を測定し，その最大値を $\dot{V}O_2$max とする。トレーニングの

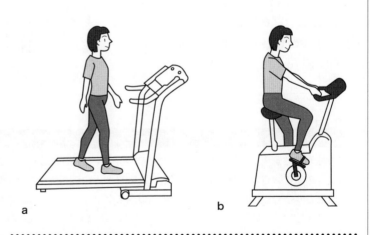

図 7.2　運動負荷装置の例　a：トレッドミル，b：自転車エルゴメータ

効果やコンディションによって，$\dot{V}O_2$max は変動する。定期的な測定によって全身持久力の評価が可能となるが，そのためには測定対象者の競技特性に応じた運動形態で測定することが必要である。陸上競技や球技の場合はトレッドミル上の走行で測定するが，自転車競技やスピードスケートの場合はロードバイクと同様の駆動が可能な自転車エルゴメータを使用する。クロスカントリースキーの場合は傾斜のあるトレッドミル上でのポールウォークで測定することもある。(MN)

● 7-3　Astrand-Ryhming の計算図表

　全身持久力は，スポーツ競技のパフォーマンス発揮につながる非常に大きな要素であり，評価が必要となる。最も一般的な評価方法は最大酸素摂取量（$\dot{V}O_2max$）ではあるものの，これを評価するためには最大強度まで運動を実施しなければならない。ケガからの復帰時の全身持久力の評価などでは最大努力での運動が実施できない場合もあることなどから，様々な全身持久力の間接的評価法がこれまで報告されている。その中の代表的な評価法として Astrand と Ryhming が 1954 年に提唱した $\dot{V}O_2max$ 推定法がある。これは自転車エルゴメータを用いて一定の最大下（最大強度にまで至らない）強度で 6 分間駆動運動させた時の仕事量と心拍数から $\dot{V}O_2max$ を推定するものである。この推定法は**図 7.3** の通り計算図表が提供されており，測定時の値を表中にあてはめることで容易に $\dot{V}O_2max$ を推定できる。例えば，男性で 1 分間の仕事量が 850 kpm／min で，その時の心拍数が 138 bpm であった場合，この男性の推定 $\dot{V}O_2max$ は 3.6 L／min となる（さらにこの男性の体重が 60 kg であれば，推定 $\dot{V}O_2max$ は 60 mL／kg／min となる）。(MN)

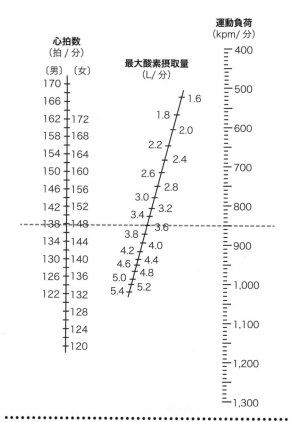

図 7.3　Astrand-Ryhming の計算図表
例えば男性で 1 分間の仕事量が 850 kpm／min で，その時の心拍数が 138 bpm であった場合，推定最大酸素摂取量は 3.6 L／min となる（図中の水平線）。
（文献 3 より引用）

TIDBIT 7-1

ヘモグロビン量

　持久性能力を構成する重要な要素は骨格筋への酸素供給能であるが，これは直接骨格筋に酸素を運搬するヘモグロビンの量に大きな影響を受ける。そのため，身体内の**ヘモグロビン量**の増減は直接持久性能力に影響する。持久性能力の指標となる $\dot{V}O_2max$ と身体内のヘモグロビンの量との間には強い正の相関があることが知られている。持久性能力についてのコンディションや高地・低酸素トレーニングの効果を評価するために $\dot{V}O_2max$ を測定することも多いが，最大強度で運動させて測定する必要があり，身体的負担は大きい。しかし，ヘモグロビン量は安静状態で比較的短時間で測定することができるため，持久性能力の指標として有用である。ヘモグロビン量はトレーニングの量や強度などに反応して変動するため，ピリオダイゼーションに合わせて測定し，持久性能力を評価することが可能である。また，ケガからの復帰過程など運動を伴う測定ができない場合にも持久性能力を評価することが可能である。(MN)

● 7-4　RMR と METs

ヒトが生命活動を行うには常に全身の細胞が活動する必要がある。その細胞活動に必要なエネルギー源である ATP を産生するために，身体内では脂肪や糖などの基質を代謝し消費している。総消費エネルギーのうち，体温の維持，内臓諸器官の活動，神経系の活動，血流など生命維持に最低限必要な活動で消費される割合を**基礎代謝量**（basal metabolic rate：BMR）と呼ぶ。BMR を基準として，様々な運動様式が BMR の何倍に相当するかを示したものが**エネルギー代謝率**（relative metabolic rate：RMR）である。

一方，ヒトが安静状態でいる時の $\dot{V}O_2$ は体重 1 kg あたり 1 分あたりで 3.5 mL/kg/min と推定されており，これが 1 **代謝当量**（metabolic equivalent：MET，2 以上の値の場合は複数形となり METs と表示される）と定義されている。RMR と同様に様々な運動様式での代謝当量は**表 7.4** のように例示されている。

2 つの指標はよく似ているが，RMR は基礎代謝量を基準としていること，代謝当量は安静時の代謝量を基準としているところが相違点である。近年では代謝当量を使用することが多い。(MN)

表 7.4　RMR の計算方法と METs の例

RMR ＝（活動時のエネルギー消費量 − 安静時のエネルギー消費量）/BMR
　　　＝ 活動代謝量/BMR

運動形態	METs
安静時	1.0
一般的なジョギング	7.0
バスケットボール	8.0
ゴルフ（歩行とキャリーバッグの運搬を含む）	4.5
ラグビー，サッカー（試合時）	10.0
テニス（ダブルス）	5.0
バレーボール	8.0

（文献 2 より抜粋）

● 7-5　カルボーネン法

持久性トレーニングを実施する際，トレーニング強度を設定する必要がある。心拍数と酸素摂取量との間には高い相関関係があることから，**最大心拍数**（heart rate maximum：HRmax）に対する比（%HRmax）により運動強度を設定することが多い。このためには最大心拍数を確認する必要がある。しかし，実際に測定するためには最大努力の運動が必要となり，測定することが困難である場合が多いため，一般には最大心拍数は「220−年齢」で推測される。しかし，同じ年齢でも体力には個人差があり，それを補正する必要がある。そこで 1957 年に Karvonen らによって提唱されたカルボーネン法では，最大心拍数だけでなく安静時の心拍数も考慮に入れてトレーニング強度となる目標心拍数を算出することができる。最大心拍数と安静時心拍数の差（つまり運動により変動する心拍数の範囲）を**予備心拍数**と呼ぶ。カルボーネン法の計算式とその一例を**図 7.5** に示した。(MN)

目標心拍数 ＝（予備心拍数 × 運動強度）＋ 安静時心拍数
ここで，
予備心拍数 ＝ 最大心拍数（＝ 220 −年齢）−安静時心拍数

例：50 歳で安静時心拍数が 70 bpm の人に対して，60%の運動強度で運動処方をする場合の目標心拍数は
目標心拍数＝｛(220−50)−70｝×0.6（＝ 60%）＋70 ＝ 130 bpm
となる。

図 7.5　カルボーネン法による目標心拍数の算出方法
（文献 10 より引用）

● 7-6　主観的運動強度

持久性トレーニングの強度を決定する際には，酸素摂取量や心拍数に基づいた強度設定が重要である。しかし，これらの測定ができないトレーニング状況では，**主観的運動強度**（rating of perceived exertion：RPE）を用いて強度の設定やモニタリングが可能である。RPE を評価する尺度はいくつか提唱されているが，最も広く用いられているものは 1973 年に Borg らによって提唱されたボルグスケールである。さらに 1976 年に小野寺らによって日本語の尺度も提唱され，現在でもトレーニング処方や強度のモニタリングで広く使われている。この尺度は 6 〜 20 の 15 段階で構成されている（**表 7.6**）。それぞれの尺度の数字は，それを 10 倍した値の心拍数であることが推測できるようになっている。例えば，ある運動強度での RPE が 13（ややきつい）の場合，その時の心拍数は 130 bpm であることが推測できる。これにより，生理学的な測定機器がないトレーニング場面においても適切なトレーニング強度を設定できる。(MN)

表 7.6　主観的運動強度（RPE）表

RPE	ボルグスケール	日本語版[15]
20		
19	Very very hard	非常にきつい
18		
17	Very hard	かなりきつい
16		
15	Hard	きつい
14		
13	Somewhat hard	ややきつい
12		
11	Fairly light	楽である
10		
9	Very light	かなり楽である
8		
7	Very very light	非常に楽である
6		

（文献 4, 15 より引用）

● 7-7　持久力と年齢

加齢により身体諸機能が低下していくことと同様に，呼吸循環系機能も低下する。**最大酸素摂取量**（$\dot{V}O_2max$）は酸素の供給（中枢系機能）とミトコンドリアにおける酸素の利用（末梢系機能）の 2 つの要素によって構成される。そのうち，中枢系機能については，加齢により最大心拍数と最大 1 回拍出量が低下し，その結果最大心拍出量が低下する。これにより中枢系機能が低下し，$\dot{V}O_2max$ が低下する。一方，最大換気量（末梢系機能に影響）は呼吸筋の機能の影響を受けるが，加齢による呼吸筋の機能の低下が $\dot{V}O_2max$ の低下にも関与している可能性がある。また，動静脈酸素較差も加齢により低下することが知られている。これらのことから末梢系機能も低下し，$\dot{V}O_2max$ の低下につながっていると考えられる。

$\dot{V}O_2max$ は 30 歳頃から加齢とともに直線的に低下する（**図 7.7**）。平均年齢 23 歳と 63 歳の非鍛錬者群を比較して，$\dot{V}O_2max$ の差が 2 倍生じていたことを報告する研究もある。(MN)

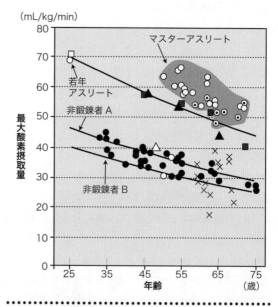

図 7.7　非鍛錬男性の加齢による最大酸素摂取量の変化
（文献 11 より引用）

● 7-8　サーキットトレーニングの原理

　レジスタンストレーニング（筋力トレーニング）は高重量負荷で比較的少ない反復回数で行い，筋力向上や筋肥大を目指す。一方，**サーキットトレーニング**は比較的低重量負荷で反復回数を多くするような設定で実施する。これは筋力だけでなく，呼吸循環系の機能向上も目的に含まれているからである。これまでの多くの研究により，40％ 1 RM よりも低い強度でのサーキットトレーニングでは，例え心拍数が60％ HRmax を超えていたとしても酸素供給能は改善しないと報告されている。また $\dot{V}O_2max$ の増加を報告する研究も少ない。しかし，中程度の運動強度における血中乳酸濃度は低下することが報告されている。これらの研究報告から，サーキットトレーニングは特に非鍛錬者がトレーニングを始める初期に実施することで，骨格筋の持久性パフォーマンスの向上に特に有効であると考えられる。**図 7.8** にレジスタンストレーニングを含めたサーキットメニューの一例を示した。(MN)

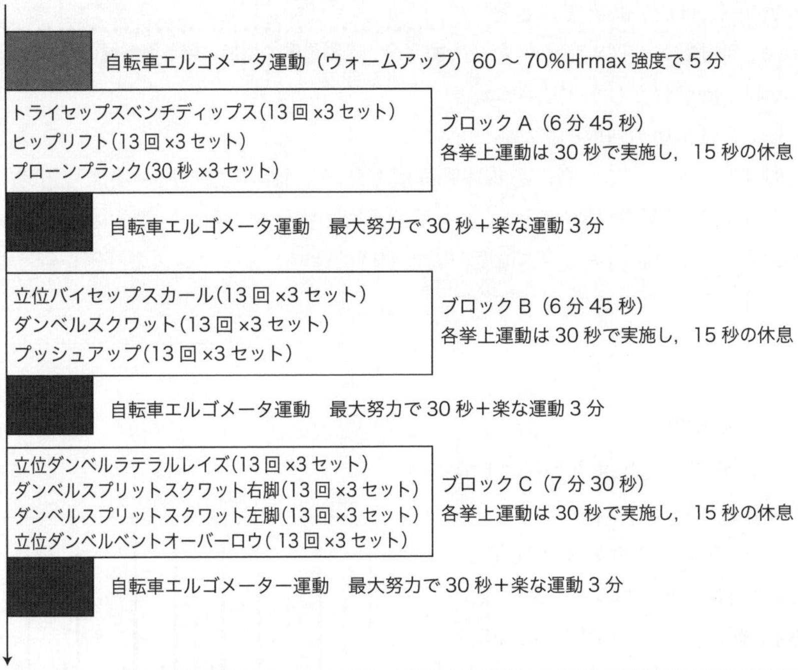

自転車エルゴメータ運動（ウォームアップ）60 ～ 70％Hrmax 強度で 5 分

トライセップスベンチディップス(13 回 ×3 セット)
ヒップリフト(13 回 ×3 セット)
プローンプランク(30 秒 ×3 セット)

ブロック A（6 分 45 秒）
各挙上運動は 30 秒で実施し，15 秒の休息

自転車エルゴメータ運動　最大努力で 30 秒＋楽な運動 3 分

立位バイセップスカール(13 回 ×3 セット)
ダンベルスクワット(13 回 ×3 セット)
プッシュアップ(13 回 ×3 セット)

ブロック B（6 分 45 秒）
各挙上運動は 30 秒で実施し，15 秒の休息

自転車エルゴメータ運動　最大努力で 30 秒＋楽な運動 3 分

立位ダンベルラテラルレイズ(13 回 ×3 セット)
ダンベルスプリットスクワット右脚(13 回 ×3 セット)
ダンベルスプリットスクワット左脚(13 回 ×3 セット)
立位ダンベルベントオーバーロウ(13 回 ×3 セット)

ブロック C（7 分 30 秒）
各挙上運動は 30 秒で実施し，15 秒の休息

自転車エルゴメーター運動　最大努力で 30 秒＋楽な運動 3 分

図 7.8　レジスタンストレーニングを用いたサーキットトレーニングの一例
（文献 18 より引用）

TIDBIT 7-2

HIIT と SIT

　インターバルトレーニングは短い休息時間を挟んで運動を繰り返すというトレーニング形態であり，従来から持久性能力の向上のために広く普及している。近年の研究で，インターバルトレーニングは特に高強度の運動を反復する high intensity interval training（**HIIT**）と sprint interval training（**SIT**）に分けられる。HIIT では 80 ～ 95% HRmax に相当する「最大に近い」運動強度を用い，SIT では $\dot{V}O_2max$ 相当またはそれ以上となる「最大の」運動強度を用いてトレーニングを行う。それぞれの強度での運動を短い休息時間を挟んで 5 ～ 10 回程度反復して実施する。1 回の運動時間は HIIT の方が長くなる。これらのトレーニング形態は，筋中のミトコンドリアの増大や $\dot{V}O_2max$ の増加への強い刺激となることが明らかとなっている。(MN)

● 7-9　乳酸濃度の利用

　トレーニング強度の設定や持久性パフォーマンスの評価に**血中乳酸濃度**を利用することがある。心拍数や酸素摂取量が運動強度の増加に伴い直線的に増加するのに対して，血中乳酸濃度はある運動強度を超えると増加の割合が大きくなるような変化をみせる（グラフに描いた場合は緩やかなカーブを描くため，この軌跡を乳酸カーブと呼ぶこともある）。

　持続的な運動の場合，ATP の供給には主として有酸素系が動員されるが，運動強度の増加に伴いより素早く ATP を供給できる解糖系も動員される。乳酸は，ATP 産生の際に糖が分解された時，副産物として生成されるものである。したがって運動強度を増加さ

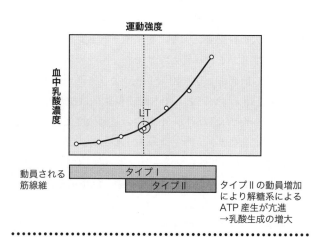

図 7.9　運動強度の増加に伴う筋線維の動員と乳酸生成の関係
LT：乳酸閾値

せながら血中乳酸濃度を測定する場合，ある運動強度で急激に血中乳酸濃度が増加し始め，その強度付近から ATP 産生のための糖質利用が増加したことを示す。この強度のことを一般的には乳酸閾値（LT）と呼ぶ。この LT を測定することでトレーニング強度の設定や持久性パフォーマンスの評価を行うこともある。（**図 7.9**）（MN）

● 7-10　心拍変動と運動

　心臓の拍動は自律神経により調節されており，その電気的刺激は心臓に特異的な波形を示す。このうち R 波と次の R 波までの間を **R-R 間隔**と呼び，この間隔の時間は変動している（**図 7.10**）。この変動を**心拍変動**（heart rate variability：HRV）と呼び，自律神経反応の指標として用いられている。運動が HRV に及ぼす影響に関する研究は多くあるが，安静状態から運動に移行する際には HRV 指標は低下し，副交感神経系の刺激の減少が示唆される。持久性トレーニングを積んだ者はそうでない者と比較して HRV が高い傾向を示すことが多くの研究で報告されており，持久性

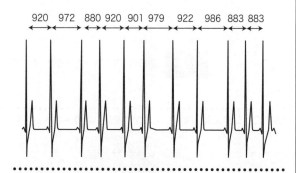

図 7.10　11 拍分の心電図の典型例
R-R 間隔（ms）は少しずつ差がある。
（文献 1 より抜粋）

トレーニングによって HRV が高くなると考えられている。しかしその機序はまだ明確にされていない。近年では様々なデバイスにより R-R 間隔計測が容易となってきている。そのため，HRV 指標は様々な状況での交感神経の相互作用を非侵襲的に評価できる指標となってきている。（MN）

TIDBIT 7-3

血液ドーピング

　不正に持久性能力を向上させることを意図したドーピング行為は，残念ながらしばしば競技現場で行われている。主な方法は，自己の血液を輸血することや，体内でヘモグロビンなどを増加させる刺激を持つ物質を摂取することである。ドーピング検査は主として尿検体により行われることが多いため，自己血の輸血は検知が難しい。生理学的には短期間にヘモグロビン量が急増することはなく，自己血を輸血した後にヘモグロビン量を測定した場合，急激な増加が検出されることが報告されている。また，持久性能力向上を意図したドーピングは，競技大会時のパフォーマンス向上のために行われるだけでなく，より多くの，またより高強度のトレーニングを行うことを目的としていることが多い。ヘモグロビンの増大を刺激する様々な物質がドーピング行為に利用されていることが報告されており，ドーピング検査能力は常に向上が求められている。(MN)

TIDBIT 7-4

高地トレーニング

　持久性能力は多くのスポーツでパフォーマンスに重要な要素である。持久性能力は酸素供給能とミトコンドリアでの酸素の利用量の影響を受けるが，特に酸素供給能は大きな要素となる。これをさらに向上させることを目的として，自然環境の高地（概ね標高 2,000 m 以上）に滞在しトレーニングを行うことがある。高地では酸素分圧が低下するため，身体は平地と比較して酸素を取り込むことが困難となる。ヘモグロビンが酸素と結合する割合（動脈血酸素飽和度：SpO_2）は平地では 98 ～ 100％とほぼ飽和しているが，標高 2,000 m では 93％程度である。そのため，高地に滞在しているとより効率よく酸素を取り込もうとし，ヘモグロビンの産生が増加する。これにより身体の酸素供給能は向上し，有酸素性能力が向上し，持久性パフォーマンスを向上させることができる。しかし，ヘモグロビンが増加した状態は，平地に戻れば日数の経過とともに解消される。(MN)

TIDBIT 7-5

低酸素トレーニング

　高地トレーニングと類似したトレーニング方法として，**低酸素トレーニング**がある。これは人工的な低酸素環境を利用して，主にトレーニング運動を行うものである。高地トレーニングとは違い，平地において人工環境を使用するため，実施が容易といえる。また，特に低酸素の環境で強度の高いトレーニングを実施することが多い。そのため，反復的に実施することで，骨格筋内の毛細血管密度の増加やミトコンドリア量の増加などが生じる。これにより，筋内で酸素をより多く利用できることとなる。また，筋の緩衝能の改善，解糖系の律速酵素活性の増加なども生じ，筋の力やパワー発揮の改善も期待できる。これらは高地トレーニングでも高強度のトレーニングを行えば生じる効果ではあるが，連続的に高地環境に滞在することになる高地トレーニングと違い，低酸素環境に暴露される時間が限定されるため，特に高い強度のトレーニングを行うことが多く，これらの効果が注目される。(MN)

TIDBIT 7-6

鉄欠乏性貧血

　ヘモグロビン量は酸素供給能を構成する主要な要素であり，この増減が持久性能力に大きく影響する。**ヘモグロビン**はヘム鉄とグロビンと呼ばれるタンパク質で構成されており，骨髄で産生され，およそ 120 日で代謝される。ところが身体内の鉄が欠乏すると，ヘモグロビンの産生が減少してしまう。ヘモグロビンは 1 g あたり 1.39 mL の酸素と結合するが，体内のヘモグロビンが減少すると運搬できる酸素が減少するため，持久性能力の低下や日常生活における息切れなど貧血の症状が現れる。長距離ランナーの場合，運動後に鉄の尿中排泄量が増加したり，胃腸での出血が生じたりすることが報告されており，鉄欠乏性貧血となるリスクが高い。食事内容の改善や医師の診断・処方などにより鉄の摂取を適切に行うことが重要となる。(MN)

第8章　運動と神経系

■ 要約

神経系の概略

　歩行や走行などの移動運動，ボールを投げる，打つ，蹴るなどの上肢・下肢による，あるいは道具を用いた目標到達運動，体操競技における身体全体を統合した姿勢，アクロバティックな全身運動，その一方で，楽器演奏における手指の繊細な運動，これらはすべて脊髄にある運動ニューロン（図 8.0.1）の発火活動が引き起こす骨格筋の収縮活動によって発現される。ヒトの骨格は，およ

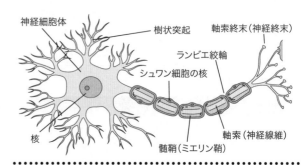

図 8.0.1　ニューロンの構造
（文献 17 より引用）

そ 200 程度の骨から構成されており，骨格筋は 400 以上存在する。このような構造的特徴から，ヒトを含む動物は上述した種々の身体運動が発現する空間自由度より大きな関節自由度を有し，この骨と関節の動きを駆動する骨格筋はさらに冗長な自由度＊を有している。この冗長多自由度性により，多様で繊細な，さらには目的や外部環境の変化に応じた適応的な運動が可能になるのであるが，言い換えれば，すべての身体運動は複数の骨格筋が協調的に収縮活動することによって，またそのためには骨格筋を神経支配している複数の運動ニューロンが協調的に活動することによって実現される。

脳と神経系の役割と連携

　運動ニューロンは筋紡錘に代表される体性感覚ニューロンから，また，脊髄内の局所神経回路の介在ニューロン，種々の脳幹の神経核，大脳皮質運動関連領域から入力を受け，精巧な制御を可能にしている。脊髄に出力を送る下行性の運動制御の中枢は階層的に，かつ並列多重的に構成されており，それらの中でもとりわけ小脳と大脳基底核は運動の発現，調節，学習に非常に重要な役割を果たしている（図 8.0.2）（⇒ 8-5，8-6）。小脳がかかわる運動制御には，時々刻々の制御（オンライン制御）と学習を必要とする適応制御の両方が含まれる。オンライン制御としては，様々な感覚情報をもとにして，実行中の運動を調節することが該当するが，脊髄小脳変性症や小脳梗塞などの小脳障害時には運動の正確さが失われ，手指の目標到達運動や歩行運動においては複数の関節間の協調が障害され，手先や足先などの終端における円滑な軌道の生成が失われる。例えば，小脳障害を有する患者を用いた実験において，ボールを投げる際に正しいタイミングでボールをリリースすることができず，うまく投げることができないが，その背景には上肢の複数の関節における時間的な協調性の障害が認められている[15]。一方，大脳基底核は，小脳のように視覚，前庭感覚，

＊冗長な自由度：冗長とは必要以上に多く余分なことを意味しているわけであるが，身体運動が発現する空間自由度は 3 軸・3 次元であり，関節の自由度はさらに大きく，骨格筋においては，例えば 1 つの関節の屈曲・伸展に屈筋と伸筋だけでなくより多くの筋が関与していることを意味する。特に生体工学系の領域でよく使われる表現。

さらに筋紡錘からの筋固有感覚など感覚情報を受けてはいない。大脳基底核は，運動や行動が状況の文脈に適合した際に報酬に関するドーパミン系の情報を受け取り，報酬依存的に情報処理を行っていると考えられている（⇒ **8-1**）。

身体運動の制御

　自分自身の意思による運動，すなわち随意運動を脳がどのように発現し，調節し，また，学習や記憶しているのかについて考える時，誰もが最初に考える神経機構としては大脳皮質前頭葉にある 1 次運動野，そこから脊髄への皮質脊髄路，脊髄の運動ニューロン，そしてそれが神経終末（運動神経終板）を形成している骨格筋までの下行性の神経経路である（⇒ **8-2**）。例えば，立食パーティーなどの際にテーブルにある寿司を箸で取ろうとする際，あるいは書棚の上から辞典などの重量のある書物を取り出そうとする際，手や腕における一連の筋活動だけで

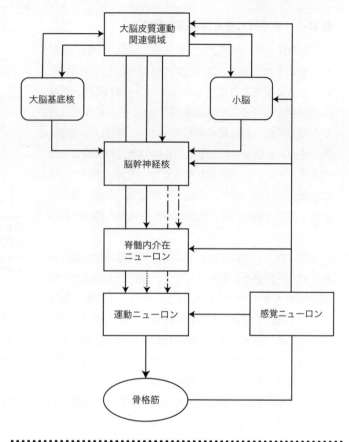

●●●
図 8.0.2　運動の制御にかかわる脳・神経機構
（文献 13 より改変）

は実際にはこの運動は安定して正確に行うことはできない。そこにはその主たる動作にかかわる筋活動よりも同時か先行して，体幹や下肢の姿勢維持にかかわる筋活動が必要とされる。また，野球やソフトボールの際のホームラン性のボールの捕球を例にすると，この運動において選手が最も意識して正確に動作を行っているのは，他ならぬグローブをはめた上肢の目標到達運動である。飛んできたボールの軌道をできる限り最後まで，すなわち捕球するまで視覚的に認知するために眼球運動のみならず頭部の向きもしっかりと制御されているはずである。さらにこの大きく進展した上肢を実現するために，上半身はねじれ，下肢はバランスを保つように無意識的に調節されている。大脳皮質から脊髄へ至る下行路は複数あり，大別すると腹内側系（内側下行路系）と背外側系（外側下行路系）に分かれ，呼称の由来は脊髄内の位置によるが，機能的にも区別される。腹内側系の軸索は，脊髄前索を下行し，主として体幹筋の運動ニューロンおよびそれらに関与する介在ニューロンの調節を行う（⇒ **8-13**）。一方，背外側系の軸索は脊髄側索を下行し，四肢の運動ニューロンとそれらに関与する介在ニューロンの調節を行う。脳から脊髄へ遠心性情報を送る下行路は，体幹の運動を制御する腹内側系と四肢遠位の運動を制御する背外側系で役割は異なるものの，それらは独立に機能するのではなく，相互連絡を持って協調しながら機能し，身体運動の発現・調節にかかわっている。運動の神経制御機構としては，四肢の動作の生成にかかわる背外側系だけではなく，体幹や抗重力筋の活動調節，姿勢の制御（⇒ **8-10**）に重要な腹内側系の働きを包括して考えることが重要である。(DY)

● 8-1　中枢神経系とは（脳の構造）

　中枢神経系は，解剖学的には大脳，間脳，小脳，脳幹から構成される脳と，運動性の信号や感覚性の信号を伝える通路である脊髄からなっている（図8.1）。**脊髄**は神経軸索の通る白質と細胞体が密に存在する灰白質からなり，様々な反射の中枢でもある。**脳幹**は，延髄，橋，中脳から構成され，呼吸や心臓の機能の調節など生命維持にかかわる中枢である。また，顔面，頸や手の運動や感覚の経路があり，聴覚，平衡感覚，味覚情報の入力路もある。網様体は，覚醒レベルや注意の調節を行っている。

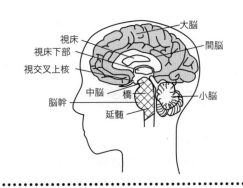

図8.1　脳の構造（矢状断面）
中心部に脳幹，その上部に間脳があり，それらを取り巻くように大脳が覆っている。小脳は脳幹の背側に位置する。

　小脳は橋の上部に位置しており，姿勢維持や頭部，眼球，腕の協調運動の中枢部として，繊細な運動出力の制御や運動スキルの学習にも関与している。**間脳**は視床と視床下部から構成される。視床は末梢から大脳の感覚皮質に感覚情報（嗅覚以外）を送る経路における伝達路である。視床下部は視床の腹側に位置し，恒常性の維持や性行動の中枢として内分泌や自律神経系を制御する。視交叉上核は中枢の体内時計として全身の細胞にある末梢の体内時計を制御し，睡眠・覚醒や様々な生理機能の概日リズムを形成する。

　大脳は最外側に大脳皮質があり，内側には大脳基底核，扁桃体，海馬がある。大脳皮質は感覚情報処理に関連する感覚野，運動に関連する運動野と，特定の感覚や運動には属さず記憶や情動を含む認知機能に関連する連合野からなる。扁桃体は情動情報の処理や表出，海馬は記憶の形成，大脳基底核は随意運動の制御や運動学習を担っている。(HI)

● 8-2　大脳皮質運動関連領野（1次運動野，補足運動野，運動前野）

　1次運動野は中心前回に広がる領野で，神経細胞は脊髄の運動神経に直接軸索を投射しているものがあり，筋張力を制御している。また，体部位局在があり，身体各部位の筋を支配する神経細胞が身体部位の地理学的関係を保った状態で1次運動野表面に分布している。

　補足運動野は1次運動野の前方内側面に広がる領野で，1次運動野に比べれば不明瞭であるが体部位局在がみられる。補足運動野の神経細胞は特定の順序に基づく動作や特定の動作をつなぐ運動を反映する。また，記憶に依存した動作を行う時に強く活動することから，記憶情報に基づく運動プログラムを司ると考えられている。

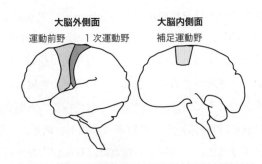

図8.2　大脳の運動関連野
大脳外側面には1次運動野と運動前野の位置を，大脳内側面には補足運動野の位置を示している。

　運動前野は1次運動野の前方に位置する。外界の刺激（視覚など）の順序やタイミングをもとに運動プログラムを司ると考えられている。(HI)

● 8-3　頭頂連合野

　頭頂連合野は，体性感覚野の後方に位置している。この領域は，周辺に位置する聴覚野，視覚野，体性感覚野との接続に加え，前頭連合野に位置する運動関連領域や，高次認知機能にかかわる前頭前野とも強固な接続を有する（図 8.3a）。この領域は空間知覚や身体認知にかかわっており，損傷されると視力低下や視野の欠損なしに，物体の位置関係，手足などの身体部位に対する認知や注意機能が障害される失認や，半側空間無視などの症状が生じる。また，運動をイメージする際に磁気共鳴機能画像法を用いて脳活動を計測すると，頭頂連合野の活動は実際の動作が行われていないにもかかわらず亢進される（図 8.3b）。この領域が障害された患者では，実際の運動をイメージしながら行う予測的な運動制御が選択的に障害される。これらの結果は，頭頂連合野が空間や身体の認知にかかわるだけでなく，その情報を活用して運動に必要な情報を予測的に生成する役割も担っていることを示している。(SS)

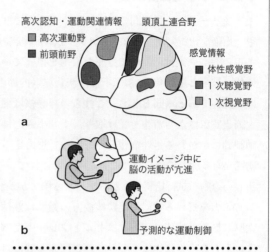

図 8.3　頭頂連合野による運動イメージ（a）と運動制御（b）

● 8-4　海馬

　海馬は，個人の体験に関する記憶や，物や出来事の名前に関する記憶など，陳述記憶を獲得し（記銘），一時的に保存し（保持），それを思い出す（想起）際に重要な役割を担う神経基盤である（図 8.6a）。海馬の神経回路は，情報を受け取る内嗅皮質や歯状回，情報を処理する CA1 ～CA3，海馬外へ情報を出力する海馬台，内嗅皮質にて構成される（図 8.4a）。長期増強（long term potentiation）は，海馬内の神経回路において興奮性シナプス後電位（EPSP）が長期間にわたり増大する現象であり，記憶の根幹をなす生理メカニズムであると考えられている（図 8.4b）。海馬と海馬周辺の神経核が障害を受けると，幼い頃の出来事など古い記憶は維持される一方で，直近の記憶や新しい記憶の獲得に著しい障害（前向健忘症）が生じる。この際，古い記憶が障害を受けないことは，陳述記憶が海馬を経由して他の脳領域（大脳皮質など）へ転送されることで長期記憶として保存されていることを示している。(SS)

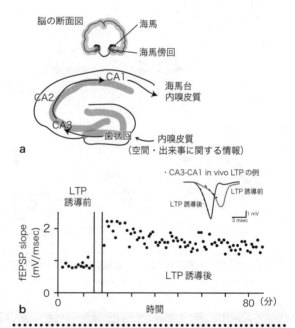

図 8.4　ヒトの脳における海馬の位置と海馬内の情報の流れ（a），対側 CA3 の電気刺激により誘導された CA1 の興奮性シナプス後電位の局所電位の長期増強（b）
b 右上：LTP 誘導前後の単発電気刺激によって惹起された波形の比較。傾きの変化が長期増強を示す。
（データは獨協医科大学 大川宜昭先生より提供）

● 8-5　大脳基底核と運動

　アスリートは，長期間のトレーニングの中で「あたかも自動化されたような素早い動作（運動スキル）」や「正確な状況判断（認知スキル）」を試行錯誤の末に獲得する。**大脳基底核**は，このような運動と認知スキルの獲得や実行において重要な役割を担っている。解剖学的には，大脳皮質の内側に位置しており，線条体（被殻と尾状核），視床下核，淡蒼球（内節と外節），黒質（緻密部と網様部）にて構成される神経核群の総称である（**図 8.5a**）。これらの神経核は漏斗状の神経回路を構成しており，線条体や視床下核にて大脳皮質広域から情報を受け取り，より小さな神経核である淡蒼球内節や黒質網様部からスキル学習や行動制御にかかわる処理情報を一方向性に出力する（**図 8.5b**）。大脳基底核の機能は，線条体を対象とした研究から多様な機能を持つことが明かにされている。例えば，前頭連合野から情報の入力を受ける尾状核は，新しい運動を試行錯誤しながら学習する際にかかわる。一方で，1 次運動野や視覚，聴覚などの 1 次感覚野から入力を受ける被殻や尾状核後方の領域は熟練した運動を学習・実行する際に重要な役割を担う。また大脳基底核の機能は車のアクセルとブレーキに例えられる。大脳基底核は回路図に示すように，通常，基底核からの出力は視床や脳幹の運動関連領域に対して抑制性に働いている（**図 8.5b**）。線条体の抑制性神経細胞は，基底核の出力核に対して直接的（直接路）あるいは間接的（間接路）に接続しており，抑制状態を解除（脱抑制）あるいは促進することで運動の開始や停止を制御していると考えられている（**図 8.5c**）。(SS)

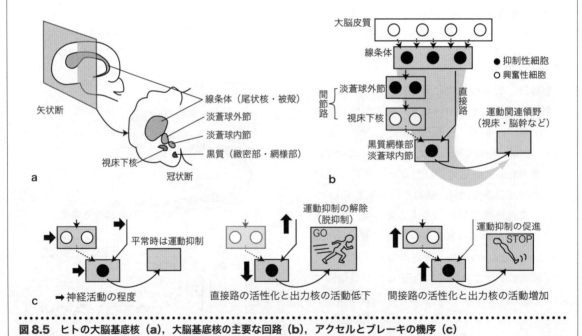

図 8.5　ヒトの大脳基底核（**a**），大脳基底核の主要な回路（**b**），アクセルとブレーキの機序（**c**）

TIDBIT 8-1

大脳基底核の障害

　大脳基底核の障害は，主に神経細胞の脱落や脳梗塞などによる神経核の損傷・病変により生じ，随意運動の減少（パーキンソン病）や不随意運動の増加（ハンチントン病），四肢の麻痺などを引き起こす。なかでも随意運動に関する症状は，大脳基底核の主要な機能である直接路（アクセル）と間接路（ブレーキ）のバランスが破綻することにより（⇒ **8-5**），自らの意思で運動の開始や停止を適切に行えないために生じると考えられている。(SS)

● 8-6　小脳と運動

　小脳皮質は3層構造の脳組織で，表層から分子層，プルキンエ細胞層，顆粒細胞層で構成されている。小脳皮質への求心性線維は，脊髄，脳幹，大脳皮質（橋核を介す）などのニューロンの軸索あるいは前庭感覚受容器の1次神経の軸索を含む苔状線維と，延髄の下オリーブ核ニューロンを起始とする登上線維の2つが代表的である（**図8.6a**）。苔状線維は顆粒細胞に興奮性のシナプス結合をする。顆粒細胞の軸索は分子層まで垂直に上行しT字型に分岐した後の軸索は皮質の内外側方向に平行に走行することから平行線維と呼ばれ，プルキンエ細胞の樹状突起に興奮性のシナプス結合をする。プルキンエ細胞の細胞体は整然と1列に並んでおり，これがプルキンエ細胞層を形成しているが（**図8.6b**），プルキンエ細胞は小脳皮質からの唯一の出力を小脳核と前庭神経核に送っている。1つのプルキンエ細胞において，興奮性シナプス結合している平行線維は約10～15万本と推定されているが，登上線維は1本だけがプルキンエ細胞の樹状突起に多数のシナプスを形成して興奮性シナプス結合している。このような細胞構築は小脳皮質において系統発生的に古い片葉，主として脊髄からの上行性入力を受ける虫部，さらに系統発生的に新しい外側半球部などのどの領域においても共通している。

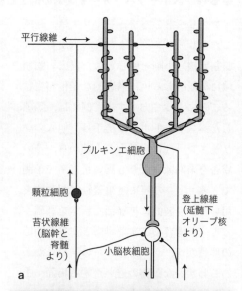

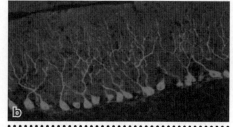

図8.6　小脳における神経回路（a）とプルキンエ細胞（b）

　小脳がかかわる運動制御には，時々刻々の制御（オンライン制御）と学習を必要とする適応制御の両方が含まれる。オンライン制御としては，様々な感覚情報を基にして実行中の運動を調節することが該当するが，脊髄小脳変性症や小脳梗塞などの小脳障害時には，運動の正確さが失われ，手指の目標到達運動や歩行運動においては複数の関節間の協調が障害され，手先や足先などの終端における円滑な軌道の生成が失われる[25]。例えば，小脳障害を有する患者を用いた実験において，ボールを投げる際に正しいタイミングでボールをリリースすることができずうまく投げることができないが，その背景には上肢の複数の関節における時間的な協調性の障害が認められている[15]。

　学習（反復練習）を伴う適応制御においては，行っている運動に誤差が生じた場合，その誤差情報をもとにして小脳皮質内の神経回路の情報伝達を可塑的に修正・記憶する情報処理が重要な役割を果たしている[24]。運動学習と適応制御における小脳の働きについての詳細は，**8-8**を参照されたい。(DY)

TIDBIT 8-2

小脳障害

　小脳は運動の制御と学習に重要な役割を果たしており，その機能が小脳梗塞や脊髄小脳変性症などの病態により障害されると，主として運動の巧緻性が障害され，小脳性運動失調と称される[24]。小脳の虫部からその両側の中間部の領域が障害されると，姿勢が不安定になり不安定な歩行を呈する[24,25]。また，歩行中に前方にある障害物をまたぎ越していく動作では，小脳の外側半球部が障害されると足先は障害物直上を大きく通り過ぎてしまう[24,26]。(DY)

● 8-7　スポーツパフォーマンスの向上と脳

アスリートのパフォーマンスは，継続したトレーニングにより，大脳皮質，大脳基底核，小脳を中心とした幅広い脳領域に機能的あるいは構造的な変化が生じることによって向上する。例えば，熟練したバスケットボール選手は，他人のフリースローを行う動画の一部から，その成否を未熟練者よりも高い正答率で予測できる[2]。この際に経頭蓋磁気刺激法を用いて非侵襲的に神経活動状態を評価すると，熟練者の 1 次運動野と皮質脊髄路の興奮性が，フリースローの結果にかかわるわずかな動作の違いが映る場面で上昇していた。このような行動・認知レベルの変化と神経系の可塑的変化は，熟練競技者の高いパフォーマンスを支えていると考えられている。

脳の構造レベルの変化は，磁気共鳴画像法（MRI）で撮像した脳構造画像から

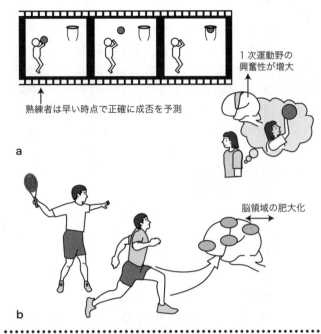

熟練者は早い時点で正確に成否を予測

1 次運動野の興奮性が増大

脳領域の肥大化

a

b

図 8.7　熟練アスリートの高い認知・予測能力と脳神経活動（a），長期間のトレーニングが脳構造に及ぼす影響（b）

灰白質容積を算出する voxel based morphometry (VBM) を用いることで定量的に調べることができる[3]。この手法を用いた研究により，有酸素運動では主に海馬の容積が増大し，視覚情報をもとにした動作制御を要する運動では高次視覚野や運動前野の容積が増大することが報告されている。また，灰白質容積の変化は継続したトレーニングにより増大し，トレーニングを辞めると減少することから，アスリートの特徴的な脳構造は運動習慣や訓練により獲得されたものであることを示している[5]。このような長期トレーニングによる脳容積の増大は，血管拡張や軸索伸長，神経新生など生理学的変化により生じる。これらの競技パフォーマンスを支える脳機能や構造の変化は，種目，競技レベル，習熟度により異なることを示している。(SS)

TIDBIT 8-3

EPSP，IPSP

1 つのニューロンの樹状突起と細胞体は，多数の他のニューロンの軸索終末とシナプスを形成している。細胞間の情報伝達は，軸索終末のシナプス前膜から放出される神経伝達物質を受け手側のシナプス後膜で受容し，膜電位の変化を引き起こす化学的な方法によって行われる。この電位変化は，**興奮性シナプス後電位**（excitatory postsynaptic potential：**EPSP**），あるいは**抑制性シナプス後電位**（inhibitory postsynaptic potential：**IPSP**）と呼ばれる。単発の EPSP は閾値下で膜電位を正方向に変化させるが，それ自体で軸索を伝搬する活動電位を惹起することはできない。活動電位の発生には，多数の興奮性シナプス入力（空間的加重）が同期（時間的加重）して，EPSP の単位時間あたりの総和が閾値を超えて脱分極することが必要である。また，抑制性の入力により生じる IPSP は，膜電位を負方向（過分極）に変化させることで活動電位の発生を抑制する。脳神経回路では，EPSP と IPSP のバランスにより活動電位の発生が制御されている。(SS)

● 8-8　運動学習

スポーツにおける素早く巧みな動作（技，スキル）や，楽器演奏における両側の手指の協調的あるいは独立した運指などの動作の遂行には，脳における学習機能が重要な役割を持っている。これらのスキルの獲得と発現は一朝一夕に達成したものではなく，長い年月をかけて試行錯誤し脳の神経回路に作り上げられたもので，運動のプログラムとも呼ばれる。近年ではこのプログラムを**内部モデル**と称する。半世紀にわたる神経科学領域の研究成果により，脳において身体運動が内部モデルとして表象されていることを示唆する知見が報告されている。

小脳の外側半球部は，大脳皮質 1 次運動野から橋核を介して入力を受け，小脳核，視床を介して出力を大脳皮質 1 次運動野に送っている。また，小脳虫部と中間部は，

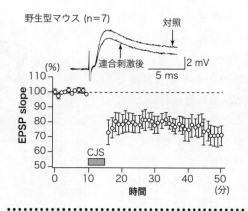

図 8.8　野生型マウスの小脳スライス標本における長期抑圧

脊髄内で歩行にかかわる中枢パターン生成器や種々の体性感覚情報を受け取るとともに，脳幹下行路を介して脊髄内の介在ニューロンや運動ニューロンに出力を送っている（⇒ 8-9）。ところで，運動の円滑な制御における重要な問題の 1 つとして，感覚情報の時間遅れがある。筋紡錘などの感覚受容器で電気的活動に変換された情報は複数の神経細胞とそこの介在するシナプスを介して脳に伝送されるが，シナプス伝達での遅延や活動電位の伝導速度の限界から，我々の脳は常に過去の状態を観測していることになる。このような時間遅れの問題を克服する 1 つの方策として，脳は感覚フィードバック情報と運動制御信号の遠心性コピーから，現在の身体状態を予測する順モデルを持っていることが予測されている。また，小脳における傍片葉のプルキンエ細胞は，追従眼球運動時にその発火活動パターンは眼球運動の加速度，速度，位置などの重み付け和で再構成され，これは小脳が運動のトルク出力を生成する逆モデルを構成していると報告されている。小脳が障害されると，測定過大（hypermetria）など運動が非常に不安定になるが（⇒ T8-2），このような症状は運動制御の計算モデルに基づいたコンピュータシミュレーション上でも示されている。

小脳皮質における内部モデルの生成，すなわち学習には，小脳内の神経回路における入出力関係の変容が必要となる。実際に，小脳皮質プルキンエ細胞における顆粒細胞からの平行線維の興奮性シナプス入力は，下オリーブ核を起始とする登上線維からの興奮性シナプス入力により可塑的変化を示す。in vitro 小脳スライス標本における電気生理学実験において，平行線維と登上線維に刺激電極を置き，プルキンエ細胞をパッチクランプ法により記録する際，平行線維と登上線維を同期して反復刺激した後では，平行線維 – プルキンエ細胞間の興奮性シナプス伝達のみが長期にわたって抑圧される**長期抑圧**（long–term depression）が生じる（図 8.8）。下オリーブ核 – 登上線維は誤動作に関与した誤差信号を伝送しているので，長期抑圧は誤動作に関連した平行線維からのシナプス入力を遮断して正しい動作の生成に寄与していると考えられている。長期抑圧は，プルキンエ細胞においてグルタミン酸受容体のリン酸化とエンドサイトーシス（物質を細胞内部に取り込むこと）が生じることでシナプス伝達効率の持続的な低下が起こることが基礎過程にあるが，これらは一酸化窒素，代謝型グルタミン酸受容体 1 型，デルタ 2 型グルタミン酸受容体など，種々の機能性分子・タンパク質により調節されている。また，これらの機能性分子・タンパク質の遺伝子改変マウスを用いた研究により，運動学習に小脳の長期抑圧が重要な働きを果たしていることが証明されている。(DY)

● 8-9　歩行の神経制御機構

移動運動としての**歩行**と走行は，日常生活活動の中ではその遂行自体を目的とするよりはむしろ，買い物に行ったり，人と会ってコミュニケーションをとるために出かけたり，さらには，ジョギングやランニングをはじめ種々のスポーツを行ううえで重要な基盤となる。ところで，姿勢や歩行などは全身の筋骨格系が駆動される運動であり，その発現と制御には末梢から中枢までの神経系全般が関与している。実際，姿勢や歩行運動は，様々な感覚情報によって，また恐怖などの情動，あるいは喜怒哀楽などの感情によっても変容

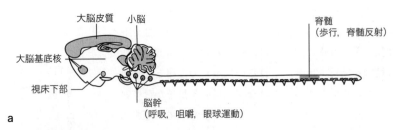

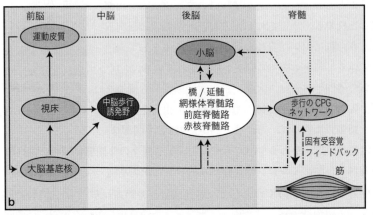

図8.9　歩行の神経制御機構　**a：中型哺乳類における脳から脊髄の側面図，b：歩行にかかわる代表的な神経機構**
（文献７より一部改変）

し，さらには障害物を避けたり跨ぎ越すなどの目的，意図によっても変容・調節されるので，中枢神経系は大脳皮質から皮質下構造，脊髄までのほぼすべての領域が大なり小なり関与している[7]（**図8.9**）。脳幹の神経核を電気的にあるいは薬理学的に刺激することにより，特定の運動が発現することが調べられているが，中でも中脳歩行誘発野と呼ばれる領域は網様体脊髄路を活性化し，歩行の発現に重要な役割を果たしている。歩行におけるリズムパターンの生成は，脊髄内に存在する中枢パターン発生器（central pattern generator：CPG）によるが，歩行中，脊髄のCPGの活動に関する情報は遠心性コピー（efference copy）として主に腹側脊髄小脳路（ventral spinocerebellar tract：VSCT）を介して小脳に送られる。一方，各種体性感覚系の受容器由来の情報は，背側脊髄小脳路（dorsal spinocerebellar tract：DSCT）を介して小脳にフィードバックされる。小脳は脊髄とクローズドループを形成しており，筋活動の時間・空間的な制御に貢献している。関節運動においてみられる協調構造は運動学シナジー（kinematic synergy）と称されるが，肢内協調（intralimb coordination）および肢間協調（interlimb coordination）などの運動学シナジーの生成に脊髄小脳ループ（spinocerebellar loop）は重要な役割を果たしている[23]。また，小脳におけるシナプス可塑性として，長期抑圧は外乱や環境の変化に対する歩行の学習・適応制御に非常に重要な役割を果たしていると考えられる。また，大脳皮質の後頭頂皮質は事前の知覚情報と動作後にフィードバックされた身体性情報の保持・統合に関与していることが示唆されているが，障害物回避歩行時などに特に関与している[16]。（DY）

● 8-10　姿勢の神経制御機構

　ヒトが行う日常生活活動において，姿勢の適切な調節と維持は，座位であっても立位であっても，主として上肢と下肢の動作として発現される随意運動の適切な遂行に重要である。姿勢の研究としては，古くから姿勢を静的姿勢と動的姿勢の 2 つに分類することが多く，日常生活活動の中ではある目的の動作中もしくは動作に備えて準備している動的姿勢の役割が特に重要となる[20]。この動的姿勢には，乗馬やスキージャンプ競技における滑空中の姿勢，アルペンスキーにおける直滑降中の姿勢など外部環境の変化と外乱に対する動的姿勢，陸上競技短距離走でのクラウチングスタート，アーチェリーや弓道での構え，テニスにおけるサービスレシーブなど特定の目的動作の準備のための動的姿勢が含まれる。

　立位姿勢の維持やある特定の関節による肢位の維持においては，**姿勢反射**（postural reflex）と総称される反射が関与している。その中でも，骨格筋が伸張されることにより筋紡錘がその長さの変化を感知し，主として Ia 求心性ニューロンを介して，伸張された筋を支配している α 運動ニューロンを活動させ，伸張した筋を収縮させる**伸張反射**（stretch reflex）はその代表的なものといえる。筋紡錘による筋長の変化の検出ならびにそれに起因する伸張反射の調節が，立位姿勢の維持と安定化に機能的にも寄与していることは古くから現在までの多くの研究により証明されてきた。Loram ら[12]は，超音波画像による筋長の動態を観測することにより，身体を随意的に前方に傾ける時には下腿三頭筋が伸張せずに短縮していることを示し，立位姿勢の維持にかかわる骨格筋活動において伸張反射のみでは説明することができず，より高位の神経機構がフィードフォワード的に制御していることを示唆している。また例えば，ヒトが立位時にテーブルに置かれた物に手を伸ばして掴もうとする際，中枢神経系が手を伸ばす主動作によって引き起こされる内乱と重心動揺を事前に予測し，姿勢を安定化するメカニズム，すなわち予測的姿勢調節（anticipatory postural adjustments）が機能していると考えられ，フィードフォワードによる姿勢制御と考えられている。随意運動に随伴した予測的姿勢制御における小脳機能について調べるため，小脳プルキンエ細胞特異的に脊髄小脳失調症 3 型（spinocerebellar ataxia type 3：SCA3）遺伝子を発現させた SCA3Tg マウスを作製し，それらの姿勢課題時の運動学的解析と筋電図解析を行った研究から，小脳はフィードフォワード的に姿勢制御に必要な種々の筋活動パターンのタイミングを調整することに重要な役割を果たしていると考えられる[22]。(DY)

● 8-11　脳におけるエネルギー代謝

　脳における主なエネルギー源はグルコースであり，酸化的代謝によって産生される ATP を用いて活動を維持している。実際に，脳の機能的活動が増加した際にはグルコースの消費量は増大し，一方で脳内での酸素消費量の増大は少なく，ミトコンドリアの tricarboxylic acid cycle（TCA）回路を介した代謝経路の活性化以上に解糖系の亢進が生じ，その結果として乳酸産生の増大が生じる。脳を構成している主要な細胞は，ニューロンとアストロサイトであり，1.4 倍アストロサイトの方が多い。アストロサイトの多くは構造的に微小血管とニューロンの間に位置し，ニューロンと機能的に連動しているだけでなく，シナプス可塑性やニューロンの保護作用などにおける重要な働きも示唆されている。脳ではアストロサイトにおいてグルコースが積極的に消費され，そのうちの約 80 ％以上が乳酸として放出されること，放出された乳酸はニューロンに取り込まれ TCA 回路における酸化的代謝を受けることなどから，「アストロサイト－ニューロン乳酸シャトル」が提唱されている[14]。ニューロンへの乳酸の取り込みを担うモノカルボン酸輸送担体の阻害薬を海馬に投与すると空間記憶が障害されること[18]，また小脳に投与すると協調運動のパフォーマンスが低下すること[8]が示されている。脳梗塞など脳血管疾患における乳酸の神経保護作用についても研究が盛んに行われている[13]。(DY)

● 8-12　運動やトレーニングが脳に及ぼす効果

　運動時に脳内で増加する生理活性物質のいくつかは，脳のニューロンあるいはグリア細胞で生成され，オートクラインあるいはパラクライン的に作用するが，骨格筋あるいは内臓から血液を介して輸送され脳で作用する。血液中のインスリン様成長因子 1 型（insulin–like growth factor 1：IGF–1）の主たる産生器官は肝臓であるが，運動時に活動する骨格筋から産生される。この IGF–1 は脳内において様々な作用機序を有するが，海馬においては脳由来神経栄養因子（brain–derived neurotrophic factor：BDNF）の産生を促し，このシグナル伝達系がニューロンの新生（neurogenesis）やシナプス可塑性としての長期増強（long–term potentiation）の亢進の一因と考えられている。海馬においては，自発的な運動が海馬における BDNF の発現を増やし，顆粒細胞の新生を促進し，行動レベルにおいても空間記憶の学習効率を良くすることが示されている [21]。また，アルツハイマー型認知症の発症機序の一因として，アミロイドβ（amyloid–β）の細胞内での蓄積による細胞死の誘導が示されているが，アルツハイマー病モデルマウスを用いた実験で自発的な運動を課すと，海馬や大脳皮質でのアミロイドβの蓄積を低減し，記憶機能の改善を促すことも報告されている [1]（図 8.12）。

　小脳においては，下オリーブ核からの登上線維系のシナプス入力は，シナプス可塑性としての長期抑圧の発現と運動学習に必要とされる。下オリーブ核ニューロンの変性脱落を有するヒト患者，あるいは遺伝子改変技術を用いて下オリーブ核ニューロンの活動を阻害したマウスでは，ジストニア様症状が誘発され，運動の学習が障害されることが示されている [22]。下オリーブ核の薬理学的な細胞死とそれに付随する運動協調テストの成績の低下に対して，自発的な運動が予防効果を示し，その一因として IGF–1 が関与していることが報告されている [4]。登上線維からプルキンエ細胞へのグルタミン酸作動性のシナプス伝達をグルタミン酸受容体の阻害薬を投与することによって約 1 週間持続的に阻害すると，形態学的には，プルキンエ細胞の樹状突起の遠位まで絡みつくように形成されている登上線維が退縮し，電気生理学的にも登上線維からプルキンエ細胞への興奮性シナプス伝達が減弱されることが示されている [11]。このような結果は，運動の学習を通して脳において獲得される運動スキルに必要不可欠な下オリーブ核–登上線維系のシナプスとにその情報伝達は，成熟し出来上がった神経回路として，言い換えれば，大人になっても固定的なものではなく，活動依存的に変化することを示唆している。(DY)

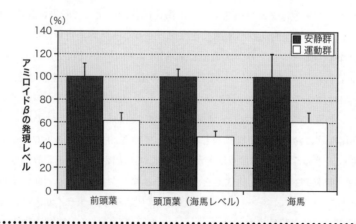

図 8.12　自発的運動のアルツハイマー病への効果
アルツハイマー病モデルマウスの脳内でのアミロイドβの発現に対する自発的運動の影響を観察している。
（文献 1 より改変）

● 8-13 末梢神経系とは

　末梢神経系とは，神経系のうち，脳や脊髄の外部に存在する神経系を指し（図8.13.1），体性神経系（脳脊髄神経）と自律神経系（⇒図8.19）とに分類される。**体性神経系**は解剖学的には，脳から神経線維である軸索が発する脳神経（図8.13.2）と，脊髄から軸索が発する脊髄神経とに分かれる。体性神経系の役割は感覚情報の検出と中枢への連絡，および中枢から末梢の効果器（筋や腺）への連絡である。感覚情報を検出するための感覚受容器には視覚，聴覚，嗅覚，味覚，平衡感覚といった特殊感覚受容器が頭部に集中して存在し，さらに体性感覚に関する受容器が全身の皮下，筋（筋紡錘）や腱（腱器官）に存在する。これらの感覚受容器で検出された感覚情報は活動電位に変換され，軸索（感覚神経線維）を伝導し脊髄や脳の中枢神経系に連絡する。末梢の効果器である筋には，脊髄の運動神経の軸索が連絡する。**運動神経**にはα運動神経，γ運動神経の2種があり，α運動神経は骨格筋線維と接続し，γ運動神経は筋紡錘の内部にある錘内筋線維と接続している（図8.13.3）。**自律神経系**の役割は内臓や腺組織の調節であり，交感神経系と副交感神経系とに分けられる。基本的に，交感神経は身体を活動的なエネルギーを消費する状態に，副交感神経はリラックスしたエネルギーを蓄える状態にする。脊髄に入出力する神経線維のうち，出力する遠心性の神経線維は腹側で束となり前根を形成し，入力する求心性の神経線維は背側で束となり後根を形成する。また，感覚神経の細胞体は後根に位置する脊髄後根神経節に存在する（図8.13.4）。(HI)

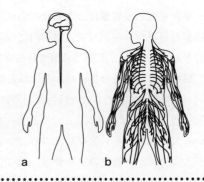

図8.13.1　中枢神経系(a)と末梢神経系(b)
中枢神経系は脳と脊髄にあり，頭蓋骨，脊椎骨に収まる。末梢神経は中枢神経から伸びる神経線維である。

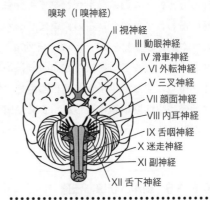

嗅球（Ⅰ嗅神経）
Ⅱ 視神経
Ⅲ 動眼神経
Ⅳ 滑車神経
Ⅵ 外転神経
Ⅴ 三叉神経
Ⅶ 顔面神経
Ⅷ 内耳神経
Ⅸ 舌咽神経
Ⅹ 迷走神経
Ⅺ 副神経
Ⅻ 舌下神経

図8.13.2　脳神経
左右12対の脳神経がある。脳神経には体性神経もあれば自律神経が含まれているものもある。

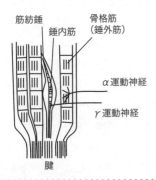

筋紡錘
錘内筋
骨格筋（錘外筋）
α運動神経
γ運動神経
腱

図8.13.3　2種類の運動神経
α運動神経は骨格筋と接続し骨格筋の収縮を制御する。γ運動神経は筋紡錘の錘内筋と接続して錘内筋緊張を制御することで，筋紡錘の感度を調節している。

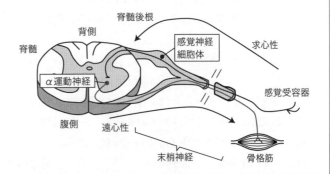

脊髄後根
背側
感覚神経細胞体
求心性
脊髄
α運動神経
感覚受容器
腹側
遠心性
末梢神経
骨格筋

図8.13.4　ベル－マジャンディの法則
求心性線維が脊髄の背側から入力し，遠心性線維が腹側から出力する構造を「ベル－マジャンディ（Bell-Magendie）の法則」という。感覚神経の細胞体は後根神経節にある。前根は運動神経の軸索が束になっている。

● 8-14　平衡感覚センサー

　平衡感覚の受容器は，側頭骨の内側に位置する複雑な迷路状の空洞（骨迷路）内に位置し，**半規管**と**耳石器**に加え，聴覚受容器である**蝸牛管**によって構成される。この器官は，骨迷路と同形状のリンパ液によって満たされた膜性の閉鎖管である（膜迷路）。半規管は前半規管，後半器官，水平半規管からなり，それぞれ直交している。半規管付根の膨大部には，平衡覚のセンサーとなる**有毛細胞**が存在し，頭部の動きに応じた内リンパ液の動きから頭部の回転運動を検出する。耳石器は卵形嚢と球形嚢で構成され，この器官内の有毛細胞は上下，内外側に向けて感覚毛を出しており，耳石と呼ばれるカルシウムの結晶を含むゼラチン質の平衡砂膜に覆われている。耳石の比重はリンパ液よりも大きく重力の影響を受けるため，自動車やエレベータの動き出しなど，多様な方向の直線加速度の感受を可能にする。半規管と耳石器由来の情報は前庭神経核や前庭小脳に送られ，姿勢や眼球運動などの反射制御に貢献する。(SS)

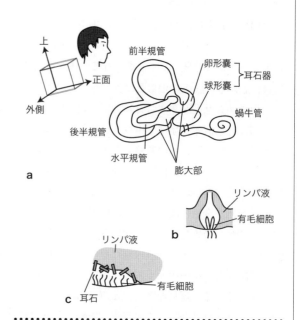

図8.14　三半規管と蝸牛管（a），膨大部内の構造（b），耳石器内の構造（c）
a：左上の立方体はヒトの身体に埋まっている向き。**b**：有毛細胞はゼラチン様物質で覆われ，リンパ液の動きに応じて毛が屈曲し信号を脳に伝える。**c**：加速時には耳石が取り残され，平衡砂膜が動き，有毛細胞が屈曲する。

● 8-15　刺激，伝導，伝達

　刺激とは，生体が感じとれる物理的，化学的な構造の変化によるものである。例えば，皮膚上に加えられた圧力は皮下にある感覚受容器により検出され，生体で扱われる電気信号（活動電位）として中枢に送られ，体性感覚野で情報処理されることで皮膚感覚として認識される。また，血液中の酸素濃度（酸素分圧）の変化は大動脈小体などにより検出され，呼吸中枢を介して呼吸運動を調節するが，酸素分圧の変化そのものを感覚として感じることはない。つまり，刺激は意識に上がるものもあれば，意識には上がらないものもある。

　伝導とは，活動電位が軸索を移動する現象を表わすものである。活動電位の実態は，細胞膜の局所で起こるナトリウムイオンの流入（膜電位依存性ナトリウムチャネル）とそれに続くカリウムイオンの流出（電位依存性カリウムチャネル）によるイオン電流である。活動電位が発生すると，そこから脱分極が広がり，近隣の電位依存性ナトリウムチャネルが開くため，活動電位は近隣の膜で発生し移動する。

　伝達とは，シナプスや神経筋接合部で軸索終末部から化学伝達物質が放出され，次のニューロンや筋細胞の受容体に化学伝達物質が結合することである。神経筋接合部では活動電位が引き起こす化学伝達物質放出は，ほぼ必ず筋収縮を引き起こすが，中枢神経のシナプスでは１つのニューロンの活動電位によるシナプス伝達で活動電位の発生に至ることは少ない。そのため，多数のニューロンが同期して伝達する空間的加重や，単一であっても高頻度の活動電位による時間的加重によりシナプス後ニューロンの活動電位を発生させる。つまり，シナプスを介してニューロン上でシナプス入力の統合が行われているのである。(HI)

● 8-16　反射

　反射とは，感覚情報が刺激となり効果器（筋や腺組織）の活動を制御する時，大脳の情報処理の影響を受けずに生じる現象である。反射を作り出す回路を反射回路と呼び，最も単純な反射回路は感覚受容器，感覚神経系，反射中枢，運動神経系と効果器によって構成される（反射弓）（図8.16.1）。膝蓋腱反射は脊髄に反射中枢を持つ脊髄反射の一種で，大腿四頭筋の伸展を筋紡錘が検出し，Ia感覚神経に活動電位が生じる。Ia感覚神経の軸索は脊髄でα運動神経にシナプスを作っており，α運動神経を直接興奮させる。それにより，大腿四頭筋の収縮が起こり膝関節が伸展する（図8.16.2）。(HI)

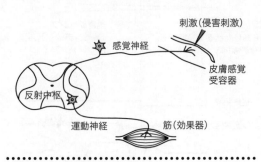

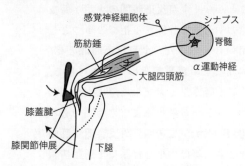

図 8.16.1　反射弓
感覚入力から反射中枢を介して運動出力までの経路。脊髄に反射中枢がある場合を脊髄反射と呼ぶ。

図 8.16.2　膝蓋腱反射の模式図
膝蓋腱反射は膝蓋腱を叩打することで大腿四頭筋が伸展し，その伸展を筋紡錘が検出し，感覚情報を脊髄のα運動神経に単一のシナプスにより伝達する神経回路からなる。単シナプス反射の一種である。

● 8-17　光刺激，音刺激

　光刺激とは，光子が網膜の視細胞にある視物質に吸収されることで視物質の構造変化が起こり，シグナル伝達系が活性化し，伝達物質放出量が変化すると，網膜の神経連鎖を介して網膜神経節細胞が活動電位を発生する。活動電位が中枢神経の上丘や視覚野に送られることで光覚を知覚し，光刺激として認知される（図8.17.1）。音刺激とは，音波が鼓膜を振動させると，鼓膜と連結する耳小骨により約20倍程度音圧が増幅され，蝸牛器官の卵円窓を振動させることで，内部のリンパ液が振動し基底膜上の有毛細胞が刺激され活動電位が発生する。活動電位が聴神経を伝導し，聴覚野へ送られることで聴覚を知覚し，音刺激として認知される（図8.17.2）。(HI)

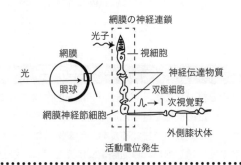

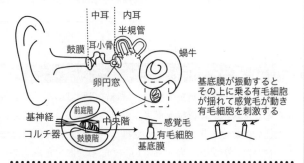

図 8.17.1　光刺激の感覚経路
網膜には視細胞から連なる神経連鎖があり，最終的には網膜神経節細胞が活動電位を発生し，視神経を経て中枢に伝えられる。図では網膜神経連鎖の主要な細胞を示している。

図 8.17.2　音刺激の感覚経路
空気の疎密波が鼓膜を振動させると鼓膜に続く耳小骨が振動の振幅を増幅させ卵円窓を振動させる。蝸牛内は3つの部屋に分かれ，それぞれリンパ液に満たされている。コルチ器は基底膜とその上に乗る有毛細胞を持つ感覚器官。

● 8-18　全身反応時間

　陸上競技や球技スポーツでは，スターターの音や飛来するボールに対して素早く反応することが求められる。このように，多くのスポーツでは特定の感覚刺激に対して全身で反応することが求められることから，全身反応時間の測定が競技の能力や適性を評価する指標の 1 つとして用いられてきた。**全身反応時間**とは，音や光などの感覚刺激の呈示に対して，被検者が軽くジャンプした際に両脚が測定用マットから離れるまでの時間である[9]（図 8.18a）。この際，外受容器で感知した感覚情報は中枢神経系にて運動情報に変換され，脊髄を介して抹消の筋に伝達される。すなわち，全身反応時間とは神経系の情報処理過程を含んだ動作開始時間と，動作開始からジャンプまでの筋収縮時間の総和である。測定では下肢の筋電や被験者のジャンプ直前の荷重の変化を計測することで，ジャンプ動作の開始前までの時間（神経系の処理時間）と，

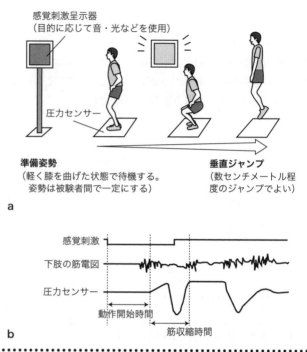

準備姿勢
（軽く膝を曲げた状態で待機する。
　姿勢は被験者間で一定にする）

垂直ジャンプ
（数センチメートル程
度のジャンプでよい）

a

感覚刺激

下肢の筋電図

圧力センサー

動作開始時間

筋収縮時間

b

・・・
**図 8.18　全身反応時間の測定例（a），反応時の筋電と圧力センサー
の変化と動作開始時間および筋収縮時間（b）**
（**b**：文献 19 より改変）

動作開始から離地までの時間（筋収縮時間）を分離可能である（**図 8.18b**）[19]。全身反応時間は，測定方法により多少異なるが，概ね幼児では 0.8 〜 1 秒で，12 歳以降では 0.3 〜 0.4 秒となり，50 歳以降では 0.5 〜 0.6 秒程度となる。反応時間が短縮する期間は神経系の発達と相関していると考えられており，加齢に伴う反応時間の延長は筋収縮時間の増加によるものと考えられている。アスリートの全身反応時間は，より競技に近い状況を再現するために，試合中のビデオや実環境にて計測する**選択全身反応時間**が用いられる。このような測定環境では，専門競技者が非競技者や専門外の競技者よりも早い全身反応時間を示す。(SS)

TIDBIT 8-4

全か無かの法則

　神経や筋などの興奮性組織は，興奮性の刺激に対して膜電位の脱分極を起こす。膜電位は，段階的な強さの刺激に応じて段階的に振幅を変え，脱分極の振幅が閾値を超えると，一定の振幅を持った活動電位という瞬間的な一過性の膜電位変化を生じる。活動電位は刺激の強度には依存せず一定の振幅で生じるため，活動電位は「あるか，ないか」の 2 値しかとらない。つまり，脱分極応答の振幅が閾値に達しなければ活動電位は発生せず，脱分極応答の振幅が閾値を超えれば，常に一定の振幅の活動電位が発生する。これを**「全か無かの法則」**という。この法則は 1 本の筋線維での活動電位発生にもあてはまる。また，筋線維が活動電位を発生するということは筋収縮が生じることを意味するので，1 本の筋線維の収縮の様子をみた場合も，筋収縮は「全か無かの法則」にしたがって起こるといえる。(HI)

●8-19　自律神経

自律神経は体内の様々な恒常性や生命機能維持のために働く神経系である。交感神経系と副交感神経系の２系統があり，**交感神経系**は心身を活動的なエネルギーを消費する状態にするが，**副交感神経系**は心身をリラックスさせエネルギーを貯蔵するような状態にする。自律神経系が制御する器官，組織は主に内臓器官，血管や腺組織である。心臓，肺，消化器官など内臓器官は交感神経と副交感神経の両方から，それぞれ相反する機能支配を受ける。例えば，交感神経の活性化は心臓機能を高め心拍数や心拍出量を増大させるが，副交感神経の活性化は心拍数や心拍出量を低下させる。

交感神経の細胞体は胸髄，腰髄に，副交感神経の細胞体は中脳，延髄，仙髄にあり，軸索を末梢に伸ばし，いったん神経節と呼ばれる神経細胞体が集まった節状の構造にある神経細胞にシナプスをつくって接続し，神経節の細胞体が伸ばす軸索が内臓や腺と接続する（**図 8.19**）。(HI)

交感神経
副交感神経
瞳孔拡大
唾液腺抑制
気管支拡張
心機能亢進
胃機能抑制
グルコース放出亢進
腸消化活動抑制
カテコールアミン
分泌亢進
膀胱拡張
生殖器勃起亢進
脳神経・
延髄
神経節
C1
C7
T1
T12
L1
L5
S1
S5
頸髄
胸髄
腰髄
仙髄
交感
神経幹
脊髄
骨盤神経
瞳孔収縮
唾液腺亢進
気管支収縮
心機能抑制
胃機能亢進
グルコース放出抑制
腸消化活動亢進
膀胱収縮
射精・膣収縮

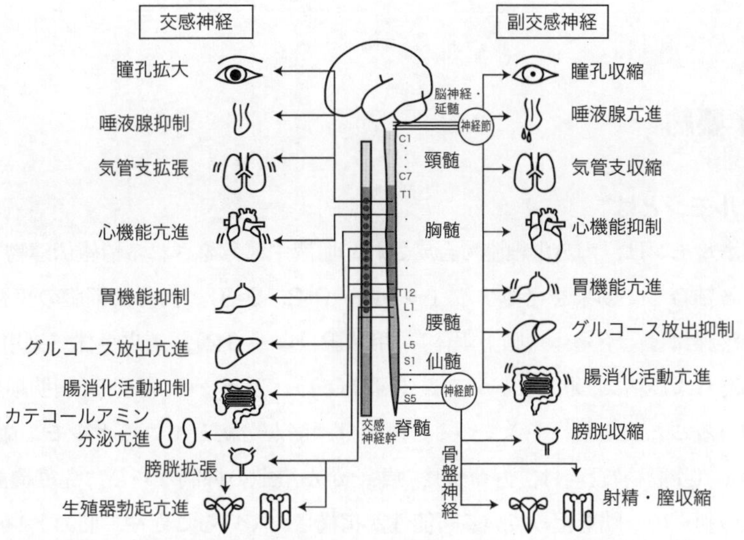

図 8.19　交感神経と副交感神経
交感神経の細胞体は脊髄の胸髄，腰髄に，副交感神経は中脳と延髄や仙髄にある。これらの細胞体からの軸索は内臓や腺に直接接続せず，一旦，神経節と呼ばれる神経細胞体が集まった節状の構造にある神経細胞にシナプスを作って接続し，そして，神経節の細胞体が伸ばす軸索が内臓や腺と接続する。そのためこれらの神経節に入力する神経線維を節前線維，あるいは細胞体も含めて節前神経細胞（節前ニューロン）と呼び，神経節から効果器（内臓平滑筋や腺）に向かう神経線維を節後線維，あるいは神経節にある細胞体も含めて節後神経細胞（節後ニューロン）と呼ぶ。

●8-20　ハンス・セリエ（Hans Selye）のストレス学説

セリエは，動物が異なる種類の実験操作（痛み，拘束，外傷，寒冷など）に対して共通の反応（副腎肥大，胸腺萎縮，胃粘膜の潰瘍）を示すことから，有害な作用（ストレス）に対して非特異的反応を示すことを発見し，その後，副腎ホルモンなどが関係する内分泌活動を中心に置く**ストレス学説**を提唱した。これには，警告反応期：ストレスに対して最初に現れる生体の反応（**図 8.24**），抵抗期：ストレスに適応したような状態になる，疲憊期：抵抗期が長期間続き生体が衰弱し死に至る場合もある，などの３段階があり，全身適応症候群と呼ぶ。(HI)

ストレス
自律神経系
胃腸壁
潰傷
視床下部
副腎皮脂刺激ホルモン放出ホルモン
脳下垂体
副腎皮質刺激ホルモン
副腎皮脂
コルチコイド
肥大
胸線・リンパ系組織
萎縮

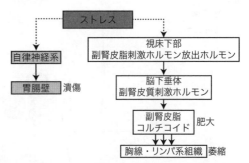

図 8.20　セリエのストレス学説
有害作用が加えられると脳下垂体から副腎皮質刺激ホルモンが分泌され，副腎からコルチコイドを急激に分泌させる（副腎肥大）。急激に分泌されたコルチコイドは胸腺やリンパ組織を萎縮させる（胸腺萎縮）。胃粘膜の潰瘍は自律神経系の失調を介して生じていると考えられているが，その詳細な経路は不明である。

第3部　調整系
第9章　運動と内分泌

■ 要約

ホルモンとは

　ホルモンは，内分泌細胞で合成され，血液中に分泌される情報伝達物質（化学物質）で，標的細胞の受容体と結合して効果を発揮する（⇒ 9-1，9-2，9-3）。内分泌細胞の集合体を**内分泌腺**という。代表的な内分泌腺には，下垂体（脳下垂体），甲状腺（⇒ 9-12），上皮小体（副甲状腺），副腎，膵臓のランゲルハンス島および精巣，卵巣などがある（図 9.0.1）。近年では，胃や筋，脂肪細胞なども内分泌性に代謝調節を行っていることが知られてきている。例えば，筋が分泌しているホルモン様物質「**マイオカイン：myo（筋の）kine（作動物質）**」は，寿命延長効果，がん増殖の抑制ならびに免疫機能の亢進などと関連があり，身体運動の利点の一端を担っている可能性が指摘されていることや，筋力トレーニングによる筋肥大に，筋自体が制御物質（ミオスタチンなど）を分泌してコントロールしているなど，運動生理学の分野でも日々新たな知見が加えられている。

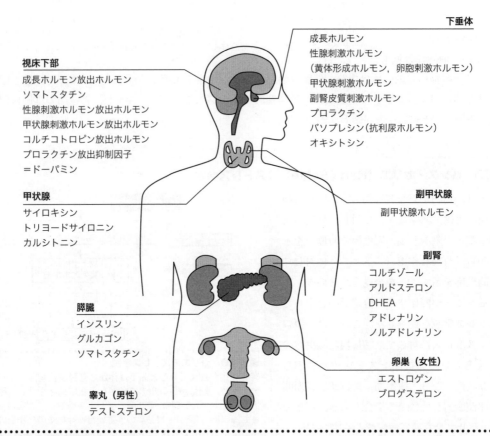

図 9.0.1　主な内分泌臓器と分泌ホルモン

運動時の代謝とホルモン

　運動中のホルモン応答は，**表9.0.1**のように変動することが知られている。運動中，ATPを産生するためのエネルギーとしてグルコースの必要量が増加するために，肝グリコーゲンなどを分解して，血中にグルコースを放出させる多くのホルモン濃度が上昇する。他方，筋などへのグルコース取り込みを担う血中インスリン濃度は逆に低下する（⇒ 9-7, 9-8）。これは，運動中の骨格筋が収縮刺激によって筋細胞中のAMPK（AMP-activated protein kinase）という酵素を活性化させることによっており，インスリンに依存しないで**グルコース輸送担体**（GLUT4：細胞外のグルコースを筋細胞内に引き込むタンパク質）の細胞膜への移行（トランスロケーション）を促すことによる。すなわち，インスリンが少なくなってもグルコースの取り込みは確保

表9.0.1　一過性の運動に対する血中ホルモン応答

ホルモン名	一過性の運動に対する血中ホルモン応答
成長ホルモン	上昇，長時間運動の後半で減少
プロラクチン	上昇
甲状腺刺激ホルモン	上昇，長時間で減少（？）
副甲状腺刺激ホルモン	上昇，長時間運動でさらに上昇
性腺刺激ホルモン	変化せず
バソプレッシン	上昇
サイロキシン	変化せず，あるいは上昇（遊離型でも不一致）
カルシトニン	一般に変化せず，しかし長時間運動で上昇
パラソルモン	変化せず
ミネラコルチコイド	時間に伴って上昇
グルココルチコイド	上昇，しかし長時間運動の後半で安静値へと減少
ノルアドレナリン	上昇
アドレナリン	高強度運動で上昇
インスリン	減少，長時間運動でさらに減少（？）
グルカゴン	運動の後半で上昇
ソマトスタチン	長時間運動で徐々に上昇
男性ホルモン	激運動で上昇あるいは変化せず，長時間で減少（？）
女性ホルモン	激運動で上昇あるいは変化せず
レニン	上昇，長時間運動でさらに上昇
β - エンドルフィン	上昇
サイクリックAMP	上昇，長時間運動でさらに上昇

（文献7より改変）

されることになる。運動が終了するとインスリン非依存性のGLUT4膜移行も短時間でみられなくなるが，インスリンによるGLUT4膜移行は，一定の運動後1〜2日高く持続する。このインスリンの効きが良い状態を**インスリン感受性**の上昇といい，糖尿病の改善のために運動が処方される理由にもなっている。

　ブラジキニンは，強力な血管平滑筋弛緩作用を持ち，運動時には血管を拡張させて血圧を下げる作用を持つペプチドホルモンである。また，骨格筋のGLUT4を細胞膜上に移行させる働きもある。過度の筋力トレーニングによって筋組織が傷害されると，筋からブラジキニンが遊離される。ブラジキニンには，血管透過性を亢進させる作用もあり，細静脈の透過性が増して，血液中のタンパク質が血管外に漏出しやすくなると，浮腫や局所発熱あるいは疼痛が生じる。運動後，早期にみられる筋痛の一因は，ブラジキニンによる炎症反応である。

　運動とのかかわりについては不明な点も多いが，脂肪由来のアディポネクチン（⇒ T9-1）は，骨格筋におけるインスリンの細胞内機構およびAMPKを活性化して，GLUT4による糖の取り込みを促進する。

呼吸循環機能とホルモン

　活動筋では，運動強度が高くなると，その強度に応じた酸素やエネルギー供給，すなわち血流量の増加が必要になる。安静時の心拍は，主として自律神経系によってコントロールされているが，運動時には，ホルモンの影響がそれに加わる。運動強度が50% $\dot{V}O_2$max くらいになると副腎髄質とアドレナリン作動性神経末端からノルアドレナリンの放出量が増え，血中濃度が上昇する（⇒ 9-13, 9-14）。さらに，運動という

ストレス反応の結果として視床下部‐下垂体前葉（ACTH）‐副腎皮質系によって60% $\dot{V}O_2max$ くらいから血中コルチゾール濃度が上昇しはじめ（⇒ **9-14**），さらに75% $\dot{V}O_2max$ くらいの強度から副腎髄質由来のアドレナリンの分泌が高まる。いずれのホルモンも心臓の収縮力を高め，血圧をあげる作用をもっているが，アドレナリンは，α_1受容体が多い皮膚や腎臓の血管を収縮させる一方，β_2受容体の多い骨格筋，肝臓ならびに冠状動脈で血管を拡張させるという作用を同時に生じさせている。この骨格筋の血管拡張は，血流をスムースにして酸素供給に効果的であるほか，血圧を過度に高めないように働き，圧反射による心拍数および心拍出量の低下を防いでいる。アドレナリンは，喘息発作の治療にも広く用いられているように，気管支径の強い拡張作用をもっている。アドレナリンには，β_2受容体を介して気管支平滑筋を拡張するとともに，気管支の収縮に働くほかの物質（ヒスタミンなど）に対抗する作用もあり，運動時には，結果として換気を効率よくスムースにしている。

　運動時に心臓にかかる負荷が増すと，心房からANP（心房性ナトリウム利尿ペプチド）（**表9-3**）や心室からBNP（脳性ナトリウム利尿ペプチド：当初豚の尿から見つかったためこのように名づけられた）が分泌される。これらのホルモンは，血管を拡張するとともに利尿作用を高めることによって，血圧をさげるように働く。これは，心臓自体に過剰な負荷がかからないようにする防御反応であると考えられている。近年では，BNPの前駆体（ある物質が生成される前の段階にある物質）であるproBNPが，心臓に対する負担の指標として利用されはじめている。エリスロポエチンは，主として腎臓で産生される赤血球調節ホルモンで，動脈血中の酸素分圧に応じて調節されている。組織が低酸素状態になると，エリスロポエチン産生細胞においてHIF-1と呼ばれる低酸素誘導因子が活性化し，エリスロポエチン産生量が増加する。エリスロポエチンは，骨髄などの赤血球系の幹細胞に働いて赤血球産生を誘導する。高地トレーニングの結果みられる赤血球やヘモグロビン量の増加は，低酸素刺激によって生じたエリスロポエチンの産生亢進の結果である。

体液と電解質とホルモン

　運動による大量の発汗や，それに伴う電解質バランスの変化に対応するシステムの代表に，レニン‐アンジオテンシン‐アルドステロン系と呼ばれる一連の生理活性物質ならびに下垂体後葉から分泌されるバソプレッシン（抗利尿ホルモン）（**表9.0.1**）があり，運動時には体液量の過剰な損出を防ぐ役割をもっている。運動時に，大量の汗をかくと，のどが渇き，尿量が減るのは抗利尿ホルモンの影響である。腎臓は，水分やナトリウムの濃度を調節している。レニンは，腎臓から分泌されるタンパク質分解酵素で，腎臓の血流量が減少する（血圧が低下する）と分泌される。また，交感神経系の賦活によっても分泌が高まることから，運動強度が高まるほど分泌量も増加する。レニンは，アンジオテンシノーゲンをホルモンの前駆体であるアンジオテンシンⅠに変え，そのアンジオテンシンⅠは，変換酵素（ACE）によって血圧を高める活性の強いアンジオテンシンⅡというホルモンに変えられる。さらに，アンジオテンシンⅡは副腎皮質からアルドステロンの分泌を促すが，このアルドステロンとアンジオテンシンⅡは，尿細管でNa^+の再吸収を高めるように働くため，結果としてNa^+と水分を保持し，循環血液量や体液量が維持されることになる。バソプレッシンは，腎臓の集合管での水分再吸収を亢進させるため，体液量が維持されるとともに運動時の尿量を減少させる。運動により体液が脱水に傾くと，血漿ならびに細胞外液の水分が奪われ，Na^+をはじめとするイオン濃度が相対的に高まって，浸透圧が上昇してくる。バソプレッシンは，浸透圧の上昇を感知して上昇する。このため，運動時の血中バソプレッシン濃度は，体液の浸透圧の状態に依存して，発汗が激しくなるような

表 9.0.2　トレーニングに伴う血中ホルモン応答の変化

ホルモン名	トレーニング後の血中ホルモン応答
成長ホルモン	同一運動に対して上昇の度合い少ない，長時間運動ではそのレベルを維持
プロラクチン	女性で上昇
甲状腺刺激ホルモン	安静時の濃度が減少
副甲状腺刺激ホルモン	同一運動に対して上昇の度合いが少ない
黄体形成ホルモン	女性で上昇（?）（安静時の減少のため）
卵胞刺激ホルモン	変化せず
バソプレッシン	変化せず（?）
甲状腺ホルモン	運動時に非鍛錬者の安静レベルまで上昇，長時間運動でもそれを維持
ミネラルコルチコイド	安静時の濃度が減少（?）
グルココルチコイド	持久的トレーニングで同一運動に対して上昇の度合いが少なく，激運動でより上昇
ノルアドレナリン	同一運動に対して上昇の度合いが少なくなる（%最大酸素摂取置で表わすと不変?）
アドレナリン	同一運動に対して上昇の度合いが少なくなる（%最大酸素摂取量で表わすと不変?）
インスリン	安静時の濃度が減少し，同一運動に対して減少の度合いが少ない
グルカゴン	同一運動に対して上昇の度合いが少ない
男性ホルモン	（男性）安静値が筋力トレーニングで上昇持久的トレーニングで減少（?） （女性）上昇
女性ホルモン	（男性）安静時のエストロゲンが減少 （女性）排卵期に減少（安静時に高くなるため?）
レニン	安静時の濃度が減少し，同一運動に対して上昇の度合いが少ない（?）
β-エンドルフィン	上昇の度合いが大きい
サイクリック AMP	変化せず

（文献 7 より改変）

運動強度で上昇しはじめる。運動時の体液量を確保しておくことは，発汗のための水分を確保するために重要な意味をもっている。ただし，多量の汗をかくような運動時には，発汗による水分損失は，環境次第で 1 時間あたり 1 〜 2 L にも及ぶため，このシステムが正常に機能したとしても，水分補給は欠かせない。

長期的トレーニングによるホルモンの分泌と作用

　長期にわたってトレーニングを行うと，ホルモンの分泌機構もその運動に対して適応が起こる（⇒ **9-11**）（**表 9.0.2**）。一般に，抗ストレスホルモンは，運動の時間や強度など，その運動に対する生理学的ストレスに依存して上昇するが，同じ強度の運動でも，体力の向上によって相対的な負担が低下すると，抗ストレスホルモンの分泌も少なくなるという報告が多い（⇒ **9-6, 9-9, 9-10, 9-13**）。例えば，**図 9.7** は，運動による血中成長ホルモン濃度の変動を示しており，鍛錬者では上昇の程度が減弱化している。ACTH（⇒ **9-6**）や血中アドレナリン濃度も，様々な強度や時間の設定で調査されているが，長期のトレーニングによって上昇の程度が小さくなることが知られている。また，長期のトレーニングによって行おうとする運動に対する心理的な負担がさがることも，抗ストレスホルモン（⇒ **9-13**）を下げる因子になっている。(JN)

● 9-1　ホルモンの種類と機能

主要なホルモン分泌器官から分泌されるホルモン名称と機能については，以下のとおりである（**表 9.1**）（⇒ **図 9.0.1**）。（JN）

表 9.1　ホルモンの分泌器官と主な機能

器官	名称（略称）	主な生理作用
視床下部	成長ホルモン放出ホルモン（GHRH）	成長ホルモンの分泌を促進
	副腎皮質刺激ホルモン放出ホルモン（CRH）	副腎皮質刺激ホルモンの分泌を促進
	性腺刺激ホルモン放出ホルモン（GnRH）	黄体形成ホルモンと卵胞刺激ホルモンの分泌を促進
	甲状腺刺激ホルモン放出ホルモン（TRH）	甲状腺刺激ホルモンやプロラクチンの分泌を促進
	ソマトスタチン	成長ホルモン分泌を抑制
	メラトニン	睡眠生体リズムの調節
下垂体前葉	成長ホルモン（GH）	筋におけるタンパク質の合成を促進骨の成長を促進，脂肪の異化を促進
	副腎皮質刺激ホルモン（ACTH）	副腎皮質ホルモンの分泌を促進，アデノコルチコトロピン
	甲状腺刺激ホルモン（TSH）	甲状腺の成長を促進，甲状腺ホルモンの分泌を促進サイトロピン
	卵胞刺激ホルモン（FSH）	卵胞の成熟エストロゲンの分泌を促進
	黄体形成ホルモン（LH）	黄体の形成を促進排卵を促進黄体ホルモンの分泌を促進，男性では男性ホルモンの分泌を促進
	プロラクチン（PRL）	乳腺の発育を促進（妊娠中），乳汁の分泌を促進（分娩後）
下垂体後葉	抗利尿ホルモン（ADH）	血管収縮作用をもちパソプレッシンともいわれる，尿細管での水の再吸収を促進し尿呈を抑制，血圧上昇
	オキシトシン（OT）	子宮筋の収縮
甲状腺	トリヨードサイロニン（トリヨードチロニン）（T3）	基礎代謝の維持・上昇血糖の上昇ヨウ素（＝ヨード）原子を3分子持つことからT3と表記される
	サイロキシン（チロキシン）（T4）	作用はT3と同様だが，T3のほうが数倍作用が強い
	カルシトニン（CT）	血中カルシウム濃度の低下，骨のカルシウム分解抑制
副甲状腺（上皮小体）	上皮小体ホルモン（パラソルモン）（PTH）	血中カルシウム濃度の上昇，血中からリン酸塩を尿中に排泄
膵臓	インスリン	骨格筋，脂肪組織のグルコース取り込みを促進。血中グルコース濃度を低下
	グルカゴン	肝臓のグリコーゲン分解などにより血中グルコース濃度を上昇
	ソマトスタチン	インスリンの分泌を抑制，成長ホルモンの分泌を抑制
心臓	心房性ナトリウム利尿ペプチド（ANP）	利尿作用および末梢血管の拡張による血圧の降下（心臓の負担を軽くする）
	脳性ナトリウム利尿ペプチド（BMP）	主として心室で合成，利尿作用により体液量や血圧を下げる。前駆体のNT-proBMPが心室への負担の指標として用いられている
副腎髄質	アドレナリン（エピネフリン）	瞳孔の拡大，心拍数の上昇，気管支の拡張，末梢血管の収縮，血糖の上昇
	ノルアドレナリン（ノルエピネフリン）	血圧の上昇など，作用はアドレナリンと同様だが血糖の上昇作用は弱い
副腎皮質	コルチゾル（糖質コルチコイド）	アミノ酸の分解，ブドウ糖の合成，抗炎症作用，抗ストレス作用
	アルドステロン（電解質コルチコイド）	尿細管に作用してナトリウムイオンの再吸収とカリウムイオンの排泄を促進
精巣	アンドロゲン	テストステロン，ジヒドロテストステロン，デヒドロエピアンドロステロンなどの総称。男性器発達，声変わりなど男性の二次性徴を発現。精子形成を促進。骨・骨格筋の成長を促進（タンパク質同化作用）
卵巣	エストロゲン（卵胞ホルモン）	エストロン（EI），エストラジオール（E2），エストリオール（E3）の3種類からなる。胎盤でも産生，女性の二次性徴を発現，排卵を促進
	ゲスターゲン（黄体ホルモン）	主としてプロゲステロンという着床や妊娠を維持する女性ホルモン。排卵の抑制，子宮粘膜の増殖，乳腺発育を促進

● 9-2　ホルモンの作用機序

　ホルモンは，構造から大きく 3 つに分類できるが，作用様式はこの分類によって異なる（**表 9.2**）。

　①**ペプチドホルモン**：アミノ酸がつながった形のタンパク型のホルモンである。代表例はインスリンで，アミノ酸が 21 個つながった A 鎖と，30 個つながった B 鎖という 2 本の鎖が 2 ヵ所で結びついた構造をしている。タンパクの性質を持つインスリンは，細胞膜を通り抜けることができないため，インスリンの作用を必要とする細胞の膜にインスリン受容体が組み込まれている。受容体にインスリンが結合すると，細胞内に情報が送られ（この二次的情報をセカンドメッセンジャーという），細胞内にあるタンパクがリン酸化することで活性化してインスリンの作用が表出する。また，細胞内の転写調節因子のリン酸化により，遺伝子の発現を活性化し，タンパク質合成が増加するという機構もある。このようにペプチド型のホルモンは，細胞膜上にある細胞内機構のスイッチ（受容体）をオンにするカギのようなものといえる。

　②**ステロイドホルモン**：主に副腎皮質および性腺で，コレステロールを材料として生成される。6 員環（炭素原子 6 個でできた環状の構造）が 3 つと，5 員環（炭素原子 5 個）が 1 つある基本構造（ステロイド核）をもった分子をステロイドというが，このうちホルモンとしての働きがあるものをステロイドホルモンという。脂質の性質をもっているため，疎水性の細胞膜を容易に通過することができ，細胞内部にある受容体と結合して効力を発する。このタイプのホルモンは，結合により受容体の立体構造を変化させ，DNA に直接作用して特定の遺伝子（多くは酵素）の発現を促し，その結果，標的のタンパク質が多く合成され生理機能が亢進する。このようなステロイドホルモンの作用機構は，ペプチド型のホルモンよりも効果がみられるまでに時間がかかるが，効果が比較的長く持続するという特徴がある（**図 9.2**）。

　③**アミノホルモン**：アミノ基（–NH$_2$）を持つ物質をアミンというが，アミンの構造を持つホルモンを，アミノホルモンという（アミノ酸のチロシンを元につくられるので，チロシン誘導体型ホルモンともいう）。アドレナリンやノルアドレナリン，ドーパミンなどがこれにあたる。また，代謝促進に働く甲状腺ホルモンもアミノホルモンの一種である。このうち，カテコールアミン類はペプチドホルモンの様式で，甲状腺ホルモンはステロイドホルモンの様式で受容体と結合し，生理機能を生じさせる。(JN)

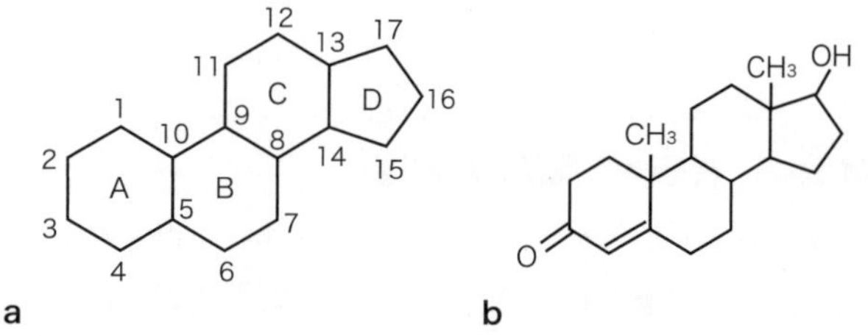

図 9.2　ステロイドホルモンの構造例
ステロイド（**a**）は，炭素 6 原子でできた環状の構造 3 つ（A，B，C）と炭素 5 原子でできた環状の構造 1 つ（D）を共通に持っている。男性ホルモンのテストステロンは，その代用例である（**b**）

表 9.2　ホルモンの分類と作用機序

	ペプチドホルモン	ステロイドホルモン	アミノホルモン
生合成の方法	タンパク質合成経路で生成	コレステロールの酸化などから生成	アミノ酸を材料として生成
血液中での半減期	数分	数時間	数日
作用発現の方法	細胞膜の受容体に結合後，細胞内のセカンドメッセンジャーが作用を発現させる	細胞膜を通過して細胞質内の受容体に結合し，核において転写調節によって作用を発現させる	細胞膜の受容体（アドレナリンなど），または細胞質内の受容体（サイロキシン）に作用する
ホルモンの例	インスリン，グルカゴン，成長ホルモン，バソプレッシン，オキシトシン	コルチゾル，アルドステロン，テストステロン，プロゲステロン	サイロキシン，アドレナリン，セロトニン，メラトニン

● 9-3　内分泌とホルモン

　導管などを持たず，内分泌細胞から直接血液中などに分泌される形式を**内分泌**といい，分泌される生理活性物質を**ホルモン**という。他方，排出管によって体外に分泌される形式を**外分泌**といい，汗や唾液，あるいは消化管へ分泌される膵液などは外分泌物質である。

　ホルモンは，きわめて微量で効力を発揮し，標的となる組織・器官や細胞に特異的に作用する。このような情報伝達システムを**内分泌（エンドクリン**：情報伝達物質が，分泌した細胞から離れた器官に血液などによって運ばれて作用する）**系**という（図9.3a）。1970年頃から，**パラクリン（傍分泌**：血流にのることなくその近隣の細胞に作用する），あるいは**オートクリン（自己分泌**：情報伝達物質がそれを分泌した細胞自身に働きかける）など，局所的に産生され，近接部位で作用する生理活性物質が相次いで発見され，現在では上述のホルモンの定義にあてはまらないホルモン様物質も多く知られるようになってきている（図9.3b）。(JN)

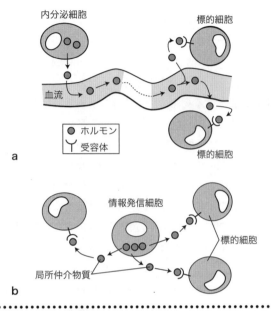

図9.3　一般的な内分泌（エンドクリン）系の作用様式（a）とパラクリン（傍分泌）系の作用様式（b）
エンドクリン（endocrine）の「endo–」は内部の，パラクリン（paracrine）の「para–」は外部の，「crine」は分泌を意味する。内分泌の様式は分泌細胞から血液などに直接分泌され，血流によって運ばれ，標的細胞（器官，組織）で作用する。傍分泌は，分泌された物質がその細胞のすぐ側の細胞で作用する。

● 9-4　神経系と免疫系の関連

　身体にストレスが生じると，視床下部を起点として交感神経系が賦活され，同時に副腎（皮質・髄質）がストレスホルモンを分泌することによって，ストレスに対抗するための生理機能を亢進させる。他方，神経系の情報伝達物質は，**免疫系**の機能に影響し，免疫系の分泌するサイトカイン類によって神経系および内分泌系にフィードバック制御がかけられる。このように，神経系，内分泌系，免疫系は，相互調節しながら恒常性（**ホメオスタシス**）（⇒**T9-2**）を維持している。

　他方，神経系は，しばしば「電話」に例えられるように，標的組織や細胞に直接・瞬時に情報を伝え，「電話」を切れば情報伝達はそこで終了になるといった特性を持っ

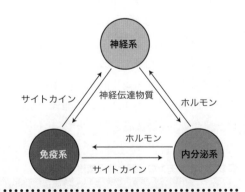

図9.4　神経系，免疫系と内分泌系の関係
生体の恒常性を保つために相互に調節し，されている。

ている。内分泌系は郵送のダイレクトメールのように，情報を担う物質（ホルモン）が全身に送られ，その情報を必要とする組織や細胞だけがホルモン受容体によってそれを受け取るシステムである。このため，ホルモンの種類によって数分から数日まで情報が維持されるといった作用様式の違いがある（図9.4）。(JN)

● 9-5　運動とかかわりの深いホルモン

　身体運動は，生体へのストレスでもあるため，ストレスに対抗する反応系，すなわち**視床下部－下垂体－副腎皮質系**が活性化される（⇒ **9-13**）。また，下垂体後葉からバゾプレッシン（抗利尿ホルモン）の分泌が増し，過剰な脱水が起こらないように調節を受けている。運動時のエネルギー確保を目的として，**表9.5**のようなホルモンの分泌量が増す。多くのホルモンが，エネルギー基質であるグルコースや遊離脂肪酸（FFA）の血中濃度を増やすように作用している。

　図9.5のように，タンパク合成とともに血中FFA濃度を上昇させる作用のある**成長ホルモン**は，運動の強度に依存して上昇する。また，ノルアドレナリンやエンドルフィンについても，

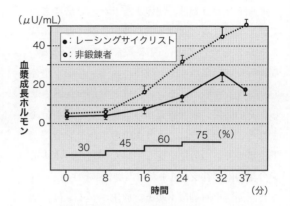

図9.5　漸増負荷運動中における成長ホルモンの濃度
血液中の成長ホルモンは強度依存的に増加するが，鍛錬者の方が応答が小さい。
（文献1より一部改変）

個人差はあるものの，50 ～ 60% V̇O₂max あたりの強度以上で顕著に上昇が見られることから，ホルモン分泌の司令塔である視床下部が，運動負荷をストレスと認知する水準が，このあたりの強度にあるものと考えられる。また，一般に運動によるホルモンの血中濃度の変動は，身体トレーニングによって変動が小さくなる傾向にある（**図9.5**）。(JN)

表9.5　運動時の代謝とホルモン

	ホルモン名	内分泌腺	作用部位	作用
糖質の代謝を促進するホルモン	カテコールアミン	副腎髄質	肝臓，筋	グルコースへの返還促進→血糖値上昇
	グルカゴン	膵臓	肝臓	グルコースへの返還促進→血糖値上昇
	コルチゾール	副腎皮質	肝臓	グリコーゲンの合成促進
	インスリン	膵臓	多くの細胞	血中グルコースの取り込み促進→血糖値低下
脂質の代謝を促進するホルモン	カテコールアミン	副腎髄質	脂肪組織	脂肪の分解促進→血中FFA増加
	コルチゾール	副腎皮質	脂肪組織	脂肪の分解促進→血中FFA増加
	成長ホルモン	下垂体前葉	脂肪組織	脂肪の分解促進→血中FFA増加

TIDBIT 9-1

アディポネクチン

　アディポネクチンは，白色脂肪細胞から分泌され，インスリン感受性を亢進させ，動脈硬化を予防する効果があることから，脂肪由来の善玉ホルモンとも言われる。血中の正常値は，5 ～ 10 μg/mL で，肥満者や糖尿病患者では低く，減量によって増加する。受容体は，骨格筋および肝に多く，AMPK（身体運動によって，骨格筋でATPが分解されて生じるAMPによって活性化される酵素で，骨格筋が糖や脂肪を取り込み燃焼させる鍵となる）を活性化させる作用がある。アディポネクチンがAMPKが活性化することによって，骨格筋で糖の取り込みが増加し，肝臓で糖新生が抑制され，血中グルコース濃度を低下させるとすると，身体運動をしなくても，アディポネクチンを投与することによって，糖や脂肪の代謝に関しては，運動をしたのと同様の効果が得られるとも考えられ，代謝の改善効果について，現在，研究が精力的に進められている。(JN)

● 9-6　ホルモン分泌の階層性支配

　ホルモンの分泌は，他のホルモンの分泌によってコントロールを受ける例が多い。例えば生体はストレスを受けると，視床下部にある室傍核から副腎皮質刺激ホルモン放出ホルモンが脳下垂体の副腎皮質刺激ホルモンの合成と分泌を促進させる。その結果，副腎皮質からコルチゾールが分泌される。このように，より上位のホルモン分泌が下位ホルモンの分泌を促していく構造を，**ホルモン分泌の階層性支配**（または階層性調節）という。また，副腎皮質刺激ホルモン放出ホルモンは，血中のコルチゾール濃度によって分泌量が調整されている。これをホルモンの**フィードバック制御**といい，視床下部分泌ホルモンの多くにこの関係が認められる（**図9.6**）。(JN)

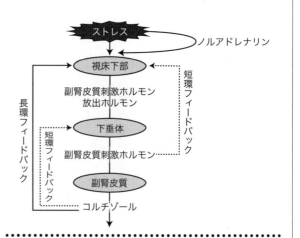

図9.6　ホルモン分泌の調節
視床下部を上位として，下垂体をコントロールし，さらにそれぞれの分泌腺がコントロールされている。また，下位の分泌腺は上位に働きかけ，ホルモンの濃度を一定にコントロールする機構がある。

■ 9-7　運動とインスリン

　インスリンは，筋ではグルコースやアミノ酸の取り込み亢進作用を有し，エネルギー産生に重要な役割を担っている。また，解糖作用を促進し，グリコーゲンやタンパク質の合成を促進させる。脂肪細胞ではタンパク質とDNAの合成を促進するとともに，脂肪分解を抑制し，肝臓ではグリコーゲン合成促進や糖新生を抑制するなど，作用は多岐にわたっている。筋細胞内にグルコースを取り込むのは，**グルコース輸送担体**（GLUT4）だが，通常細胞の中にあるGLUT4は，インスリンが細胞膜上のインスリン受容体に結合するとGLUT4が細胞膜に移行して，グルコースの取り込みが起こる。インスリンはGLUT4膜移行のスイッチのような働きをしている。

　運動開始後，血中のインスリン濃度はすぐに低下する（**図9.7**）。これは，筋の収縮自体が，

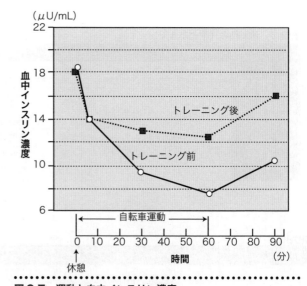

図9.7　運動と血中インスリン濃度
運動が開始されるとインスリン濃度はただちに低下するが，低下の程度は非鍛錬者の方がより大きい。（文献2より引用）

インスリンに依存しないでGLUT4の細胞膜への移行を促進する効果があるためで，運動中にはインスリンが低減してもグルコース取り込みは増えることになる（運動によるインスリン節約効果）。この運動中のインスリン濃度の変動は，他のホルモンと同様，トレーニングによって鈍化する傾向がある。(JN)

● 9-8　血中グルコース濃度の調節

　①血中グルコース濃度を上げるホルモン：神経細胞や赤血球がATP産生に利用できるのはグルコースのみなので，血中グルコース濃度を低下させないようにすることは死活的に重要である。代表的な血中グルコース上昇のためのホルモンは，**グルカゴン**と**アドレナリン**である。グルカゴンは，肝グリコーゲンの分解促進，グリコーゲン合成酵素の抑制などによって，血液中へのグルコースの放出を高める。また，脂肪組織で脂肪分解を進める作用をもっており，糖や脂肪をエネルギーとして消費するための鍵となるホルモンである。アドレナリンは，肝臓や骨格筋のβアドレナリン受容体に結合して，グリコーゲン分解を促進し，血中グルコースを高める働きをもっている。他に甲状腺ホルモン，成長ホルモンならびにグルココルチコイドも血中グルコース濃度を上昇させる作用をもっている。

　②血中グルコース濃度を下げるホルモン：血中グルコース濃度を下げる働きを持つホルモンは基本的には**インスリン**のみである。インスリンは，肝でのグリコーゲン合成と骨格筋への強力なグルコース取り込み作用よって血中グルコース濃度を低下させる。血中のグルコース濃度の正常値は，75 〜 100 mg/dL程度だが，インスリンの不足やインスリンに対する組織の感受性が低下すると，グルコース取り込み能力が低下し，血中グルコース濃度が高い状態が続く。血中グルコース濃度が180 mg/dL程度以上になると腎臓での再吸収が追いつかず，尿中にグルコースがみられる（尿糖）ようになる。筋収縮（身体運動）は，インスリンによらない筋へのグルコース取り込みを増すことが知られている（⇒ **9-7**）。(JN)

● 9-9　副腎皮質ホルモン

　副腎皮質（cortical）から分泌されるステロイドホルモンを総称して**コルチコイド**という。皮質は三層からなり，最も外側の球状層からは，**電解質コルチコイド**が生成されている。身体運動は，レニンとアンギオテンシンを介してアルドステロンの分泌を促し，尿細管でのNa$^+$再吸収を促進させ，同時に尿量の低下をもたらす。束状層とよばれる皮質の中間層からはコルチゾールなどの**糖質コルチコイド**が生成される。コルチゾールは，血中グルコース濃度の上昇，脂肪分解や筋でのタンパク代謝の亢進のほか，免疫抑制効果と強力な抗炎症効果を有しており，運動時の代謝に深くかかわっている。**図9.9**では，運動中の血中コルチゾール濃度は，全力の運動では2倍近い上昇がみられたが，余裕を持った運動では上昇

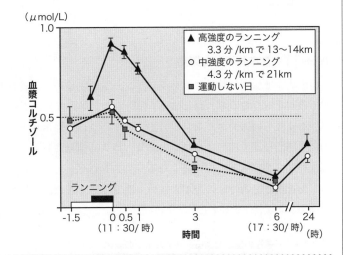

図9.9　持久走者の走運動による血中コルチゾールの変化
コルチゾールの血中濃度は高強度の運動の方が大きく応答し，比較的軽い運動では非運動日と差がみられない。またコルチゾールは運動の有無にかかわらず日内変動が認められる。
（文献5より引用）

しなかったことが示されている。最下層の網状層から**副腎アンドロゲン**（テストステロン：タンパク同化促進，男性の性機能発達促進）などが生成されている。(JN)

● 9-10　成長ホルモンと運動

　下垂体前葉から分泌される**成長ホルモン**（growth hormone：GH）は，肝臓や軟骨細胞に作用して，IGF–1（インスリン様成長因子 –1）を分泌させ，間接的に骨格筋や心臓などの細胞増殖を進めるほか，糖や脂質の代謝を促進させる作用を持っている。GH の分泌には脈動的な日内変動があり，メラトニンの刺激などを受け，入眠 1 時間後あたりでの分泌量が最も多い。また，ストレス，睡眠，低血糖，タンパク質摂取などによって一過性に分泌が増えることが知られている。GH は，運動に対して，強度依存的に血中濃度が高くなることが知られ（**図 9.10**），激しい運動後の筋の修復などに関与しているものと考えられる。

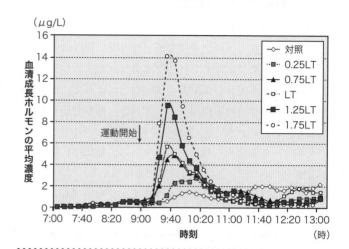

図 9.10　運動強度と血清成長ホルモン濃度の関係
乳酸閾値（LT）時の VO$_2$ の ± 25 および ± 75％強度での運動（30 分間）による血清成長ホルモン濃度の変動
（文献 8 より引用）

　GH は，運動後，少し遅れて血中濃度が高まる。脂肪の燃焼は有酸素的代謝でしか起こらないが，無酸素的な高強度運動によって GH の分泌を促すことが，運動後の脂肪分解を高め，痩身に効果的になるのだとする見解もある。(JN)

● 9-11　性ホルモンと運動

　男性ホルモンを総称して**アンドロゲン**，女性ホルモンを総称して**エストロゲン**といい，生殖機能を調節する役割を持っている。両者は分子構造のよく似たステロイドホルモンであり，濃度が大きく違うものの，男性も女性も両方のホルモンが分泌されている。男性ホルモンの 1 つであるテストステロンは，筋量の増加に主導的役割を持つホルモンであり，持久的な運動に対して，男女とも血中濃度は，強度あるいは運動量に依存して 20 〜 30％程度高くなる。エストロゲンも強度依存の傾向があり，女性の場合，増加は性周期の影響を受けて黄体期の方が大きい（**表 9.11**）。また，長期のトレーニングによって，運動による濃度上昇は押さえられ，競技者のレベルが高くなるほどその傾向が強くなっている。(JN)

表 9.11　一過性の運動による女性ホルモンの変化*

	エストラジオール (pg／mL)		プロゲステロン (ng／mL)		卵胞刺激ホルモン (mLU／mL)		黄体形成ホルモン (mLIU／mL)	
	卵胞期	黄体期	卵胞期	黄体期	卵胞期	黄体期	卵胞期	黄体期
安　静	103.8	199.5	0.53	9.07	7.04	4.10	12.70	11.54
軽運動	110.3	218.1	0.57	10.33	7.96	3.94	13.97	11.50
重運動	119.6	272.5	0.75	12.60	9.64	4.57	15.88	11.39
疲労困憊	129.8	270.1	0.87	12.50	9.27	4.41	16.89	13.04

*運動の測定値は運動 20 分後のもの。
（文献 3 より引用）

● 9-12　甲状腺ホルモン

甲状腺は，気管の前，喉頭の下にある。下垂体前葉から分泌された**甲状腺刺激ホルモン**（thyroid stimulating hormone：TSH）によって，甲状腺内の濾胞細胞が刺激され，濾胞内のサイログロブリンと血液中から取り込ま

表9.12　90 km のクロスカントリーに参加した前後の 26 人の男子のサイロキシンおよび遊離型サイロキシンの濃度の平均値

	前日	レース日	1日後	2日後
サイロキシン（μg/100 mUmL）	7.6	8.6*	7.6	7.0
free T4（ng/100 mL）	4.7	7.9**	5.8	5.1

*p<0.01, **p<0.001
（文献 4 より引用）

れたヨウ素と結合して，甲状腺ホルモンとなり血中に放出される。ヨウ素が 3 つ結合したものはトリヨードサイロニン（T3），4 つ結合したものはサイロキシン（T4）とよばれ（トリヨードチロニン，チロキシンと表記されることも多い），生理活性は T4 よりも T3 のほうが数倍高い。分泌された甲状腺ホルモンは，視床下部や下垂体にある受容体にも作用して，視床下部から分泌される甲状腺刺激ホルモン放出ホルモン（thyrotropin–releasing hormone：TRH）と TSH 分泌に抑制がかかるというフィードバック機構によって濃度の調節が行われている。

甲状腺ホルモンは，ほぼすべての細胞で代謝を高めるため，分泌量が増えると基礎代謝が上がり，体温の上昇をきたす。例えば，寒冷環境によるストレスは甲状腺ホルモンの分泌を高め，体温維持に働いている。他方，骨代謝ならびに造血機能も促進させ，副腎髄質に作用しカテコールアミンの分泌を促進させて心拍数を高める。**表9.12**のように，激しい身体運動によって，血中の甲状腺ホルモンは一時的に上昇することが知られ，代謝を高めることに影響を与えていると考えられるが，生理学的な位置づけについては必ずしも明らかになっていない。（JN）

● 9-13　ストレス関連ホルモン

身体がストレスを受けた時に分泌が増すホルモンを**ストレスホルモン**という。身体運動は，身体へストレスを負荷することでもある。運動の強度が上昇したり，運動が長時間に及んだりすると，視床下部から分泌される副腎皮質刺激ホルモン放出ホルモンによって，下垂体前葉から副腎皮質刺激ホルモン（adrenocorticotropic hormone：ACTH）が分泌され，その刺激によって代表的な抗ストレスホルモンであるコルチゾールなどの血中濃度が高まってくる。コルチゾールの血中濃度は，短時間に数倍に上昇するため，ストレスを受けたという生理

表9.13　アドレナリンとノルアドレナリンの作用

	副腎髄質ホルモン	
	アドレナリン	ノルアドレナリン
瞳孔	強い散大	拡大
心拍数	促進	低下
気管支	拡張	弱い拡張
血圧	上昇	強い上昇
胃腸運動	抑制	弱い抑制
血糖	上昇	弱い上昇
基礎代謝	上昇	不変

学的指標として測定されることも多い。また，交感神経系の働きでカテコールアミンが副腎髄質から分泌されるが，このうちのアドレナリンも血中グルコース濃度を上げて細胞のエネルギーを確保しやすくするとともに，心拍数を上げ，血管を拡張して筋血流を増やし，目下のストレスに対して，身体各所に「闘争」か「逃走」に必要な一連の準備を促している（**表9.13**）。

50 〜 70% VO$_2$max を超えるような強度の運動が数分以上持続する時，脳下垂体より β – エンドルフィンが分泌されるが，これには身体ストレス（苦痛）を緩和する作用があると考えられている。（JN）

● 9-14　運動とカテコールアミン

　アドレナリンとノルアドレナリンは，カテコール基とアミノ基が結合した似た構造をしており，一括して**カテコールアミン**といわれる。副腎髄質から分泌されるカテコールアミンはアドレナリンが大部分（80%程度）で，交感神経によって分泌の調節がなされ，連携して作用している。カテコールアミンは，例えば試合前に心拍数が上がり気管支を拡張するのは，酸素摂取を高める準備として，また血糖を高めて利用可能なエネルギーを準備するという，闘争あるいは逃走に備えて諸器官を一斉に反応させるようなストレス対応ホルモンの1つである。

　アドレナリンは，肝臓や骨格筋のβアドレナリン受容体に結合して，グリコーゲン分解を促進し，血中グルコースを高める働きももっている。また上述のように心拍数や血圧ならびに気管拡張への影響など，運動への身体適応に大きくかかわっている。**図9.14.1**のように血中カテコールアミン濃度は，運動強度が50〜60%$\dot{V}O_2$max程度になると顕著な上昇がみられる。これは，乳酸閾値（LT）付近から運動に対するストレスが大きくなり，視床下部の興奮が強くなることを意味している。一般に，アドレナリンの値は，鍛錬者では，この上昇量が非鍛錬者より少ない（**図9.14.2**）。このようなトレーニング効果は，激しいトレーニングを続けていると，1〜2週間ほどで観察されるようになる。(JN)

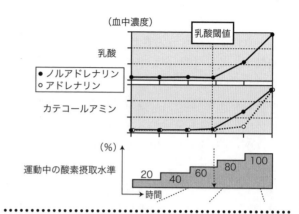

図9.14.1　運動負荷強度と血中カテコールアミン濃度の関係

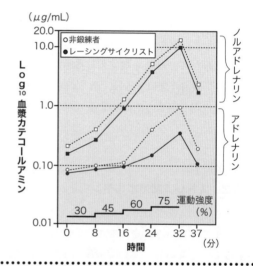

図9.14.2　鍛錬者と非鍛錬者のカテコールアミン濃度上昇の比較
カテコールアミンの血中濃度は運動強度依存性がある。強度上昇に対してノルアドレナリンの方がより低強度で上昇する。またトレーニングによって上昇度は低下傾向を示している。n＝各6（文献1より引用）

TIDBIT 9-2

ホメオスタシス

　外部の環境が変化しても，生体（の内部環境）が一定に保たれる仕組みを**ホメオスタシス**といい，神経系，内分泌系および免疫系の連携した働きによって維持される機構である。ギリシャ語のホメイオ（同一の）とスタシス（状態）からくる造語で，日本語では恒常性と訳される。生命の持つ非常に重要な働きの1つで，例えば体温は，外気温が変化しても「何度何分」という小数点以下の温度の単位で一定に，また，血中グルコース濃度（血糖値）は，食事の影響で変動するものの，数十分で基礎値（安静値）に戻って一定が保たれる。他に，細胞内外の電解質濃度，pHなどが代表例である。一定に保たれなくなり，身体機能に不均衡が生じた（歪んだ）状態をストレスといい，不均衡を解消できない状態が病気だといえる。(JN)

● 9-15　オーバートレーニング症候群

トレーニングが過剰なこと，あるいはトレーニング後に十分な回復が得られないまま疲労が累積している状態を一般に**オーバートレーニング**という（ステイルネスともいう）。さらに，過剰なトレーニングによってパフォーマンスの低下をきたし，短期間の休息やトレーニング量の減少によっても疲労が容易に回復しなくなった病的状態は「**オーバートレーニング症候群**[6]」と定義されており，内分泌系にも大きな影響を与えることが知られている。高強度のトレーニングを行ったときに症状が出現し，パフォーマンスが下がる水準であれば軽度，常に症状があり，パフォーマンスが明らかに低下している場合には中等度，常に疲労感が感じられ，トレーニングができなくなっており，不眠，うつ傾向を示すといった場合には重度と考えられ，回復までに数週間から数ヵ月を要する場合がある。オーバートレーニング症候群の症

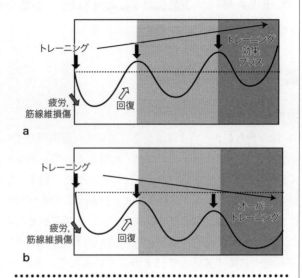

図9.15　適切な間隔・負荷でのトレーニング（a）とオーバートレーニング（b）のイメージ

状は，①動悸・頻脈，手の震え，発汗の増多，疲れやすい，食欲増加・体重減少（食べてるのに体重が減る）などといった興奮型（バセドー病タイプ：(短距離走，ウエイトリフティングなどのパワー系およびサッカーバスケットボール選手などの短時間高強度トレーニング競技者にこのタイプが多い）と，②倦怠感，脱力感，体重減少，食欲不振，便秘，下痢，低血圧，低血糖，不安，集中力の低下などがみられる疲憊型（アジソン病タイプ：マラソン，クロスカントリー，ノルディックスキーなど長時間の持久的トレーニング競技者に多い）のように，典型的な2つのタイプがある。

通常のストレス反応として，交感神経系の興奮に伴うカテコールアミン分泌と，視床下部－下垂体－副腎皮質系（hypothalamic–pituitary–adrenal axis：HPA）の反応が生じるが，オーバートレーニングの状態では，この反応に乱れが生じ，成長ホルモンや副腎皮質刺激ホルモンなどの分泌が正常時より鈍くなる。このような状態では，コルチゾル，テストステロンあるいはアドレナリンなどの合成にも影響を与えることから，代謝および電解質バランスを崩してしまい，パフォーマンスも向上しなくなってしまう。(JN)

TIDBIT 9-3

オピオイドペプチド

オピオイドとはモルヒネ様活性を持つものの総称であり，ペプチド（アミノ酸がつながった分子）構造になっている。ヒトでは大脳皮質や中脳，視床下部などにオピオイドを感受する受容体が発現している。これは，体内でオピオイドがつくられ利用されていることを意味し，ストレスからの心的離脱や鎮痛作用を担っていると考えられている。このうち，内因性の（endogenous）モルヒネ（morphine）を意味するエンドルフィンは，NK細胞の活性化，T細胞の増殖探求の走化性の増進などに関与するほか，運動時の身体ストレスから生じる苦痛を除去する可能性が指摘されている。オピオイドは，運動による多幸感・陶酔感を意味する「ランナーズ・ハイ」の原因物質とされており，実際β-エンドルフィンの血中濃度は，運動強度が上がると高まることは知られているが，運動による「ハイ状態」については，再現性や脳における測定の困難さなどから，生理学的には不明な点も多い。(JN)

第3部　調整系
第10章　運動と遺伝，免疫

■ 要約：運動と遺伝

運動能力と遺伝

「氏か育ちか」という言葉があるように，運動能力には遺伝的な影響と生活習慣やトレーニング，睡眠などの環境的な要因が大きくかかわっていることがわかっている。また，親子や兄弟でトップアスリートであることも多いように感じられるだろう。表現型に対して遺伝的影響がどの程度かといった遺伝率を明らかにするためには，双子研究や家族研究が用いられる。双子研究により，運動能力に関する筋力や持久力などの表現型の遺伝率は50％前後，スポーツパフォーマンスについては66％であることが報告されている（⇒ **10-5**）。どのような遺伝子が筋力や運動能力に影響しているかという問いに対しては，遺伝子多型（**図10.0.1**）を用いた研究が多く行われている。

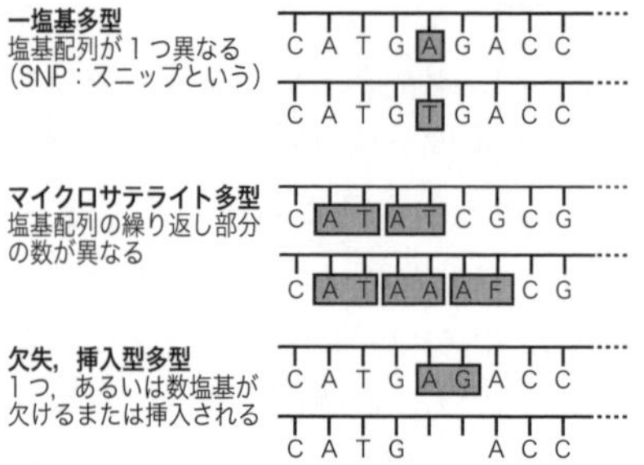
一塩基多型
塩基配列が１つ異なる
(SNP：スニップという)
C A T G A G A C C
C A T G T G A C C
マイクロサテライト多型
塩基配列の繰り返し部分の数が異なる
C A T A T C G C G
C A T A A A F C G
欠失，挿入型多型
１つ，あるいは数塩基が欠けるまたは挿入される
C A T G A G A C C
C A T G A C C

図10.0.1　遺伝子多型の種類

運動能力の個人差と遺伝子多型

我々の体をつくっているタンパク質の情報はデオキシリボ核酸（DNA）に遺伝子として含まれており，特定の塩基が置換することによってタンパク質の機能や発現量などに影響することがある（⇒ **10-1**）。**遺伝子多型**は比較的高い頻度で起こる塩基置換として定義されており，頻度が低い場合（母集団の1％未満），変異といわれる（⇒ **10-2，10-3**）。遺伝子多型を用いた表現型は，筋力，持久力，柔軟性などについて関連遺伝子多型が報告されている。中でもACTN3遺伝子やACE遺伝子の多型は多くの先行研究があり，ACE遺伝子I/D多型は，運動能力に関連する遺伝子多型として1998年に初めて報告されている。このような研究が，トップアスリートのタレント発掘や選別に利用できるという結論も散見されるが，これまでのエビデンスではタレント発掘などについては総じて否定的に捉えられている。他方，運動効果やケガの予防などについては遺伝情報活用の可能性がある。

遺伝情報の活用

遺伝的な要因は肥満や肥満関連の疾患リスクにも影響を及ぼすことが知られ，肥満関連遺伝子多型の解析をサービスで行う業者も多数みられるが，肥満関連遺伝子は多数存在するため数個の遺伝子多型の解析結果で結論を出すことには問題が多い（⇒ **10-4**）。また，近年のゲノム編集技術の発展によって遺伝子ドーピングが現実のものとなっている（⇒ **10-6**）。技術的な進歩が早く，倫理的，道徳的な議論はあまり進んでいないのが現状である。遺伝子ドーピングは病気などの治療に対しては前向きな意見が多いものの，機能を高めるような内容については多くの課題が残されている。遺伝子多型の影響については人種による差や，男女差があることも考慮する必要がある（⇒ **10-7**）。女性のみで関連する遺伝多型も存在するため，現在活躍が著しい女性アスリートのサポートにも遺伝情報を使うことができるかもしれない。ただし，遺伝情報は究極の個人情報であるので，その利用には細心の注意を払いつつ，体力測定データなどと同様に個人の特性を示す１つのツールとして捉えることが重要である。今後は，医療現場やスポーツ現場など様々な状況における遺伝情報の利用を見据えて，遺伝情報を個人で管理するようになることが容易に想像できる。このような未来に備えて，遺伝情報に関するリテラシー教育も重要となる（⇒ **10-8**）。(NK)

● 10-1　DNA と RNA

　遺伝子のもととなっている核酸には **DNA**（デオキシリボ核酸）と **RNA**（リボ核酸）の 2 種類がある。DNA と RNA はヌクレオチド（単量体）が連結したポリヌクレオチド（多量体）である。1 つひとつのヌクレオチドは塩基，糖，リン酸から構成される。DNA は二重らせん構造をしており，その外側の骨格部分に糖とリン酸が位置し，内側の部分に塩基が位置し，ねじれたはしごのような構成をしている。DNA はグアニン，シトシン，アデニン，チミンの 4 つの塩基で構成され，RNA はグアニン，シトシン，アデニン，ウラシルの 4 つの塩基で構成される。DNA の相対する塩基は水素結合で結合しており，アデニンはチミン（RNA の場合はアデニンとウラシル）と，グアニンはシトシンと結合することから，一方の塩基が決まると他方も決まる相補的な塩基対といわれる。つまり，DNA の二本鎖の一方をみることで他方の塩基を予測することができる。DNA は二本鎖で構成されており，一方のヌクレオチドの並びが左から右にかけて 5'→3'（5 プライマー→3 プライマー）方向であるのに対し，もう一方のヌクレオチドの並びは右から左にかけて 5'→3' 方向というように，互いに正反対方向である（アンチパラレル）。DNA が二本鎖であるのに対し RNA は一本鎖である。

　遺伝子がタンパク質を発現させるには遺伝子の DNA を RNA に転写する（DNA の塩基配列情報をもとに RNA を合成する）必要があり，RNA の翻訳によってタンパク質が作られる。DNA はエクソンとイントロンという塩基の配列からなる。エクソンとは DNA または RNA の 4 つの塩基のうちの 3 つの並び（コドン）によってアミノ酸が作られる（コードする）配列のことをいい，イントロンとは DNA または RNA の塩基配列でアミノ酸をコードしない配列のことをいう。(NK)

● 10-2　遺伝子の多様性

　すべての生物は細胞から構成されており，みた目上変わらなくても常に新しい細胞に入れ替わりながら存在している。ヒトは約 60 兆個の細胞からできており，その細胞 1 つひとつが持つ核の中には同一の染色体がある。染色体は性染色体を含めて 23 対あり，4 つの塩基からなる DNA で構成されている。DNA の特定の配列は **遺伝子** と呼ばれ，タンパク質を作る設計図の役割を果たしている。DNA の配列はヒトの中でも一卵性双生児でなければ 100%一致することはなく，長さや塩基の並びが異なったりすることで多様性を生むことが知られている。1990 年代から DNA の全ゲノム配列の解析を目的としたプロジェクトが始まり，2003 年に終了し，そこから DNA 配列を研究する手法が多く行われている。近年では，当時よりも安価で短時間に全ゲノムの網羅的なシークエンスが可能となっている。

　人類はアフリカで生まれ，その後大陸の移動を経て，様々な特徴を持つようになった。ダーウィンの進化論でも取り上げられているように，環境に適さない遺伝的特性を持つ個体が淘汰されたと考えられる。例えば，長期間の移動が必要であったアジアの地域や，高所で生活していく必要があるなど，その土地に適した遺伝的特性を持つことが知られている。また，アフリカ人では鎌型赤血球（通常は病的な多型）の遺伝子多型の頻度が多いことが知られている。鎌型赤血球を有することは，酸素運搬の観点から遺伝的に劣っているものの，マラリアへの耐性が高いことが明らかとなっており，疾病などによる遺伝的な選択も起きているようである。

　一方で，DNA の配列は同じであっても，アセチル化やメチル化といった化学修飾によって，DNA 配列はそのままに遺伝子の発現量などに影響することがわかっている。このような DNA の塩基配列の変化を伴わない遺伝子発現調整は，総称して **エピゲノム** とされている。(NK)

● 10-3　遺伝子の変異と多型

　特定の遺伝子の特性と競技パフォーマンスなどを検討する場合には，特定の遺伝子多型を用いたケースコントロール研究が多く行われきた。二本鎖である DNA は一本鎖である RNA に比べ塩基配列が非常に安定しているため，塩基置換が生じにくいが，それでも生じることがある。この**塩基置換**（突然変異）が起きても母集団の 1% 未満である場合は変異と定義されるが，母集団の 1% 以上の保有が認められると**遺伝子多型**と定義される。

　遺伝子多型には一塩基多型，挿入/欠失多型，コピー数多型などがある。**一塩基多型**とはある集団の 1 つの塩基が変異していることで，これまで多くの研究がなされている。一塩基多型は以下の 3 つに分けられる。

①同義置換：置換前と置換後でコドンが指定しているアミノ酸が変化しない塩基置換で，作られるタンパク質に影響はない。

②非同義置換：塩基置換が生じることでコドンが指定しているアミノ酸が変化する場合，これを非同義置換と呼ぶ。作られるタンパク質のうち，1 つのアミノ酸が変化することで，機能に影響を及ぼす可能性がある。

③ナンセンス塩基置換：アミノ酸を指定していたコドンが塩基置換によって終止コドンに変わる場合，これをナンセンス塩基置換と呼ぶ。ここで mRNA の翻訳が止まってしまうため，結果的に短いタンパク質が作られる。例えば，筋機能に関連する α アクチニン 3（ACTN3）遺伝子の R577X 多型は，577 番目の塩基のコドンが正常型であれば CGA というアルギニン（Arg）を指定するが，TGA という終止コドン（Ter）へと置換する。このために，変異型のホモ接合体は α アクチニン 3 タンパク質を発現していない。

　また，ACE（アンギオテンシン変換酵素）遺伝子 I/D 多型（⇒ t）も多く研究されている。この多型は一塩基多型ではなく，**挿入/欠失多型**といい，いくつかの塩基が挿入または欠失している多型である。(NK)

● 10-4　肥満遺伝子

　肥満関連の遺伝子で最も有名な遺伝子は FTO（fat-mass and obesity-associated）遺伝子である。FTO 遺伝子は**肥満関連遺伝子**という名の通り，多くの研究で肥満との関連性や肥満関連で発生する大腸がんなどとの関連性が報告されている。FTO 遺伝子のいくつかの多型は肥満リスクに関連することが報告されていることは前述した通りであるが，肥満に関連する遺伝子多型の影響は環境的な影響を受けることが報告されている。一方で，遺伝的に肥満リスクが高くても，運動習慣があることで，FTO 遺伝子多型の影響が減ることが報告されている。また，FTO 遺伝子の多型の頻度は男女差が大きいことも知られている。

　スポーツ遺伝学の観点では，ラグビーなどの体格が重要視される競技やポジションでは，先行研究で肥満と関連すると報告されている FTO 遺伝子の多型を持つことも報告されている。健康面ではネガティブに評価される多型であっても，スポーツパフォーマンスという面ではポジティブに評価されることもある。実際にこのようなことは遺伝子研究の中では多くみられており，アスリートの特性と疾病などとの関連性については今後の検討課題でもある。

　日本では BMI や消費エネルギーに影響する β3 アドレナリンレセプター（ADRB3），β2 アドレナリンレセプター（ADRB2），脱共役タンパク質 1（UCP1）遺伝子の多型をダイエット支援の目的で検査するサービスが多く見受けられているが，遺伝的影響は複合要因であり，数個の遺伝子多型で確定することは実際は難しい。(NK)

● 10-5　運動能力と遺伝

　運動能力の遺伝率は，双子研究などによって明らかとなっており**表 10.5**に示したような遺伝率であることが報告されている。近年，著者らは筋力[19]と持久力[8]の遺伝率について報告した研究のメタアナリシスを行い，筋力（握力）では 56%，持久力（最大酸素摂取量）では 68% であることを報告している。**表 10.5**に運動にかかわる表現型の遺伝率についてまとめた。遺伝とトレーニング効果に関しては，HERITAGE スタディという有名な研究が，遺伝学の著名な研

表 10.5　各表現型と遺伝率

表現型	遺伝率（%）
身長	91
体重	80
競技力	66
筋力（握力）	56
持久力（酸素摂取量）	68
持久力のトレーニング効果	49

究者であるブシャールを中心に行われており，有酸素性運動のトレーニング効果はおおよそ 49% 遺伝的な影響を受けると報告している。スポーツパフォーマンスの遺伝率について，De Moor ら[2]は 793 組の一卵性双生児と一卵性双生児の片方である 348 名，1,000 組の二卵性双生児と二卵性双生児の片方である 554 名の計 4,488 名の女性を対象とした研究を行っている。この研究では，競技実績についてのアンケートを用いて，全国大会出場レベルの競技実績を持つ対象者をエリートレベルと定義しており，エリートレベルの競技実績に関する遺伝率をスポーツパフォーマンスの遺伝率と位置付けている。アンケート調査の結果 4,488 名のうち 55.7% は競技経験がなく，37.4% が大学レベルの実績であり，6.9% がエリートレベルであった。この 6.9% のエリートの中における二卵性および一卵性双生児の存在割合から，スポーツパフォーマンスの遺伝率については 66% であったと報告している。（NK）

TIDBIT 10-1

ACTN3 遺伝子 R577X 多型

　遺伝子多型とスポーツパフォーマンスや筋機能に関する研究は数多く行われており，中でも **ACTN3 遺伝子**はそれらと強い関連性が報告されている。ACTN3 遺伝子は，速筋線維中にしか発現しないという特徴を持つ α–actinin–3 タンパク質をコードする。ACTN3 遺伝子の **R577X 多型**は R（アルギニン）とタンパク質の翻訳を終了する終止コドン（X）の組み合わせで多型（RR，RX，XX）が存在する。そして，この遺伝子多型が XX 型である場合，速筋線維において α–actinin–3 タンパク質を作り出せないため，α–actinin–2 がその機能を代用する。2003 年に Yang らは，オリンピック選手などトップアスリートを対象とした研究で，RR 型はパワー系競技，XX 型は持久系競技にそれぞれ適性があることを初めて発表した。一方，近年では XX 型は柔軟性が高い，100 歳以上の対象者で頻度が高いなどの報告があり，今後も ACTN3 遺伝子 R577X 多型はスポーツパフォーマンスや健康指標に関する研究が盛んに行われていくと考えられる。（NK）

● 10-6　遺伝子ドーピング

　禁止薬物を摂取するのではなく，DNA そのものを編集しようという試みが**遺伝子ドーピング**である。実際に 2003 年に世界アンチドーピング機構の規定の中に遺伝子ドーピングが加えられるようになった。近年，ゲノム配列の任意の場所を改変することができる遺伝子改変技術である CRISPER／Cas9 にかかわる研究報告は数多くされており，医療への応用が期待されているが，それに伴なって，様々な倫理的問題が議論されている。特に，病気とは関係なく，自身の機能を高める，すなわち**エンハンスメント**（テクノロジーによる人間の機能拡張）については問題が大きいと考えざるをえない。一方で，治療とエンハンスメントの区別は非常に難しい。遺伝子操作についても，体細胞への介入と，受精卵などの生殖細胞への介入によっても議論が変わってくる。2015 年には中国の研究チームが，ヒトの受精卵に遺伝子操作を行ったとする報告がある。生殖細胞に対する遺伝子操作も今後増加する可能性もあり，早い段階で倫理的な施策の構築が必要である。(NK)

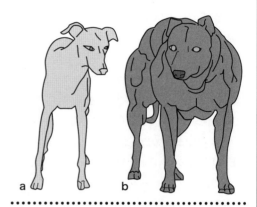

図 10.6　骨格筋の量を調整する遺伝子であるミオスタチン変異による骨格筋肥大の例。一般種（a）と遺伝子変異種（b）
筋原線維のタンパク合成を抑制的に調節するミオスタチンの遺伝子をコントロールすることによって，極端に筋肉質の身体をつくることができる可能性がある。

● 10-7　性差

　遺伝子による多様性の中には，**性差**も考慮する必要がある。先行研究では，男性と女性の遺伝子多型の頻度の差について GWAS（ゲノムワイド関連解析）を用いて検討されており，肥満などに関する FTO 遺伝子などが男女差が多い領域であった。つまり，肥満や筋量などに対する遺伝的影響にも性差が生じる可能性が考えられる。また，近年では，遺伝特性を考慮した女性アスリートのコンディショニング方法が検討されている。2,175 名の日本人アスリートを対象として，I 型コラーゲン α1 鎖（COL1A1）遺伝子 rs1107946 多型と疲労骨折および肉離れとの関連性を調査したところ，CC 型と AC 型の女性アスリートでは疲労骨折リスクが高く，反対に AA 型の女性アスリートでは筋損傷のリスクが高いことが示されている[7]。さらに別の対象者において，CC 型と AC 型の女性は骨密度が低く筋が軟らかく，その一方，AA 型の女性は骨密度が高く筋が硬かった。なお，男性では関連性は認められなかった。さらに，1,311 名のアスリートを対象としてエストロゲンの合成にかかわる CYP19A1 遺伝子の多型と疲労骨折との関連性については，CYP19A1 遺伝子 rs936306 多型の C アレルを持つことがアスリートの疲労骨折の発生リスクになっていた。また，CYP19A1 遺伝子多型の C アレルは，特に生理周期が正常ではない女性アスリートで疲労骨折に影響する可能性があった。これらのように女性対象者特有の遺伝的影響が存在している可能性があることから，女性アスリートのパフォーマンスの向上やコンディショニング，ケガの予防に女性特有の関連遺伝子多型の活用が可能となるかもしれない。(NK)

● 10-8　人種と競技パフォーマンス

　我々日本人の体型は，欧米人に比べて小さいことが知られている。こうした体格などの違いは競技パフォーマンスに影響する要因となる。特に，バスケットボールやバレーボールなどの身長の高さが影響するものやボディコンタクトを伴うラグビーなどでは，体の大きさがパフォーマンスの関連因子となる。一般的に低緯度の温暖な地域に直近の祖先を持つ場合，男女ともに手足が長く骨盤の幅が狭いといわれている。また，住んでいる土地や民族の文化的背景も競技パフォーマンスに影響することも考えられる。

　近年のスポーツ界で黒人アスリートの活躍が目覚ましいということは紛れもない事実である。例えば，ジャマイカには世界トップレベルの短距離選手が多く，ケニアには長距離選手が多い。陸上長距離においては，ケニアの中でもカレンジン族の割合が非常に高いことは有名である。さらに，体型に関する研究では，カレンジン族の少年の下腿容積が都市部の同年代の対象者よりも小さいことがわかっている。下腿の容積は長距離，長時間のランニングでのエネルギー消費の経済性（ランニングエコノミー）に寄与する。また，腱の形態的な特性もランニングパフォーマンスに影響することが考えられている。日本人とケニア人の長距離ランナーのアキレス腱の形態的な特徴とランニングパフォーマンスを検討した研究によると，ケニア人ランナーのアキレス腱は日本人ランナーと比較して長く，横断面積も大きいことが報告されている。アキレス腱の長さとランニングパフォーマンスには正の相関関係があることが知られているため，アフリカの長距離選手の活躍の一部は，人種による下腿の形態的特性で説明できるかもしれない[6]。

　また，関連遺伝子多型について，人種間で異なる頻度が存在することや関連する表現型が異なることが報告されている。前者では，筋の構造などに影響する ACTN3 遺伝子 R577X 多型（⇒ T10-1）などが挙げられる。ACTN3 遺伝子 R577X 多型のストップコドン（X）のホモである XX 型の頻度は日本人で 25 ～ 30%，ヨーロッパ人で 18%，アフリカ人で 3% であるといわれている。また，アセトアルデヒドの分解にかかわるアセトアルデヒド脱水素酵素（ALDH2）遺伝子の rs671 多型は，アジア人特有である。ALDH2 の多型は酒の強さにかかわり，がんや骨折などのリスクとしても知られている。さらに，後述する ACE 遺伝子 I/D 多型（⇒ T10-2）のように，人種によって遺伝子多型とパフォーマンスとの関連性に矛盾が生じることがある。(NK)

TIDBIT 10-2

ACE 遺伝子 I/D 多型

　ACE（アンギオテンシン変換酵素）遺伝子 I/D 多型は，最初にヒトの運動能力に影響する遺伝子多型として世界で初めて報告された遺伝子多型である。ACE は血圧の調節に関与する酵素で，ACE 遺伝子には挿入/欠失（I/D）多型が認められており，野生型は挿入（I）型で欠失している者は欠失（D）型である。ヒトは各遺伝子を 2 コピーずつ持っているため，II，ID，DD の組み合わせとなる。先行研究では，II ＜ ID ＜ DD の順に血中のアンギオテンシン変換酵素の濃度や活性が高いことが報告されている。オリンピックレベルのランナーを対象に 200 m 以下の選手，400 ～ 3,000 m の選手，5,000 m 以上の選手の ACE I/D 多型の頻度の比較を行った研究では，I アレル（II ＋ ID）の頻度が 5,000 m 以上の選手で高いことが報告されている。このことは I アレルが長距離，D アレルが短距離に関係する遺伝子多型であることを示している。一方で，ヨーロッパ系の民族とアジア系の民族で逆の遺伝子多型が表現型に影響している可能性があるが，このことについてのメカニズムは解明されていない。(NK)

● 10-9　遺伝情報の活用

　アスリートを対象としたケースコントロール研究は，ケース（アスリート）とコントロール（一般の対象）の遺伝子多型の頻度を比較する研究手法をとることが多い。この手法は，スポーツパフォーマンスに関連する遺伝子を見つけ出すために，オリンピックや世界選手権大会への出場経験の有無もしくは競技種目（スプリント/パワー系，持久系，混合型など）などを定義とし，世界の研究者が使用している。また，遺伝子多型とスプリントタイムやウェイトリフティングの挙上重量などの実際の記録（パフォーマンス）との関連性を検討することも進められている。

　さらに近年では，ゲノムワイド関連解析（genome wide association study：GWAS）による網羅的な関連遺伝子探索も世界的に行われるようになったが，決定的な遺伝子の絞り込みには至っていない。今後，遺伝情報を活用していくために，科学的エビデンスを確立していくことが重要となる。さらに，DNA配列とは別に，遺伝子を調節するエピジェネティクスについても考慮する必要がある。スポーツの現場において，個人の特性を示す遺伝情報を活用することで，タレントの発掘・育成などを望む声は一定数存在するものの，科学的な立場からは，現状では明確に否定せざるをえない状況である。

　遺伝情報は，「測定不可能な未来」を予測するツールとして，非常に重要な役割を果たすことが期待される。例えば，トレーニング効果や，ケガや熱中症などの危険リスクの把握である。一方で，究極の個人情報であるので，その利用には細心の注意を払いつつ，体力測定データなどと同様に個人の特性を示す1つのツールとして捉えることが重要である。その結果として個人の特性を最大限に生かす方法を模索する一助となり，さらなるパフォーマンスの向上につながるような方法をトレーニングの現場に提供できるだろう。さらに，スポーツ指導の現場で遺伝情報を活用していくことは，倫理的，社会的な問題があることも事実であり，現在は受け入れられない指導者や選手も多いと考えられる。今後，さらなるスポーツ遺伝子の研究によりエビデンスを積み重ね，試行錯誤を繰り返しながら現場で活用可能なツールとして確立させていく必要がある。これらを実現していくことで，個人が有する遺伝子多型の組み合わせによってトレーニングの量や強度などの内容を決定し，トレーニング効果を予測することなど，遺伝情報を活用したトレーニング指導の実現が期待される。さらに，遺伝情報を扱うコーチや選手自身のリテラシー教育なども必要であると考えられる。(NK)

TIDBIT 10-3

エストロゲン受容体

　エストロゲン受容体（ESR1）遺伝子多型と筋スティフネスとの関連性について，著者らはトップアスリート1,311名を対象に肉離れの受傷頻度とrs2234693多型について調査を行い，CC型とCT型に比べTT型が肉離れの受傷頻度が高いことを報告している[5]。さらに，261名の一般成人男女を対象に筋スティフネスと遺伝子多型の関連性を検討した結果，TT型よりもCC型とCT型の筋スティフネスが低値を示すことを報告している。これら2つの実験からCアレルを有するものはTアレルを有するものに比べ筋スティフネスが低いことから，肉離れの発症リスクを下げると考察している。また，近年の高齢女性を対象とした研究では，ESR1遺伝子rs4870044多型がサルコペニアに関連しており，関連遺伝子を持つ対象者はそうでない対象者と比較して2.5倍のリスクがあることが報告されている。これらのことから，筋機能の変化やケガに関連する遺伝子多型として注目されている。(NK)

■ 要約：運動と免疫 [9,12]

運動に対する免疫応答

運動によって血中で最もよく変動する免疫系は**ナチュラルキラー**（natural killer：NK）**細胞**で，この変動は運動強度に依存し，適度な運動では細胞数は増加するのみで減少しない（⇒ **10-10**）。しかし高強度の運動では，より大きく上昇した後で数時間にわたって運動前より低下した状態が続く（図

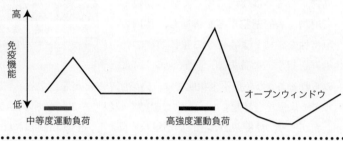

図10.0.2　激運動後に生じる一過性の免疫抑制状態（オープンウィンドウ）

10.0.2）。T細胞や単球も運動によって血中で増加するが，高強度の持久性運動の後ではこれらの機能は低下する（⇒ **10-11**）。アスリートの感染症はウイルス・真菌によるものが多く，このタイプの易感染性から細胞性免疫の抑制が考えられ，実際に細胞性免疫の指標であるツベルクリン反応（遅延型過敏反応）も激運動後に弱まる（⇒ **10-12**）。粘膜における免疫では，粘液中に分泌型免疫グロブリンA（IgA）が含まれ，粘膜下への病原体の侵入を阻止するが，この分泌量も高強度の持久性運動後には低下する（⇒ **T10-5**）。このように激運動後数時間にわたり一過性に免疫機能が抑制される現象は，病原体に門戸を開放して易感染性になることに例えて「オープンウィンドウ」として説明されている（図10.0.2）。

適度な運動の効果

適度な運動は免疫機能を高め，感染症のリスクを減らすが，激しい持久性運動や過酷なトレーニングは逆に免疫機能を低下させ易感染性を引き起こすとされ，運動と感染リスクの関連性については「**Jカーブモデル**」（図10.0.3）（⇒ **T10-4**）が提唱されている。高強度の運動では，一時的にせよ**オープンウィンドウ**の状態が生じるため，中等度の運動強度までが免疫機能を低下させず安全といえる（図10.0.2）。また，運動を継続していくと適応が生じ免疫系が変動しにくくなるので，特に非鍛錬者は急に強い負荷の運動を行うべきでなく，軽い負荷から徐々に慣れ，運動トレーニングの量を少しずつ増していくことが，免疫抑制や筋などの炎症を予防することにもつながる。

適度な運動の長期影響としては，上気道感染症の発症頻度が減少すると報告されており，機序としてNK細胞活性やリンパ球・マクロファージの活性，血中IgGや唾液中IgAなどの上昇効果が示されている。がんの予防効果も，大腸がんや乳がんで報告されている。この機序は十分に解明されていないが，NK細胞活性やマクロファージ機能の上昇が報告されている。このように適度な運動は免疫機能を活性化し，感染症やがんの予防に有効と考えられる。（KS）

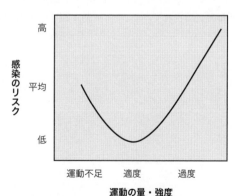

図10.0.3　運動と感染のリスクに関するJカーブモデル

● 10-10　運動と自然免疫 [13]

　免疫とは，体外から侵入した微生物や異物，あるいは体内に生じた異常物質や老廃物，病的細胞などを排除し，体内の恒常性を維持しようとする生体防御の仕組みを指す。栄養失調，高齢やエイズにみられるような免疫不全状態では，感染症やがんが悪化する。一方，過剰な免疫応答は自己免疫疾患やアレルギー疾患を引き起こし，正常な組織を破壊することもあるため，免疫の反応は功罪二面性をもっている。したがって，免疫系が異物に過不足なく反応し，適切に制御されることによって，健康が維持されているといえる（**表 10.10**）。

表 10.10　免疫系の異常によって引き起こされる病気

	内因性抗原（自己）に対する免疫応答	外来性抗原（非自己）に対する免疫応答
免疫能の亢進	自己免疫疾患	アレルギー疾患
免疫能の低下	悪性腫瘍の増殖（がん）	感染症（易感染性），がん

　免疫系は狭義にはリンパ球と抗体による特異的な免疫反応を指すが，特異性がなくても異物を攻撃できる生体防御の仕組みが存在し，これを**非特異免疫**ないし**自然免疫**と呼ぶ。例えば食細胞による食作用，NK 細胞によるがん・ウイルス感染細胞の破壊，補体の異物溶解作用などは抗原特異的な反応ではないが，広義の免疫系に含まれる。なお，このような非特異的な自然免疫系は，生来そなわっている生体防御機構であるが，免疫学的記憶を伴わずその場限りの生体防御反応を担っている。

　短時間・高強度の急性運動時に最も鋭敏に反応する白血球は NK 細胞である。血中 NK 細胞数は，最大運動の直後に 5 倍程度も上昇する一方，運動終了後には運動前値の半数まで減少し劇的な変動がみられるが，この反応は運動強度に依存し適度な運動強度では低下しない。これは，運動によって分泌されるカテコールアミンが NK 細胞の貯蔵部位である脾臓やリンパ節，NK 細胞のアドレナリン受容体を刺激し，さらに血流も促進して，NK 細胞が動員されやすくなるためと考えられている。細胞性免疫の指標であるツベルクリン反応などの皮膚遅延型過敏反応も，激運動後に減弱したという報告がある。適度な運動はマクロファージの細胞数や活性も一過性に高めるが，激運動はマクロファージの機能を一過性に抑制する。(KS)

TIDBIT 10-4

J カーブ効果 [10]

　一般に運動不足の人が運動を習慣化するとかぜを引きにくくなるといわれる。このように，くしゃみ，鼻汁，咽頭痛を主症状とする上気道感染症（upper respiratory tract infection：URTI，いわゆる感冒，かぜ）のリスクは，適度な運動により減少する。一方，マラソンのような激しい運動や過酷なトレーニングでは，逆に感染リスクが高まるとされる。このような複数の調査結果を踏まえ，運動と感染リスクの関連性については **J カーブモデル**が提唱されている。(⇒要約，図 10.0.3）(KS)

● 10–11　運動と獲得免疫 [16)]

　抗原とは，生体に投与すると抗体を産生させ免疫応答を誘導する原（もと）となる物質を指す。リンパ球の抗原受容体や抗体は，ある抗原のアミノ酸数個の違いまで区別でき，鍵と鍵穴の関係で抗原と 1：1 に特異的に結合できるが，これを特異性と呼び，このような特異的な免疫反応を**特異免疫**と呼ぶ。一旦免疫系に認識された抗原情報は，その抗原に特異的に応答する記憶細胞（T リンパ球・B リンパ球）として体内に長期間保存されるため，個体は再度侵入してくる同一の抗原をすぐ認識して効率よく処理できる。このような免疫学的記憶を通じて，実際の感染や予防接種（ワクチン）によって後天的に獲得される感染抵抗力を**獲得免疫**ないし**適応免疫**と呼ぶ。

　運動中には血中 T 細胞数が増加するが，T 細胞の増殖能は，最大酸素摂取量の 75 ～ 80％で 45 ～ 90 分の持久性運動によって 10 ～ 20％程度低下し，2 時間以上のランニングでは半減すると報告されている。細胞性免疫を活性化してウイルス・真菌などの病原体や腫瘍細胞を排除するインターフェロン（IFN）－γ，インターロイキン(IL)–2 は免疫調節性サイトカインと呼ばれるが，1 型ヘルパー T 細胞(Th1)が中心となって制御するため，これらは Th1 サイトカインとも呼ばれる。激運動によりこれらの血中濃度は不変ないし低下するという報告が多く，末梢血リンパ球による Th1 サイトカイン産生能は激運動により低下する。さらに IL–2 の活性を阻害する可溶性 IL–2 受容体や Th1 を誘導する IL–12 の拮抗物質の血中濃度も激運動により上昇し，Th1 サイトカインの産生抑制による易感染性につながる。一方，炎症性サイトカインや Th1サイトカインの産生を抑制し体液性免疫とアレルギー反応を促進する IL–4，IL–5，IL–10 などは抗炎症性サイトカインと呼ばれるが，2 型ヘルパー T 細胞（Th2）が中心となって制御されるものが多く，Th2 サイトカインとも呼ばれる。これらの物質の過剰産生は細胞性免疫を抑制するため，ウイルスなどに対する易感染性とアレルギー反応を引き起こすが，激運動によって IL–4，IL–10 の血中濃度が上昇すると報告されており，Th2 サイトカインが優位の状態となる。これがアスリートにみられるアレルギー疾患と関連があるか否かについては，まだ証明されていない。(KS)

TIDBIT 10-5

抗体

　抗体とは抗原と特異的に結合するタンパク質で，その物質名は免疫グロブリン（immunoglobulin：Ig）であり 5 種のタイプがある。血中では IgG が最も多く感染防御の中心となっている。抗体の血中濃度や特異抗体産生能は，運動の影響を受けないようであるが，マラソンのような持久性運動の後には血中 IgG 値が 2 日間低下したと報告されている。粘膜における免疫では，まず物理的粘膜バリアが粘膜下への病原体の侵入を阻止するが，さらに粘液中には分泌型 IgA（Ig の一種で粘膜免疫の主体）が含まれ，微生物に結合して侵入を阻止したりオプソニン化して食細胞による排除を促進したりして病原体から粘膜を守っている。急性上気道感染症との関連から，唾液中の分泌型 IgA 値が粘膜免疫の指標として頻用されるが，軽い運動では影響はなく，高強度で長時間の激運動で低下するとされている。(KS)

● 10-12　免疫関連細胞 [12)]

　免疫系を構成する細胞は**白血球**と総称され，食細胞とリンパ球に大別される（図10.12）。**食細胞**は，アメーバーのように運動し微生物や異物を捕捉して細胞内に取り込んで分解する**食作用（貪食）**を専門とする細胞で，好中球，単球，マクロファージなどがある。一方，**リンパ球**はナチュラルキラー（NK）細胞，Tリンパ球（T細胞：変異細胞の傷害作用など），Bリンパ球（B細胞：分化すると抗体産生細胞）などに大別される。免疫系は，異物への反応様式から非特異免疫（自然免疫）と特異免疫（獲得免疫）に大別されるが，体内に異物が侵入すると，まず自然免疫が異物の

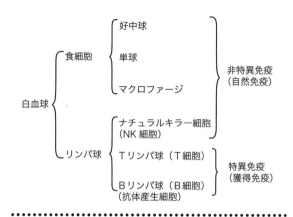

図10.12　免疫系の細胞（白血球）

排除に働く。特異免疫はT細胞とB細胞（いずれもリンパ球）が担っているが（図10.12），これらの細胞に異物（抗原）の情報が記憶され免疫が獲得されるため，2回目以降の抗原の侵入に対して特異的かつ強力な免疫応答を起こすことができる。(KS)

● 10-13　骨格筋と免疫・炎症

　マイオカイン（運動時に骨格筋から産生される生理活性物質）の代表として IL-6 が有名であるが，IL-6 には好中球の動員，急性期タンパクの誘導，抗体産生促進に加え TNF-α の産生抑制作用もあり，機能が多彩で多機能性サイトカインとも呼ばれる。IL-6 はマラソンでは血中濃度が100倍も上昇するが，その意義については不明な点が多かった。筋損傷による炎症によって IL-6 をはじめとするサイトカインの血中濃度上昇が生じると当初主張されたが，筋断裂を起こすような伸張性運動（eccentric exercise）ではクレアチンキナーゼやミオグロビンが上昇するにもかかわらず IL-6 の血中濃度上昇は生じないため，この仮説は否定された。近年では，運動による筋傷害と無関係に収縮筋が運動初期から IL-6 を大量に分泌し，IL-6 が運動中の糖・脂質のエネルギー代謝に作用することが証明され，実際にマラソンの競技成績と IL-6 応答，さらに IL-6 応答と遊離脂肪酸の動員の間にも相関が認められ，IL-6 が持久性パフォーマンスにかかわる可能性が示されている。さらに最近では，IL-6 は筋線維より間質のマクロファージが産生している可能性も指摘されており，マイオカインについてはまだ研究が必要である [18)]。(KS)

● 10-14　呼吸器と免疫・炎症

　呼吸器は解剖学的に上気道と下気道に分けられるが，**上気道感染症**はくしゃみ，鼻汁，咽頭痛などの症状を伴い，急性上気道炎，感冒，かぜ症候群と呼ばれる。ウイルスなどの多くの病原体が気道粘膜から感染するが，特に運動時には呼吸が増し，微生物が気道に侵入しやすくなる。通常，微生物は鼻汁や喀痰などの粘液や粘膜上皮の線毛運動などにより排除されるが，運動中には気道粘膜が乾燥・冷却され，粘液の粘度が増し線毛運動も低下して病原体を排除しにくくなり，感染のリスク増大につながる。実際に激しいトレーニングを継続するアスリートは上気道感染症の頻度が一般人より 3 倍も高く，特にマラソンのような過酷な持久性運動では，競技終了後 2 週間に 50 ～ 70%の選手がかぜ症状を呈し，そのリスクは通常の2 ～ 6 倍にもなると報告されている。またアスリートは，団体行動や集団生活，物品の共用を行う機会も多く，病原体が伝播しやすい環境にあることも感染症を起こしやすい要因であり，手洗い，マスクや加湿器の使用，感染源を避け適切な栄養・休養をとるなど，感染予防対策が必要となる。下気道では気管支炎，肺炎が生じるが，これらの症状がある時には一般的に運動はすすめられない。しかし，新型コロナウイルス感染症の患者では，運動すると呼吸機能やバイタルサインが改善し退院を早められる可能性があるとする症例報告がなされ[3]，マイオカイン（⇒ **10-13**）の重要性について議論がなされるようになった[11,15]。(KS)

● 10-15　運動と炎症・アレルギー

　好中球，単球は運動負荷により血中細胞数が増加するが，この応答は運動の強度と持続時間に依存し，特に 1 時間を超すような持久性運動で顕在化し，これらの細胞の活性酸素産生能や脱顆粒能も亢進する。激運動後に生じる遅発性筋痛は未だ病因が同定されていないが，損傷・炎症説，活性酸素説などが有力視されている。すなわち，激運動後の筋組織には好中球，単球が浸潤し，血中レベルでも好中球の動員と活性化は筋損傷マーカーのクレアチンキナーゼやミオグロビンの上昇と相関する。通常，好中球は損傷組織の除去・修復に寄与するが，激運動時には好中球を活性化する物質が血中に分泌される。さらに激運動によって消化管の血流が低下して粘膜傷害を招き，損傷部から腸内細菌が血中に侵入して敗血症を引き起こすが，細菌の菌体成分であるエンドトキシンも好中球を活性化する。高エンドトキシン血症に対して，運動時には肝マクロファージ（クッパー細胞）の異物処理能が亢進し，炎症が全身性に波及しないように防御している可能性が指摘されている。炎症反応を促進する炎症性サイトカインは，IL-1βと腫瘍壊死因子（TNF）－αが代表である。これらの血中濃度は激運動の数時間後に数倍上昇すると報告されているが，血中半減期が 10 ～ 20 分と短く，尿中排泄も促進されることに加え，IL-1 受容体拮抗物質（IL-1ra）や可溶性 TNF 受容体などの阻害物質，カテコールアミン，コルチゾールなどの炎症性サイトカイン産生抑制物質も血中で増加するため，血中では IL-1βや TNF-αの生理活性は発現されにくくなっている。ただし激運動後の筋組織ではこれらの産生が証明されており，局所的に炎症反応を誘導しているものと考えられる。

　また，アスリートには運動誘発性喘息，運動誘発性アナフィラキシー，花粉症，アトピー性皮膚炎などのアレルギー疾患が多いと報告されている。実際に，激運動時にはアレルギー促進物質であるアナフィラトキシンやヒスタミンの血中濃度が上昇するが，これらがアレルギー疾患の発症にかかわっているか否かは不明である。(KS)

● 10-16　暑熱寒冷と免疫 [1,14]

　夏季にみられるような暑熱環境では，体温の上昇や発汗により脱水が生じるが，それにより疲労や虚脱，意識障害などを呈する熱中症の発症のみならず，免疫機能も低下する。特にこのような条件下で激しい運動を行うと，疲労感が助長され運動の継続が困難となるばかりか，脱水と運動による血液循環の再分布により内臓虚血が生じて腸管バリア機能が低下し，腸内細菌が体内に侵入する敗血症やそれに伴う高サイトカイン血症による全身性炎症，免疫機能の低下も生じやすくなる。そのため，暑熱環境で運動する場合には，水分・エネルギー補給やクーリングによる体温調節が重要となる。

　一方，冬季にみられるような寒冷環境では，冷気を呼吸するため，呼吸器系粘膜の乾燥や冷却により繊毛運動が低下し，粘膜での免疫機能が抑制される。かぜやインフルエンザが冬季に流行するのは，乾燥や低温がウイルスなどの病原体の伝播に適しているためと考えられるが，感染対策としてマスク着用，うがい，手指消毒，加湿器使用などに加え，免疫機能が低下しないように保温や水分補給，日頃の栄養・休養への配慮，さらに必要に応じて予防接種も必要となる。(KS)

● 10-17　運動とサイトカイン [17]

　炎症反応や免疫応答などを調節する細胞間情報伝達物質である**サイトカイン**は，本来は末梢組織内で作用するが，重症感染症や外傷，熱傷，循環不全など生体に極端なストレスが加わると，血中に放出され高サイトカイン血症を起こす。本来血中にほとんど存在しないサイトカインの血中濃度が上昇すると，その強力な生物学的作用が全身性に波及するが（全身性炎症，サイトカインストーム），激運動で生じる個々のサイトカインの動態は，易感染性や炎症反応の機序を説明しうる（**図10.17**）。

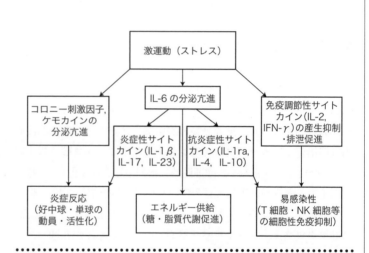

図10.17　激運動に伴うサイトカインの動態と免疫変動の関連性

　好中球・単球を産生・動員するコロニー刺激因子や，炎症局所に白血球を遊走させる走化性因子の活性を持つケモカインは，特に持久性運動で血中濃度が上昇する。運動による好中球増多については，従来カテコールアミンやコルチゾールなどのストレスホルモンの関与が重要視されてきたが，これらのサイトカインも運動の初期から血中濃度が上昇し好中球の動員・活性化とも相関するため，白血球増多に関与するものと考えられる。

　IL-6 は好中球の動員，急性期タンパクの誘導，抗体産生促進に加え，炎症性サイトカインの産生抑制作用もあり，機能が多彩であり多機能性サイトカインとも呼ばれるが，フルマラソンでは血中濃度が 100 倍も上昇する。その意義としては，運動時の炎症の促進，エネルギー代謝の促進，抗炎症作用などが報告されている。易感染性については前述の通りである（⇒ **10-11**）。(KS)

● 10–18　運動とオーバートレーニング

　激しいトレーニングに伴う全身倦怠感，抑うつ，疼痛，食欲不振，睡眠障害などの体調不良で競技力が低下する病態を**オーバートレーニング症候群**という。病因については未だ不明であるが，激しいトレーニングを行うと筋・関節などの組織損傷によりサイトカインが産生され，サイトカインは中枢神経系にも作用し上記の全身症状を誘導する作用があることから，オーバートレーニングに関するサイトカイン仮説も提唱されている。この体調不良は，休養をとり早期回復をはかるための生体の適応反応とも考えられている。オーバートレーニング症候群に陥った選手には，回復のための休養が必要である。しかし，休養の具体的方法に関する科学的根拠はまだ十分に集積されていない。1 日 2 回練習を行う場合を想定した休憩時間に関する検討では，6 時間に比べ 3 時間と短い休養の場合には，運動時のストレスホルモンと抗炎症性サイトカインの応答，さらに血中白血球数の変動も大きく，易感染性や炎症が生じやすい状態となる。しかし内容的に同じトレーニングでも休養を十分にとったうえで行えば，急性のストレス応答は小さく済み，オープンウィンドウの状態も蓄積せずに済む。一方，トレーニング期に着目した研究で，持久力の鍛錬期における最大運動負荷では好中球活性酸素産生能が亢進するが，シーズン終了後 1 ヵ月経過した休養期には亢進しにくくなり，被験者特性からも持久性トレーニングを重点的に行う選手で活性酸素産生能が亢進する。そのため，逆に十分に休養をとれば活性酸素生成を予防できる可能性がある。アスリートの健康管理では，糖分，タンパク質のみならずビタミン，微量元素などの栄養素が過不足なく摂取されるような配慮が必要である。例えば，激運動の前後に炭水化物（ブドウ糖）を十分に摂取することによって運動中の血糖値が維持され，コルチゾールや IL–6，IL–10，IL–1ra の分泌，好中球・単球の動員や活性酸素産生亢進，血中リンパ球と IFN–γ 産生リンパ球の減少，免疫細胞のエネルギー基質であるグルタミンの血中濃度低下などを予防できると報告されている。また，暑熱環境下で激運動を行うと高サイトカイン血症が生じやすくなるため，水分補給やクーリングによる体温調節が重要である。逆に，激しいトレーニングを継続するとオープンウィンドウの状態を蓄積することになり，安静時の血中白血球の数や機能が低下することもある。アスリートの栄養管理では，糖，タンパク質のみならずビタミン，ミネラルなどの微量栄養素が過不足なく摂取されるようなバランスのよい食事が重要である。(KS)

TIDBIT 10-6

唾液による測定 [4]

　唾液は痛みなどの侵襲を伴わず簡便に採取できるため，各種測定が行われている。具体的には，新型コロナウイルスの抗原検査をはじめとした病原体のチェックや，病原体（抗原）の侵入を防ぐ抗体（分泌型 IgA）や各種抗菌物質が測定されており，個々人の感染や免疫状態の評価が行われている。また，コルチゾールなどのストレス関連物質も採血せずに唾液で測定することができるため，精神的・肉体的ストレスや各種疾患の評価にも活用されている [4]。(KS)

第3部　調整系
第11章　調整系トレーニングと身体の測定

■ 要約

調整力とは

　行動体力は，エネルギー系の体力とサイバネティクス系（自動制御機構）の体力に分けられる。神経系の統合作用であるサイバネティクス系の体力は，調整力と同義である。大築は，**調整力は運動制御能力の「正確さ」に分類され，広義には「スキル」，「協働性」**などと呼ばれていると述べている[14]。調整力は，神経系が筋を介して運動の速さ，持続性，正確性を決定する働きであり，神経–筋のコントロールの能

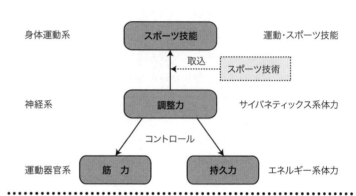

図11.0.1　調整力の位置づけ
（文献4より引用）

力を指す。出村は，サイバネティクス系の体力に優れる者は，エネルギー系の体力を効率的に使い，またスポーツ技術を効率的に習得する能力に優れると述べている（**図11.0.1**）[4]。調整力の構成要素として，後の項で述べる平衡性・敏捷性・巧緻性などが挙げられる。平衡性は，安定した姿勢を保持するために，視覚系・体性感覚系・前庭系からの感覚入力情報を脊髄や脳などの中枢レベルにおいて統合し，適切な指令として末梢神経を通して骨格筋に伝達するという，中枢と末梢の連携によって成り立つ（⇒ **11-3**）。敏捷性は，全身もしくは身体の一部を素早く動かす能力であり，球技におけるボールの動きに対する素早い処理動作，対人競技において相手を交わすための素早い切り替え動作などの場面が挙げられる（⇒ **11-1**）。巧緻性は，全身の複雑な運動や手先の細かい動きなどを巧みに行う調節能力を指す（⇒ **11-4**）。

運動学習・制御における神経系の役割

　調整力を高めるためには，バランスを保ちながら素早く正確に動作を行うことができるよう，運動を学習することが必要とされる。そのため，運動学習・運動制御にかかわる神経系の役割を理解することは，有効なトレーニングを立案するうえで重要である。運動の意図は，まず脳の上位中枢で，行動が行われた後にどのような状況になるかについて検証し，構成される。意図から行動に至るまでの動作の制御システムは，中枢指令制御（ハードドライブ）と分散制御（ワーキングメモリー）の2つに分けられる（**図11.0.2**）[5]。例えば，動作において十分な時間がある場合（ゴルフスイングで正しいスタートポジションをみつける場合など）は，ワーキングメモリーが最も適切に働く。動作をスムーズに，瞬時に遂行しなければならない場合（実際のゴルフスイング，テニスのサーブレシーブをする場合など），ハードドライブへのアクセスが最も適切に働く。トレーニングにおいて，「足をもっと高く上げましょう」といった身体内部に意識を向ける指導法は，

ワーキングメモリーを活性化させるため，避けるべきである。ワーキングメモリーで構築されている動作は，多様に変化する動作局面に転移することは困難であり，ハードドライブに記憶されない。つまり，ワーキングメモリーによる意識的制御よりも，ハードドライブによる無意識的制御を獲得していくことに主眼を置くことで，高い学習効果が得られ，パフォーマンス向上に寄与する。

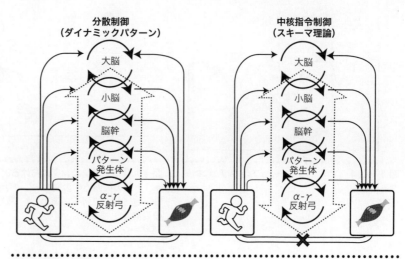

図 11.0.2　運動制御システム
（文献 5 より引用）

運動学習・制御理論のトレーニングへの応用

　意図のある動作と明確な意図のない動作：ハードドライブによる中枢制御を構築するうえでは，コンテクスチュアルな（意図のある）トレーニングが有効である。**図 11.0.3a** は，肩関節後面の筋力トレーニングであり，肩関節伸展方向の挙上動作を伴うが，明確な意図は存在しない。**図 11.0.3b** は，重りをできるだけ押し出すことで，指導がなくとも，体幹や股関節の筋群に共収縮が生じるという，意図のあるトレーニングである。コンテクスチュアルな動作においては，身体の内側（インターナル）ではなく，外側（エクスターナル）に意識が向いている。つまり，「どのように動くか」というように身体の内部に注意を払う場合と，「動いた時にまわりで何が起こるか」というように身体の外部に注意を払う場合の違いである。例えば，「肘をまっすぐ伸ばしましょう」「母指球に荷重しましょう」というインターナルな指導法では，ワーキングメモリーが活性化され，試合など変化の伴う状況下でパフォーマンスを発揮することができない。コンテクスチュアルな動作の運動学習は，動作の正しい要素を学ぶだけでは不十分であり，動作の要素における安定性や可変性を学ぶ必要がある[2]。

　安定した要素と不安定な要素：どの動作パターンにも，安定した構成要素と不安定な構成要素の両方が存在する。安定して低いエネルギーコストの要素は「アトラクター」，不安定で高いエネルギーコストの要素は「フラクチュエーター」と呼ばれる（**図 11.0.4**）[5]。運動学習の過程では，アトラクターとフラクチュエーターの効果的な配分を，トレーニングの中で自己決定していく。例えば，ランニングにおいては，アトラクターとして，頭部の位置の保持，最適長でのハムストリングの活動，

図 11.0.3　明確な意図のないトレーニング（a）と意図のあるトレーニング（b）

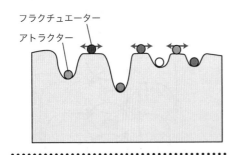

図 11.0.4 アトラクターとフラクチュエーターの様相
（文献5より引用）

図 11.0.5 ランニングにおけるアトラクター
a：1．頭の鉛直方向の動き，2．等尺性状態でのハムストリングの活動，**b**：3．遊脚側と立脚側の連動，4．離地時の回旋動作の制御，**c**：5．ハイニーの姿勢，6．腕振り
（文献5より引用）

遊脚側と立脚側の連動，正確な足の接地位置，離地時の回旋動作の制御などが挙げられる。また，フラクチュエーターとして，遊脚側の膝の位置の高さがあり，スプリンターではハイニーの姿勢はスピードやピッチに関係するが，ラグビー選手などトップスピードに満たない場合は低い位置になる（**図 11.0.5**）。

調整力を高めるトレーニングプログラム

動作スキル向上のための構成要素：調整力を高めるためには，平衡性（バランス）・敏捷性（素早さ）・巧緻性（巧みさ）に着目したトレーニングプログラムが求められる。動作局面の中で調整力を発揮するためには，調整力にかかわる複合的な要素を考慮することが不可欠である。例えば敏捷性であれば，素早い方向転換を遂行するためには筋パワーや姿勢制御能力が必須となる。切り換えしやターンでは，ブレーキとアクセルを使い分けるために，「加速・減速・再加速の推進力」「両下肢の力（求心性収縮と遠心性収縮）」が必要となる。様々な方向に移動する際に，バランスを崩さず体幹を保持するためには，「予測と状況判断が伴う方向転換」「体幹の回旋，回旋の抑制・固定」も必要である。

トレーニングプログラムの具体例

SAQ：SAQ（⇒ 11-2）は，調整力を高めるためのトレーニングの1つであり，スピード（speed：重心移動の速さ），アジリティ（agility：運動時に身体をコントロールする能力），クイックネス（quickness：刺激に反応して速く動き出す能力）の3つの要素に分類して，トレーニングを行う（**図 11.0.6**）。スピードでは，ラダーやミニハードルなどを用いて，脚の動作と接地，重心を移動させるための姿勢，腕振りを意識するようなメニューを行う。アジリティでは，様々な方向転換動作や相手を伴う動作により，感覚器から情報を得て姿勢を制御するバランス能力，素早い方向転換を遂行するための筋パワー，減速と加速を使い分けた方向転換テクニックを養うことを狙いとする。クイックネスのトレーニングは，動き出す瞬間の判断や，その動きを無駄なくスムーズに加速させることを狙いとし，アジリティと重複する要素も多い。動き出しで重要なことは，パワーポジションをうまくとり，移動する方向やその次の動作に合わせて必要な筋群を動員することである。

傷害予防プログラム「FIFA 11 ＋」：「FIFA11+」は，14歳以上のサッカー選手を対象とした傷害予防プ

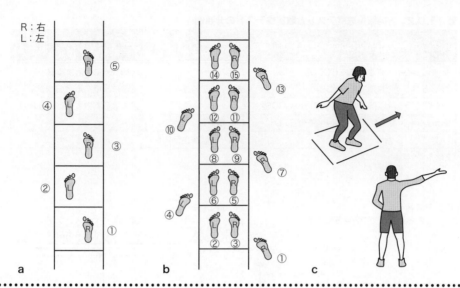

図 11.0.6　SAQトレーニングの例

a：ハイニーステップ（スピード）：ラダーを使って膝を引き上げる高さ，腕振り，足の接地を意識しながら徐々にスピードを上げる。**b**：シャッフル（アジリティ）：ラダーの間を1・2・3（中・中・外）のリズムで股関節を使いながら斜め前方へ移動する。**c**：4方向へのリアクション（クイックネス）：2人1組で指示者が左右前後のいずれかの方向を指さす。選手はその方向に素早く正確な動作でスタートする。どの方向にも動き出せるようにパワーポジションを意識して行う。

表 11.0.1　「FIFA 11+」のトレーニングプログラム

パート1 ランニング エクササイズ	パート2 筋力・プライオメトリクス・バランスエクササイズ			パート3 ランニング エクササイズ
	初級	中級	上級	
1. ランニング ストレート・アヘッド	7. ベンチ スタティック	7. ベンチ アルタネイト・レッグ	7. ベンチ ワンレッグリフト＆ホールド	13. ランニング アクロス・ザ・ピッチ
2. ランニング ヒップ・アウト	8. サイドベンチ スタティック	8. サイドベンチ レイズ＆ロウワーヒップ	8. サイドベンチ レッグリフト	14. ランニング バウンディング
3. ランニング ヒップ・イン	9. ハムストリング 初級	9. ハムストリング 中級	9. ハムストリング 上級	15. ランニング プラント＆カット
4. ランニング サークリング・パートナー	10. シングルレッグスタンス ボールを持って	10. シングルレッグスタンス パートナーとキャッチボール	10. シングルレッグスタンス パートナーと押し合い	
5. ランニング ショルダー・コンタクト	11. スクワット トー・レイズ	11. スクワット ウォーキング・ランジ	11. スクワット ワンレッグ・スクワット	
6. ランニング 前後走	12. ジャンプ 垂直ジャンプ	12. ジャンプ ラテラルジャンプ	12. ジャンプ ボックスジャンプ	

（文献10を参照して作成）

ログラムとして，国際サッカー連盟（FIFA）が開発した。下肢の傷害予防を目的に考案されたウォームアッププログラムであり，20分程度の短時間で実施できる。パート1はアクティブストレッチングなどを加えたスロースピードでのランニングエクササイズ，パート2は筋力強化，バランス，プライオメトリクスなどのエクササイズ，パート3は切り返し動作などを組み合わせた中等度から高強度のランニングエクササイズという構成である（表11.0.1）。着地，減速，方向転換動作における適正化した動作習得および身体制御能力の向上を目的に動作指導を行うことが推奨されており[1]，調整力の構成要素に対する効果も期待できる。「FIFA11+」の継続的な実施による傷害予防やパフォーマンスに対する効果については，これまでに多くの介入研究がなされており，傷害発生率を下げるだけでなく，神経筋機能やスプリント，敏捷性，バラ

表 11.0.2　方向転換速度テストと敏捷性テストの分類例

方向転換速度（CODS）テスト	敏捷性テスト	
	非反応性	反応性（RAT）
従来の 5-0-5（高速度での CODS）	T テスト	矢印や光に反応する RA
変形 5-0-5（低速度での CODS）	イリノイ敏捷性テスト	画像に反応する RAT
プロアジリティ（低速度と高速度での CODS）	L ラン	人による刺激に反応する RAT
10m シャトル（中速度～高速度での CODS）	AFL 敏捷性テスト	
	3 コーン敏捷性テスト	

（文献 5 より改変）

従来の 5-0-5 テスト
180°ターンのある高速度での方向転換テスト

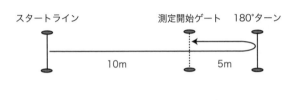

T テスト
①ランニング, ②～④サイドステップ, ⑤バックステップ

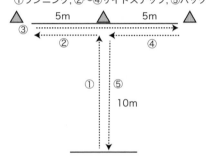

変形 5-0-5 テスト
180°ターンのある低速度での方向転換テスト

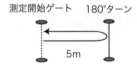

人の刺激による敏捷性テスト
測定開始ゲート：
刺激の移動の開始

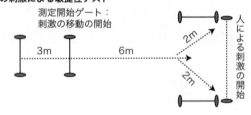

図 11.0.7　方向転換速度テストと敏捷性テストの例

ンスといった身体能力の向上を示した報告もなされている [9]。

調整力のアセスメント

　方向転換速度と敏捷性テスト：敏捷性の評価では，最初の方向から事前に決められた場所や空間に移行する能力である方向転換速度（change-of-direction speed：CODS）や光や音などの刺激に反応する反応敏捷性テスト（reactive agility test：RAT）などを用いる。CODS テストでは，距離や切り返しの角度を設定することによって，競技特性に応じた方向転換能力を測定することができる。反応を伴なわない敏捷性および CODS テストが事前に計画された方向転換であるのに対し，RAT テストでは状況や刺激に反応した方向転換となり，知覚的・認知的な能力を重視した方法である。様々な CODS や敏捷性テストの分類例を**表 11.0.2**に，具体例を図**11.0.7**に示した。競技特性に応じて必要とされる動作や距離などを課題として測定・評価することが望ましい。（YN）

● 11-1　敏捷性を構成するもの

　敏捷性は，全身もしくは身体の一部を素早く動かす能力であり，球技におけるボールの動きに対する素早い処理動作，対人競技における相手を交わすための素早い切り替え動作などの場面が挙げられる。**図11.1**のように敏捷性は，認知的要素に関連した「知覚的・認知的能力」と敏捷性のパフォーマンス（方向転換速度：change-of-direction speed）の身体的要素に関連したもので構成される。方向転換は事前に計画された行動である一方，敏捷性は物理的な方向転換に加え，視覚・予想・パターン認識・状況把握・反応時間といった知覚的，意思決定的な領域が含まれている。方向転換速度を向上させるためのストライドの調整，接地位置，身体の前傾角度はその人の身体特性によって異なるが，一般的に有効な体勢は存在する。筋力は，ストップ・減速（遠心性），切り返し（等尺性），新たな方向への加速（求心性）などの動作に応じて異なる収縮様式が必要とされる。また，2つ以上の収縮様式を組み合わせた筋力をリアクティブストレングスという。（YN）

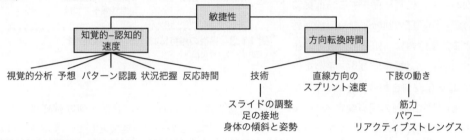

図11.1　敏捷性の構成要素（文献18を改変）

● 11-2　SAQ

　SAQとはスピード（speed），アジリティ（agility），クイックネス（quickness）の頭文字を合わせた造語で，敏捷性あるいは調整力など神経−筋系の協調性を高めるためのトレーニングである[8]。

　スピードとは前方への重心移動の速さ，すなわちスプリント能力を表わす指標である。**アジリティ**は静止した状態からの動き出しの速さであり，動作の中で身体をコントロールする能力と捉えることができ，方向転換やターンの局面で求められる。**クイックネス**とは刺激に反応して速く動き出す能力である。クイックネスには，アジリティ能力に加えてあらゆる

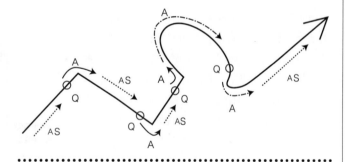

図11.2　SAQの概念図

⋯→：スピード（S）：直線的な疾走ではスピードの要素が大きいが，スピードを維持するためには身体をコントロールするアジリティ能力（A）も必要とされる。○：クイックネス（Q）：動きの中で方向転換の決断をする地点。→：アジリティ（A）：スピードを緩めながら方向転換をする。→：アジリティ（A）：身体をコントロールしながら曲線を動く。（文献11より引用）

方向へ瞬間的にパワーを発揮して素早く移動することが要求され，急激な方向転換やストップ動作の局面で求められる。SAQと分類されているが，動作においては3つの要素が相互に作用し合っている（**図11.2**）。

　SAQを高めるためには，動作局面における動きの制御や運動能力を獲得する必要がある[11]。具体的には，相手の動きや用具の位置といったあらゆる刺激に対する「神経-筋系の反応」に加えて，「最大筋力と最大スピードの出力」の向上も重要となる。（YN）

● 11-3　平衡性を構成するもの

　二足で立つヒトの立位姿勢は，四足の動物に比べて支持基底面が狭いので，バランスを保ち姿勢を安定させることが必要となる。姿勢の状態に関する視覚系，体性感覚系，前庭系からの感覚入力情報を，脊髄や脳などの中枢レベルにおいて統合し，適切な指令として末梢神経を通して骨格筋に伝達するという，中枢と末梢の連携によって成り立つ。具体的は，姿勢が変化し頭部の位置が変わると，内耳に存在する「前庭器内の受容器」が頭部の回転運動や直線運動を検知する。前庭器は，頭部の位置と身体の運動方向の変化に敏感であり，平衡を保つうえで重要な役割を担う。さらに，「視

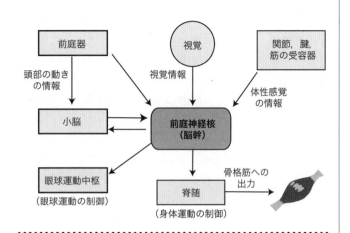

図 11.3　平衡の維持における前庭器の役割
(文献 15 より改変)

覚情報」と関節や筋腱の固有受容器からの「体性感覚情報」が入力され，脊髄・前庭神経核などの反射中枢を経て，反射的に筋の緊張度が調整される（**図 11.3**）[15]。この一連の結果として，頭部や四肢が適切な位置に保たれ，身体の重心が安定する。(YN)

● 11-4　巧緻性を構成するもの

　巧緻性は，全身の複雑な運動や手先の細かい動きなどを巧みに行う調節能力を指す。スポーツの場面で「うまい（センスがある）」などと表現されることも多い。巧緻性には神経系が重要な役割を担い，同様の動きを繰り返し練習することで，動作を実行するための神経回路ができ，次第に無意識下で実行することができるようになる。また，状況への対応が速くなり，動作がスムーズになる。**図 11.4** に巧緻性に関する 4 つの要素を示した。第 1 に，スポーツや運動場面における「状況把握能力」であり，視覚情報，体性感覚，経験からの予測などに基づく把握能力である。第 2 に，四肢のポジション，力発揮や動きの強弱，動作のタイミング，動きの再現性による「正確さ」である。第 3 に，「素早さ」すなわち敏捷性（⇒**11-1**）である。第 4 に，「持続性」であり，正確に，素早く動作を繰り返すことができる能力である。(YN)

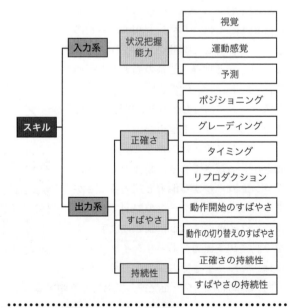

図 11.4　巧緻性（スキル）の構成要素
(文献 7 より引用)

● 11-5　柔軟性とは

　柔軟性は，関節を動かす能力，すなわち**関節可動域**（range of motion：ROM）の大きさとして評価される（**図11.5**）。通常の ROM を超えていることを過可動性（hyper mobility），ROM が制限されていることを可動制限（hypo mobility）という。柔軟性に寄与する要因として，①関節の可動性，②筋長と筋緊張，③神経系の可動性，④筋膜の可動性がある。①関節の可動性は，関節包と靱帯の強さに依存する。②筋長と筋緊張は，サルコメアを含む筋細胞の長さ − 力関係によって規定される筋収縮の最適性と表わすことができる。タンパク質の線維の重なりが短縮している位置では，中間に位置していた場合よりも効率性が小さくなる。③神経組織がある部位で制限されていると，伸長されることで痛みなどを感じるため，可動性が損なわれる。④筋膜組織は，コラーゲン線維・弾性線維・脂肪組織などで層状に構成され，全身の異なる組織同士を連結させている。層状組織による牽引力と抵抗力は筋膜の可動性に影響する。（YN）

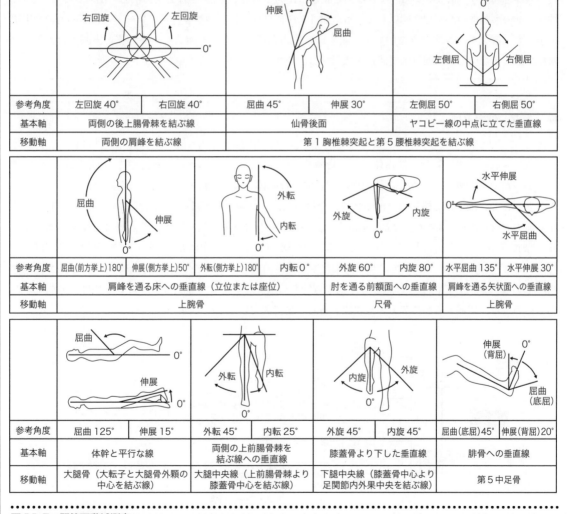

図11.5　関節可動域測定
（文献 12 より引用）

● 11-6　筋出力のグレーディング

　筋出力のグレーディングとは，運動制御能力の正確さに分類され，動作を正確に行う能力のうち，発揮する力を課題の程度に応じて調整する能力を指す[8]。実際の運動では，変動する要求値に対して筋運動の速さ，持久性，正確性を決定する筋力発揮調整能力が求められる。この筋調整能を把握するために，グレー

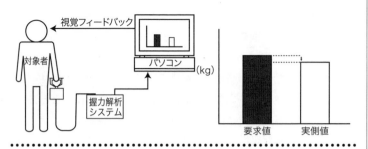

図11.6　筋調整能の測定方法
（文献 8 より改変）

ディング能力として，最大筋力の20%, 40%などの段階的要求値を課題とした評価をする。日常生活やスポーツにおいて，最大筋力を発揮することは極めて少なく，要求される目標に対して適合するように，その筋力の発揮を調整する必要がある。小さな力を正確に出力させること，大きな力を持続的に出力させることは，神経−筋の調整能力が密接に関係している。**図11.6**に，筋力発揮調整能力とグレーディング能力の測定法を示した。握力解析システムを用いて，要求値の握力発揮を行うよう指示し，要求値と実測値との差の絶対値を最大値で除した誤差（相対値）を採用する。(YN)

● 11-7　体力とは

　体力は，「人間の活動や生存の基礎となる身体的能力」と定義されている[4]。体力は，防衛体力と行動体力に大別される（**図11.7**）。**防衛体力**は，身体的・精神的なストレスへの抵抗力や体温調節機能，免疫機能といった生命の維持にかかわる体力要素を指す。**行動体力**は，体格・姿勢といった形態的要素，新体力テストなどで評価される機能的要素の 2 つに分けられる。機能的要素は「行動を起こす能力」「行動を持続する能力」「行動を調節する能力」で構成され，走る・投げる・跳ぶといった身体運動に直結する能力であり，運動能力などと同義と捉えることができる。厚生労働省は「21 世紀における第二次国民健康づくり運動：健康日本 21（第二次）」において，少子高齢化や生活習慣病の増大などの社会的背景から，健康寿命の延伸や生活の質（QOL）の向上を目的とした基本方針を公表している[6]。健康づくりに対しては，健康にかかわる体力（身体組成・心肺持久力・柔軟性・筋力・筋持久力）の維持・向上が重要となる。(YN)

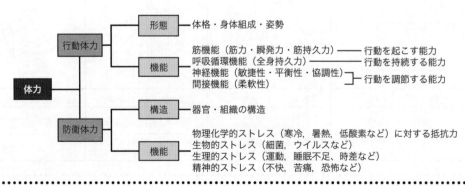

図11.7　体力の構成要素
（文献 4 より改変）

● 11-8　体力テストの歴史

　日本では，戦後の復興と東京オリンピック招致の決定によるスポーツへの関心の高まりを受けて，1961 年に「スポーツ振興法」が公布された。運動能力テストと体力診断テストからなる「スポーツテスト」（**表 11.8.1**）が作成され，主に子どもの体力向上に関する施策に活用されてきた。その後，国民の体型の変化や高齢化などの時代背景に応じて，1998 年に児童期から高齢期までを 4 つのライフステージに区分けした「新体力テスト」（**表 11.8.2**）に刷新された。
（YN）

表 11.8.1　文部省スポーツテスト測定項目

一般体力測定	運動能力測定	選択測定項目	
握力 立位体前屈 反復横跳び 垂直跳び 背筋力 伏臥上体そらし 踏台昇降運動試験	50m 疾走 走り幅跳び ソフトボール投げ 斜懸垂腕屈伸 ジグザグドリブル 連続さか上がり	持久走： 急歩： 水泳： スキー： スケート：	男性 1,500 m 女性 1,000 m 男性 1,500 m 女性 1,000 m 200 m 平泳ぎ 200 m クロール 1,000 m 平地滑走 男性 1,500 m 女性 1,000 m

表 11.8.2　文部科学省新体力テスト測定項目

6〜11 歳	12〜19 歳	20〜64 歳	65〜79 歳
握力 上体起こし 長座体前屈 反復横跳び 20 m シャトルラン 50 m 走 立ち幅跳び ソフトボール投げ	握力 上体起こし 長座体前屈 反復横跳び 持久走* 20 m シャトルラン* 50 m 走 立ち幅跳び ハンドボール投げ	握力 上体起こし 長座体前屈 反復横跳び 急歩** 20 m シャトルラン** 立ち幅跳び	握力 上体起こし 長座体前屈 6 分間歩行 10 m 障害物歩行 開眼片脚立ち ADL（日常生活活動テスト）***

*，** どちらか 1 種目を選択して実施する。
*** ADL（日常生活活動テスト）の回答によって他の項目の実施可否を判断する。

● 11-9　体力の測り方

　表 11.9 に示した新体力テストのうち，健康にかかわる体力に関する測定項目は，握力，上体起こし，長座体前屈，20 m シャトルランの 4 項目である。幅広い年代に共通する健康にかかわる体力の測り方を，**表 11.9** に示した。（YN）

表 11.9　新体力テストの測定方法

測定項目	方　法
握力 （筋力）	①握力計のデジタル表示側または指針側が外側になるように持ち，人差し指の第 2 関節がほぼ直角になるように握りの幅を調節する。 ②直立の姿勢で両足を左右に自然に開き腕を自然に下げ，握力計を身体や衣服に触れないようにして力いっぱい握りしめる。この際，握力計を振り回さないようにする。
上体起こし （筋持久力）	①マット上で仰臥姿勢をとり，両手を軽く握り，両腕を胸の前で組む。両膝の角度を 90°に保つ。 ②補助者は，被測定者の両膝をおさえ，固定する。 ③「始め」の合図で，仰臥姿勢から両肘と両大腿部がつくまで上体を起こす。 ④素早く開始時の仰臥姿勢に戻す。30 秒間，前述の上体起こしをできるだけ多く繰り返す。
長座体前屈 （柔軟性）	①被測定者は両脚を両箱の間に入れ，長座姿勢をとる。壁に背・尻をぴったりとつける。ただし，足首の角度は固定しない。肩幅の広さで両手のひらを下にして，手のひらの中央付近が，厚紙の手前端にかかるように置き，胸を張って，両肘を伸ばしたまま両手で箱を手前に十分引きつけ，背筋を伸ばす。 ②初期姿勢をとった後，箱の手前右または左の角に零点を合わせる。 ③被測定者は両手を厚紙から離さずにゆっくりと前屈して，箱全体をまっすぐ前方にできるだけ遠くまで滑らせる。この時，膝が曲がらないように注意する。最大に前屈した後に厚紙から手を離す。
20 m シャトルラン （全身持久力）	①プレーヤーにより専用の音声を再生する。 ②一方の線上に立ち，テストの開始を告げる 5 秒間のカウントダウンの後の電子音によりスタートする。 ③一定の間隔で 1 音ずつ電子音が鳴る。電子音が次に鳴るまでに 20 m 先の線に達し，足が線を越えるか，触れたら，その場で向きを変える。この動作を繰り返す。 ④速度を維持できなくなり走るのをやめた時，または，2 回続けてどちらかの足で線に触れることができなくなった時に，テストを終了する。

● 11-10　ストレッチングの種類

ストレッチングは，筋の収縮を伴うか伴わないかで，2つに大別される。

筋を随意収縮させずに行うパッシブ（受動的）ストレッチングは，ストレッチングを行う本人または他者が外力を加えて実施し，広く用いられている。筋収縮を伴うストレッチングは，ケガを引き起こす可能性があるため，専門家からの指導を受けてから行うことが望ましい。等尺性収縮によって伸長される場合はアクティブストレッチング，動的な収縮によって伸長される場合はダイナミックストレッチング，弾み動作を伴う場合はバリスティックストレッチングに分類される。バリスティックストレッチングは，相反性神経支配を利用し，主働筋群を収縮させることによって拮抗筋を伸長させる方法である。ストレッチングは，痛みや疲労の軽減効果があるが，他方で筋パワーやジャンプなどのパフォーマンスにマイナスの影響をもたらすことも示されている[16]。ウォーミングアップ，クーリングダウン，リカバリーなどの目的に応じて，ストレッチングの種類あるいは行うか否かを検討することが望ましい（**表11.10**）。(YN)

表11.10　ストレッチングのポイント

実施時間	各筋群に対し 15〜30 秒
反復回数	1〜3 セット（同じ筋群について連続セットで行わない）
タイミング	トレーニング前：筋を活性化させる方法 トレーニングの 60 分前まで：準備運動と動的ストレッチング トレーニング後：静的ストレッチング，その他リカバリー方法

● 11-11　伸張反射

伸展反射ともいう。骨格筋が瞬間的に引き伸ばされると，骨格筋内部で筋長を検知する受容器である筋紡錘から求心性の Ia 感覚ニューロンによって脊髄へ信号が送られ，脊髄から遠心性の α 運動ニューロンを経由して引き伸ばされた筋を収縮させる信号が出される。これは，姿勢維持のための反射的制御であるとともに，筋の過伸展を防ぐための防御反応でもある。この反射機構は，感覚神経と運動神経のそれぞれ1つの神経細胞のみがかかわり，1回のシナプス接続による単シナプス反射である（シナプスの数が多いほど情報の伝達が遅くなる）。

ストレッチングでは，この反射的収縮が逆効果になるため，反動をつけず，伸展反射が起きないようにゆっくりと筋を伸展させることが重要とされている。(JN)

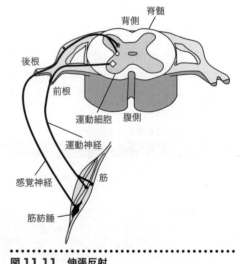

図11.11　伸張反射

TIDBIT 11-1

サイバネティクス

　18歳でハーバード大学の博士学位を取得したというウィーナー（Wiener N, 1894-1964）の提唱した動的な制御システムの理論体系。極めて緻密な弾道計算をしても，数百キロメートル離れた特定標的に着弾させるのは困難だが，伝書鳩はおそらく地磁気や日照などの情報を取り入れながら正確に鳩舎にたどり着く，といった統合的な制御のメカニズムを数理化して解析する学問領域で，「サイバー空間」や「サイボーグ」などの語源にもなっている。身体運動に展開すると，例えばサッカーでゴールを狙う時，視覚情報や風などの外的環境，自身の運動感覚や予測など多くの情報をフィードバックして，シュートのための正確な筋出力につなげる。このように，身体をその運動に最適に調整する技術である平衡性，敏捷性，巧緻性のような体力は，神経系（入力）と筋系（出力）の統合的な身体制御能力として**「サイバネティクス的体力」**と表現され，筋力のような物理量的な体力あるいは最大酸素摂取量のようなエネルギー論的な体力と対比されている。（JN）

TIDBIT 11-2

いわゆる「運動神経」と調整力

　運動神経とは，中枢から末梢へ活動電位が軸索を伝わって終板に達する経路である。その後，神経筋接合部においてアセチルコリンによって情報が伝達され，Ｔ管において電気的変化が生じて電位依存型カルシウムチャンネルが開き，筋小胞体からカルシウムイオンが放出されることによって筋収縮が起こる。むろんこれらの機構が「良い」に越したことはないが，一般語としての「運動神経が良い」ことの実体を表わしているわけではない。「運動神経」の良し悪しは，体力要素として類別すれば，おおよそ**調整力**（特に巧緻性）の優劣に関連付けられるであろう。すなわち，運動の巧みさやスポーツにおける合目的的な身のこなしであって，生理学的に言い換えれば，「脳につくられた運動プログラムの現れ方（表象）」，あるいは「運動学習のトレーナビリティ（＝トレーニングしやすさ，受容力）」に相当するものといえよう。（JN）

TIDBIT 11-3

調整力のトレーニング器具

　身体をコントロールする能力を高めるためのトレーニングを，一般に**コーディネーション・トレーニング**という。安定した，素早いあるいは巧みな動きをトレーニングするために，バランスボール，クレージーボール（リアクションボール），ラダーなどが広く利用されている。（JN）

バランスボール

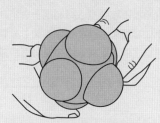

クレージーボール
（リアクションボール）

ラダー

TIDBIT 11-4

プライオメトリクス

　プライオメトリクスは，筋腱複合体の**伸長 – 短縮サイクル**（stretch-shortening cycle）を強調したトレーニング様式をいう。筋腱複合体の伸長局面が含まれるかどうかによって，コンセントリック運動と差別化される。例えば，カウンタームーブメントジャンプでは，反動局面で伸張性筋活動が生じ，ジャンプ局面で爆発的な短縮性筋活動が起こる。トレーニングの種類は，器具を用いない種目（タックジャンプ，スプリットスクワットジャンプ），ボックスを使用した種目（デプスジャンプ，プッシュオフ）など多岐にわたる。このように，短縮性筋活動の前に伸張性筋活動が加わることによって，短縮性筋活動のスピード，パワーの出力が増大する。筋腱複合体のスティフネス（かため具合）の増加や神経筋協調性の改善などのトレーニング効果をもたらし，スピードや持久的パフォーマンスの改善，傷害予防などにも有用であることが報告されている。（YN）

TIDBIT 11-5

体性感覚

　身体には，皮膚，粘膜，筋，骨膜，関節嚢，靭帯などに分布している感覚受容器が存在し，動作を遂行する際には体内のセンサーのような役割を持つ。いわゆる触覚は，外部刺激に反応する「皮膚感覚」である。筋，腱，関節などに分布し身体の動きを感知する「深部感覚」は「**固有感覚**」とも呼ばれ，意識することなく，身体の調節に貢献している。体性感覚情報は一次感覚神経を介して脳に発信される。具体的には，皮膚や粘膜の侵害，圧，振動，温度などの情報を，感覚器を介して神経信号に変換して，脳に送っている。筋には長さ変化を感知する筋紡錘，腱には張力を感知するゴルジ腱器官という「固有受容器」が存在する。あらゆる動作において骨格筋がどのような状態にあるのかを感知して，脳に伝達することで，目的にかなった筋腱の収縮や弛緩を可能にしている。（YN）

TIDBIT 11-6

動的ストレッチング

　動的ストレッチングは筋収縮を伴うストレッチング方法であり，ダイナミックストレッチング，バリスティックストレッチングなどがある。他方，**静的ストレッチング**では筋を随意的に収縮させることなく関節を伸長される角度まで動かし，角度を保持するものである。ダイナミックストレッチングは，相反性神経支配を利用し，伸ばしたい筋の拮抗筋を繰り返し収縮させることで，筋を弛緩させる。バリスティックストレッチングは，反動や弾みをつけて行い，主働筋群の短時間の収縮と四肢の重さの利用とを組み合わせ，拮抗筋群を伸長させる。ストレッチングにおいては，組織の力学的な特性に加え，神経筋の活動も重要な役割を果たす。ストレッチングを継続することによって，脊髄反射における興奮性低下と緊張性の反射活動減衰など神経系の効果が生じ，柔軟性が向上するといわれている。（YN）

第12章　健康と体力づくりの運動

■ 要約

運動の定義

「**身体活動**(physical activity)」と「**運動**」はしばしば同じ意味で使われるが，これらの用語は同義ではない。身体活動とは，安静にしている状態よりも多くのエネルギーを消費するすべての動作のことをいい，日常生活における労働，家事，通勤・通学などの「生活活動」と，体力の維持・向上を目的とした計画的・継続的に実施される「運動」に大別することができる（図12.0.1）。また，体力はいくつかの方法で定義されるが，健康関連体力としては持久力，筋力，柔軟性などが挙げられる。運動を含む身体活動と体力は相互関連性を持ちつつ，それぞれが健康の維持・増進に寄与する。

世界保健機関（WHO）は2020年に「身体活動・座位行動ガイドライン」[16] を公表した。「世界中の人々が活動的になれば，年間400万〜500万人の死亡を回避できる可能性がある」と言明するとともに，6つの重要なメッセージを挙げている（⇒ 12-6）。

健康づくりのための運動ガイドライン（⇒ 12-2，12-3）

1. **身体活動は心身の健康に寄与する**：定期的な身体活動は，世界の死亡者数の3/4近くを占める心臓病，2型糖尿病，がんといった疾病の予防・管理に貢献する。また，身体活動は，うつや不安の症状を軽減し，思考力，学習力，総合的な幸福感を高める。

2. **少しの身体活動でも何もしないよりは良い。多い方がより良い**：健康と幸福のために，少なくとも，成人では週に150〜300分の中強度の有酸素性の身体活動（または，それと同等の量の高強度の有酸素性の身体活動）が，子どもや青少年では1日平均60分の中強度の有酸素性の身体活動が推奨さ

図 12.0.1　身体活動，運動，生活活動の区分（文献8より引用）

れる。

3. **すべての身体活動に意味がある**：仕事やスポーツ，余暇，移動（ウォーキング，スケートボード，サイクリング）だけでなく，日常の生活活動や家事も身体活動に含まれる。

4. **筋力強化はすべての人の健康に役立つ**：高齢者（65歳以上）は，転倒予防と健康増進のために，筋力の強化だけでなく，バランスと協調（身体の各部位を調和して思い通りに動かせる能力）を重視した身体活動を取り入れるべきである。

5. **座りすぎで不健康になる**：座りすぎは心臓病，がん，2型糖尿病のリスクを高める。座りっぱなしの時間を減らし，身体活動を行うことは健康に良い。

6. **身体活動を増やし，座位行動を減らすことにより**，妊娠中および産後の女性，慢性疾患のある人や障害のある人を含む**すべての人が健康効果を得られる**（表12.0.1）。

WHOのガイドラインでは，対象を子どもと青少年（5～17歳），成人（18～64歳），高齢者（65歳以上），妊娠中および産後の女性，慢性疾患を有する成人および高齢者（18歳以上），障がいのある子どもと青少年（5

表12.0.1 対象者ごとの身体活動による健康効果

子どもと青少年 （5～17歳）	体力（心肺体力・筋力）の向上，心血管代謝の健康（血圧，脂質異常症，血糖値，インスリン抵抗性），骨の健康，認知的健康（学業成績，実行機能），精神的健康（うつ症状の軽減），肥満の減少
成人 （18～64歳）	総死亡率や心血管系疾患による死亡率の低下，高血圧や部位別のがん（膀胱がん，乳がん，結腸がん，子宮内膜がん，食道腺がん，胃がん，腎がん），2型糖尿病の発症の予防，メンタルヘルス（不安やうつ症状の軽減）や認知的健康，睡眠の向上，肥満の指標の改善
高齢者 （65歳以上）	高齢者のみ 転倒や転倒に関連した障害の予防に役立ち，骨の健康と機能的能力の低下を防ぐ

表12.0.2 WHOによる子どもと青少年，成人，高齢者に対する身体活動の推奨

	有酸素性身体活動	筋力向上活動	マルチコンポーネント身体活動	座位行動	さらなる健康のために
子どもと青少年 （5～17歳）	**少なくとも1日60分**の中高強度の身体活動（この身体活動のほとんどは有酸素性身体活動である必要がある）	**少なくとも週に3日**，高強度の有酸素性身体活動や筋や骨を強化する身体活動を取り入れる		**減らそう**：座りっぱなしで過ごす時間，特に余暇時間におけるスクリーンタイムを減らす	
成人 （18～64歳）	**少なくとも週に150～300分**の中強度の有酸素性の身体活動あるいは**少なくとも週に75～150分**の高強度の有酸素性の身体活動または中強度と高強度の身体活動の組み合わせによる同等の量	さらなる健康増進のために：**少なくとも週に2日**，すべての主要筋群を使って，中強度以上の強度で筋力を強化する活動を行う		**減らそう**：座りっぱなしで過ごす時間を減らす**置き換える**：どんな強度（軽強度を含む）でも良いので，身体活動を増やす	**300分/週**以上の中強度の有酸素性の身体活動あるいは**150分/週**以上の高強度の有酸素性の身体活動または中強度と高強度の身体活動の組み合わせによる同等の量
高齢者 （65歳以上）	**少なくとも週に150～300分**の中強度の有酸素性の身体活動あるいは**少なくとも週に75～150分**の高強度の有酸素性の身体活動または中強度と高強度の身体活動の組み合わせによる同等の量	さらなる健康のために：**少なくとも週に2日**，すべての主要筋群を使って，中強度以上の強度で筋力を強化する活動を行う	**少なくとも週に3日**，中強度以上の強度で，機能的なバランスと筋力トレーニングを重視した多様な要素を含む身体活動を行う	**減らそう**：座りっぱなしで過ごす時間を減らす**置き換える**：どんな強度（軽強度を含む）でも良いので，身体活動を増やす	**300分/週**以上の中強度の有酸素性の身体活動あるいは**150分/週**以上の高強度の有酸素性の身体活動または中強度と高強度の身体活動の組み合わせによる同等の量

（文献16より作成）

表 12.0.3　健康づくりのための身体活動量の基準

全体の方向性：個人差などを踏まえ，強度や量を調整し，可能なものから取り組む。今より少しでも多く身体を動かす。

	身体活動		座位行動
		運　動	
高齢者	歩行またはそれと同等（3 METs）以上の強度の身体活動を 1 日 40 分以上（約 6,000 歩以上） ＝週 15 METs／時以上	有酸素運動，筋力トレーニング，バランス運動，柔軟運動など多要素の運動を週 3 日以上 筋力トレーニングを週 2〜3 日	座りっぱなしの時間が長くなりすぎないように注意する（立位困難な人もじっとしている時間が長くなりすぎないように少しでも身体を動かす）
成　人	歩行またはそれと同等（3METs）以上の強度の身体活動を 1 日 60 分以上（約 8,000 歩以上） ＝週 23 METs／時以上	息が弾み汗をかく程度（3 METs）以上の強度の運動を週 60 分以上（週 4 METs／時以上） 筋力トレーニングを週 2〜3 日	
子ども （身体を動かす時間が少ない子どもが対象）	参考： ・中強度以上（3METs 以上）の身体活動（主に有酸素性身体活動）を 1 日 60 分以上行う ・高強度の有酸素性身体活動や筋・骨を強化する身体活動を 3 日以上行う ・身体を動かす時間の長短にかかわらず，座りっぱなしの時間を減らす。特に余暇のスクリーンタイム（テレビや DVD をみること，テレビゲーム，スマートフォンの利用など，スクリーンの前で過ごす時間）を減らす		

（文献 8 より引用）

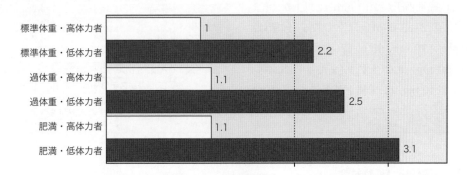

図 12.0.2　持久性体力と体格が総死亡率に及ぼす影響（相対危険度）
（文献 17 の結果から作成）

〜17 歳），障がいのある成人（18 歳以上）の 7 グループに分けているが，6 つの重要なメッセージはすべての対象に共通したものである。また，7 グループそれぞれに対して，推奨する身体活動の頻度，強度，時間を提示している（**表 12.0.2**）。身体活動に加えて，座位行動（座りっぱなし）を減らすことに言及していることも特徴である。国内においては，厚生労働省が健康づくりのための身体活動基準（2013）を公表しており，18 〜 64 歳の成人を対象とした有酸素性身体活動の基準については WHO のガイドラインと同等である（**表 12.0.3**）。

体力と健康

　身体活動量だけでなく，持久性体力が総死亡や疾病発症のリスクと関連があることも報告されている（⇒ 12-4，12-5，12-6）。欧米で肥満者が増加してきた 1990 年代から，「Fitness vs Fatness（体力か体格か）」というキャッチフレーズで，低体力と肥満のどちらが不健康に強く影響を及ぼすのかについて議論されてきた。Wei ら [18] をはじめとする複数の研究グループは，高い持久性体力を有しているものは，過体重や肥満であっても総死亡リスクを低下させることができると報告しており（**図 12.0.2**），持久性体力も健康の維持・増進に重要な役割を果たすことも示されている（⇒ 12-18）。(KO¹)

● 12-1 健康診断の項目と数値

　健康診断の1つとして40～74歳の保険加入者を対象とし，**特定健康診査（特定健診）**が実施されている。特定健診の目的は，糖・脂質代謝異常や高血圧が合併した状態であるメタボリックシンドローム（MetS）該当者やその予備群者を的確に抽出し，生活習慣病の予防や重症化を防ぐことにある。MetS該当者やその予備群者は特定保健指導の対象となる。基本的な健診項目と正常値は**表12.1**に示す。MetSは腹囲が男性85 cm，女性90 cm以上でかつ血圧，血糖，血中脂質のうち2つ以上が基準値を満たす場合である[11]。血圧の基準は，収縮期血圧が130 mmHg以上かつ/または拡張期血圧が85 mmHg以上である。血糖は，空腹時血糖が110 mg/dL以上，血中脂質は，中性脂肪が150 mg/dL以上かつ/またはHDLコレステロールが40 mg/dL未満が基準である。(SN)

表12.1　特定健診の基本的項目と正常値

	内容	正常値
問診・診察	既往歴，業務歴，自覚症状，喫煙歴，服薬歴	
身体計測	身長，体重	
	BMI	18以上，25未満
	腹囲*	男性85 cm未満 女性90 cm未満
肝機能検査	GOT（AST）	40 U/L以下
	GPT（ALT）	40 U/L以下
	γ-GTP	男性70 U/L以下 女性30 U/L以下
尿検査	タンパク	－（陰性）
	糖	－（陰性）
血圧	収縮期血圧*	130 mmHg未満
	拡張期血圧*	85 mmHg未満
糖代謝	血糖*	70 mg/dL以上 110 mg/dL未満
	HbA1c	6.2%未満
血中脂質	中性脂肪*	150 mg/dL未満
	HDLコレステロール*	40 mg/dL以上
	LDLコレステロール	140 mg/dL未満

*メタボリックシンドローム判定項目
注）正常値は検査機関によって若干の違いがある。

● 12-2 国民健康づくり対策

　日本における健康増進（ヘルスプロモーション）にかかわる施策として，「国民健康づくり対策」が1978年から展開され，2000年からは「21世紀における国民健康づくり運動（健康日本21）」が進められている。健康日本21（第3次）では，「すべての国民が健やかで心豊かに生活できる持続可能な社会の実現」というビジョン実現のため，健康の増進に関する基本的な方向として，①健康寿命の延伸と健康格差の縮小，②個人の行動と健康状態の改善，③社会環境の質の向上，④ライフコースアプローチを踏まえた健康づくり，の4項目が挙げられている。(KO[1])

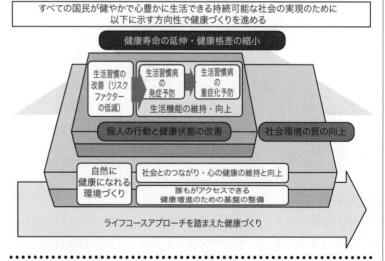

図12.2　健康日本21（第3次）の概念図
（文献7より引用）

● 12-3　運動不足の影響

　1953年，イギリスで運動不足に関する先駆的な報告がなされた[12]。当時，ロンドンで運行されていた2階建てバスの運転手と車掌では，車掌よりも運転手の方が心臓病に罹る割合が高いという報告である。運転手は座ったままでほとんど動かず，一方，車掌は階段の昇降で身体を動かしていることがその背景にあるのではないかと推察された。つまり，運動不足が疾患の罹患率を高めるということである。この報告を皮切りに，運動不足は現在までに様々な疾患の罹患率を増加させる要因であるといわれるようになった。現在，日本人の死亡リスク要因の第3位に運動不足が挙げられている（図12.3.1）

　運動不足により罹患率が増加する疾患には，脳血管疾患，心血管疾患，がん，高血圧症，脂質代謝異常症，糖尿病などがある。近年，社会的問題となっている認知症の増加にも運動不足の関与が指摘されており，運動によって認知症を抑制する試み（運動しながら計算問題をするなど）もなされている。また，うつ病や不安神経症などの精神疾患の罹患にも運動不足は関与する。

　一方，運動不足は，疾患の発症だけでなく体力低下も助長する。体力低下の影響は，特に中高齢期により顕著となり，加齢に伴い骨格筋の著しい低下が生じる**サルコペニア**や加齢に伴い運動器の機能が低下する**ロコモティブシンドローム**を引き起こすきっかけとなる。その結果，自立が困難となり，介護状態（**フレイル**）に陥りかねない。

　このように，運動不足は様々な疾患や体力低下の引き金となるため，日常的に運動することが推奨される。運動により様々な疾患（図12.3.2）や体力が改善されることはすでに多くの研究で証明されており，現在では運動＝薬(exercise as medicine)と考えられている。(SN)

図12.3.2　運動により改善効果が認められる疾患

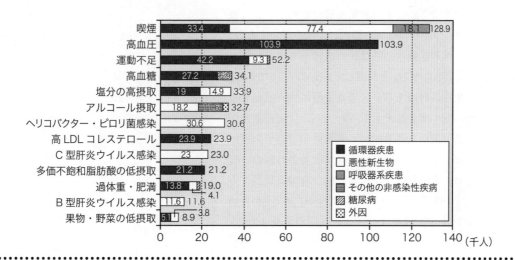

図12.3.1　リスク要因別の関連死亡者数
日本における2007年の非感染性疾患と障害による成人死亡（96万件を対象）について，喫煙・高血圧などの予防可能な危険因子別に死亡数を推計したもの。（文献6より引用）

● 12-4　高血圧と運動

　高血圧とは，安静時血圧がある基準を超えて慢性的に高値を示す状態である。高血圧は，脳，心臓，腎臓などの器官にダメージを与え，将来的に重篤な障害や疾患を引き起こす可能性がある。運動は安静時血圧を下げる効果（降圧効果）を有する（**図 12.4**）。その効果は，安静時血圧が高い者ほど現れやすい。運動の降圧効果は，急性効果と慢性効果に分けられる。つまり，1 回の運動実施前後で安静時血圧が低下し，その低下が一定時間持続すること（急性効果）と，長期間の運動トレーニング前後で安静時血圧が低下すること（慢性効果）である。急性効果では収縮期血圧約 5 mmHg，拡張期血圧約 3 mmHg，慢性効果では収縮期血圧約 3 mmHg，拡張期血圧約 2 mmHg の低下が期待できる[17]。高血圧改善のための一般的な運動処方は，大筋群を使用する動的な有酸素運動で，強度は中強度，時間は 30 分以上が推奨されている。運動を継続しないと降圧効果が得られないため，運動は高頻度で実施することが望ましい。(SN)

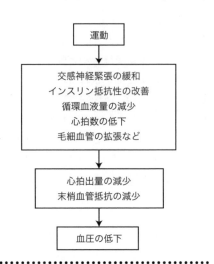

図 12.4　運動による血圧低下の機序

● 12-5　心臓病と運動

　運動は心臓に過度な負担を強いると考えられていたため，心臓病患者に対して運動は禁忌とされていた。しかし現在では，心臓病の種類による適応範囲はあるが，心臓病患者に対して運動は推奨され，その効果も確立されている（**表 12.5**）。主な効果の 1 つ目は「心臓病の症状改善」である。運動による自律神経活動や心筋灌流の改善が心臓の負担を軽減し症状改善につながる。2 つ目は「予後の改善」である。予後とは，治療後の経過を指し，通常治療に加え運動すると死亡率や事故発生率が低下する。3 つ目は，「運動耐容能の改善」である。運動により主に心肺機能が改善し，運動前よりも楽に日常活動が送れる。心臓病改善のための一般的な運動処方は，大筋群を使用する動的な有酸素運動を中心とし，強度は中強度が望ましい。時間は 10 分以上から始め，徐々に漸増する。頻度は週に 3 〜 5 回が推奨される。安全性を確保するため，特に強度設定には細心の注意を払う必要がある。(SN)

表 12.5　心臓病患者に対する多様な運動効果

症状の改善
予後（死亡率や事故発生率）の改善
運動耐容能の改善
動脈硬化危険因子の改善
喫煙率の改善
心機能の改善
換気機能の改善
骨格筋量，機能の改善
炎症性指標の改善
生活の質（QOL）の改善

● 12-6　糖尿病と運動

　運動は糖尿病治療の基本の１つであり，以下のような効果がある。①急性効果として，ブドウ糖，脂肪酸の利用が促進され，血糖値が低下する。②慢性効果として，インスリン抵抗性が改善する。③エネルギー摂取量と消費量のバランスが改善され，減量効果が期待できる。

　糖尿病患者が高強度の運動を行う場合や，心血管疾患リスクが高い場合などは，メディカルチェックを受ける必要がある。運動の種類，強度，時間，頻度は表 12.6 を原則とし，個人の体力レベル，健康状態，嗜好に応じて決定する。運動療法指導上の注意点としては，①血糖コントロールが不安定な時は運動強度と運動時間を控えめにする，②インスリン療法やインスリン分泌促進薬で治療中の場合には低血糖になりやすい時間帯があるので注意し，インスリンは原則として運動の影響を受けやすい四肢は避け腹壁に注射する，③運動誘発性の低血糖はインスリンや経口血糖降下薬治療中の患者に起こりやすいため，インスリン治療をしている患者は自己血糖測定を行い，運動量の多い時は補食をとったりインスリン量を減量するなどに注意するなどが挙げられ，糖尿病患者特有の注意が必要である。(KO[1])

表 12.6　糖尿病に対する運動処方

種目	有酸素運動	歩行，ジョギング，水泳など	水中歩行など
	レジスタンス運動	腹筋，ダンベル，腕立て伏せ，スクワットなど	
	バランス運動	片足立位保持，ステップ練習，体幹バランス運動など	
強度	中強度	最大酸素摂取量の 50% 前後 １分間の心拍数が 50 歳未満では 100 〜 120 拍，50 歳以上では 100 拍未満が目安 自覚的運動強度で「楽である」から「ややきつい」が目安	
時間	1 回 20 分以上の持続が望ましい		
頻度	有酸素運動	中強度で週に 150 分かそれ以上，週 3 日以上，運動しない日が 2 日間以上続かないように行う	
	レジスタンス運動	連続しない日程で週に 2 〜 3 回行う	

＊禁忌でなければ両方の運動を行う。
＊歩行運動では 1 回 15 〜 30 分間，1 日 2 回，1 日の運動量として約 1 万歩程度が適当である。
（文献 15 より引用）

● 12-7　動脈硬化と運動

　動脈硬化とは動脈内膜の肥厚や弾力性低下を引き起こす血管病変の総称である。代表的なものに，血管内にプラーク（やわらかいできもの）が生じる**粥状動脈硬化**がある（図 12.7）。粥状動脈硬化は心筋梗塞や脳梗塞などの重篤な疾患に結びつきやすい。一方，運動は動脈硬化の進展に抑制的に働く。運動は動脈を柔らかくしたり，動脈を広げる機能を改善したり，血管に対して直接的な効果をもたらす。また，LDL コレステロール，血圧，血糖値の低下，HDL コレステロールの上昇など，動脈硬化の要因を改善することで間接的にも動脈硬化の

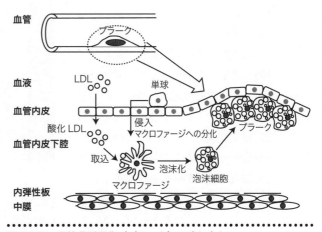

図 12.7　粥状動脈硬化（プラーク）の成り立ち

進展を抑える。動脈硬化予防に対する一般的な運動処方は，コレステロールに対する運動処方に準じる。(SN)

● 12-8　コレステロールと運動

コレステロールとは，ヒトの身体に存在する脂質の一種であり，細胞膜やホルモンなどの材料として欠かすことができない。コレステロールは血液中でタンパク質などと結合し LDL コレステロールや HDL コレステロールとして存在する（**図 12.8**）。血液中の LDL コレステロールの増加は血管障害を惹起するため悪玉コレステロールといわれ，反対に HDL コレステロー

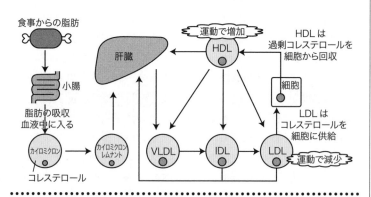

図 12.8　体内のコレステロール輸送の流れと運動効果

ルの増加は血管障害を抑制するため善玉コレステロールといわれる。運動はこれらに対し好影響をもたらし，特に HDL コレステロールを増加させる効果が大きい。LDL コレステロールに対しては，低下させる効果や大きさを変化させる効果もあるが，それらの効果を生み出すには多くの運動量が必要となる。コレステロール改善のための一般的な運動処方は，大筋群を使用する動的な有酸素運動で，強度は中強度，時間は 30 分以上が推奨されている。コレステロール改善には運動量の確保が重要となるため，週 180 分以上の運動を目標とし，それに合わせて頻度を調整する必要がある。(SN)

● 12-9　ウォーミングアップとクーリングダウン

ウォーミングアップとクーリングダウンは，準備運動・整理運動ともいわれるが，一連の運動プログラムにおいて主運動の開始前と終了後に行う運動のことをいう。ウォーミングアップは，運動中の障害や事故の予防，運動パフォーマンスの向上，主運動に対する心理的準備，運動実施者の体調把握などを目的とし，生理的反応として筋温の上昇，呼吸循環器系の変化，神経機能の亢進，柔軟性の増加が認められる。クーリングダウンは，疲労回復の促進，運動直後のめまいや失神の予防，慢性障害や筋痛の予防などを目的とし，乳酸などの除去の亢進，運動後の血圧急低下の予防，過換気の抑制が生理的反応として認めら

表 12.9　ウォーミングアップとクーリングダウン中の体調チェックポイントと指導原則

	自覚的所見	他覚的所見
体調チェックポイント	・胸痛 ・呼吸困難 ・疲労感 ・吐き気 ・めまい ・頭痛 ・四肢，関節の痛み ・足のもつれ ・脈拍の急増	・顔面が蒼白になる ・冷や汗が出る ・唇が紫色になる ・動きが不安定になる ・呼吸が激しい ・運動速度の低下
指導原則	・主運動の特性を考慮する ・主運動で頻発する障害を予防する ・複数の運動要素を含む ・強度を漸増，漸減させる ・時間配分を考慮する ・指導対象の性，年齢，体力，習熟度を考慮する ・ウォーミングアップとクーリングダウンは同じではない	

（文献 4 より引用）

れる。ウォーミングアップとクーリングダウンは目的が異なるため，方法がまったく同じということにはならないが，動的または静的ストレッチ，歩行・走行，主運動と関連した軽運動を組み合わせて構成されることが多い（**表 12.9**）。(KO[1])

● 12-10　運動と貧血

血液中のヘモグロビンは体内の組織に酸素を運搬する役割を持つ。**貧血**とはその血液中のヘモグロビン濃度が著しく低下した状態であり，組織に十分な酸素を行き渡らせることができない。そのため，貧血になるとめまい，立ちくらみ，頭

表 12.10　鉄欠乏性貧血予防のための栄養素と食品

栄養素		主な働き	栄養素が含まれる食品の例
鉄	ヘム鉄	赤血球（ヘモグロビン）の材料	食肉（レバー, 赤身），魚肉（赤身），貝など
	非ヘム鉄		野菜（小松菜, ほうれん草, 枝豆）
タンパク質		赤血球（ヘモグロビン）の材料	食肉, 魚肉, 卵, 乳製品
ビタミンB群		赤血球（ヘモグロビン）の合成促進	海苔, 枝豆, レバー
ビタミンC		鉄の吸収促進	野菜（ブロッコリー, キャベツ）果物（キウイフルーツ, いちご）

痛などの症状が現れる。貧血の基準は，血液中のヘモグロビン濃度が男性では 13 g/dL 未満，女性では 12 g/dL 未満である。この他にも赤血球数，血清鉄や血清フェリチン濃度などから貧血の状況を判断する。

　貧血には様々な種類が存在するが，運動とのかかわりで多いのは**鉄欠乏性貧血**であり，体内の鉄が不足することで生じる。運動継続者は，消化管からの出血，ジャンプやランニングによる足裏の衝撃で生じる赤血球の破壊（溶血），大量の発汗などで体内の鉄の損失が増大する。それに加え，女性の場合，月経（経血）によりさらに鉄の損失が高まる。これらの損失に対し，食事による十分な鉄の供給が慢性的になされない場合，赤血球やヘモグロビンの合成などの造血機能が適切に機能せず，鉄欠乏性貧血が出現する。鉄欠乏性貧血になると運動能力（主に持久力）が低下する。

　鉄欠乏性貧血の予防には，鉄が多く含まれる食品を積極的に摂取することが重要である。一般に推奨される 1 日の鉄摂取量は，成人男性で 7.5 mg 程度，成人女性で 11.0 mg 程度である [9]。運動継続者であれば，それ以上の摂取が必要になるが，耐容上限量である 40 〜 50 mg を超えて摂取すべきではない。また，貧血の予防には，鉄の補給だけで十分とはいえず，その他にも，十分なエネルギー量，タンパク質やビタミンなどの各種栄養をバランスよく含む食事の摂取も必要である。エネルギー量不足は代謝や造血作用に影響を及ぼすことから，運動による消費エネルギーに見合った分を食事で補給する必要がある。また，タンパク質は鉄の輸送や貯蔵に必要であり，運動すると骨格筋の分解や合成で必要量が増えるため，その分を食事で補うことが大切である。ビタミンB群やビタミンCは造血や鉄の吸収を高めることから，それらを含む食品もあわせて摂取することが望まれる（**表 12.10**）。(SN)

TIDBIT 12-1

無月経

　無月経とは月経のない状態である。中でも，治療が必要な無月経には**原発性無月経**と**続発性無月経**がある。前者は満 18 歳に達しても初経が発来しないもの，後者は初経発来後に月経が 90 日以上周期的に発来しないものを指す。幼少期はもとより成熟期においても激しいスポーツ活動を継続している女性では，そうでない者よりも原発性無月経および続発性無月経を経験することが多いとされる。特に体重調整が強く競技成績に結び付くような体操・新体操競技や陸上競技中長距離種目などの競技者ではその傾向が強い。その理由として，体脂肪の過度な減少が性ホルモンの代謝に悪影響を及ぼすからといわれている。しかし，その他にも精神的・身体的ストレスや様々なホルモン環境の変化などの影響もあり，それらの要因が相互に関与することにより無月経が生じていると考えられる。無月経を含む月経異常の重症化は，疲労骨折の発生や将来の妊娠・分娩にも影響することから，適切な治療が必要となる。(SN)

● 12-11　体格の指数

　体格（肥満や痩せの度合い：肥痩度）の判定は，栄養状態や疾患を把握するうえで重要である。特に肥満の判定には，脂肪組織量（体脂肪量）の正確な測定が求められる。しかし，体脂肪量を厳密に測定するためには，水中体重秤量法や二重エネルギー X 線吸収法などを使用する必要があり，簡便に測定できない。近年ではインピーダンス法による体脂肪計も普及しているが，メーカーや機種によって測定した体脂肪量に違いがあり，適切な体格判定が難しい。そこで，身長と体重のみから求めることができる body mass index（BMI）が肥痩度の指標として国際的に広く用いられている。BMI は体重（kg）を身長（m）の 2 乗で除した値である。BMI は体脂肪率と正の高い相関関係が認められ，BMI の増加は体脂肪率の増加を表わしている。しかし，体脂肪が変わらず骨格筋が増加した場合でも BMI が増加することになるため，必ずしも「BMI の増加＝体脂肪率の増加」ではない。また，体脂肪が少なく骨格筋量の多い運動競技者でも BMI が高くなるため，解釈には注意が必要である。日本人では BMI 25 以上を肥満と判定するが（**表 12.11**），欧米人の肥満の基準に比べ低く設定されている。これは，欧米人に比べ，日本人は低い BMI でも疾患にかかりやすいためである。また，日本人では疾患にかかりにくい BMI は 22 付近とされ，それをもとに身長(m) の 2 乗 × 22 を標準体重としている。

表 12.11　肥満の分類

BMI	日本の基準	欧米（WHO）の基準
<18.5	低体重	低体重（underweight）
18.5 ≦ ～ < 25	普通体重	普通体重（normal range）
25 ≦ ～ < 30	肥満（I 度）	過体重（pre-obese）
30 ≦ ～ < 35	肥満（II 度）	肥満 I 度（obese class I）
35 ≦ ～ < 40	肥満（III 度）	肥満 II 度（obese class II）
≧ 40	肥満（IV 度）	肥満 III 度（obese class III）

（文献 11 より引用）

　肥満と疾患とのかかわりから，内臓周囲に付着する**内臓脂肪**の測定も重要となる。内臓脂肪の正確な測定にはコンピュータ断層撮影装置（CT）や磁気共鳴画像撮影装置（MRI）などの設備が必要であり，容易に測定できない。そこで腹部周径囲（腹囲）が広く利用されている。腹囲は臍の高さの腹部周囲径である。腹囲は内臓脂肪面積と正の相関が認められており，腹囲の増加は内臓脂肪の増加を意味する。ただし，腹囲には皮下脂肪も含まれており，皮下脂肪が腹部に蓄積しやすい女性（特に閉経前中年女性）では内臓脂肪評価の正確性が劣る可能性がある。腹囲の基準は男性 85 cm 以上，女性 90 cm 以上であり，それらの基準を超えると疾患の危険性が高まる。(SN)

TIDBIT 12-2

りんご型，洋なし型

　肥満は各種疾患の発症を増加させる 1 つの要因であり，従来，身体全体の脂肪量や脂肪の割合（体脂肪率）の多寡が問題視されてきた。しかし，疾患発症との関連をみると，身体全体の体脂肪量や体脂肪率よりも，身体のどの部位にどのくらい脂肪がついているかの方が重要である。特に中年男性に存在する腹部がふくれたような肥満は，疾患発症の危険性が高まる。これは，内臓の周囲にある内臓脂肪が過剰に蓄積した状態の肥満であり，**上半身肥満（内臓脂肪型肥満）**と呼ばれる。またこのような肥満は外見がりんごに似ていることから，**りんご型**（肥満）ともいわれる。一方，中年女性に多い殿部が大きい肥満は，上半身肥満に比べると，疾患発症の危険性は低い。これは殿部に皮下脂肪が過剰に蓄積した肥満であり，**下半身肥満（皮下脂肪型肥満）**と呼ばれる。このような肥満は洋なしのような外見を呈することから，**洋なし型**（肥満）ともいわれる。(SN)

● 12-12　過体重と肥満

　肥満は，身体に脂肪組織が過剰に蓄積した状態を指し，体格の指数である body mass index（BMI）が 25 以上の場合と定義される [13]。しかし，BMI は身長と体重で求められる数値であり，実際の体脂肪量を正確に評価できない。そのため，実際は体脂肪量が少なく体脂肪以外の組織量（主に骨格筋量）が多い者であっても，BMI が 25 を超えることがある。この場合，この者を肥満と判定することは適切とはいえず，**過体重**と表現する方が適切である。一方，体脂肪量が多く BMI が 25 を超える肥満の場合，その状態が継続されると複数の疾患を発症する可能性が高くなる。日本では，肥満でもすでに健康障害を有する場合や内臓周囲に蓄積する脂肪（内臓脂肪）が過剰な場合には「肥満症」と位置づけ積極的な減量治療の対象になる [13]（**表 12.12**）。肥満や肥満症は，食習慣や運動習慣など生活上の要因だけでなく，遺伝，生育発達，社会的要因など様々なものが関係し発症することがわかってきた。そのため，肥満改善には従来考えられていたよりも多角的な視点からのアプローチが必要である。(SN)

表 12.12　過体重，肥満，肥満症の定義

過体重	肥満	肥満症
BMI 25 以上で骨格筋など脂肪組織以外の多い者	BMI 25 以上で脂肪組織の多い者	BMI 25 以上で脂肪組織が多く，健康障害もしくは過剰な内臓脂肪を有する者

● 12-13　脂肪細胞

　脂肪細胞とは，細胞内に脂肪滴を有する細胞のことである。脂肪細胞には大きく分けて白色脂肪細胞と褐色脂肪細胞がある。**白色脂肪細胞**は，一般的な体脂肪（皮下脂肪や内臓脂肪など）を構成し，細胞内に大きな 1 つの脂肪滴が存在する。白色脂肪細胞の役割は従来，脂質の貯蔵や動員のみと考えられていたが，その他にもホルモン（アディポカイン）分泌や免疫機能などにも関与することが明らかとなり，身体の恒常性の維持を担う。一方，**褐色脂肪細胞**は，細胞内に様々な大きさの脂肪滴を複数有するとともに，それに隣接するように多くのミトコンドリアを含む。褐色脂肪細胞は，白色脂肪細胞のように脂質を貯蔵したり動員したりせず，熱を産生する役割を持つ。産生された熱は，体温を調節するとともに，体内の余剰なエネルギーとして外界へ放散される。近年では，機能面で褐色脂肪細胞に似た特徴を持つベージュ脂肪細胞の存在も明らかになっている（**表 12.13**）。(SN)

表 12.13　ヒトにおける脂肪細胞の特徴

脂肪細胞の種類（色調）	白色脂肪細胞（白色）	ベージュ脂肪細胞（ベージュ）	褐色脂肪細胞（褐色）
細胞イメージ			
構造形態	細胞内に大きな脂肪滴（単房性脂肪滴）が存在	細胞内に様々な大きさの脂肪滴（多房性脂肪滴）が複数存在	
主な局在部位	全身の皮下，内臓周囲など	鎖骨上窩部，傍脊椎部，頸部，腋窩部	肩甲骨間，腎臓周囲
ミトコンドリア密度	少ない	中間	多い
主な機能	エネルギー貯蔵・動員，アディポカイン産生・分泌	代謝的熱産生，余剰エネルギー消費	

● 12-14　肥満と運動

　疾患が原因となる**肥満**を除き，一般的な肥満改善の原則は，長期間にわたり体内のエネルギー出納を負に傾けることである。つまり，摂取エネルギー量（食事から摂取するエネルギーの量）よりも消費エネルギー量（基礎代謝や運動により消費するエネルギーの量）が上回る状況を長期間作り出し，体脂肪の分解・燃焼を促進することが必要となる（**図12.14**）。一般的かつ具体的な方法は，①食事量を減らすこと（食事制限），もしくは②運動量を増加すること（運動）の2つである。ただし，体内のエネルギー出納を負に傾けるインパクトは，運動よりも食事制限の方が大きい。なぜなら，食事は1週間に21回（1日3食と仮定）するのに対し，運動は毎日実施したとしても7回にすぎず，その機会は限られる。また，1回の運動で消費されるエネルギー量はそれほど大きくない（体重60 kgの人が30分ジョギングした場合でも250 kcal程度）。そのため，確実な減量効果を期待するのであれば，運動だけでは難しく，食事制限が必要となる。しかし，食事制限のみの減量では骨格筋量や骨量などを減少させる可能性があるため，その予防のために運動を取り入れることも重要である。よって，短期間の減量を望むのであれば，食事制限を中心として補助的に運動を取り入れることが現実的である。

　肥満改善に対する運動の効果は，減量中の骨格筋量や骨量の維持もあるが，その中心は消費エネルギー量の増加にある。よって，運動で効果的な減量をすすめる場合，安全性を確保したうえで，運動種目は限定せずに，消費エネルギー量を高めることを念頭に置くことが大切である。アメリカスポーツ医学会[1]によると，中強度運動を1週間に150分以下継続しても体重減少はわずかであるが，150分を超えて継続すれば将来的に2〜3 kgの体重減少が期待できるとしている。さらに，中強度運動を1週間に225〜420分継続する場合には5〜7.5 kgの体重減少が期待できるという。このように運動による肥満改善には運動量の確保と継続が重要になる。(SN)

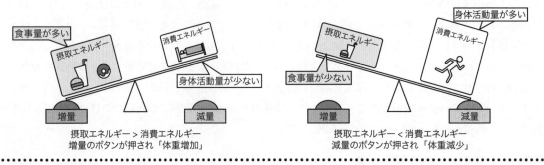

図 **12.14**　体重増減のメカニズム

TIDBIT 12-3

褐色脂肪組織

　褐色脂肪組織とは，褐色脂肪細胞により構成される熱産生組織であり，非ふるえ熱産生に関与する。褐色脂肪細胞では脱共役タンパク質1により熱産生が生じる。産生された熱は，体温の調節に関与するとともに余剰エネルギーとして消費される。そのため，褐色脂肪細胞の活性を高めエネルギー消費を促進することが，肥満や糖尿病などの疾患予防に貢献する可能性が指摘されてきた。従来，褐色脂肪細胞は新生児や乳幼児では認められるが，成長とともに漸減し，成人期には活性化した褐色脂肪細胞がほとんど存在しないと考えられていた。最近では成人でも同様の脂肪細胞の存在が明らかとなったものの，それが従来の褐色脂肪細胞ではなく，主に同機能を持つベージュ脂肪細胞であることが示唆されている。現在も肥満や糖尿病などの疾患予防のため，褐色脂肪細胞やベージュ脂肪細胞の研究が進められている。(SN)

● 12-15　身体組成と評価法

　身体組成とは，ヒトの身体を構成する様々な物質（成分）の量やその割合を意味する。身体組成は，原子レベル（酸素，炭素，水素など）に始まり，分子レベル（水分，脂質など），細胞レベル（細胞質，細胞外液など），組織レベル（脂肪組織，骨格筋，骨など）のようにいくつかの捉え方がある。実社会では，組織レベルで捉えること

表12.15　代表的な身体組成評価法の主な長所と短所

評価法	長所	短所
水中体重秤量法	精度が高い	対象者の負担が大きい 部位別の評価ができない
二重エネルギー X線吸収法 （DEXA）	精度が高い 対象者の負担が少ない 部位別の評価も可能	X線に被曝する
超音波法	組織の局所的な厚みを測定可能	測定に一定の技術が必要
インピーダンス法 （体脂肪計）	機器が比較的安価 簡便性が高い 部位別の評価も可能	体水分の影響を受ける 機種間での比較が困難
皮下脂肪厚法	簡便性が高い	測定に一定の技術が必要

が一般的であり，体脂肪量，除脂肪量（骨格筋量，骨量などを含む），体脂肪率などを測定する場面が多い。

　現在，身体組成評価法として真っ先にイメージするのは体脂肪計であろう。**体脂肪計**は，身体に微弱な電流を流すことで得られる生体電気抵抗値に基づき身体組成を評価する方法（インピーダンス法）である。この方法は，簡便に測定できるが，体内の水分状況に大きく影響を受ける。そのため，運動，入浴，飲食など体水分の分布に影響を与える要因に注意しないと，精度の高い測定ができない。一方，高価で専門的な機器を必要とするが，精度の高い評価法として，水中体重秤量法や二重エネルギーX線吸収法（DEXA）がある。**水中体重秤量法**は，空気中での体重と水中での体重から体密度を求め，身体組成を評価する方法である。これは，身体組成評価法の原点といえる方法で，精度の高さから国内外で広く用いられてきた。現在では，測定できる施設も限られ，測定の際に対象者に強いる負担（頭部を浸水させ，最大に息を吐ききり静止）などから実施は少ない。DEXAは，低エネルギーと高エネルギーの2種類のX線を身体に照射し，身体組成を評価する方法である。もともと骨量や骨密度の測定に開発されたが，体脂肪量や除脂肪量も高精度で測定できる。測定中，機器上に仰向けに寝て静止するだけであり，対象者の負担はほとんどない。しかし，健康障害を引き起こす可能性は低いもののX線に被曝するという側面もある。これらの他にも身体組成評価法は存在し，それぞれには一長一短あるため，それらを踏まえ身体組成を評価することが大切である。(SN)

TIDBIT 12-4

がんの予防 [5]

　国立がん研究センターによる「日本人のためのがん予防法」において，日本人のがんの予防にとって重要な要因に「禁煙」「節酒」「食生活」「身体活動」「適正体重の維持」「感染予防」の6つを取り上げている。日本人男性の約50%，女性の約30%が生活習慣や感染が原因でがんを患うと考えられており，「感染」以外の5つの生活習慣を見直すことでがんになる確率を低くすることが可能である。

　喫煙と受動喫煙は，肺がん，食道がん，膵臓がん，胃がん，大腸がん，乳がんなど多くのがんに関連しているため，禁煙し他人のたばこの煙を避ける。多量の飲酒は食道がん，大腸がんと強い関連があるため，純エタノール量換算で1日約23gまでとする。食道がん，胃がんなどと関連する食生活では，減塩し，野菜と果物をとり，熱い飲み物や食べ物は冷ましてからとるようにする。男性では結腸がん，肝臓がん，膵臓がん，女性では胃がんにおいて，身体活動量が高い人ほどリスクが低いことから，適度な運動・身体活動を維持する。やせすぎているまたは太りすぎている人はがんによる死亡リスクが高いことから，男性はBMI値21〜27，女性は21〜25の範囲になるよう体重を管理する。(KO [1])

● 12-16 運動と寿命

適度な運動は様々な疾病の発症リスクを抑制し，**健康寿命**の延伸に有用であることが数多く報告されている。アメリカで行われた2つの大規模な前向き研究のデータを解析した結果によると，ウォーキングなどの中強度の身体活動を週あたり300〜600分，または水泳など高強度の身体活動を150〜300分，あるいはそれらを組み合わせて同程度の総身体活動量を実施したグループで死亡リスクが最も低かった[10]。また，1日4,000歩以下と比較して1日8,000歩以上のグループは総死亡率が明らかに低下していた。その傾向は年齢カテゴリ40〜49歳に比べて，50歳以上で顕著であった。さらに，「アメリカ国民のための身体活動ガイド

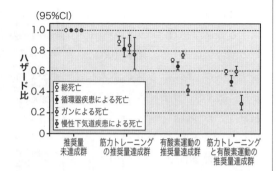

図 12.16.1　身体活動ガイドラインの推奨レベルを達成することによる死亡リスクへの影響（文献19より引用）

イン」で提示されている筋力トレーニングと有酸素運動の推奨量を満たしている者は，満たしていない者よりも死亡リスクが低下することも報告されている。運動量が推奨レベルに達していなかったグループをコントロール群とすると，推奨レベルの筋力トレーニングを行っていた人，推奨レベルの有酸素運動を行っていた人，両方が推奨レベルに達していた人では，いずれも総死亡リスクが有意に低くなっていた。これは日本人を対象とした報告においても同様の傾向を示しており，Inoue ら[3] は男女ともに身体活動量が多い群ほど死亡リスクが低下していたことを報告している。このような国内外の大規模コホート研究の結果が示しているように，適度な運動は寿命を長くする効果があり，その効果は高齢期において影響が大きいといえる。(KO[1])

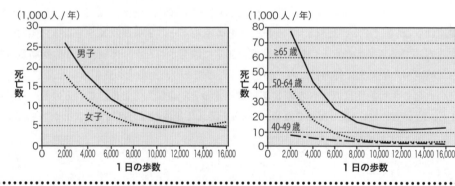

図 12.16.2　歩数が総死亡リスクに与える影響（文献19より引用）

TIDBIT 12-5

インフォームドコンセント [14]

インフォームドコンセントとは，患者とその家族が医師などの医療従事者から病状や治療などについて十分な説明を受け，理解したうえで，自らの意思による同意に基づいて，医療従事者との合意のもと方針を選択することを意味する。日本においては，1990年に日本医師会生命倫理懇談会の報告書で「説明と同意」と表現され，1997年の医療法改正に伴い「説明と同意」が義務化された。インフォームドコンセントは医療を受ける患者の権利に関するものであったが，研究における被験者にも適応されるようになった。その手順は口頭での説明と同時に文書で明示し，署名された説明同意書は医療従事者（または研究従事者）と患者（被験者）の双方で確認・保管できるようにする。具体的には，病気の内容，治療法，治る確率，治療の問題点，危険性，副作用，代替可能な治療法などを理解できる表現で伝える。なお，意思を表明できない場合や未成年者については，家族や法定代理人などの適切な代理人に対して行う。(KO[1])

● 12-17　運動処方の一般的手順 [4)]

　運動処方とは，健康づくりを目的として，個人に適した安全かつ効果的な運動プログラムを提供することである。最適な運動処方の実現には，事前に個々人の身体的・心理的要素を含む特性（**表12.17**）や目標などあらゆる面を把握したうえで，それらを考慮に入れた運動プログラムを作成することが必要である。個人の特性や目標などは1人ひとり異なることから，画一的な運動処方は適切ではない。運動処方の一般的手順は以下の通りである（**図12.17**）。

　①メディカルチェック：メディカルチェックの結果に基づき，運動実施可否を判断。

　②運動負荷試験：運動禁忌でない者に対して，運動負荷試験により運動許容条件を確認し，運動トレーニング実施の可否を判断。

　③体力・運動能力試験：運動トレーニング可の者に対して，体力・運動能力診断により各体力要素（筋力，持久力など）の現状を把握。

　④運動処方の目的・目標の設定と運動プログラムの作成：①～③の結果を踏まえたうえで，運動処方の目的，目標を設定し運動プログラム（運動の種類，強度，時間，頻度など）を作成（対象者の生活状況や運動に対する嗜好なども加味して総合的に作成）。

　⑤運動プログラムの実施：処方した運動プログラムを一定期間実施。

　⑥運動プログラムの検証：処方した運動プログラムの効果と安全性を検証。検証を踏まえ，必要に応じて運動プログラムを再調整。

　④運動プログラムの作成では，運動の種類，強度，時間，頻度の決定が中心となる。運動の種類は有酸素運動，筋力増強運動，ストレッチング運動，レクリエーション運動などがある。ここでは有酸素運動に限定するが，強度は，心拍数を用いたカルボーネン法で40～80％，自覚的運動強度でややきつい～きついで設定することが一般的である。時間は強度に依存するが20～60分，頻度は週3～5回が推奨されている。(SN)

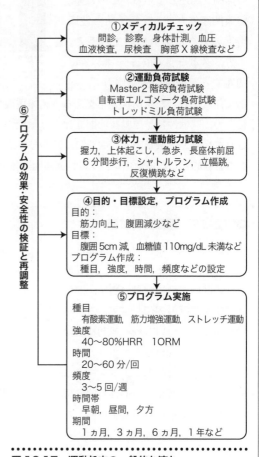

図12.17　運動処方の一般的な流れ

表12.17　運動処方における対象者特性把握のための変数

人口動態的変数	地理的変数	身体的変数	生活行動的変数	心理的変数
性 年齢 職業 労働形態 学歴 家族構成 年収	居住地 勤務地 プログラム提供施設からの距離	体力 身体機能 疾病受療状況	運動習慣 身体活動量 生活時間 主な外出先 利用メディア （一般・健康情報）	行動変容ステージ 健康観，健康意識 自己効力

（文献4より改変）

● 12-18 健康関連体力

体力は健康関連体力と運動技能関連体力に分けられる。**健康関連体力**の構成要素は，健康全般と強い関係があり，日常生活活動を活発に行う能力である。また，慢性疾患やその関連危険因子の有病率の抑制と関連している。そのため，健康関連体力は，疾病予防と健康増進の双方に強い影響を与える。一方，スポーツパフォーマンスに関連する運動技能関連体力も，加

表 12.18 健康関連体力と運動技能関連体力の構成要素

健康関連体力	心肺持久力：持続的な身体活動中に酸素を供給する循環器系と呼吸器系の能力
	身体組成：筋，脂肪，骨，その他の重要な部位の相対的な量
	筋力：筋が力を発揮する能力
	筋持久力：筋が疲労することなく力を発揮し続けることができる能力
	柔軟性：関節の可動範囲 スキルに関連する体力要素
運動技能関連体力	敏捷性：スピードと正確さで空間内の身体の位置を変化させる能力
	協調性：視覚や聴覚などの感覚と身体の各部位を使い，円滑かつ正確に作業を行う能力
	バランス：静止または移動中に均衡を保つこと
	パワー：仕事を遂行する能力または速度
	反応時間：刺激を受けてから，それに対する反応が始まるまでの経過時間
	スピード：ある動作を短時間で行うことができる能力

（文献２より引用）

齢に伴う自立した生活状態を支えるうえで重要である。健康関連体力は心肺持久力，身体組成，筋力，筋持久力，柔軟性で，運動技能関連体力は敏捷性，協調性，バランス，パワー，反応時間，スピードで構成されている。一次予防，二次予防，リハビリテーションプログラムの基本目標は健康増進であるため，それらを目的とした運動プログラムは健康関連体力の強化に焦点をあてて計画される。(KO[1])

● 12-19 運動負荷試験

運動負荷試験の目的は，虚血性心疾患の診断と重症度の判定，運動耐容能の評価，治療効果の判定，運動誘発性不整脈の評価などである。運動負荷試験に用いられる運動様式はトレッドミルと自転車エルゴメータが主である。自転車エルゴメータは転倒リスクが低く，整形外科的疾患を有する人でも比較的安全に行えること，運動量の定量化がしやすいなどの利点がある。一方，トレッドミルは歩行や走行といった慣れた運動様式で行えることや，最大負荷まで測定しやすいことが特徴である。試験プロトコルは，多段階負荷

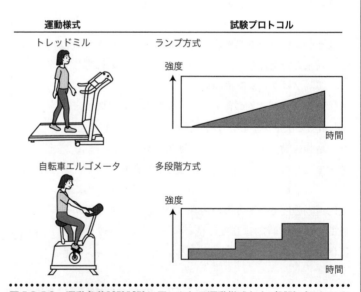

図 12.19 運動負荷試験試験に用いられる運動様式および試験プロトコル

方式とランプ負荷方式があり，対象者の特性に合わせて使い分けられる。また，AHA（American Heart Association：アメリカ心臓協会）/ACC（American College of Cardiology：アメリカ心臓病学会）のガイドラインの中で，運動負荷試験の禁忌条件（絶対的禁忌と相対的禁忌）と中止基準（絶対的基準と相対的基準）が示されているが，実施スタッフはこれらのことを熟知していることが重要である。(KO[1])

● 12-20　運動参加前のメディカルチェック

　運動は，健康の維持・改善，レクリエーション，スポーツ競技パフォーマンスの向上などを目的として行われるが，安全に実施するための運動参加前のスクリーニングが重要である。**メディカルチェック**とは，運動によって心臓突然死や急性心筋梗塞といった重大な事故が起こらないよう事前に身体状況を調べることを目的とした医学的検査のことをいう。

　アメリカスポーツ医学会（ACSM）のガイドラインによると，運動参加前の健康スクリーニングの包括的な目的は，運動に関連した有害な心血管系イベントのリスクを持つ個人を特定することである。スクリーニング法には，運動専門指導者による方法と自己記入式の方法がある。運動専門指導者が手順を追って判断するために**図 12.20** のようなアルゴリズムが開発されている。スクリーニングの目的は，①中強度から高強度の運動プログラムを開始する前，または現在のプログラムの強度を上げる前に医師の許可を得る必要がある人，②臨床的に重大な疾患を持ち，医師の監督下で運動プログラムに参加することが有益な人，③病状が緩和またはコントロールしやすくなるまで運動プログラムから排除しなければならない人を特定することである。医学的な相談を推奨するかどうかは，個人の現在の運動参加レベル，兆候や症状，既知の心血管系，代謝，腎臓疾患の有無，希望する運動強度に基づいて決定することとしている。ただし，この健康スクリーニング法は臨床的判断に代わるものではなく，運動プログラムを開始するにあたって医師にメディカルチェックを受ける決定は，リスク因子の数に関係なく個別のケースに基づいてなされるのがよい。(KO[1])

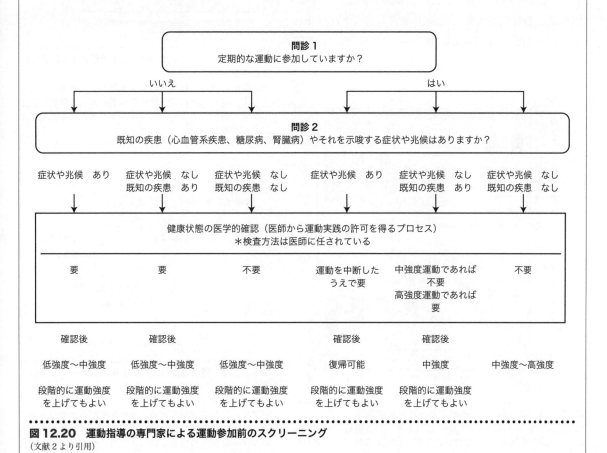

図 12.20　運動指導の専門家による運動参加前のスクリーニング
（文献 2 より引用）

第4部　応　用
第13章　運動と環境

■ 要約

環境の影響

　我々は様々な環境において運動・スポーツや身体活動を実施するが，特に，暑熱・寒冷，高地・低酸素，高圧・高酸素，水中，微小重力は，パフォーマンスに影響するだけでなく，暑熱では熱中症（⇒ 13-7），寒冷では低体温症，高地では高山病（⇒ T13-4）などのように，その環境が故のリスクとなり，生命を脅かす要因ともなる。環境が身体に及ぼす影響を理解し，それを軽減すること，また，巧みに利用することは，競技スポーツにおける高いパフォーマンスの発揮，また運動・スポーツや労働の現場における安全管理のために必須である。

暑熱・寒冷

　体温や筋温には生体反応やパフォーマンスを向上させる至適温度域がある（図13.0.1）。体温の適度な上昇は，代謝速度，神経伝導速度，筋柔軟性を高めるなどパフォーマンスの向上に貢献するが，過度の上昇はこれらの機能

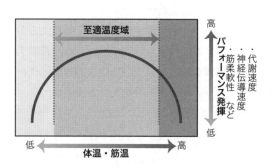

図13.0.1　体温・筋温の変化と生体反応および運動パフォーマンス
体温が低い場合にはウォーミングアップや保温・加温によって，高い場合には身体冷却などによって体温を至適温度域に調節することはパフォーマンス維持に有効である。（文献6より引用）

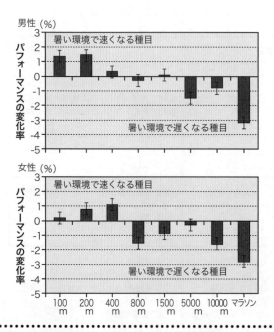

図13.0.2　環境温度によるパフォーマンスの変化
陸上競技世界選手権（1991年〜2011年）の走種目の記録について，気温25℃未満に対する気温25℃以上のパフォーマンス変化率を示す。（文献23より引用）

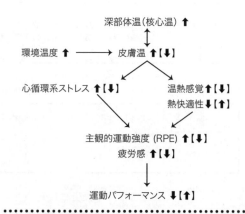

図13.0.3　環境温度の上昇によるパフォーマンスの低下と冷却介入の影響
皮膚温や深部体温の上昇により，運動強度が調整され，パフォーマンスが低下する。身体外部から皮膚を冷却すると，主観的感覚や熱快適性が改善し，暑熱下におけるパフォーマンスの低下が軽減される。➡：暑熱による反応，【➡】：冷却による反応（文献4より引用）

を抑制してパフォーマンスを低下させる。体温は熱産生と熱放散のバランスで変化し，体温調節機構によって調節される（⇒ **13-2，13-8，T13-1，T13-2**）。高いパフォーマンスが期待される気温は，運動や競技の特性によって異なり，短時間の高強度運動では気温の高い方が，一方，長時間の運動では気温の低い方がパフォーマンスは高い（**図 13.0.2**）。暑熱環境では，体温上昇を介してパフォーマンスが低下し（**図 13.0.3**），熱中症の発症因ともなる（⇒ **13-7**）。湿球黒球温度（WBGT）が高いほど熱中症の発症危険度は上昇し（⇒ **T13-6**），長時間運動のパフォーマンスは低下する（⇒ **13-5**）。これらの影響は水分補給（⇒ **13-5，13-6，13-9**）や身体冷却（⇒ **13-10**）によって軽減する。季節の変化とともに暑熱や寒冷環境に順化するが（⇒ **13-1，13-3**），運動トレーニングは順化を亢進する（⇒ **13-3，13-11**）。

高地・低酸素

高地では標高の上昇に伴う気圧の低下によって低酸素（低圧・低酸素）となり，低酸素室では酸素濃度の低下によって低酸素（常圧・低酸素）となる（**図 13.0.4**）。これらの低酸素環境では組織への酸素供給が制限され，最大酸素摂取量は低下する（⇒ **13-15**）。身体には急性の応答や慢性の変化（高地順応）（⇒ **13-14**）が起こる。高地では，同じトレーニングでも平地より身体負荷のレベルは高くなり，疲労しやすく回復に時間を要するものの高い効果が期待される（**図 13.0.5**）（⇒ **13-16**）。

高圧・高酸素

高圧・高酸素，常圧・高酸素とも組織への酸素供給が上昇するため，運動時には持久系パフォーマンスの向上が，安静時には酸素運搬の低下している病態への治療効果が期待される（⇒ **13-13**）。

水中・宇宙・その他

水中では浮力のために関節や筋への負担が軽減する。浸水や潜水時には水圧による体液シフト，あるいは潜水反射によって循環器系に変化が起こる（⇒ **13-19**）。ダイビングでは高圧となるため，窒素酔いや潜水病の危険性がある（⇒ **13-18**）。宇宙空間は微小重力環境であり，筋骨格系の機能低下や体液シフトに起因する心循環器系の機能低下が起こるが，その影響は運動トレーニングで軽減する（⇒ **13-20**）。日光による紫外線にあたると皮膚でのビタミン D 生成効果が期待できるが，紫外線によるリスクが高くなる（⇒ **13-17**）。(KO²)

標高 (m)	気圧 (hPa)	気圧 (mmHg)	酸素分圧 (hPa)	酸素分圧 (mmHg)	平地での換算酸素濃度（%）
4,000	616	462	129	97	12.7
3,500	658	493	138	103	13.6
3,000	701	526	147	110	14.5
2,500	747	560	156	117	15.4
2,200	775	582	162	122	16.0
2,000	795	596	166	125	16.4
1,800	815	611	171	128	16.8
1,500	846	634	177	133	17.4
1,000	899	674	188	141	18.5
500	955	716	200	150	19.7
0	1,013	760	212	159	20.9

標高が高くなっても空気中の酸素濃度（20.9%）は変わらないが，気圧が低下するために酸素分圧が低下する。

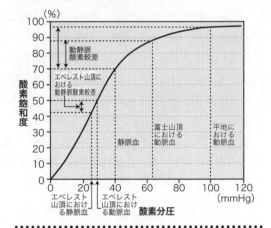

図 13.0.4　標高，気圧，酸素分圧，平地での換算酸素濃度（上），酸素分圧とヘモグロビン酸素飽和度の関係（酸素解離曲線：下）（文献 16 を元に作成）

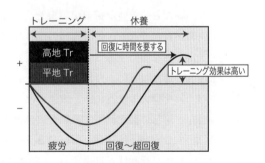

図 13.0.5　高地トレーニングと超回復
同じトレーニングを行っても，高地のほうが負荷レベルが高いので，高い効果が期待できる。
（文献 19 より引用）

● 13-1 季節と身体

我々の身体には，季節による環境の変化に対応した変化（**季節変動**）がみられる。夏の暑さに対して暑さに慣れる変化（**暑熱順化**）が起こるが，それは冬にかけて失われる。夏には他の季節と比べて，同じ暑熱負荷に対して発汗量が多くなり，汗ナトリウムイオン（Na$^+$）濃度は低くなる（**図13.1**）。暑さに慣れるには，身体が暑さに十分にさらされる必要があるため，身体の変化は外気温の変化に少し遅れて起こる。急に暑くなった日に，気温が夏場ほど高くなくとも熱中症が頻発するのは，暑さに十分に慣れていないためである。同様に，血漿量にも季節変動がみられ，夏に高く冬に低い。夏でも最高気温が30℃を下回るような地域では，このような季節変動はみられない。一方，

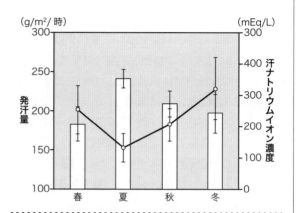

図13.1 足湯（気温30℃の環境下，42℃の湯に膝から下を浸す）を行った時の発汗量（棒グラフ）と汗ナトリウムイオン濃度（折れ線グラフ）の季節変化
（文献24より引用）

冬の寒さに対して寒さに慣れる変化（**寒冷順化**）が起こり，基礎代謝量，寒冷に対する熱産生の増加や非ふるえ熱産生を起こす褐色脂肪組織の活動は，冬に高く夏に低くなる。(KO^2)

● 13-2 体温の調節機構

深部体温が正常範囲を超えて低下（低体温）や上昇（高体温）すると，身体が正常に働かなくなったり，脳などの重要な臓器が障害を受けたりして，生命が脅かされる。**体温調節**の働きは深部体温を一定範囲に維持することである。暑熱環境にいる場合や運動などにより深部体温が上昇する場合には上昇を抑えるように，一方，寒冷環境にいる場合など深部体温が低下する場合には低下を抑えるように，体温調節中枢（⇒ **T13-1**）からの司令によって，行動性と自律性の2つの機構によって調節される（**図13.2**）。**行動性調節**は，自ら行動して環境を変えたり人体と環境との熱の移動を調節したりする機構である。**自律性調節**は，自律神経（交感神経）を介して，熱産生や熱放散を変化させる機構である。暑熱に対しては，皮膚血管拡張による皮膚血流量の増加（非蒸発性熱放

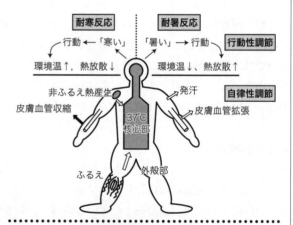

図13.2 ヒトの体温調節機構
図中の太い矢印は熱の移動を示す（⇒：促進，➡：抑制）。寒冷（左），暑熱（右）とも，行動性調節と自律性調節によって調節される。深部体温は熱産生と熱放散のバランスによって変化し，熱産生＝熱放散では不変，熱産生＞熱放散では上昇，熱産生＜熱放散では低下する。
（文献10より引用）

散），および，汗の量の増加（蒸発性熱放散）によって熱放散を増加する（⇒ **13-8**）。寒冷に対しては，皮膚血管収縮による皮膚血流量の低下によって熱放散（熱損失）を抑制し，また，ふるえ・非ふるえ熱産生（⇒ **13-12**）によって熱産生を増加する。(KO^2)

● 13-3　暑熱に対する生理的応答

　発汗と皮膚血管拡張は，深部体温や皮膚温の上昇（温熱性要因）に対して増加するが，運動，代謝，循環，体液など（非温熱性要因）によっても変化する。運動時には安静時に比べて発汗は促進され，皮膚血管拡張は抑制される。発汗による脱水が進行すると，発汗と皮膚血管拡張が抑制されるため，熱中症と高体温のリスクが高くなる。発汗と皮膚血管拡張には大きな個人差が存在し，年齢，性別，性周期，トレーニングや順化の程度などに影響される。成人に比べて思春期前の子どもは，発汗量は少ないが皮膚血管拡張は大きい。また，老化によって発汗量と皮膚血管拡張は低下する。男性に比べて女性は，発汗量は少ないが皮膚血管拡張は大きい。性周期では，卵胞期に比べて黄体期では発汗と皮膚血管拡張が小さい。暑熱順化すると，安静時の体温や発汗の始まる体温

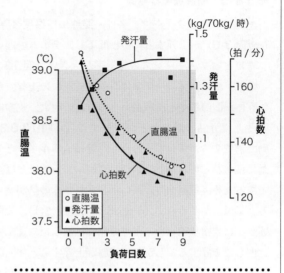

図 13.3　短期暑熱順化による生理的応答
（文献 1 より引用）

が低下し，発汗量は増加し，同じ暑熱環境や運動時でも体温や心拍数が低下するため（**図 13.3**），暑熱環境下のパフォーマンスが向上する。暑熱順化すると汗 Na^+ 濃度が低下するが，これは，導管での Na^+ の再吸収量が向上するためである（⇒ **13-4**）。暑熱順化は暑熱環境への滞在や運動で顕在化し，暑熱環境での運動を 1 時間ほど連日実施すると，1 週間ほどで 75 ～ 80％程度，2 週間ほどで順化がほぼ完了する。（KO[2]）

● 13-4　運動と発汗

　汗は熱放散に非常に重要で（⇒ **13-8**），汗 100 mL が皮膚表面で蒸発する際の熱放散は 58 kcal（水の気化熱：0.58 kcal／mL）であり，体重 70 kg の場合で約 1 ℃の熱を奪う計算となる（体温を 1℃変える熱量：0.83 kcal／kg）。暑熱環境での運動時の発汗量は，成人男性で 1 時間に 2 L にも及ぶ。汗の 99％以上は水だが，汗は体液から作られるため様々な体液成分を含む。汗に最も多く含まれる成分は Na^+，つまり塩分である。汗塩分濃度は個人差が大きく，身体部位差もあるが，体液の塩分濃度（0.9％相当）の 1／5 ～ 1／2（0.1 ～ 0.4％）ほどである。さらに，汗の塩分濃度は発汗量が多いほど高いが，暑熱順化すると低下する（**図 13.4**）。汗塩分濃度が高いほど，

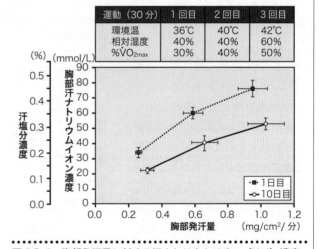

図 13.4　胸部発汗量に対する汗ナトリウムイオン（Na^+）濃度
3 つの環境条件下で各回 30 分の運動を毎日実施した際の 1 日目と 10 日目。汗 Na^+ 濃度は発汗量の増加とともに上昇するが暑熱順化で低下する。（文献 18 より引用）

同量の発汗に対してより多くの塩分が失われ，細胞外液量や血漿量の低下が大きくなる。（KO[2]）

● 13-5　暑熱環境と運動

　マラソンのパフォーマンスは，湿球黒球温度（WBGT）（⇒ T13-6）が上昇するにつれ低下し，タイムの遅いランナーほどパフォーマンスの低下率が大きい（**図13.5.1**）。この低下には，体温（深部体温や皮膚温）の上昇，それに伴う体温調節系や心循環器系への負荷の増大，主観的運動強度と疲労感の増加などが関与する（⇒ 図13.0.3）。運動で消費するエネルギーのうち，機械エネルギーとして運動に使われるのは20％ほどで，残りの80％ほどは全て熱となるため，運動強度が高いほどより多くの熱が産生される。気温にかかわらず（5 ～ 35 ℃の範囲では），短時間の運動中に定常状態となった際の深部体温は相対運動強度に比例して上昇する。しかし，体温が上昇すると体温調節のための発汗や皮膚血管拡張による熱放散機構を働かせる必要がある（⇒ 13-2）。このような状況では，心拍出量を運動のための筋への血流と熱放散のための皮膚への血流で奪い合うことになる。また，皮膚血管拡張によって皮膚に血液が貯留するため，心臓に戻る血液量（静脈還流量）が低下して1回拍出量が低下する。一定負荷の運動であっても心拍数が徐々に増加する心拍ドリフトが起こるが，これには体温上昇と1回拍出量の低下が関与する（**図13.5.2**）。発汗による脱水によって体液量の減少と体液浸透圧の上昇が進むとこれらの現象は増悪し，筋血流量や皮膚血流量の低下と深部体温の上昇をもたらし，運動制限要因となる。高体温時には，換気量の増加に伴い過換気（動脈血二酸化炭素分圧の低下）になるため脳血流量が低下する。また，脳温の上昇によって認知機能など脳高次機能が抑制される。さらに，中枢神経系も抑制されるため最大発揮筋力も低下する。(KO[2])

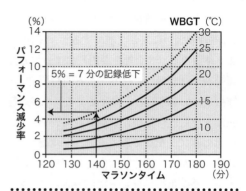

図13.5.1　異なる湿球黒球温度（WBGT）におけるマラソンタイムとパフォーマンス減少率との関係（文献23より引用）
7つの国際マラソンレースにおける過去6 ～ 36年間の結果を用い，男女の上位3位，25位，50位，100位，300位の選手の成績を気象データと比較。図中の点線はWBGTが30 ℃の場合の推測を示す。

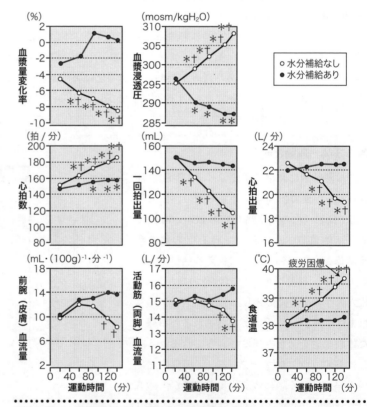

図13.5.2　暑熱環境下での運動時の水分補給の効果
気温35 ℃，相対湿度40 ～ 50％，最大酸素摂取量の61％強度。水分補給なし：疲労困憊まで運動実施（平均135分），濃縮した糖質・電解質溶液を合計0.2 L経口摂取（運動後3.9％脱水）。水分補給あり：同時間運動を実施，運動開始30分以降から希釈した糖質・電解質溶液を合計3.7 L経口摂取（体重減少なし）。2試行で糖質と電解質の摂取量は等しい。*20分値と比較し有意差。†試行間で有意差。（文献18より引用）

● 13-6　水分補給

　体液の量と塩分濃度（浸透圧）は，体液調節系の働きによって，飲水量，および，尿の量と濃さが増減することで調節される。運動時の水分補給の目的は，脱水の抑制に加えて内部冷却（⇒ **13-10**）や栄養素の補給など多岐に及ぶが，その要点は以下の通りである。

　量：のどの渇きに応じて飲みたいだけ飲む（自由飲水）。発汗による脱水量の 70 〜 80％が目安。短時間の運動であれば自由飲水で脱水率は 2％以内に抑えられる。長時間の運動や多量発汗時には脱水率が 2％を超えない量が目安。

　温度：5 〜 15 ℃。冷たい飲料の方が胃から腸への移動速度が速く体液量の回復も速い。

　組成：飲みやすく胃にたまりにくいもの。0.1 〜 0.2％程度の塩分（Na^+，40 〜 80 mg / 100 mL）に 4 〜 8％程度の糖質を含んだ糖質・電解質溶液（スポーツドリンク）がよい。**塩分が必要な理由**：発汗によって体液量の減少と体液浸透圧の上昇が起こるが（⇒ **13-5**），その際，水の摂取では体液量が回復する前に体液浸透圧が回復するため，のどの渇きが低下して飲水量が減少し，また腎臓での水の再吸収が低下して尿量が増加し，脱水が部分的に継続する自発的脱水が起こる。水と塩分を摂取すると自発的脱水が軽減する。水や塩分濃度の低い飲料を飲む場合は，のどの渇きに応じて無理に飲み過ぎない。飲み過ぎると体液の塩分濃度が低下する運動誘発性低ナトリウム血症を起こす危険性がある。**糖質が必要な理由**：小腸には Na^+ とブドウ糖を一緒に体内に取り込む共輸送体があり，ブドウ糖を含む方が小腸での吸収速度が速い。一方，胃から腸への移動速度は糖質濃度が高いほど遅くなるため，糖質濃度は 4 〜 8％程度がよい。

　方法：のどが渇く前からこまめに摂取する。のどの渇きは，ある程度の脱水が進行するまで起こらず，また，安静時より運動時で減弱するため，運動時には脱水が進行しやすい。（KO²）

● 13-7　熱中症

　熱中症とは暑熱を原因とする身体の不調の総称で，発症機序と症状によって以下の 4 つに分類される（**図 13.7**）。発症機序を理解して対処することは重要であるが，病態が明確に分かれるわけではないため，重症度に応じて対処する。

　熱失神：立位時の下肢への血液貯留と熱放散のための皮膚血管拡張によって血圧と脳血流量の減少を原因とし，めまい，失神などがみられる。

　熱けいれん：脱水時に水や塩分濃度の低い飲料を補給することによる体液の塩分濃度の低下を原因とし，脚や腹部などの筋に痛みを伴うけいれんが起こる。

　熱疲労：脱水とそれに伴う循環不全を原因とし，脱力感，倦怠感，めまい，頭痛，吐き気，嘔吐などがみられる。

　熱射病：過度の体温上昇のために中枢機能に異常をきたした状態で，高体温，意識障害，発汗の停止がみられる。緊急事態であり早急に救急隊の要請と積極的な冷却を開始する必要がある。（KO²）

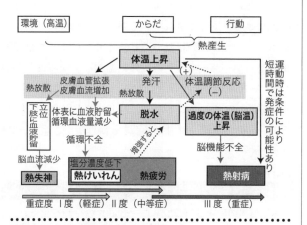

図 13.7　体温調節反応と熱中症の病態（文献 8 を元に作成）
環境，からだ（体温調節反応が低い者：乳幼児，高齢者，肥満者，低体力者，身体に障害のある者，持病のある者など，低い状況：脱水，暑熱順化前，体調不良など），行動（激しい運動，水分補給しにくいなど）の条件が熱中症発症の要因となる。I 度：現場での応急処置で対応できる軽症。涼しい場所へ移して身体を冷やして自分で水分と塩分を補給させる。水分をとれない，症状が改善しない場合は II 度と判断する。II 度：病院への搬送を必要とする中等症。少しでも意識がおかしい場合は II 度以上と判断し，速やかに病院へ搬送する。III 度：入院して集中治療の必要性のある重症。意識がない場合はすべて III 度に分類し絶対に見逃さない。救急隊の要請と積極的な冷却が必要。

● 13-8　熱放散メカニズム

体内の熱は体表面に運ばれ，体表面から体外（環境）へ放散される。人体から環境への熱の移動（熱放散）には，**蒸発性熱放散**と**非蒸発性熱放散**の2つのメカニズムがある（**図13.8**）。蒸発性熱放散は，汗の水分が体表面で蒸発することや呼気中の水分が蒸発することによる熱放散メカニズムである。汗をかく状況では，汗による割合が多く呼気による割合は少ない。水分が蒸発することで奪われる熱（気化熱）によるため，気温が高くとも汗が体表面で蒸発すれば熱放散される（有効発汗）が，蒸発しなければ熱放散されない（無効発汗）。汗の蒸発は湿度によるため，湿度が高いほど熱放散されにくくなる。一方，非蒸発性熱放散は蒸発によらない，伝導，対流，輻射による熱放散メカニズムである。

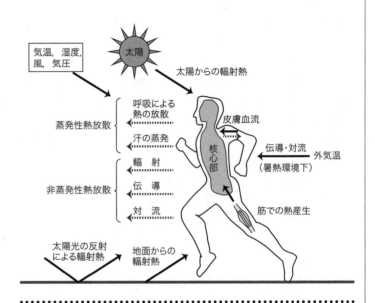

図13.8　運動時の熱の移動と熱放散メカニズム
環境から人体への熱の負荷（外気からの伝導・対流による熱，太陽や地面からの輻射熱），活動筋で産生される熱などが体温上昇の原因となる。
　➡：核心部への熱の移動，⋯➡：核心部から放散される熱の移動
（文献6より引用）

伝導は触れているものの間での熱の移動であり，皮膚と皮膚に触れている空気や物との間で熱が移動する。対流によって皮膚に触れている空気が入れ替わると，伝導による熱の移動が促進する。輻射は触れていないものの間での熱の移動であり，赤外線によって熱が移動する。非蒸発性熱放散では，温度が高い方から低い方へ熱が移動するため，外気温が高くなるほど熱放散されにくくなり，外気温が皮膚温を超える場合（およそ35℃以上）では，むしろ，熱が体内に流れ込んで体温を上昇させる。このような状況では蒸発が唯一の熱放散メカニズムとなる。以上のことから，人体と環境との熱のやりとりに影響する主な環境因子は，気温，湿度，気流，輻射であることが理解できよう。(KO[2])

TIDBIT 13-1

体温調節中枢

体温調節の司令塔（コントローラー）の役割を果たしているのが**体温調節中枢**である。体温調節中枢は脳の中心部（間脳）の視床下部に存在し，この部位の温度（深部体温）を感知するとともに皮膚など末梢組織の温度の情報も入力されている。これらの体温の情報と深部体温の基準値（セットポイント）を比較し，行動性調節と自律性調節の2つの機構を介して熱産生や熱放散を調節し，深部体温を基準値に近づけるように働く（⇒ 13-2）。体温調節中枢には，体温の情報（温熱性要因）に加えて，運動，代謝，循環，体液などの体温以外の情報（非温熱性要因）も入力されており，これらの情報も統合されてホメオスタシス（生体恒常性）を維持するように深部体温が調節される。このように，体温調節中枢は，身体の様々な状況に合わせて体温調節を行う高度なサーモスタット機能を果たしている。感染や炎症の際には発熱するが，これは，発熱物質が体温調節中枢に作用して深部体温の基準値を上げるためである。(KO[2])

● 13-9　脱水と水分補給

脱水の程度が進むほど運動能力は低下する。その影響は持久系要素の高い運動ほど，環境温度が高いほど大きい。脱水による体重の減少率（脱水率）が2%を超えると持久系パフォーマンスは明らかに低下する。脱水に伴う体液量の低下や体液浸透圧の上昇が心循環器系と体温調節系の機能低下を招くためであり（⇒ 13-5），熱中症の発症要因ともなる。**水分補給**によって脱水とそれに伴う諸症状は軽減するが，**自由飲水**では十分な量が補給されないために効果は限定的となる。計画的飲水（発汗量に見合った水分と塩分を摂取）が効果的であるが（**図13.9**），環境や運動の条件による発汗量の増減に対応しにくく，実際の発汗量が計画

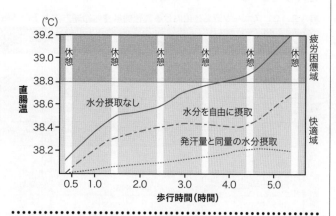

図13.9　運動中の水分摂取と直腸温の変化

暑熱環境下で一定速度で50分歩行，10分休憩を6時間実施。水分摂取なしでは直腸温が39℃以上に上昇し運動継続困難となった。直腸温の上昇は，休憩中に水分を自由に摂取する（発汗量の2/3程度を摂取）と抑えられ，休憩中に発汗量と同量の水分を摂取するとさらに抑えられた。（文献3より引用）

より少ない場合には飲み過ぎとなる危険性がある。経口補水液はスポーツドリンクよりも塩分濃度は高いが（0.3%程度），糖質濃度が低く（2〜2.5%程度），体液よりも浸透圧が低いために小腸での吸収が速く，軽度から中程度の脱水からの速やかな回復に有効である。脱水に関する指標は，以下の式で算出できる。

$$脱水量（kg）＝運動前の体重（kg）－運動後の体重（kg）$$

$$脱水率（\%）＝脱水量（kg）÷運動前の体重（kg）×100$$

$$総発汗量（kg）＝脱水量（kg）＋水分補給量（kg）$$

$$水分補給率（\%）＝水分補給量（kg）÷総発汗量（kg）×100$$

脱水レベルは，脱水率に加えて，体液浸透圧，簡便には尿比重や尿の色で把握できる。運動後の脱水からの回復には，脱水量の1〜1.5倍の水分と十分な量の塩分を摂取する。(KO²)

TIDBIT 13-2

体温の測定

日常的に体温というと**深部体温**を指す。体温の測定によって，発熱，炎症，ストレスなどの状況を客観的に知ることができるため，医療現場のみならず日常生活やスポーツ現場においても，体調管理を目的として体温が測定される。体温には早朝に低く夕方に高い1日周期の体温変動（概日リズム）がある。成人女性では，性周期に伴う約28日周期の体温変動があり，卵胞期に低値，黄体期に高値となる。一般的に体温の測定には腋窩（わきの下）温や舌下温が用いられる。市販のデジタル体温計で簡単に測定できるが，実測法（センサー部位が深部体温とおよそ等しくなった温度を測定）と予測法（測定開始後の温度と温度上昇の程度から深部体温を予測）で異なるため，体温計の特性に合わせて測定する必要がある。外耳道（耳の穴）にセンサーを挿入して鼓膜温を測定するタイプでは，通常，非接触での測定のためセンサーの位置や外気温の影響を受ける。深部体温を正確かつ連続的に測定するために食道温や直腸温が用いられるが，専用のセンサーを鼻孔や肛門から挿入する必要がある。センサー内蔵のカプセルを飲み込んで消化管の温度を深部体温として測定する方法も用いられるが，機器の特性を把握して使用する必要がある。また，皮膚温は環境温の影響や人体と環境との熱のやりとりを反映すること，筋温は筋機能に影響することから，これらも重要な体温の指標として測定される。(KO²)

● 13-10　クーリングの効果

表13.10　スポーツ活動時における実践的な身体冷却方法とその特徴

冷却方法		冷却効率		実用性				簡便性	運動能力	備考
		核心	皮膚	運動前	運動中	休憩時	運動後			
外部冷却	アイスバス	◎	◎	○	–	△	◎	△	○	冷却直後のスプリント運動や筋発揮に負の影響あり
	アイスパック	△	◎	△	△	◎	◎	◎	△	冷却効率はアイスバスの1/10程度
	クーリングベスト	△	◎	◎	◎	◎	◎	○	◎	運動中着用できるが，重量が気になる場合がある
	送風	△	○	◎	◎	◎	◎	○	△	霧吹き・水噴射との組み合わせ可能，屋外でも使用可能
	頭部・頸部冷却	△	◎	◎	◎	◎	◎	◎	◎	運動中使用できるが，核心までは冷えないので熱中症に注意
	手掌冷却	△	○	◎	–	◎	○	◎	○	温熱感覚に好影響，様々なスポーツ競技で実施可能
内部冷却	水分補給	○	△	◎	◎	◎	◎	◎	○	脱水予防やエネルギー補給が可能
	アイススラリー	◎	△	◎	△	◎	◎	◎	◎	電解質・糖質補給と冷却効果を組み合わせることができる

（文献11より引用）

　暑熱環境下での運動時に**身体冷却（クーリング）**を適切に行うと，過度な体温上昇が身体に及ぼす影響が軽減し，持久性パフォーマンスの低下や熱中症の発症・重症化の危険性が軽減する（⇒**図13.0.3**）。身体冷却の効果は，冷却方法，タイミング，冷却時間によって異なるが，現場において実施可能で有効な方法とタイミングを複数組み合わせて実施することが推奨される（**表13.10**）。身体外部から熱を奪う外部冷却では，皮膚温と深部体温の低下が期待できるが，最も効果的な方法は冷水浴（通常，水温20℃程度，10〜30分程度）である。冷水浴による運動前の身体冷却（プレクーリング）によって，運動開始時の深部体温の低下，皮膚温や筋温の低下による貯熱量（身体が熱を蓄える量）の増大によって，運動中の深部体温は低く推移し，心循環器系や体温調節系への負担や主観的運動強度や疲労感が軽減し，運動継続時間が延長する（**図13.10**）。手や足には動静脈吻合（動脈と静脈を結ぶバイパスのような血管）が多くあり，これらの部位を

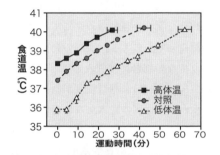

図13.10　暑熱環境下における運動中の食道温に及ぼす運動前の身体冷却や加温の影響
運動前に身体を冷却（低体温：冷水浴）あるいは加温（高体温：温水浴）してから暑熱環境下（気温40℃，相対湿度17％）で最大酸素摂取量の60％強度の運動を疲労困憊まで実施。いずれの条件でも深部体温が約40℃で運動が終了し運動前の深部体温が低いほど運動継続時間が延長した。（文献5より引用）

血管収縮の起こらない温度（15℃程度）で冷却すると深部体温が効果的に低下する。冷たい飲料やアイススラリー（氷と液体が混合したシャーベット状の飲料物）などの摂取によって身体内部から熱を奪う内部冷却では，皮膚温や筋温を低下させずに深部体温を効果的に低下させることが期待できる。（KO[2]）

TIDBIT 13-3

不感蒸泄

　発汗していない場合でも，皮膚表面から皮膚の水分が水蒸気として，また呼吸によって気道の水分が水蒸気として外気に失われている。これらは，汗のように気づくことがなく失われる水分で，**不感蒸泄**という。不感蒸泄量は，健康な成人で1日に約15 mL/kg，体重60 kgの場合では1日に約900 mLで，皮膚から約600 mL，呼気から約300 mLになるが，様々な要因によって大きく変動する。特に，湿度と大気圧が低いほど，つまり乾燥している環境ほど不感蒸泄量は多くなる。また，換気量の増加に伴って呼気からの不感蒸泄量は増加する。特に高地トレーニングの際には，乾燥している環境と安静時や運動時の換気量の増加が相まって，不感蒸泄によって非常に多くの水分が失われる。（KO[2]）

● 13-11　寒冷環境と運動

寒冷環境における運動時には，体温低下による神経伝導速度の低下，筋温の低下による筋血流量や代謝速度の低下（⇒図13.0.1）に加えて，寒冷に対する体温調節機能（⇒13-2）が働き，交感神経活動の上昇と**皮膚血管収縮**による血圧の上昇と寒冷利尿の促進，ふるえ・非ふるえ熱産生によるエネルギー消費の増加，グリコーゲン分解促進と血中乳酸濃度の上昇，ふるえによる運動の制限などが生じ，

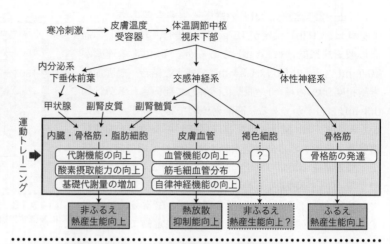

図 13.11　運動トレーニングが各種耐寒反応に及ぼす影響（文献15より引用）

様々な運動のパフォーマンス低下を招く。適度なウォーミングアップ，運動前や運動中の保温やマイルドな加温によって体温と筋温を維持すること，また，適切な水分とエネルギーの補給によってパフォーマンスの低下の軽減が期待できる。寒冷順化すると非ふるえ熱産生による熱産生量が増加する。また，運動トレーニングによって耐寒性が向上するが，寒冷に対する皮膚血管収縮の亢進による熱損失抑制の向上，筋量の増加や様々な臓器での代謝機能の向上などによる基礎代謝量やふるえ・非ふるえ熱産生による熱産生量の増加などが関与する（**図13.11**）。(KO², DI)

● 13-12　ふるえ・非ふるえ熱産生

ふるえ・非ふるえ熱産生は，寒冷に対する体温の調節機構（⇒**13-2**，**13-11**）において熱産生を増加する機構である。**ふるえ熱産生**では，不随意的な骨格筋の収縮（ふるえ）によって熱産生が増加する。寒冷に対して，通常，体幹部から始まりやがて四肢にも起こる。寒冷が厳しいほどふるえは強く広範囲に起こり，基礎代謝の3～5倍ほどの熱産生が可能である。**非ふるえ熱産生**では，ふるえ以外で熱産生が増加する。寒冷に対して，内分泌系を介して肝臓などの臓器で代謝が亢進し，また交感神経系を介して**褐色脂肪組織**（brown adipose tissue：BAT）で熱産生が増加する。BATを構成する褐色脂肪細胞は多量のミトコンドリアを含むため褐色を帯びており，ミトコンドリアの脱共役タンパク質の働きによって熱産生される。BATは，新生児で体温維持に重要な役割を果たしその後ほぼ消失するとされていたが，近年成人にも存在し非ふるえ熱産生に関与することが明らかとなっている。（**図13.12**）。(KO², DI)

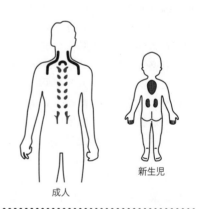

図13.12　ヒトにおける褐色脂肪細胞の分布
新生児では肩甲骨と脊柱の間（肩甲間部），成人では首，鎖骨下，脊柱の周囲などに分布する。
（文献20より引用）

● 13-13　高酸素（高圧・常圧）

　1気圧・酸素濃度20.9％の常圧・常酸素環境では，ヘモグロビン（Hb）濃度が15 g/dLの場合，100 mLの血液の酸素運搬能は約20 mLであるが，Hbによる運搬が19.7 mL（1 gのHbは1.34 mLの酸素と結合，動脈血酸素飽和度98％の場合），血漿に溶解して運搬される分は約0.3 mLとわずかである。高酸素環境では，高圧，常圧にかかわらず，Hb酸素運搬能はほぼ変わらないが，血漿に溶解して運搬される分は酸素分圧に比例して増加し，1気圧・酸素濃度100％の常圧・高酸素では約2.1 mLまで増加する。常圧・高酸素を運動中に吸入すると持久系パフォーマンスが向上するが，高圧室で同程度の酸素分圧に上昇する場合ではパフォーマンスの向上は限定的である（図13.13）。高圧による気道抵抗の上昇や換気効率の低下な

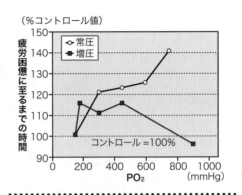

図13.13　酸素分圧（PO₂）がパフォーマンスに及ぼす影響（文献21より引用）

どの影響が推察されている。安静時における高酸素環境について，医療現場では高圧室を用いた高圧酸素療法が，虚血性疾患など酸素運搬の低下している病態の治療や，損傷組織の治癒の促進に用いられている。一方スポーツ現場や一般では，疲労の軽減，ケガからの早期回復などの効果を期待して利用されている。高酸素分圧に長時間さらされると酸素中毒の危険性がある。(KO[2])

● 13-14　低酸素（低圧・常圧）

　低圧・低酸素，常圧・低酸素とも，酸素分圧が等しければ生体への低酸素の影響は同等である。低酸素環境では組織への酸素供給が制限され（⇒図13.0.4），**低酸素誘導性因子αサブユニット（HIF-1α）**の安定化を契機として我々の身体には急性の応答や慢性の変化（**高地順化**）が起こる。急性応答は必要な酸素需要量を確保するための応答で，安静時，最大下運動時とも，換気量の増加，交感神経活動の上昇に伴う心拍数・心収縮力（心拍出量）の増加と血圧の上昇，筋などの末梢血管（肺血管以外）の拡張などが起こる。コルチゾールなどのストレスホルモンやカテコールアミンの血中

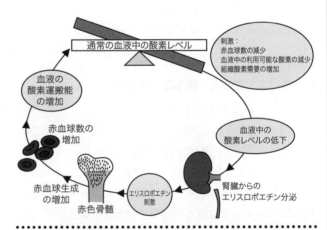

図13.14　低酸素に対するエリスロポエチン分泌と造血のメカニズム（文献26より引用）

濃度，酸化ストレスも増加する。これらの応答は，急性高山病の発症（⇒T13-4）や高地・低酸素トレーニング時の体調不良と密接に関係する。低酸素環境では最大酸素摂取量が低下するが（⇒13-15），短時間の超最大運動のパフォーマンスは低下しないため，超最大運動中の酸素摂取量の低下分が無酸素エネルギー供給系によって補われて酸素借は増大する。低酸素曝露が続くと高地順化が進み，換気量は高い値を維持し，一方，交感神経活動とともに心拍数は徐々に低下する。また，腎臓からエリスロポエチンが分泌されて骨髄での赤血球の生成が増加し，赤血球量，Hb量とともに血液の酸素運搬能が増加する（**図13.14**）。これらの低酸素に対する応答は，HIF-1αの安定化が契機となる。(KO[2])

● 13-15　標高と競技パフォーマンス

　運動時間がおよそ 2 分以上の競技では，標高の上昇に伴いパフォーマンスが低下する（図 13.15.1）。これは，標高の上昇に伴う酸素分圧の低下によって有酸素性能力が低下するためである。最大酸素摂取量は，標高 1,500 m 以上では 1,000 m 上昇するごとに約 10％ずつ減少し，2,000 m では平地の約 95％，3,000 m では約 85％となる（図 13.15.2）。一方，筋力や神経−筋の興奮収縮連関，あるいは短時間の超最大運動のパフォーマンスは低酸素の影響を受けないが，標高の上昇に伴い空気密度とともに空気抵抗が低下するため，短距離や跳躍系の競技ではパフォーマンスが上昇する。また，高地では空気抵抗が低いために，ボールの飛距離（高地ほど飛ぶが揚力は得にくい）や軌跡（高地ほど変化しにくい）も平地と大きく異なる。(KO²)

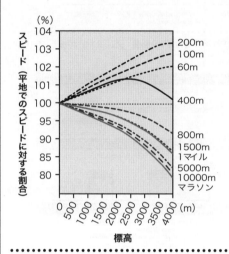

図 13.15.1　陸上競技走種目における標高の上昇に伴うパフォーマンスの変化（男子）
（文献 19 より引用）

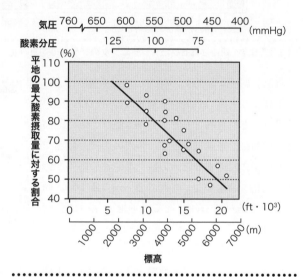

図 13.15.2　標高と最大酸素摂取量
（文献 12 より引用）

TIDBIT 13-4

レイクルイーズ急性高山病スコア

　レイクルイーズ急性高山病スコアは主に登山時の急性高山病（acute mountain sickness：AMS）の判定と重症度の評価に使用する。(KO²)

レイクルイーズ急性高山病（AMS）スコア

	頭痛		胃腸症状		疲労・脱力		めまい・ふらつき
0	まったくない	0	食欲良好	0	まったくない	0	まったくない
1	軽度	1	食欲がない，吐き気がある	1	少し感じる	1	少し感じる
2	中程度	2	かなり吐き気がある，嘔吐	2	かなり感じる	2	かなり感じる
3	激しい頭痛	3	耐えられないほどの吐き気と嘔吐	3	耐えられないほど感じる	3	耐えられないほど感じる

・4 症状のうち頭痛を含み，合計点が 3 点以上を AMS と定義する。
・重症度を次のように提案する。軽症：3 ～ 5 点，中等症：6 ～ 9 点，重症：10 ～ 12 点
・高地到達後，6 時間以降に評価することを推奨する（6 時間以内の症状は長時間の移動による疲労や乗り物による影響，低酸素に対する迷走神経反応などが混在し AMS と混同しやすいため。6 時間にこだわらず使用できるが，その場合，評価のタイミングや条件を明記することが望ましい）。
・AMS と HACE（高地脳浮腫）を混同してはならない〔HACE は高地到達後 24 ～ 72 時間で発症し，AMS や HAPE（高地肺水腫）に合併することが多く，精神状態の変化や運動失調など神経症状を主徴とし，緊急処置を要する〕。
（文献 14 より作成）

● 13-16 高地トレーニング

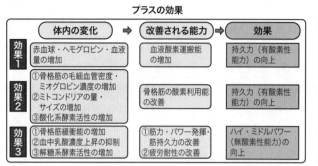

図13.16.1　期待される高地トレーニングのプラスの効果（左）と予想されるマイナスの影響（右）（文献25を元に作成）

　高地トレーニングは，高地での滞在や運動によって平地よりも高い効果や平地では得られない効果を得ることを目的としたトレーニングである。高地での滞在や運動によって，体内の組織や細胞では低酸素に対応するための様々な急性の応答や慢性の変化（高地順化）が起こる（⇒ **13-14**）。同じ運動であっても，高地では平地と比べて負荷レベルが高く，より高いトレーニング効果が期待できる（⇒**図13.0.5**）。これらの効果によって，高地での競技パフォーマンスだけでなく平地での競技パフォーマンスの向上も期待できる（**図13.16.1**）。持久力（有酸素性能力）を必要とする競技において有効とされてきたが，現在ではミドルパワーやハイパワー（無酸素性能力）を必要とする競技においてもパフォーマンスの向上に有効とされている。また，健康な成人において血圧の低下など心血管系危険因子が改善することや，メタボリックシンドローム該当者において耐糖能の改善や体脂肪率の低下など代謝性疾患の危

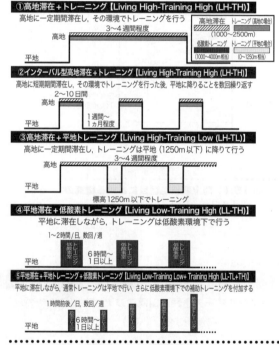

図13.16.2　高地トレーニングの様々な方法
（文献22より引用）

険因子が改善することも報告されている。平地において，酸素濃度を低く設定した部屋（低酸素室）などの人工の高地環境を利用した低酸素トレーニングでも同様の効果が期待できる。高地トレーニングでは，高地での滞在や運動によってパフォーマンスやコンディショニングにマイナスの影響を生じるリスクがある（図13.16.1）。これらのリスクを軽減して期待する効果を得るためには，事前準備と対策，トレーニング内容の工夫やコンディションチェック，高地トレーニング後のリカバリーから競技までの総合的なマネジメントが非常に重要となる。また，適切な高地トレーニングの方法を用いることも重要である。高地トレーニングは，高地での滞在と運動の組み合わせで，5つの方法に分類される（**図13.16.2**）。それぞれの特徴と主に期待される効果とリスクを考慮し，適切な方法での実施を検討する必要がある。(KO²)

● 13-17　運動と紫外線の功罪

日光に含まれる**紫外線**（UV）は，皮膚では日焼け，シミ，しわの原因となり，皮膚がんのリスクを高める（図 13.17）。眼では角膜に急性炎症を生じて，充血，違和感，痛みなどを起こし，進行して雪眼炎（雪目）になると強い痛みを生じて回復に数日を要する。また，慢性的に水晶体のタンパク質に変性を起こし，白内障の早期発症の原因となる。UV による障害は，直射日光だけでなく散乱光や反射光による部分も大きい。高地では標高が 1,000 m 上昇するごとに UV 量が 10 ～ 12％増加する。屋外で

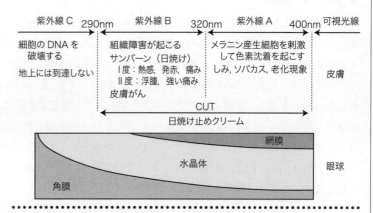

図 13.17　紫外線の波長と皮膚・眼球での吸収部位との関係
紫外線 A は皮膚のメラニン産生細胞に働いて色素沈着を起こす。皮膚は黒くなって内部の組織障害を防ぐ役目をする。紫外線 B は皮膚の細胞まで入り，光化学反応を起こして組織障害を起こす。皮膚は赤くなり，痛みを伴って水疱ができる日焼けを起こす。紫外線 C は細胞の中まで入り DNA に影響する。
（文献 2 より引用）

の運動・スポーツ，特に，長時間に及ぶ競技，登山やスキー，高地トレーニング，水辺の競技などでは，皮膚と眼を守るために日焼け止めの適切な使用と UV カットの眼鏡やサングラスの使用が推奨される。また，UV の強い時間帯を避け，日陰，日傘，帽子，衣服を利用した対策が可能である。UV に当たると皮膚でビタミン D が生成される。ビタミン D は食事で十分な量を摂取することがむずかしいため，UV に当たらない生活を続けているとビタミン D 不足の危険性が高くなる。ビタミン D の生成のために 1 日に必要な UV 曝露時間は，夏の昼間で 3 分程度，冬の昼間で 50 分程度であるが，実際には地域や季節，時刻，天候，服装，皮膚の色など多くの要因で変化する。ビタミン D の生成と日焼け防止を考慮した 1 日に推奨される UV 曝露時間[13]を参考に，UV 曝露を適切に調整するとよい。（KO²）

● 13-18　ダイビング

ダイビングでは，水深 1 m ごとに 0.1 気圧ずつ水圧が加わり，陸上と比較して高圧環境となる。例えば，水深 30 m では 4 気圧となる（図 13.18）。その際，スキンダイビング（素潜り）では，肺内の空気も 4 気圧となり肺の容積は 1/4 に圧縮される。一方，スキューバダイビングでは，周囲の水圧と同等の圧力の空気を呼吸しながら潜るため，肺内の空気も 4 気圧となるが肺の容積は変わらない。スキューバダイビングの際には，**窒素酔い**（窒素中毒）や**潜水病（減圧症）**に注意が必要である。窒素酔いは，高圧のために血液中に多量に溶けた窒素による症状で，窒素の麻酔作用によって酒に酔ったような状態となり注意力や判

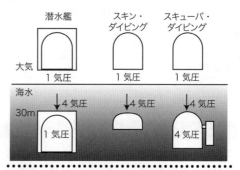

図 13.18　水深と肺容積との関係
（文献 1 より引用）

断力が低下する。水深 30 m を超えると発症の危険性が高まる。潜水病は，急な浮上によって急激に圧力が低下することで，血液中に溶けていた窒素が血管内や組織内で気泡となることで発症する。筋痛，関節痛，頭痛，麻痺，息切れなどの症状を生じ，重症化すると呼吸器障害や平衡感覚の失調，あるいは狭心症や心筋梗塞を起こす。重症の場合には高圧酸素療法が必要となる。（KO²）

● 13-19　潜水

　水中では浮力が働くため，陸上と比べて体重は腰まで浸水で約半分，首までで約10%となり，体重支持，姿勢保持にかかわる関節や筋への負担が軽減する。胸や首まで浸水すると，より深い位置にある下肢により大きな水圧がかかるため，心臓に戻る血液量（**静脈還流量**）が増加し，安静時，運動時とも陸上に比べて1回拍出量が増加して心拍数は低下する（**図13.19.1**）。また，利尿作用が亢進して尿量が増加する。潜水したり顔面を水につけると，副交感神経の反射によって心拍数が低下する（**潜水反射**）。息をこらえる際に息苦しく感じるのは，体内に二酸化炭素がたまる（動脈血二酸化炭素分圧が上昇して呼吸中枢が刺激される）からである。そのため，普通に息こらえ潜水をする場合と比べて，潜水前に過換気をしてから潜水する場合では，潜水時間は延長するが，動脈血酸素分圧はより低値となるため，ブラックアウト（意識喪失）を起こしやすくなる（**図13.19.2**）。(KO^2)

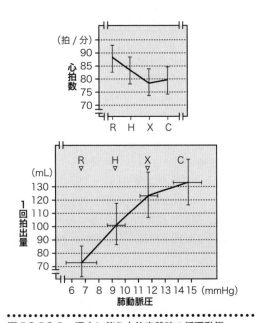

図13.19.1　浸水に伴う立位安静時の循環動態
R：陸上立位，H：腰部位浸水，X：剣状突起部位浸水，C：上顎部位浸水。浸水レベルが上昇すると肺動脈圧（左室充満圧の指標）とともに1回拍出量が増加し，心拍数が低下する。(文献16より引用)

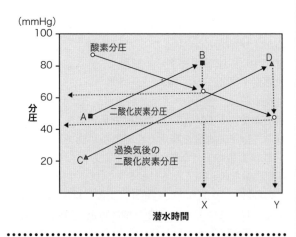

図13.19.2　潜水時の動脈血酸素分圧と二酸化炭素分圧の変化の例
普通に息こらえ潜水：動脈血二酸化炭素分圧はAからBに上昇し，動脈血酸素分圧は90 mmHgから60 mmHgまで低下する。潜水前に過換気によって動脈血二酸化炭素分圧をCに低下させてから潜水：Dになるまでの潜水時間がX秒からY秒まで延長するが，動脈血酸素分圧は40 mmHgまで低下する。
(文献2より引用)

TIDBIT 13-5

精神性発汗

　我々は様々な場面で汗をかくが，それには温熱性発汗と精神性発汗の2種類がある。**温熱性発汗**は，暑い時や運動した時の体温の上昇に対して体温調節のためにかく汗で，手掌や足底を除く全身で持続的に起こる。**精神性発汗**は，緊張や興奮など精神的な要因によってかく汗で，手掌や足底，わきの下などの限られた部位で短時間，瞬時に起こる。緊張汗ともいわれる。汗を分泌する汗腺には，全身に分布するエクリン腺，わきの下などに局在的に分布するアポクリン腺の2種類がある。温熱性発汗による汗は，主にエクリン腺から分泌され，ほとんどは水分である。精神性発汗による汗は，エクリン腺に加えてアポクリン腺から分泌される。アポクリン腺から分泌される汗は，脂質やタンパク質などを多く含んでおりフェロモンの役割を果たしていたとされる。(KO^2)

● 13-20　微小重力

　宇宙ステーションなどの宇宙空間では，微小重力環境に適応するために身体に様々な変化が生じる。最も早く起こるのは，めまいや吐き気など乗り物酔いのような症状の「宇宙酔い」で，滞在の数時間後から数日続き，1 週間程度で回復する。微小重力で平衡感覚が乱れることが関与すると考えられている。また，地球上では重力によって下半身にあった血液が上半身へシフトするため，滞在初期の数日間は顔面や頭部の血管に血液が貯留して顔がむくんだ状態となり，下肢は細く萎んだ状態となる（図13.20）。その後 3 日ほどで体液量が大きく低下し，2 〜 4 週間ほどで徐々に赤血球量も低下して，1 〜 2 ヵ月ほどで定常状態となる。微小重力環境に適応した状態ともいえるが，このような体液変化を主な原因として，心筋の萎縮など心循環器系の機能低下と，最大酸素摂取量の低下を招く。また，地球上へ帰還して重力環境の体液シフトに戻ると，血液量が少ない状態となって起立耐性が著しく低下する。微小重力環境では，自分の体重も物の重さもほとんどなくなり，骨格筋の活動や骨への力学的ストレスが著しく減少するため，骨格筋の萎縮，骨からのカルシウム流出の増加と骨量の減少が生じる。頭を下に

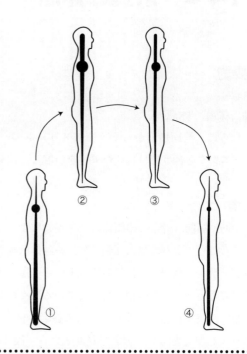

図 13.20　地球上（1G 環境）と微小重力環境における体液分布の変化
①地球上，②微小重力環境への曝露時，③微小重力環境への長期曝露時，④地球上へ帰還時。
（文献 7 より引用）

6° 傾けてベッド上で寝たきり生活（ヘッドダウンベッドレスト）をすると，体液シフトや筋骨格系への影響が微小重力環境と同様となるため，地球上で微小重力環境をシミュレーションする方法として用いられる。宇宙ステーション滞在時やベッドレスト時の心循環器系や筋骨格系の機能低下は，運動トレーニングによって軽減される。(KO²)

TIDBIT 13-6

WBGT

　WBGT（wet bulb globe temperature：**湿球黒球温度**）は，熱中症の危険度を判定する指標で「暑さ指数」あるいは「熱中症指標」ともいわれ，以下のように計算される。
　　　　屋外（日射のある場合）：WBGT = 0.7 × 湿球温度 + 0.2 × 黒球温度 + 0.1× 乾球温度
　　　　屋内（日射のない場合）：WBGT = 0.7 × 湿球温度 + 0.3 × 黒球温度
湿球温度は湿度，黒球温度は輻射，乾球温度は気温を主に反映し，湿球温度と黒球温度には風（気流）が影響するため，WBGT は人体と環境との熱のやりとりに影響する全因子を反映する。汗の蒸発が湿度に左右されるため，湿球温度に大きな重み付けがされている。WBGT 計がない場合には，熱中症予防情報サイト[9]で提供されるWBGT の推定値や予測値によって，日射のない室内であれば気温と湿度による WBGT 簡易推定値[17]によって熱中症の危険度を確認できる。(KO²)

第4部 応 用
第14章 栄養と休息

■ 要約

運動，栄養，休息

　これらは，健康増進からトップアスリートのパフォーマンス向上に至るまで不可欠な3大要素である。トレーニングを行う際は適切な栄養を摂取し，休息をといったように必ずセットで行う必要がある。

栄養素

　体の筋や脂肪，骨などの組織は，栄養素によって構成されている。また，食物からエネルギーや栄養素を摂取することにより，生命活動の維持や身体活動を行うことができる。このような，必要なものを体外から摂取し，消化，吸収さらに代謝するという一連の活動を**栄養**といい，栄養のために外界から取り入れる物質を**栄養素**という。食物の中に含まれている様々な栄養素の中でも，体を動かすエネルギー源となるタンパク質，脂質，炭水化物（糖質）を**三大栄養素**という。この三大栄養素に，微量栄養素とも呼ばれるビタミン，ミネラルを加えたものを**五大栄養素**という（**図14.0.1**）。この五大栄養素は，健康増進やパフォーマンス向上のために不可欠な栄養素である。

運動と栄養

　国際オリンピック委員会（International Olympic Committee：IOC）から2010年に報告されたスポーツ栄養に関する合意声明[6]では，「一般的に入手できる幅広い食物から適切なエネルギーを補給することにより，トレーニングや競技に必要な五大栄養素を十分に摂取することができる。また，正しい食事はアスリートが適切な体重や身体組成を獲得し，それぞれの競技で大きな成功を収めるのに役立つ」と述べられている。このように，アスリートの食事においても，摂取しなければならない栄養素の構成は一般人と大きく変わらず，主食，主菜，副菜，汁物，果物がそろった基本的な食事の形が土台となる（**図14.0.1**）。これらをそろえることで，1日に必要な五大栄養素をバランスよく摂取することが

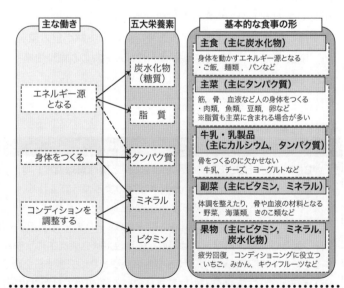

■図14.0.1　五大栄養素とアスリートの基本的な食事の形
基本的な食事の形をそろえることで，1日に必要な五大栄養素をバランスよく摂取することができる。
（文献5より引用）

できる。アスリートの場合では，日常生活で消費される分に加えて，トレーニングで消費するエネルギー量や栄養素量を適切に補うことが，パフォーマンスの向上やコンディションの維持をサポートするうえで重要となる。

休息と回復

栄養と同様に，健康増進やパフォーマンス向上にかかわる重要な要素は休息である。疲労はトレーニングによる運動刺激の強度と運動時間に比例して蓄積するとされている。このような急性的な疲労の蓄積により，一時的にパフォーマンスが抑制される。その後，十分な休息を行うと，疲労が解消されトレーニング適応が起こる。この一連の流れは，多くの場合，**超回復**と呼ばれている。超回復が生じる一方，トレーニングによる運動刺激が十分な頻度で与えられない場合，**ディトレーニング**（脱トレーニング）が生じる（⇒ **14-14**）。このように，継続してきたトレーニングを中止または一時中断することで，そのトレーニング効果が部分的あるいは完全に消失するため，注意が必要である。超回復による適応反応を継続的に起こしていくために，質の良い休息は不可欠である。休息は，積極的休息（低強度の有酸素運動，ストレッチングなど）と消極的休息（冷却療法，マッサージ，神経筋電気刺激，コンプレッションガーメントなど）に分類され（⇒ **14-17**），疲労と回復の状態を確認しながら，個別に休息方法を計画することが望ましい。

睡眠の重要性

回復に役立つ休息は上述の通り数多く挙げられ，その内の1つに睡眠がある（⇒ **14-18**）。実際に，睡眠時間はパフォーマンスを左右するといわれている。短時間の睡眠では，判断能力や動作反応性の低下などがみられる。さらに，数日間続くと筋力の低下，特定の運動強度での心拍数，主観的疲労感の増加やケガの発生率の増加につながる。一方で，睡眠時間の延長（10時間以上/日）では，スプリント走タイムが向上する，バスケットボールのフリースローの成功率が高まるなど，パフォーマンスの向上が認められている。そのため，IOCの提言では，スポーツを行うユース世代（15〜18歳）における最適な睡眠時間は，8.5〜9.5時間としている[1]。加えて，睡眠は，パフォーマンスのみならず，生活習慣病とも大きく関連している。これらのことから，適切な休息を行うために，質と量ともに十分な睡眠時間を確保することが望ましい。(AI)

TIDBIT 14-1

冷却療法

　冷却療法には，氷などで患部を冷却するアイシングをはじめ，冷水浴（cold water immersion：CWI），温冷交代浴（contrast water therapy：CWT）など様々な種類がある。アイシングやCWIなどの冷却曝露は，皮膚，深部および筋の温度を低下させる。体温の低下は血管収縮をもたらし，血管収縮は筋損傷による腫脹や炎症を軽減する。CWTでは，冷水浴と温水浴を交互に実施する。温水は，血管拡張を促すことにより血流を増加させ，代謝産物の除去と筋痙攣や疼痛の軽減を促進する。CWTを実施することにより，血管の収縮と拡張の両方をもたらすことで，血流を変化させ，腫脹，炎症および筋痙攣の軽減が期待できる。これらの冷却療法に加え，近年では，全身を超低温気流で冷却する全身冷却療法（whole body cryotherapy：WBC）も一部で取り入れられている。このWBCは，液体窒素ガスを用いて首下の身体周りを−196〜−130℃程度の超低温状態にする方法である。冷却時間は，2〜3分程度とされることが多い。WBCの効果として，上記の冷却療法と同様の効果に加えて抗酸化・抗炎症作用および免疫機能などの向上が期待できる。(AI)

● 14-1　三大栄養素と運動

　三大栄養素の中で，運動時の主なエネルギー源は**炭水化物**である。炭水化物はヒトが消化・吸収できる**糖質**と消化できない**食物繊維**に大きく分類される。ヒトは，食物繊維を消化することができないため，食物繊維は血糖値を上昇させず，消化・吸収された糖質のみがエネルギー基質として利用される。そのため，糖質は，脳をはじめ様々な組織のエネルギー源となる（1 g あたり 4 kcal）。生体内では，この糖質を多糖類であるグリコーゲンとして主に肝臓や骨格筋などに蓄えることができる。これらは，エネルギー基質として利用されるほか，血糖値の維持などに利用され，生体内では重要な働きを有する。

　脂質は，水に対しては不溶性で，有機溶媒に溶ける物質の総称であり，中性脂肪（トリグリセリド），リン脂質やコレステロールなどがある。脂質は 1 g あたり 9 kcal のエネルギーを供給できることから，効率のよいエネルギー供給源とされている。有酸素エネルギー供給機構では主に脂質からエネルギーを得るため，低強度の運動では必要なエネルギーの大半が脂質となる。一方で，運動強度が高い場合は，糖質が主なエネルギー源となるため，脂質の利用率が低下する（**図 14.1.1**）。

　タンパク質は，アミノ酸が多数，複雑に重合したものである。身体を構成するタンパク質は，生体内で絶えず合成と分解を繰り返している。この合成と分解のバランスがとれていることによって筋の質は保たれるため，トレーニング量に見合ったタンパク質量の摂取は重要である。また，タンパク質は，生体内で糖質や脂質が不足している場合に，エネルギー供給源として利用される（4 kcal/g）。そのため，糖質を十分に摂取せず骨格筋のグリコーゲン貯蔵量が不足した状態で運動を行った場合，運動中の汗中への尿素排泄（タンパク質代謝の主な最終産物）が亢進してしまう（**図 14.1.2**）。目的に応じた体づくりを行うために，十分な栄養補給を行ったうえでトレーニングを実施することが求められる。(AI)

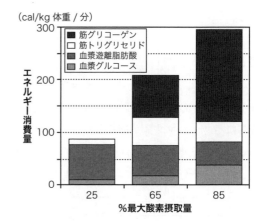

図 14.1.1　異なる運動強度における各種エネルギー基質の利用率の違い
低強度の運動では必要なエネルギーの大半が脂質となり，高強度の運動では糖質が主なエネルギー源となる。
（文献 14 より引用）

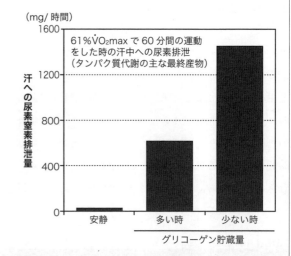

図 14.1.2　骨格筋グリコーゲン貯蔵量と運動時の体タンパク質分解
糖質を十分に摂取せず生体内のグリコーゲン貯蔵量が不足した状態で運動を行った場合，運動時の体タンパク質分解が亢進する。
（文献 10 より引用）

● 14-2　糖の種類

糖質は，単糖あるいはそれを最小構成単位とする重合体である。化学的特徴である重合度によって分類すると，ブドウ糖（グルコース）や果糖（フルクトース）などのこれ以上分解できない糖質の最小単位である**単糖類**（重合度1），スクロー

表14.2　糖質の種類

炭水化物	糖質	単糖類	グルコース，フルクトース，ガラクトースなど
		二糖類	ショ糖，乳糖，麦芽糖など
		少糖類	オリゴ糖など
		多糖類	デンプン，グリコーゲン，デキストリンなど
		糖アルコール	キシリトール，ソルビトール
		その他（人口甘味料）	アスパルテーム，アセスルファムK，ステビアなど
	食物繊維		セルロース，ヘミセルロース，ペクチンなど

ス（ショ糖）などの単糖が2つ結合して構成している**二糖類**（重合度2），**少糖類**（重合度3～9），デンプンやグリコーゲンなどの多数の単糖がグリコシド結合によって連なった**多糖類**（重合度10以上）に分類することができる（**表14.2**）。**グルコース**は，門脈から肝臓に運ばれ，血中では血糖，組織中ではグリコーゲンとして存在する。**グリコーゲン**は，グルコースが鎖状に結合したもので，枝分かれした構造を持ち，主に肝臓や骨格筋に貯蔵されている。しかし，肝臓や組織の細胞ではグリコーゲンとして貯蔵できる量は限られている。余剰のグルコースが生じた場合，**インスリン**（血糖値を下げるために分泌されるホルモン）が多く分泌され，細胞へとグルコースが取り込まれることにより，糖からの脂肪の合成が亢進する。(AI)

● 14-3　運動時の糖質摂取量

運動時，糖質の利用量は増加し，主に**筋グリコーゲン**が利用される。ヒトの骨格筋は，骨格筋100 gあたり約1 gのグリコーゲンを貯蔵することができ，70 kgの成人男性の場合は約400 gの骨格筋グリコーゲンの貯蔵が可能である。運動により，筋グリコーゲン貯蔵量が減少していくと，血糖

表14.3　運動時の糖質摂取のためのガイドライン

運動強度	状況	体重 1kg あたりの糖質摂取目安量
軽度	低強度もしくは技術練習	3～5 g/kg/日
中強度	1日1時間程度の運動	5～7 g/kg/日
高強度	1日1～3時間の中～高強度の運動	6～10 g/kg/日
非常に高強度	1日4～5時間の中～高強度の運動	8～12 g/kg/日

（文献17より引用）

がエネルギー基質として細胞内へ取り込まれるため，血糖値が低下する。低血糖状態では，脱力感，空腹やめまいが生じ，運動パフォーマンスの低下につながる。

また，筋グリコーゲンが減少した状態での運動は，パフォーマンスを低下させるだけでなく，筋損傷などの運動誘発性の炎症を促進させる。そのため，運動により消費された生体内のグリコーゲンを回復させ，運動前に十分量の筋グリコーゲンを貯蔵しておくことは，日々のトレーニングの質やコンディションを維持するために重要である。国際的なスポーツ栄養のガイドラインでは，トレーニング強度に応じて，体重あたり3～12 g/日の糖質を摂取することを推奨している（**表14.3**）。このガイドラインで示されている値は，日常的なトレーニングに対する回復のための一般的な糖質の目安量である。消費に応じて摂取することが重要である一方，糖質の過剰摂取は体脂肪の増加にもつながるため，個人のトレーニングでのエネルギー消費量によって調整することが望ましい。(AI)

● 14-4　脂質の種類

　脂質は，脂肪酸と他の様々な物質とが結合して形成されている。**脂肪酸**は，炭素（C），水素（H），酸素（O）で構成され，炭素原子が鎖状につながった鎖の長さによって，**短鎖脂肪酸**（脂肪酸の炭素数：6以下），**中鎖脂肪酸**（脂肪酸の炭素数：8〜12），**長鎖脂肪酸**（脂肪酸の炭素数：12以上）に分けられる。また，炭素と炭素の結合の違いにより，**飽和脂肪酸**（水素原子によって炭素鎖が飽和されているもの），**一価不飽和脂肪酸**（炭素鎖が1ヵ所飽和されていないもの），**多価不飽和脂肪酸**（炭素鎖が複数ヵ所飽和されていないもの）があり（**図14.4**），生体内での働きも異なる。(AI)

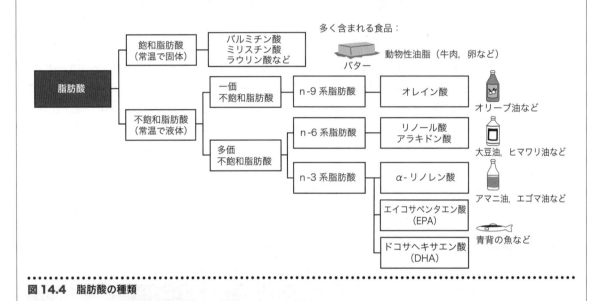

図14.4　脂肪酸の種類

● 14-5　多価不飽和脂肪酸と運動

　多価不飽和脂肪酸は，二重結合の位置によってn-6系多価不飽和脂肪酸（n-6系脂肪酸）やn-3系多価不飽和脂肪酸（n-3系脂肪酸）などに分類される。n-6系脂肪酸とn-3系脂肪酸は，生体内で合成することができず，欠乏すると皮膚炎などを発症する。食品から摂取しなければならないことから，必須脂肪酸と呼ばれる。n-3系脂肪酸とn-6系脂肪酸は，互いの代謝過程において干渉し合うとされ，n-3系脂肪酸から生成されるエイコサノイド(生理活性物質)は，生体内のn-3/n-6比を上昇させることでその生理作用が得られる。

　n-6系脂肪酸に多く含まれるリノール酸は，炎症を惹起するプロスタグランジン（生理活性物質）などを生成し，多量摂取時には運動誘発生喘息のリスクを増加させる。日本人の食事摂取基準2020年版でも，n-6系脂肪酸の目標量（生活習慣病の発症および重症化予防のために日本人が当面の目標とすべき量）の上限を総エネルギー摂取量の10%以下とすることが定められており，過剰な摂取は避けることが望ましい。n-3系脂肪酸は，習慣的な摂取により，糖代謝改善，安静時の脂質代謝亢進，体脂肪量の減少，血管内皮細胞の機能改善など多様な生理作用を介して健康増進またはパフォーマンスの向上効果が期待できる。加えて，n-3系脂肪酸は，抗炎症作用を有し，特に筋損傷を伴う伸張性収縮運動からの回復には有効である可能性が高い。n-3系脂肪酸は，多様な効果が認められている一方で，過剰摂取による前立腺がんの発症や免疫低下などが一部で報告されているため，サプリメントではなくまずは食事から摂取することが望ましい。(AI)

● 14-6　タンパク質とアミノ酸

タンパク質は，主に身体を構成する主要栄養素であり，酵素反応，筋収縮のほか，物質輸送や防御反応などの様々な生体での化学反応などに関与している。タンパク質を構成する最小単位の分子は**アミノ酸**であり，ヒトの身体を構成するアミノ酸は 20 種類ある。このアミノ酸は，種類や組み合わせ，量の違いによって，形状や働きの異なるタンパク質を合成する。これらのアミノ酸は，11 種類の非必須アミノ酸（他のアミノ酸から生体内で合成して不足を補うことができるアミノ酸）と，9 種類の**必須アミノ酸**（生体内で合成できず，食事から摂取することが不可欠なアミノ酸）に分類される（**表 14.6**）。

タンパク質の栄養価は，主にアミノ酸の種類と量（組成）によって決まる。ヒトが必要とするアミノ酸の理想的な比率（アミノ酸評点パターン）とその食品に含まれるアミノ酸との相対値を比較して，食品中のタンパク質の栄養価を必須アミノ酸含量で

表 14.6　必須アミノ酸と非必須アミノ酸

必須アミノ酸	バリン，ロイシン，イソロイシン，トレオニン，リジン，メチオニン，フェニルアラニン，トリプトファン，ヒスチジン
非必須アミノ酸	グリシン，アラニン，セリン，アスパラギン酸，グルタミン酸，アスパラギン，グルタミン，アルギニン，システイン，チロシン，プロリン

（文献 9 をもとに作成）

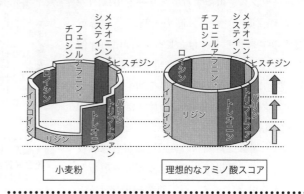

図 14.6　アミノ酸スコアの概要
アミノ酸スコアが 100 に近い食品ほど良質なタンパク質が含まれているとされる。小麦粉や精白米などの穀物類で最も不足する必須アミノ酸はリジンである。
（文献 7 をもとに作成）

示した指標を**アミノ酸スコア**という。アミノ酸スコアが 100 に近い食品ほど良質なタンパク質が含まれているとされる（**図 14.6**）。食品のタンパク質を構成するアミノ酸のうち，アミノ酸評点パターンに満たないものを制限アミノ酸と呼び，これらを補うことでアミノ酸スコアを改善できる。一般的に卵などの動物性タンパク質はアミノ酸スコアが高いものが多く，小麦粉や精白米などの植物性タンパク質のアミノ酸スコアは低い。(AI)

TIDBIT 14-2

プロテインサプリメント

プロテインは，特に筋量の増加を目的としたアスリートに好まれるサプリメントの 1 つである。この**プロテインサプリメント**は粉状にしたものが主流であるが，近年では液体タイプも多く流通している。

牛乳から得られる乳タンパク質（約 80％：カゼイン，約 20％：ホエイ）は，タンパク質の合成を増加させる必須アミノ酸をすべて含んでいる。ホエイタンパク（乳清）を使用したものをホエイプロテインといい，摂取後の消化がよくタンパク質合成を促進する働きを持つ。また，原料として牛乳に含まれるカゼインタンパク質を使用したものをカゼインプロテインという。ホエイプロテインと比較し，体内への消化吸収速度が遅いため，タンパク質を長時間持続的に補うことができるといった特徴がある。原料に大豆タンパク質を使用したソイプロテインには，大豆由来のイソフラボンが含まれている。基本的にプロテインは食事から補うことができないタイミング（例えばトレーニング直後）の補食として利用するのが望ましい。(AI)

● 14-7　タンパク質の必要量

　生体内の筋タンパク質は，トレーニングによっても分解が亢進するため，運動量の多いアスリートでは，質のよいタンパク質を十分に補給する必要がある。アメリカスポーツ医学会が 2000 年に発表した栄養とスポーツパフォーマンスに関する声明では，持久性パフォーマンスを重視するアスリートでは，1.2〜1.4 g/kg 体重/日，筋力・筋パワーを重視するアスリートでは，1.2 〜 1.7 g/kg 体重/日のタンパク質摂取が推奨されている（図14.7）。タンパク質の摂取量を増やすほど筋タンパク質の合成が高まるわけではなく，2.0 g/kg 体重/日を超えるタンパク質を継続して摂取した場合，腎臓への負担増加が懸念される。しかし，減量時などエネルギー摂取量が不足する場合は，タンパク質の摂取量を 2.3〜 3.1 g/kg 体重/日に増やすことが推奨されている。(AI)

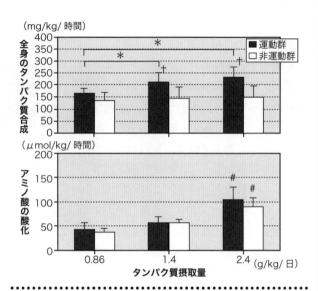

図14.7　トレーニング時のタンパク質摂取量の違いが体タンパク質合成およびアミノ酸の酸化に及ぼす影響
タンパク質の摂取量を増やせば増やすほど筋タンパク質の合成が高まるわけではない。*0.86g/kg/日と比較して有意差あり（p < 0.05），†非運動群と比較して有意差あり（p < 0.05），#他の摂取条件と比較して有意差あり（p < 0.01）。
（文献 16 より一部改変）

● 14-8　分岐鎖アミノ酸

　分岐鎖アミノ酸とは，バリン，ロイシン，イソロイシンの総称である。この 3 つのアミノ酸は，枝分かれするような構造をしているため，分岐鎖アミノ酸（branched chain amino acid：BCAA）と呼ばれている。BCAA は，筋タンパク質の合成を促進し，分解を抑制する作用を有している。

　BCAA の中でも特に**ロイシン**は，筋タンパク質の合成作用が強いことが数多くの研究において報告されている。ロイシンが骨格筋の細胞に働きかけ，タンパク質合成を制御する mTOR シグナル経路を活性化することで筋タンパク質合成速度を調節していると考えられる。実際に，運動後のロイシン高配合必須アミノ酸の摂取は，ホエイプロテインの摂取と同等のタンパク質合成効果が認められている（**図14.8**）。現在のところ，1 回あたりのタンパク質の摂取量が不足する場合（< 20 〜 25 g/回）においてロイシン摂取による

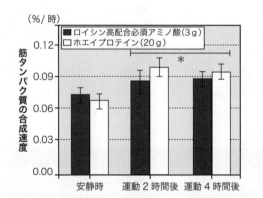

図14.8　レジスタンス運動後のサプリメント（ロイシン高配合必須アミノ酸とプロテイン）摂取による筋タンパク質の合成速度の変化
*安静時と比較して有意差あり（p < 0.05）。
（文献 3 より一部改変）

タンパク質合成効果が得られると考えられる。したがって，ロイシンの配合量を増やしたプロテインやアミノ酸サプリメントを多量に摂取しているアスリートは，注意が必要である。(AI)

● 14-9　ミネラルと運動

　ヒトの身体に必須とされるミネラルは，1 日の摂取量がおよそ 100 mg 以上の主要ミネラル（多量ミネラル）と 100 mg 未満の微量ミネラルに分類することができる（**表 14.9**）。これらの

表 14.9　ミネラルの分類

主要ミネラル（5種）	カルシウム，リン，カリウム，ナトリウム，マグネシウム
微量ミネラル（8種）	鉄，ヨウ素，亜鉛，銅，セレン，マンガン，モリブデン，クロム

ミネラルは，骨の強化（カルシウム），組織への酸素供給（鉄），血液量の維持（ナトリウム），免疫系機能の正常化（亜鉛）など身体の機能を正常に働かせるよう作用する。アスリートにおけるミネラルが大きく関連する疾患として，疲労骨折や鉄欠乏性貧血があげられる。

　体内の**カルシウム**の約 99 %は骨や歯に存在し，骨組織の成長・維持に特に重要な働きがある。骨では，新陳代謝が繰り返されており，古くなった骨は破骨細胞の働きによって吸収され，骨芽細胞の働きによって新しい骨が形成される。ヒトの骨量は，20 代前後で最大値を示すことから，高い骨密度を獲得するためには，幼少期，学童期から継続してカルシウムを不足なく摂取することが重要となる。そのため，定期的に牛乳および乳製品などのカルシウムを多く含む食品の摂取量を評価し，慢性的なカルシウム不足を回避することが望ましい。疲労骨折予防のためのカルシウム摂取量は，1 日あたり 1,500 mg が推奨されている。特に，エネルギー摂取量が不足するアスリートでは，疲労骨折のリスクが高くなるため，十分なカルシウム摂取量を確保することが求められる。

　生体内の鉄の総量は 3 ～ 4 g であり，大部分は酸素運搬を行う赤血球中のヘモグロビン鉄として利用されている。血液中のヘモグロビンやフェリチン（貯蔵鉄）が極端に低い状態を示す内科的疾患として，鉄欠乏性貧血（⇒ **T7-6**）が挙げられる。多くの場合，生体内での鉄欠乏は，ヘモグロビン減少の影響で組織への酸素供給が低下し，持久性パフォーマンスの低下につながる。アスリートの鉄欠乏予防のための鉄の摂取量は，女性 18 mg/日以上，男性 8 mg/日以上とされている。（AI）

TIDBIT 14-3

抗酸化物質

　抗酸化物質とは，活性酸素種や酸化ストレスの発生を抑制する物質のことを指す。よく知られている抗酸化系栄養素として，緑黄色野菜や果物など多くの食品に含まれるβ-カロテン，ビタミン C，ビタミン E およびセレンなどがあげられる。疾病に対する予防および治療効果を有する抗酸化系ファイトケミカル（植物中に存在する化合物）としては，リコピン（トマトやスイカなど），アリシン（ニンニク，ニラなど），クルクミン（ウコンなど），レスベラトロール（ブドウの果皮，ブルーベリーなど）およびケルセチン（玉ねぎ，りんごなど）などがあげられる。その他，生体内で合成される内因性の抗酸化系酵素としてカタラーゼ，スーパーオキシドジスムターゼ（superoxide dismutase：SOD）などがある。これらの抗酸化物質は，アスリートの筋損傷や遅発性筋痛を抑制するために有効である可能性が示されている。一方で，過剰な抗酸化物質の摂取はトレーニングによる適応反応を抑制することが指摘されているため，サプリメントからではなく，日々の食事から抗酸化物質を豊富に含む食品を摂取することが推奨される。（AI）

● 14-10　推定エネルギー必要量

　表 14.10 に，日本人の食事摂取基準（2020 年版）[9] に記載されている一般人の各年代別，身体活動レベル別の推定エネルギー必要量を示した。アスリートでは，その運動内容や時間あるいは競技特性を考慮して 1 日に必要な摂取エネルギーを算出し，これを食事内容に反映させることが望ましい。（AI）

表 14.10　推定エネルギー消費量（kcal/日）

性別	男性			女性		
身体活動レベル	Ⅰ（低い）	Ⅱ（普通）	Ⅲ（高い）	Ⅰ（低い）	Ⅱ（普通）	Ⅲ（高い）
0〜5（月）	－	550	－	－	500	－
6〜8（月）	－	650	－	－	600	－
9〜11（月）	－	700	－	－	650	－
1〜2（歳）	－	950	－	－	900	－
3〜5（歳）	－	1,300	－	－	1,250	－
6〜7（歳）	1,350	1,550	1,750	1,250	1.450	1,650
8〜9（歳）	1,600	1,850	2,100	1,500	1,700	1,900
10〜11（歳）	1,950	2,250	2,500	1,850	2,100	2.350
12〜14（歳）	2,300	2,600	2,900	2,150	2.400	2,700
15〜17（歳）	2,500	2,800	3,150	2,050	2,300	2,550
18〜29（歳）	2,300	2,650	3,050	1,700	2,000	2,300
30〜49（歳）	2,300	2,700	3,050	1,750	2,050	2,350
50〜64（歳）	2,200	2,600	2,950	1,650	1,950	2,250
65〜74（歳）	2,050	2,400	2,750	1,550	1,850	2,100
75 以上（歳）*	1,800	2,100	－	1,400	1,650	－
妊婦（付加量）　　初期				+50	+50	+50
中期				+250	+250	+250
後期				+450	+450	+450
授乳婦（付加量）				+350	+350	+350

*レベルⅡは自立している者，レベルⅠは自宅にいてほとんど外出しない者に相当する。レベルⅠは高齢者施設で自立に近い状態で過ごしている者にも適用できる値である。
（文献 9 より引用）

TIDBIT 14-4

グリセミックインデックスとグリセミックロード

　グリセミックインデックス（glycemic index：**GI**）とは，食品を食べた時に血糖値がどの程度上昇するかを，ブドウ糖による値を基準（100）として相対的な数値で表わしたものである。高 GI の食品は，血糖値を急激に上昇させる作用を持つ。一方，低 GI の食品では，血糖値が緩やかに上昇する。GI が高〜中等度の食品は，筋グリコーゲン合成のための糖質として利用されやすいため，運動後の回復期の糖質源としてこれらの食品を摂取すべきである。その一方で，高 GI の食品では，低 GI の食品と比較し，インスリンが多く分泌され，体脂肪の増加につながりやすいため，必要に応じて使い分けることが望ましい。**グリセミックロード**（glycemic load：**GL**）は，GI と同様に血糖値の上昇度合いを示す指標であるが，血糖値に対する影響を，その食品の 100 g あたりに調整した値を示している。GI は，主にその食品に含まれる糖質の質の違いを反映しているが，実際の食事においては，糖質の摂取量も血糖値やインスリン分泌に影響を与える。そのため，GI だけでなく GL も考慮する必要がある。（AI）

● 14-11　活性酸素と栄養素

激しい運動により生体内で過剰に**活性酸素**が産生された場合，毒性の強いヒドロキシラジカルを発生させ，細胞を傷つけてしまう。一方，**抗酸化物質**は，運動誘発性の活性酸素の増加や細胞内での過酸化脂質の形成を抑制するなど，酸化ストレスに対して好ましい効果をもたらすようである。しかし，抗酸化物質の過剰摂取は，トレーニングに対する適応反応を抑制することも指摘されている。これらのことから，必要量以上の抗酸化ビタミン摂取はエルゴジェニック的な効果は有しないようである。そのため，極端なエネルギー制限やアレルギーなどでビタミンを多く含むフルーツや野

菜の摂取を控えている場合以外は，サプリメントからではなく日々の食事から抗酸化系栄養素〔ビタミン C，E，A（β- カロテン）など〕が豊富に含まれる食品を積極的に摂取することが望ましい（**図 14.11**）。(AI)

図 14.11　抗酸化系栄養素を多く含む食品例
β- カロテンは緑黄色野菜に多く含まれるカロテノイドであり，体内では必要に応じてビタミン A に変換される。（文献 5 より引用）

● 14-12　エネルギー消費量の構成要素

1 日に消費される総エネルギー消費量は，**基礎代謝量**（basal metabolic rate：BMR），**食事誘発性熱産生**（diet induced thermogenesis：DIT），**身体活動量によるエネルギー消費量**（physical activity energy expenditure：PAEE）の 3 つから構成される（**図 14.12**）。

BMR は，体温維持や呼吸など，生命活動のために必要最小限のエネルギーと定義される。BMR は，除脂肪体重も影響するとされ，除脂肪体重の多いアスリートの BMR は高値を示す傾向にある。

食物を食べることによりエネルギー代謝が亢進することを DIT という。日本人では日常の食事内容から，総エネルギー消費量の約 10% と推定されているが，食物中に含まれる三大栄養素の比率によってその値は異なり（タンパク質のみ：20 〜 30%，糖質のみ：5 〜 10%，脂質のみ：3 〜 5%），タンパク質を多く含む食事をとった場合には DIT は高値を示す。

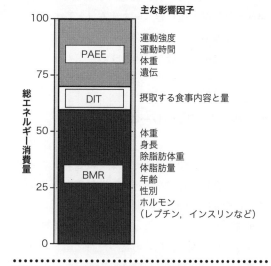

図 14.12　エネルギー消費量の構成要素と主な影響因子
1 日に消費される総エネルギー消費量は，BMR（基礎代謝量），DIT（食事誘発性熱産生），PAEE（身体活動量によるエネルギー消費量）の 3 つから構成される。
（文献 15 より一部改変）

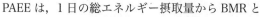

PAEE は，1 日の総エネルギー摂取量から BMR と DIT を差し引いた残りのエネルギー消費量である。運動を行う場合の PAEE は，練習の強度や時間，ポジションなどが大きく影響する。また，運動以外の掃除や買い物などの日常生活活動である非運動性身体活動によるエネルギー消費（non-exercise activity：NEAT）も PAEE に含まれる。(AI)

● 14-13 エネルギーバランス

　エネルギー消費量とエネルギー摂取量の差のことをいい，この変動が内分泌系などを乱し，コンディションに影響を与える場合がある。特に，激しいトレーニングや長期にわたる減量，食欲低下などが原因でエネルギー摂取量の不足が続くと，内科的疾患やケガなど，種々の障害が起こりやすくなる。IOCは，健康，日常生活，成長，運動に必要なエネルギー消費が日常の食事によるエネルギー摂取を上回ることにより，エネルギーが不足するようなエネルギーバランスの破綻を Relative Energy Deficiency in Sports（RED-S）と定義し，免疫，月経，骨，内分泌系，代謝系などに影響することに注意を喚起し，慢性化するとコンディションやパフォーマンスの低下を招く，とした（図14.13）。

　長期的なエネルギーバランスの評価は，体重の変化が良い指標となる。体重は，食事量や飲水量の影響を大きく受けるため，測定時の測定条件を揃え，早朝の排尿後の体重をベースラインとして評価することが推奨される。体重の変化にあわせて日々のエネルギー摂取量を調整する。アスリートでは，体重以外に，筋量や脂肪量など体組成の変化もあわせて評価することが重要である。(AI)

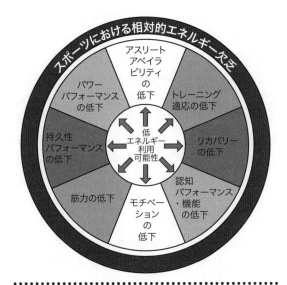

図14.13　RED-S（スポーツにおける相対的エネルギー欠乏）のパフォーマンス概念モデル
慢性的な低エネルギー利用可能性はアスリートのパフォーマンスに対して様々な悪影響を及ぼす。
（文献12より一部改変）

● 14-14 ディトレーニング

　ディトレーニングとは，トレーニングの減少や休止というだけでなく，それまでのトレーニングによって獲得したパフォーマンスの適応の部分的または全体的な損失と定義される。シーズン後の長期オフ，ケガ，病気などの要因によって身体を動かせない期間が長期にわたった時に起こる身体の変化がこれに当たる（図14.14）。

　ディトレーニングによって影響を受ける身体要素として，主に持久力と筋力があげられる。また，年齢はディトレーニングに影響を及ぼすとされ，若年者と比較して高齢者の方がディトレーニングによる筋力の低下は大きい。低下した身体機能の再獲得には，ある程度の期間が必要であるとされており，綿密なトレーニング計画が必要となる。(AI)

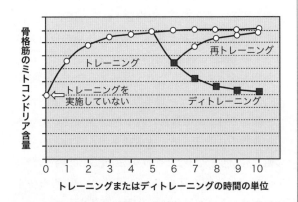

図14.14　骨格筋のミトコンドリア含有量におけるトレーニングおよびディトレーニングの適応
ミトコンドリアは，細胞内に存在する細胞内小器官であり，ATPの生成などの働きを担う。筋のミトコンドリア含有量の増加は，長時間の運動中に，パフォーマンスを改善するための多くの効果をもたらすとされている。
（文献2より一部改変）

● 14-15　ビタミンと運動

　ビタミンは，細胞内で行われる特定の化学反応を円滑に進めるうえで不可欠な有機物であり，水に溶ける**水溶性ビタミン**（9種類）と油脂に溶ける**脂溶性ビタミン**（4種類）に分類される（**表14.15**）。

　運動量の多いアスリートではビタミンの必要量が増加するため食事からの摂取を心がける必要がある。脂溶性ビタミンは肝臓や脂肪組織に蓄積され，体外に排出され難いため，過剰症のリスクが高い。そのため，サプリメント利用による過剰摂取には留意する必要がある。（AI）

表14.15　ビタミンの種類，主な作用，そのビタミンを多く含む食品，主な欠乏症

	ビタミン名 （化学名）	主な作用	多く含む食品	主な欠乏症
水溶性ビタミン	ビタミンB$_1$	糖質代謝の補酵素に変換される	胚芽（米，小麦），ごま，落花生，のり，酵母，レバーなどの臓器，豚肉など	脚気，ウエルニッケ脳症
	ビタミンB$_2$	糖質代謝と脂質代謝の補酵素に変換される	レバー，乳，卵，肉，魚，胚芽，アーモンド，酵母，のり，乾椎茸，果物など	口角炎，舌炎，角膜炎
	ナイアシン	酸化還元反応の補酵素に変換される	かつお節，魚，乾椎茸，レバー，肉，酵母など	ペラグラ（皮膚症状，消化器症状，神経症状）
	ビタミンB$_6$	アミノ酸代謝と脂質代謝の補酵素に変換される	ひらめ，いわしなどの魚，レバー，肉，クルミなど	口唇炎，舌炎
	ビタミンB$_{12}$	アミノ酸代謝と脂質代謝の補酵素に変換される	にしん，さばなどの魚，レバー，肉，かきなど	悪性貧血
	葉酸	アミノ酸代謝と核酸代謝の補酵素に変換される	レバー，そら豆，落花生，さけ，卵など	巨赤芽球性貧血
	パントテン酸	糖質代謝と脂質代謝の補酵素に変換される	レバー，新鮮な緑黄色野菜，豆類など	皮膚炎，成長遅延
	ビオチン	糖質代謝と脂質代謝の補酵素に変換される	レバー，卵黄，えんどう，かき，にしん，ひらめなど	皮膚炎，結膜炎
	ビタミンC	抗酸化作用，鉄の吸収促進，抗凝固因子	新鮮な野菜や果物など	壊血病
脂溶性ビタミン	ビタミンA	明暗順応，成長促進	うなぎ，レバー，卵黄，バターなど，カロテンでの摂取では緑黄色野菜	夜盲症，角膜軟化症
	ビタミンD	骨形成，カルシウムの恒常性の維持	魚，きのこ類，酵母など	くる病テタニー，骨粗鬆症
	ビタミンE	抗酸化作用	小麦胚芽，大豆油，糠油，綿実油など	低血漿ビタミンE症候群
	ビタミンK	止血，血液凝固	カリフラワー，ほうれん草，トマト，イチゴ，納豆，海藻など	新生児出血性疾患

（文献11より一部改変）

TIDBIT 14-5

グリコーゲンローディング

　長時間にわたる持久性競技では，持続的に筋グリコーゲンが消費され，競技の後半ではグリコーゲンの枯渇がパフォーマンス低下を引き起こす。したがって，マラソン，トライアスロンやクロスカントリースキーなどの持久性競技者を中心に，試合の数日前から高糖質を摂取して筋グリコーゲン量を増加させる**グリコーゲンローディング**という食事法が用いられる。この食事法では，競技前の食事の糖質摂取を普段の食事よりも増加させることで，体内のグリコーゲン貯蔵量を約2倍近く増やすことが可能となる。グリコーゲンローディングのための食事方法はいくつかあるが，近年では，試合の36～48時間前に体重1 kgあたり10～12 g／24時間の糖質を摂取することが推奨されている。骨格筋内における1 gのグリコーゲンは3～5 gの水分と結合するため，グリコーゲンローディング後には，体重は1～2%程度増加する場合が多い。よって，体重増加がパフォーマンスに影響する競技などでは，グリコーゲンローディングを実施するかどうかは慎重に判断しなければならない。（AI）

● 14-16　サプリメント

　サプリメントには，現時点で世界共通の定義はないが，2018年に発表されたIOCの合意声明[11]では，アスリートにとってサプリメントは「健康やパフォーマンスのために習慣的に摂取する食品，食品成分，栄養素」と定義されている。アスリートが通常の食事のみで，1日に必要なエネルギーや栄養素を満たすのは現実的ではない。そのため，状況によっては利便性の高いスポーツフーズの利用が必要な場面もある（**表14.6**）。これらに加えて，不足した特定の栄養素を補う目的で摂取するダイエタリーサプリメント（カルシウム，鉄，ビタミンDなど）と，アスリートの持っている競技力をさらに高めることを目的としたパフォーマンスサプリメント（カフェイン，クレアチン，硝酸塩など）の摂取が考えられる。

　アスリートはサプリメントの利用を決定する前に，日常の食事内容など，サプリメントを利用する以外に改善点がないかどうか熟考すべきである。それと同時に，サプリメントの中には副作用も少なく，パフォーマンス向上に関する科学的根拠が得られている成分もあるため，これらを正しく使用するための知識を持つことも大切である。また，サプリメントに対する反応は個人差が大きいことから，重要な大会よりも前の段階で試験的に摂取して効果を確認したうえで，試合で使用するかどうか検討することが望ましい。加えて，そのサプリメントにドーピング禁止物質が混入していたことによる「うっかりドーピング」の危険性が，サプリメント利用により期待される効果を上回る可能性があるならば，サプリメントの利用を中止するなど慎重に判断をしなければならない。（AI）

表14.6　スポーツフーズに当てはまる製品の概要とそれぞれの用途

	内　容	摂取タイミング
スポーツドリンク	水分，炭水化物，ナトリウム，カリウム	・運動中，運動後
エナジードリンク*	カフェイン，炭水化物	・運動前，運動中
スポーツジェル，菓子類	炭水化物	・運動中
電解質サプリメント	水分，ナトリウム	・脱水による急速減量後 ・持久性運動時など多量の発汗がある場合 ・運動後の急速な水分補給が必要な場合
プロテインサプリメント*	動物由来（ホエイ，カゼイン，牛乳，卵）または植物（大豆など）由来のタンパク質	・トレーニングセッション間や運動後 ・成長期 ・多忙なスケジュールや遠征などの移動時
スポーツバー*	炭水化物，タンパク質	・運動中のエネルギー（炭水化物）補給，運動後のリカバリー ・多忙なスケジュールや遠征などの移動時に持ち運べる

*ドーピング禁止物質の混入のリスクのある製品が含まれる可能性がある。（文献11より一部改変）

TIDBIT 14-6

酸化ストレス

　ヒトや動物における生命活動のためのエネルギーの産生は，主に酸化的リン酸化に依存しており，酸素はこのエネルギー産生に重要な役割を果たしている。取り込まれた酸素の一部は，代謝過程において通常よりも活性化された活性酸素となる。また，炎症などが生じた場合も，白血球から多量の活性酸素が産生される。これらの活性酸素は，細菌などの異物の除去に役立つ。その一方で，反応性の高さから周辺の細胞にも傷害を与え，機能障害を引き起こす場合がある。そのため，活性酸素の傷害から身体を防御する抗酸化防御機構が備わっているが，活性酸素の産生が抗酸化防御機構を上回った状態を**酸化ストレス**という。活性酸素の過剰な産生や酸化ストレスの増加は，免疫機能の低下や生活習慣病などとの関与が明らかとなっている。

　酸化ストレスを引き起こすリスク因子としては，紫外線，放射線，大気汚染，たばこ，薬剤などがあげられる。また，高強度運動も活性酸素の産生を促し，酸化ストレスを引き起こす要因となる（AI）

● 14-17　積極的休息と消極的休息

　激しい運動後は，遅発性筋痛（delayed-onset muscle soreness：DOMS），筋損傷や炎症などが生じる場合が多い。そのため，アスリートの回復を促進または強化することを目的とした運動後の休息は，パフォーマンスの低下やオーバートレーニング症候群のリスクを軽減するために非常に役立つとされている。この休息は**積極的休息**（アクティブレスト）と安静に休む**消極的休息**の2つに大きく分類できる。

　積極的休息には，低強度の有酸素運動（ジョギング，サイクリング，水泳など）やストレッチングなどの軽い運動が含まれる。主に，トレーニングや試合の後のクーリングダウンとして用いられることが多い。積極的休息は，血中乳酸濃度のより速い減少につながるとされており，これは筋内の血流速度の増加により，肝臓や筋などで血中乳酸がより速く代謝されるものと考えられている。加えて，筋損傷の回復を促進し，DOMS を予防する効果も期待できる。

　消極的休息には，冷却療法，他動的全身振動（whole body vibration：WBV），マッサージ，神経筋電気刺激（neuromuscular electrical stimulation：NMES），コンプレッションガーメント（コンプレッションウェア）などが含まれる。この消極的休息は，運動後の浮腫の軽減，筋の血流量の増加，筋損傷の軽減などの効果が期待できる。WVB による全身振動は，振動プラットフォーム上に立ち，設置部分を介して身体に入る機械的刺激を得るものであり，末梢循環や筋の血流量を改善することから，DOMS を予防する効果が期待できる。NMES は，経皮的に電流を流し，神経と筋に刺激を与え，筋収縮を起こす。また，コンプレッションガーメントの使用は，身体の特定の領域に段階的に圧力をかけることができる。

　図 14.17 にスポーツ現場で行われる回復方法の具体例を示す。トレーニングや試合の終了後には，スポーツ施設内で場所や機材が必要となる低強度の有酸素運動，冷却療法，WBV やマッサージが推奨される。その後，各自で NMES やコンプレッションガーメントを実施する。積極的休息と消極的休息の有益性を示す科学的根拠はまだ乏しいのが現状であるが，アスリートの回復を促進または強化するためには不可欠なものとされている。スポーツ現場でこれらの休息を実施する際は，各アスリートの疲労と回復の状態を確認しながら，個別に休息計画を立案することが望ましい。(AI)

図 14.17　スポーツ現場で行われる回復方法の具体例
（文献 13 より一部改変）

TIDBIT 14-7

マッサージ

　マッサージは，生理学に基づき，特定の筋をはじめ，身体深くの小さな筋や損傷した筋線維などを直接的または間接的に治療する方法である。スポーツ現場で用いられるスポーツマッサージは，一般に行われるマッサージと同様，軽擦法（なでる），揉捏法（揉み捏ねる），圧迫法（指圧），叩打法（たたく），振戦法（ふるわす）の5つの基本手技が用いられる。マッサージは，皮膚や筋の血流を良好にし，代謝産物を除去し，筋の痙攣と疼痛を軽減することにより疲労からの回復を促す。加えて，筋の興奮作用を高めたり（興奮作用），高まった筋や神経の興奮を抑制して疼痛や緊張を和らげる効果（鎮静作用）が認められる。(AI)

● 14-18 睡眠

　ヒトをはじめとする動物は，1日の中で意識水準の違いにより覚醒と睡眠を繰り返す。このような，1日を単位とする生物生命現象のリズムを**サーカディアンリズム（概日リズム）**という。睡眠を起こすのは中脳網様体の活動低下であり，概日リズムを作り出しているのは視床下部とされている。

　睡眠は，急速眼球運動（rapid eye movement：REM）がみられる**レム（REM）睡眠**と，急速眼球運動がみられない**ノンレム（non-REM）睡眠**の2種類に分けられる。レム睡眠では，脳が活発に働いており，記憶の整理や定着が行われている。ノンレム睡眠では，大脳は休息していると考えられ，脳や身体の疲労回復のために重要であるとされている。

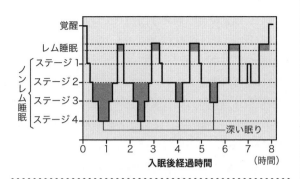

図14.18　レム睡眠とノンレム睡眠
睡眠に入ると最初は深い睡眠が現れ，90〜100分のサイクルでレム睡眠とノンレム睡眠が繰り返される。ノンレム睡眠は，睡眠後期では次第に浅くなり，覚醒へと向かう。
（文献4より一部改変）

　一晩にノンレム睡眠とレム睡眠がセットとなった約90分の周期が，3〜6回程度繰り返される（**図14.18**）。(AI)

● 14-19 概日リズム

　睡眠・覚醒のリズムは，体温などの自律神経，内分泌，免疫や代謝などと同様に，体内時計によって約1日のリズムに調節されており，このような約1日周期のリズムをもつことを**概日リズム**と呼ぶ。ヒトの睡眠や体温のリズム周期は約25時間であるとされているが，地球の1日の周期は24時間であり，体内時計とは約1時間のずれがある。日常生活において，様々な刺激（同調因子）を受けることにより，体内時計が外界の周期に同調して約1時間のずれが修正される。最も強力な同調因子は光であり，食事や運動などの外部環境も同調因子として働く。

　体内時計の周期と地球の24時間の周期との間のずれを修正することができない状態が続くと，望ましい時刻に入眠し，覚醒することができなくなる。また，無理に外界の時刻に合わせて覚醒しても，身体的な不調が生じる場合がある。このように，体内時計の周期を外界の24時間周期に適切に同調させることができないために生じる睡眠の障害を概日リズム睡眠障害といい，高血圧や糖尿病，睡眠障害など多くの疾患との関連が報告されている。睡眠分野における健康づくりのための取り組みとして，2023年に厚生労働省より『健康づくりのための睡眠ガイド2023』[8]が発表された。

　体内時計を調整するためには，日中にできるだけ日光を浴びること，食事面では十分な朝食をとり，就寝直前の夜食を控えることが重要である。さらに，良質な睡眠をとるためには，寝室にはスマートフォンやタブレット端末を持ち込まず，できるだけ暗くして寝ることが効果的であるとされている。また，適度な運動習慣も，良質な睡眠の確保につながる。アルコール（特に深酒や寝酒）やカフェインの夕方以降の摂取は，夜間の睡眠に影響しやすいため，とり方には注意が必要である。

　必要な睡眠時間には個人差があるとともに年代によっても変化するため，個人の特性を踏まえた取り組みを行い概日リズムを整えることにより，日常的に質・量ともに十分な睡眠時間を確保することが望ましい。(AI)

文　　献

第1部
第1章

1) Bal NC, Periasamy M: Uncoupling of sarcoendoplasmic reticulum calcium ATPase pump activity by sarcolipin as the basis for muscle non-shivering thermogenesis. Philos Trans R Soc Lond B Biol Sci, 375: 20190135, 2020. doi: 10.1098/rstb.2019.0135

2) Fry AC: The role of resistance exercise intensity on muscle fibre adaptations. Sports Med, 34: 663-679, 2004. doi: 10.2165/00007256-200434100-00004

3) Hiber K, Galler S, Gohlsch B, et al: Kinetic properties of myosin heavy chain isoforms in single fibers from human skeletal muscle. EBS Lett, 455: 267-270, 1999.

4) 勝田　茂，宮田浩文，麻場一徳 他：ニードルバイオプシー法による各種スポーツ選手の筋線維組成および毛細血管分布について．筑波大学体育科学系紀要，9. 175-180, 1986.

5) Komi PV, Viitasalo JHT, Havu M, et al: Skeletal muscle fibres and muscle enzyme activities in monozygous and dizygous twins of both sexes. Acta Physiol Scand, 100: 385-392, 1977. doi: 10.1111/j.1365-201X.1977.tb00001.x

6) 長澤純一 他：運動生理学の基礎と応用，ナップ，東京，2016.

7) 中里浩一 他：1から学ぶスポーツ生理学，第3版，ナップ，東京，2022.

8) Nicholls DG, Locke RM: Thermogenic mechanisms in brown fat. Physiol Rev, 64: 1-64, 1984. doi: 10.1152/physrev.1984.64.1.1

9) Vidal-Puig A, Solanes G, Grujic D, et al: UCP3: an uncoupling protein homologue expressed preferentially and abundantly in skeletal muscle and brown adipose tissue. Biocheml Biophys Res Commun, 235: 79-82, 1997. doi: 10.1006/bbrc.1997.6740

10) Yang N, MacArthur DG, Gulbin JP, et al: ACTN3 genotype is associated with human elite athletic performance. Am J Hum Genet, 73: 627-631, 2003. doi: 10.1086/377590

第2章

1) Bobbrt MF: Why is the force-velocity relationship in leg press tasks quasi-linear rather than hyperbolic? J Appl Physiol, 112: 1975-1983, 2012. doi: 10.1152/japplphysiol.00787.2011

2) Hill AV: The heat of shortening and the dynamic constants of muscle. Proceedings of the Royal Society of London. Series B, Biological Sciences,126: 612-745,1938.

3) 金子公宥，渕本隆文，出路秀樹 他：人体筋の力・速度・パワー関係に及ぼすトレーニング効果．体力科学，30: 86-93, 1981.

4) Komi PV: Stretch-shortening cycle. In: Strength and Power in Sport, 2nd ed, Komi PV(ed), Blackwell Science, pp.184-202, 2003.

5) 長澤純一 他：運動生理学の基礎と応用，ナップ，東京，2016.

6) 中里浩一 他：1から学ぶスポーツ生理学，第3版，ナップ，東京，2022.

7) Sukop J, Nelson R: Effect of isometric training on the force-time characteristics of muscle contraction. In: Biomechanics IV, Nelson R, Morehouse C(eds), University Park Press, pp.440-447, 1974.

第3章

1) Adams GR, Harrs RT, Woodard D, et al : Mapping of electrical muscle stimulation using MRI. J Appl Physiol, 74: 532-537, 1993.

2) Atherton PJ, Babraj JA, Smith K, et al : Selective activation of AMPK-PGC-1α or PKB-TSC2-mTOR signaling can explain specific adaptive responses to endurance or resistance training-like electrical muscle stimulation. FASEB J, 19: 786-788, 2005.

3) Baechle TR, Earle RW, Wathen D : Resistance training. In: Essentials of Strength Training and Conditioning, 3rd ed, Baechle TR, Earle RW (eds), Human Kinetics, Champaign IL, 2008.

4) Bal NC, Maurya SK, Sopariwala DH, et al: Sarcolipin is a newly identified regulator of muscle-based thermogenesis in mammals. Nat Med, 18: 1575-1579, 2012.

5) Behm DG, Sale DG : Intended rather than actual movement velocity determines velocity-specific training response. J Appl Physiol, 74: 359-368, 1993.

6) Bishop DJ, Bartlett J, Fyfe J, et al : Methodological considerations for concurrent training. In: Concurrent Aerobic and Strength Training – Scientific Basics and Practical Applications, Schumann M, Rønnestad BR (eds). Springer Cham, Switzerland, 183-196, 2019.

7) Bolster DR, Crozier SJ, Kimball SR, et al : AMP-activated protein kinase suppresses protein synthesis in rat skeletal muscle through down-regulated mammalian target of rapamycin (mTOR) signaling. J Biol Chem, 277: 23977-23980, 2002.

8) Bompa T, Buzzichelli C : Periodization Training for Sports, 3rd ed, Human Kinetics, Champaign IL, 2014.

9) Carolan B, Cafarelli E: Adaptations in coactivation after isometric resistance training. J Appl Physiol, 73: 911-917, 1992.

10) Chilibeck PD, Syrotuik DG, Bell GJ : The effect of strength training on estimates of mitochondrial density and

distribution throughout muscle fibres. Eur J Appl Physiol Occup Physiol, 80: 604-609, 1999.

11) Costill DL, Coyle EF, Fink WF, et al : Adaptations in skeletal muscle following strength training. J Appl Physiol Respir Environ Exerc Physiol, 46: 96-99, 1979.

12) Franchi MV, Atherton PJ, Reeves ND, et al : Architectural, functional, and molecular responses to concentric and eccentric loading in human skeletal muscle. Acta Physiol, 210: 642–654, 2014.

13) Fry AC: The role of resistance exercise intensity on muscle fiber adaptations. Sports Med, 34: 663-679, 2004.

14) González-Badillo JJ, Sánchez-Medina L : Movement velocity as a measure of loading intensity in resistance training. Int J Sports Med, 31: 347-352, 2010.

15) Goto K, Ishii N, Sugihara S, et al : Effects of resistance exercise on lipolysis during subsequent submaximal exercise. Med Sci Sports Exerc, 39: 308-315, 2007.

16) Haun CT, Vann CG, Osburn SC, et al : Muscle fiber hypertrophy in response to 6 weeks of high-volume resistance training in trained young men is largely attributed to sarcoplasmic hypertrophy. PLoS One, 14: e0215267, 2019.

17) Hepple RT, Mackinnon SL, Goodman JM, et al : Resistance and aerobic training in older men: effects on VO2peak and the capillary supply to skeletal muscle. J Appl Physiol, 82: 1305-1310, 1997.

18) Jubrias SA, Esselman PC, Price LB: Large energetic adaptations of elderly muscle to resistance and endurance training. J Appl Physiol, 90: 1663-1670, 2001.

19) Kawakami Y, Abe T, Fukunaga T: Muscle-fiber pennation angles are greater in hypertrophied than in normal muscles. J Appl Physiol, 74: 2740-2744, 1993.

20) Kawakami Y, Abe T, Kuno S, et al : Training-induced changes in muscle architecture and specific tension. Eur J Appl Physiol Occup Physiol, 72: 37-43, 1995.

21) Komi PV, Viitasalo JT, Rauramaa R, et al : Effect of isometric strength training of mechanical, electrical, and metabolic aspects of muscle function. Eur J Appl Physiol Occup Physiol, 40: 45-55, 1978.

22) Kraemer RR, Kilgore JL, Kraemer GR, et al : Growth hormone, IGF-I, and testosterone responses to resistive exercise. Med Sci Sports Exerc, 24: 1346-1352, 1992.

23) Kraemer WJ, Aguilera BA, Terada M, et al : Responses of IGF-I to endogenous increases in growth hormone after heavy-resistance exercise. J Appl Physiol, 79: 1310-1315, 1995.

24) Kraemer WJ, Ratamess NA: Hormonal responses and adaptations to resistance exercise and training. Sports Med, 35: 339-361, 2005.

25) Liu Y, Schlumberger A, Wirth K, et al: Different effects on human skeletal myosin heavy chain isoform expression: strength vs combination training. J Appl Physiol, 94: 2282-2288, 2003.

26) Lüthi JM, Howald H, Claassen H, et al: Structural changes in skeletal muscle tissue with heavy-resistance exercise. Int J Sports Med, 7(3): 123-127, 1986.

27) McCall GE, Byrnes WC, Dickinson A, et al: Muscle fiber hypertrophy, hyperplasia, and capillary density in college men after resistance training. J Appl Physiol, 81: 2004-2012, 1996.

28) MacDougall JD, Ward GR, Sale DG, et al: Biochemical adaptation of human skeletal muscle to heavy resistance training and immobilization. J Appl Physiol Respir Environ Exerc Physiol, 43: 700-703, 1977.

29) MacDougall JD, Sale DG, Moroz JR, et al: Mitochondrial volume density in human skeletal muscle following heavy resistance training. Med Science Sports, 11: 164-166, 1979.

30) MacDougall JD, Sale DG, Always SE, et al: Muscle fiber number in biceps brachii in bodybuilders and control subjects. J Appl Physiol, 57: 1399-1403, 1984.

31) Paddon-Jones D, Leveritt M, Lonergan A, et al: Adaptation to chronic eccentric exercise in humans: the influence of contraction velocity. European J Appl Physiol, 85: 466-471, 2001.

32) Pearson SJ, Hussain SR: A review on the mechanisms of blood-flow restriction resistance training-induced muscle hypertrophy. Sports Med, 45: 187-200, 2015.

33) Reeves ND, Maganaris CN, Longo S, et al: Differential adaptations to eccentric versus conventional resistance training in older humans. Experimental Physiology, 94: 825-833, 2009.

34) Rose AJ, Alsted TJ, Jensen TE, et al: A Ca^{2+}–calmodulin–eEF2K–eEF2 signalling cascade, but not AMPK, contributes to the suppression of skeletal muscle protein synthesis during contractions. J Physiol, 587: 1547-1563, 2009.

35) Sale DG: Neural adaptation to resistance training. Med Sci Sports Exerc, 20: S135–S145, 1988.

36) Schiaffino S, Mammucari C: Regulation of skeletal muscle growth by the IGF1-Akt/PKB pathway: insights from genetic models. Skeletal Muscle, 1: 4, 2011.

37) Semmler JG: Motor unit synchronization and neuromuscular performance. Exerc Sport Sci Rev, 30: 8-14, 2002.

38) Serrano N, Colenso-Semple LM, Lazauskus KK, et al : Extraordinary fast-twitch fiber abundance in elite weightlifters. PLoS One, 14: e0207975, 2019.

39) Sheppard JM, Travis Triplett N: Program design for resistance training. In: Essentials of Strength Training and Conditioning, 3rd ed, Baechle TR, Earle RW(eds). Human Kinetics, Champaign, IL, 2008.

40) Shinohara M, Kouzaki M, Yoshihisa T, et al : Efficacy of tourniquet ischemia for strength training with low resistance. Eur J Appl Physiol Occup Physiol, 77: 189-191, 1998.

41) Steele J, Fisher J, McGuff D, et al : Resistance training to momentary muscular failure improves cardiovascular fitness in humans: A review of acute physiological responses and chronic physiological adaptations. Journal of Exercise Physiology Online, 15(3): 53-80, 2012.

42) Takarada Y, Takazawa H, Sato Y, et al : Effects of resistance exercise combined with moderate vascular occlusion

on muscular function in humans. J Appl Physiol, 88: 2097-2106, 2000.

43) Takarada Y, Sato Y, Ishii N: Effects of resistance exercise combined with vascular occlusion on muscle function in athletes. European J Appl Physiol, 86: 308-314, 2002.

44) Tang JE, Hartman JW, Phillips SM: Increased muscle oxidative potential following resistance training induced fibre hypertrophy in young men. Appl Physiol Nutr Metab, 31: 495-501, 2006.

45) Tanimoto M, Ishii N: Effects of low-intensity resistance exercise with slow movement and tonic force generation on muscular function in young men. J Appl Physiol, 100: 1150-1157, 2006.

46) Tesch PA, Larsson L: Muscle hypertrophy in bodybuilders. Eur J Appl Physiol Occup Physiol, 49: 301-306, 1982.

47) Tesch PA, Thorsson A, Kaiser P: Muscle capillary supply and fiber type characteristics in weight and power lifters. J Appl Physiol Respir Environ Exerc Physiol, 56: 35-38, 1984.

48) Tesch PA, Komi PV, Häkkinen K: Enzymatic adaptations consequent to long-term strength training. Int J Sports Med, 8: S66-S69, 1987.

49) Thomson DM, Gordon SE: Diminished overload-induced hypertrophy in aged fast-twitch skeletal muscle is associated with AMPK hyperphosphorylation. J Appl Physiol, 98: 557-564, 2005.

50) Trappe S, Luden N, Minchev K, et al: Skeletal muscle signature of a champion sprint runner. J Appl Physiol, 118: 1460-1466, 2015.

51) Weakley J, Mann B, Banyard H, et al : Velocity-based training: from theory to application. Strength and Conditioning Journal, 43(2): 31-49, 2021.

52) You JS, Lincoln HC, Kim CR, et al : The role of diacylglycerol kinase ζ and phosphatidic acid in the mechanical activation of mammalian target of rapamycin (mTOR) signaling and skeletal muscle hypertrophy. J Biol Chem, 289: 1551-1563, 2014.

第2部
第4章

1) Åstrand PO, et al : Textbook of Work Physiology, 4th ed, Human Kinetics, Champaign, Illinois, p.161, Fig.5-18, 2003.

2) Cantarow A, Schepartz B: Biochemistry, 3rd ed, Saunders, p.349, 1962.

3) Daussin FN, et al : Improvement of V̇O₂max by cardiac output and oxygen extraction adaptation during intermittent versus continuous endurance training, Eur J Appl Physiol, 101: 377-383, 2007.

4) Di Paco A, et al : Ventilatory response to exercise of elite soccer players. Multidiscip Respir Med, 9: 20, 2014. doi: 10.1186/2049-6958-9-20

5) 池上晴夫：現代人の栄養学 18. 運動生理学, 朝倉書店, 東京, p.46, 図28, 1988.

6) 石河利寛：健康・体力のための運動生理学, 杏林書院, 東京, p.59, 図4-9, 2000.

7) 国立健康・栄養研究所：改訂版身体活動のメッツ（METs）表. https://www.nibiohn.go.jp/files/2011mets.pdf（2024年2月7日確認）

8) 長澤純一 他：運動生理学の基礎と応用, ナップ, 東京, 2016.

9) 日本スポーツ協会：スポーツ医・科学研究報告 IX 日本人一流競技選手の最大酸素摂取量並びに最大酸素負債量, 第2報, p.22, 図5-2, 5-4, 1973.

10) Powers SK, Howley ET（内藤久士, 柳谷登志雄, 小林裕幸 他監訳）：パワーズ運動生理学−体力と競技力向上のための理論と応用, メディカル・サイエンス・インターナショナル, 東京, p.255, 表10.2, 2020.

11) 牛木辰男 他：カラー図解 人体の正常構造と機能 I 呼吸器, 日本医事新報社, 東京, p.42, 図69, 2012.

12) Weibel ER : Morphometry of the Human Lung, Springer Verlag and Academic Press, New York, 1963.

13) Wilmore JH, Haskell WL: Body composition and endurance capacity of professional football players. J Appl Physiol, 33: 564-567: 1972.

14) Wilmore JH, Norton AC : The Heart and Lungs at Work. Beckman Instrument Inc, Schiller Park, Illinois, 1974.

15) 山地啓司：最大酸素摂取量の科学, 第2版, 杏林書院, 東京, pp. 77-78, 表5-1, 表5-2, 2001.

第5章

1) Bramwell C, Ellis R: Clinical observations on Olympic athletes. Arbeitsphysiologie, 2: 51-60, 1929. doi.org/10.1007/BF02020126

2) Dyer AR, et al: Heart rate as a prognostic factor for coronary heart disease and mortality: findings in three Chicago epidemiologic studies. J Epidemiol, 112: 736-749, 1980. doi.org/10.1093/oxfordjournals.aje.a113046

3) Faude O, et al: Lactate threshold concepts: how valid are they? Sports Med, 39: 469-490, 2009. doi.org/10.2165/00007256-200939060-00003

4) Holmgren A : Cardiorespiratory determinants of cardiovascular fitness, Can Med Assoc J, 96: 697-705, 1967.

5) 石河利寛：健康・体力のための運動生理学, 杏林書院, 東京, p.90, 2000.

6) Keul J, et al: The athlete's heart - hemodynamics and structure. Int J Sports Med, 3: 33-43, 1982.

7) McArdle WD, et al: Exercise Physiology: Energy, Nutrition, and Human Performance, 5th ed, Lippincott Williams & Wilkins, Philadelphia, Pennsylvania, p.350, Fig.17.3, 2001.

8) 長澤純一 他：運動生理学の基礎と応用, ナップ, 東京, 2016.

9) 中里浩一 他：1から学ぶスポーツ生理学, 第3版, ナップ, 東京, 2022.

10) 大谷　修 他：カラー図解 人体の正常構造と機能 II 循環器, 日本医事新報社, 東京, p.16-17, 図19, p.62, 図70, 2012.

11）Palatini P: Blood pressure behaviour during physical activity, Sports Med, 5: 353-374, 1988.

12）Reeves JT, et al: Cardiac output response to standing and treadmill walking. J Appl Physiol, 16: 283-288, 1961.

13）Wilmore JH, Norton AC: The Heart and Lungs at Work, Beckman Instrument Inc, Schiller Park, Illinois, 1974.

第6章

1）朝比奈一男 監訳（Fox, EL 原著）：選手とコーチのためのスポーツ生理学，大修館書店，東京，p.34, 1982.

2）厚生労働省：日本人の食事摂取基準（2020年版）．https://www.mhlw.go.jp/content/10904750/000586553.pdf（2023年11月13日確認）

3）Newsholme E, et al: Keep On Running, Wiley, England. 1994.

4）Phillips et al: Mixed muscle protein synthesis and breakdown after resistance exercise in humans. Am J Physiol, 273, E99-107, 1997.

第7章

1）Achten J, Jeukendrup AE: Heart rate monitoring : applications and limitations. Sports Med, 33：517-538, 2003.

2）Ainsworth BE, Haskell WL ,Whitt MC, et al : Compendium of physical activities: an update of activity codes and MET intensities. Med Sci Sports Exerc, 32: S498-S504, 2000.

3）Astrand PO, Ryhming I : A nomogram for calculation of aerobic capacity (physical fitness) from pulse rate during sub-maximal work. J Appl Physiol, 7: 218-221, 1954.

4）Borg, G: Borg's Perceived Exertion and Pain Scales. Human Kinetics, Champaign, Illinois, 1998.

5）Carter H, Jones AM, Doust JH : Effect of six weeks of endurance training on the lactate minimum speed. J Sports Sci, 17: 957-967, 1999.

6）Cavanagh PR, Kram R : Mechanical and muscular factors affecting the efficiency of human movement. Med Sci Sports Exerc, 17: 326-331, 1985.

7）Green HJ, Jones LL, Houston ME, et al : Muscle energetics during prolonged cycling after exercise hypervolemia. J Appl Physiol, 66: 622-631, 1989.

8）Green HJ, Sutton JR, Coates G, et al : Response of red cell and plasma volume to prolonged training in humans. J Appl Physiol, 70: 1810-1815, 1991.

9）Hill DW, Rowell AL : Response to exercise at the velocity associated with VO_2max. Med Sci Sports Exerc, 29: 113-116, 1997.

10）Karvonen JJ, Kentala E, Mustala O : The effects of training on heart rate: a "longitudinal" study. Ann Med Exp Biol Fenn, 35: 307-315, 1957.

11）Lakatta EG : Cardiovascular regulatory mechanisms in advanced age. Physiol Rev, 73: 413-467, 1993.

12）Morgan DW, Craib M : Physiological aspects of running economy. Med Sci Sports Exerc, 24: 456-461, 1992.

13）襴屋光男，川原　貴：長距離選手における血液性状の特徴−総ヘモグロビン量と循環血液量からの検討−. 体力科学，46: 870, 1997.

14）Neya M, Kawahara T : Time-dependent Changes in Total Hemoglobin Content and Blood Volume During Prolonged Training And Detraining. Adv Exerc Sports Physiol, 8: 9-15, 2002.

15）小野寺孝一，宮下充正：全身持久性運動における主観的強度と客観的強度の対応性−rating of perceived exertion の観点から−. 体育学研究，21(4): 191-203, 1976.

16）Paavolainen L, Hakkinen K, Hamalainen I, et al : Explosive-strength training improves 5-km running time by improving running economy and muscle power. J Appl Physiol, 86: 1527-33, 1999

17）Saltin B, Strange S : Maximal oxygen uptake: 'old' and 'new' arguments for a cardiovascular limitation. Med Sci Sports Exerc, 24: 30-37, 1992.

18）Skidmore BL, Jones MT, Blegen M, et al: Acute effects of three different circuit weight training protocols on blood lactate, heart rate, and rating of perceived exertion in recreationally active women. J Sports Sci Med, 11: 660-668, 2012.

19）Spina RJ : Cardiovascular adaptations to endurance exercise training in older men and women. Exerc Sport Sci Rev, 27: 317-332, 1999.

20）Spina RJ, Chi MM, Hopkins MG, et al : Mitochondrial enzymes increase in muscle in response to 7-10 days of cycle exercise. J Appl Physiol, 80: 2250-2254, 1996.

21）Spina RJ, Ogawa T, Martin WH, et al : Exercise training prevents decline in stroke volume during exercise in young healthy subjects. J Appl Physiol, 72: 2458-2462, 1992.

22）Whipp BJ, Ward SA, Lamarra N, et al : Parameters of ventilatory and gas exchange dynamics during exercise. J Appl Physiol, 52: 1506-1513, 1982

第3部
第8章

1）Adlard, PA, Perreau VM, Pop V, et al: Voluntary exercise decreases amyloid load in a transgenic model of Alzheimer's disease. J Neurosci, 25: 4217-4221, 2005.

2）Aglioti SM, Cesari P, Romani M, et al: Action anticipation and motor resonance in elite basketball players. Nature Neuroscience, 11: 1109-1116, 2008.

3）荒牧　勇：スポーツの脳構造画像解析．計測と制御，56(8): 563-567, 201.

4）Carro E, Trejo JL, Busiguina S, et al: Circulating insulin-like growth factor I mediates the protective effects of physical exercise against brain insults of different etiology and anatomy. J Neurosci, 21: 5678-5684, 2001.

5) Draganski B, Gaser C, Busch V, et al: Changes in grey matter induced by training. Nature, 427: 311-312, 2004.

6) 遠藤昌吾：神経細胞レベルのシナプス可塑性．In：運動学習の脳・神経科学－その基礎から臨床まで－，大築立志，鈴木三央，柳原　大（編），市村出版，東京，pp.20-39, 2020.

7) Goulding M: Circuits controlling vertebrate locomotion: moving in a new direction. Nature Reviews Neuroscience, 10: 507-518, 2009.

8) Hoshino D, Setogawa S, Kitaoka Y, et al: Exercise-induced expression of monocarboxylate transporter 2 in the cerebellum and its contribution to motor performance. Neuroscience Letters, 633: 1-6, 2016.

9) 猪飼道男：全身反応時間の研究とその応用．Olympia, 7: 210-219, 1961.

10) 掛川　渉，松田信爾，柚崎通介：小脳学習における長期抑圧の（LTD）の役割，Clinical Neuroscience, 37: 919-924, 2019.

11) Kakizawa S, Miyazaki T, Yanagihara D, et al: Maintenance of presynaptic function by AMPA receptor-mediated excitatory postsynaptic activity in adult brain. Proc Natl Acad Sci USA, 102: 19180-19185, 2005.

12) Loram ID, Maganaris CN, Lakie M: Paradoxical muscle movement in human standing. J Physiol, 556: 683-689, 2004.

13) Luo L: Principles of Neurobiology, 2nd ed. CRC Press, 2021.

14) Mason S: Lactate shuttles in neuroenergetics-homeostasis, allostasis and beyond. Frontiers in Neuroscience, 11: 43, 2017.

15) McNaughton S, Timmann D, Watts S, et al: Overarm throwing speed in cerebellar subjects: effect of timing of ball release. Exp Brain Res, 154: 470-478, 2003

16) McVea DA, Taylor AJ, Pearson KG: Long-lasting working memories of obstacles established by foreleg stepping in walking cats require area 5 of the posterior parietal cortex. Journal of Neuroscience, 29: 9396-9404, 2009.

17) 中里浩一 他：1から学ぶスポーツ生理学，第3版，ナップ，東京，2022.

18) Newman LA, Korol DL, Gold, PE: Lactate produced by glycogenolysis in astrocytes regulates memory processing. PLoS ONE, 6: e28427, 2011.

19) 大西徳明：　跳躍反応時間の年齢推移．労働科学，42: 5, 1966.

20) 大築立志：姿勢研究の視点．In：姿勢の脳・神経科学－その基礎から臨床まで－，大築立志，鈴木三央，柳原　大 編，市村出版，東京，pp.1-20, 2011.

21) van Praag H, Christie BR, Sejnowski T, et al: Running enhances neurogenesis, learning, and long-term potentiation in mice. Proc Natl Acad Sci USA, 96: 13427-13431, 1999.

22) White JJ, Silltoe RV: Genetic silencing of olivocerebellar synapses causes dystonia-like behaviour in mice. Nat Commun, 8: 14912, 2017.

23) Yamaura H, Hirai H, Yanagihara D: Postural dysfunction in a transgenic mouse model of spinocerebellar ataxia type 3. Neuroscience, 243: 126-135, 2013.

24) 柳原　大：歩行の学習・適応における小脳機能．In：運動学習の脳・神経科学－その基礎から臨床まで－，大築立志，鈴木三央，柳原　大（編），市村出版，東京，pp.118-127, 2020.

25) 柳原　大：歩行の制御における小脳機能．In：歩行と走行の脳・神経科学－その基礎から臨床まで－，大築立志，鈴木三央，柳原　大（編），市村出版，東京，pp.70-82, 2013.

26) 柳原　大：姿勢と歩行の制御における新たな小脳機能．Clinical Neuroscience, 33: 763-766, 2015.

第9章

1) Bloom SR, et al: Differences in the metabolic and hormonal response to exercise between racing cyclists and untrained individuals. J Physiol, 258：1-18, 1976.

2) Gyntelberg F, et al: Effect of training on the response of plasma glucagon to exercise. J Appl Physiol, 43: 302, 1977.

3) Jurkowski JE, et al.：Ovarian hormonal responses to exercise. J Appl Physiol, 44：109-114, 1978.

4) Kirkeby K, Srömme SB, Bjerhedal I, et al: Effect of prolonged, strenuous exercise on lipids and thyroxine in serum. Acta Med Scand, 202: 463-467, 1977.

5) Kuoppasalmi K, et al: Plasma cortisol, androstenedione, testosterone and luteinizing hormone in running exercise of different intensities. Scand J Clin Lab Invest, 40: 403-409, 1980.

6) Morgan WP, et al: Psychological monitoring of overtraining and staleness. Br J Sports Med, 21: 107, 1987.

7) 村岡　功：運動と内分泌．In: 石河利寛，杉浦正輝（編），運動生理学，建帛社，東京，p.192, 208：1989.

8) Pritzlaff CJ, et al: Impact of acute exercise intensity on pulsatile growth hormone release in men. J Appl Physiol, 87: 498-504, 1999.

第10章

1) Agha-Alinejad H, et al: A guide to different intensities of exercise, vaccination, and sports nutrition in the course of preparing elite athletes for the management of upper respiratory infections during the COVID-19 pandemic: a narrative review. Int J Environ Res Public Health, 19: 1888, 2022.

2) De Moor MH, Spector TD, Cherkas LF, et al: Genome-wide linkage scan for athlete status in 700 British female DZ twin pairs. Twin Res Hum Genet, 10: 812-820, 2007.

3) Hekmatikar AHA, Shamsi MM, Ashkazari ZSZ, et al: Exercise in an overweight patient with covid-19. International Journal of Environmental Research, 18: 5882, 2021.

4) 井澤修平, 城月健太郎, 菅谷　渚 他：唾液を用いたストレス評価−採取及び測定手続きと各唾液中物質の特徴. 日本補完代替医療学会誌, 4：91-101, 2007.

5) Kumagai H, Miyamoto-Mikami E, Hirata K, et al: ESR1 rs2234693 polymorphism is associated with muscle injury and muscle stiffness. Med Sci Sports Exerc, 51: 19-26, 2019.

6) Kunimasa Y, Sano K, Oda T, et al: Muscle-tendon architecture in Kenyans and Japanese: potential role of genetic endowment in the success of elite Kenyan endurance runners. Acta Physiol(Oxf), 235: e13821, 2022.

7) Miyamoto-Mikami E, Kumagai H, Tanisawa K, et al: Female athletes genetically susceptible to fatigue fracture are resistant to muscle injury: potential role of COL1A1 variant. Med Sci Sports Exerc, 53: 1855-1864, 2021.

8) Miyamoto-Mikami E, Zempo H, Fuku N, et al: Heritability estimates of endurance-related phenotypes: a systematic review and meta-analysis. Scand J Med Sci Sports, 28: 834-845, 2018.

9) 宮村実晴：ニュー運動生理学Ⅱ, 真興交易医書出版, 東京, pp.362-408, 2015.

10) Nieman DC：Exercise, upper respiratory tract infection, and immune system. Med Sci Sports Exerc, 26：128-139, 1994.

11) Nobari H, Fashi M, Eskandari A, et al: Potential improvement in rehabilitation quality of 2019 novel coronavirus by isometric training system; is there "muscle-lung cross-talk"？ Int J Environ Res Public Health, 18: 6304, 2021.

12) 酒井　徹, 鈴木克彦 編：改訂 感染と生体防御, 建帛社, 東京, 2018.

13) 鈴木克彦：自然免疫・炎症に及ぼす運動の影響−そのメカニズム. In: 別冊・医学のあゆみ, 健康寿命延伸に寄与する体力医学. 鈴木政登 編, 医歯薬出版, 東京, pp,68-73, 2020.

14) Suzuki K, et al: Characterization and modulation of systemic inflammatory response to exhaustive exercise in relation to oxidative stress. Antioxidants, 9: 401, 2020.

15) Suzuki K, et al: The potential of exerkines in women's COVID-19: a new idea for a better and more accurate understanding of the mechanisms behind physical exercise. Int J Environ Res Public Health, 19, 15645, 2022.

16) Suzuki K, Hayashida H: Effect of exercise intensity on cell-mediated immunity. Sports, 9: 8, 2021.

17) Suzuki K, Nakaji S, Yamada M, et al: Systemic inflammatory response to exhaustive exercise: cytokine kinetics. Exerc Immunol Rev, 8: 6-48, 2002.

18) Suzuki K, Tominaga T, Ruhee RT, et al: Characterization and modulation of systemic inflammatory response to exhaustive exercise in relation to oxidative stress. Antioxidants, 9: 401, 2020.

19) Zempo H, Miyamoto-Mikami E, Kikuchi, N, et al: Heritability estimates of muscle strength-related phenotypes: a systematic review and meta-analysis. Scand J Med Sci Sports, 27: 1537-1546, 2017.

第11章

1) Bizzini M, Dvorak J: FIFA 11+: an effective programme to prevent football injuries in various player groups worldwide—a narrative review, Br J Sports Med, 49: 577-579, 2015.

2) Bosch F (谷川　聡, 大山下圭悟 監訳)：コンテクスチュアルトレーニング−運動学習・運動制御理論に基づくトレーニングとリハビリテーション−, 大修館書店, 東京, pp.127-132, 2020.

3) Brewer C (広瀬統一 監訳)：アスレティック・ムーブメント・スキル：スポーツパフォーマンスのためのトレーニング, ナップ, 東京, pp.52-53, 2018.

4) 出村慎一：健康・スポーツ科学のための動作と体力の測定法, 杏林書院, 東京, p.54, p.206, 2019.

5) Joyce D, Lewindon D (野坂和則, 沼澤英雄 監訳)：ハイパフォーマンスの科学, ナップ, 東京, p.119-127, 2016.

6) 厚生労働省：二十一世紀における第二次国民健康づくり運動 健康日本21 (第二次), 国民の健康の増進の総合的な推進を図るための基本的な方針. https://www.mhlw.go.jp/bunya/kenkou/dl/kenkounippon21_01.pdf (2023年11月20日確認)

7) 長澤純一：体力とはなにか−運動処方のその前に−, ナップ, 東京, p.17, 2007.

8) 長澤吉則, 出村慎一, 山次俊介 他：中・高年者における筋力発揮調整能と体力との関係及び性差. 体力科学, 50: 425-435, 2001.

9) Neto M, Silva M, Araujo A et al: Effects of the FIFA 11 training program on injury prevention and performance in football players: a systematic review with meta-analysis. Physical Therapy in Sport, 18: e9, 2016.

10) 日本サッカー協会：11+ 日本語版. https：//www.jfa.jp/medical/11plus.html (2023年11月17日確認)

11) 日本SAQ協会 監, ベースボール・マガジン社 編：SAQトレーニング−子どもからトップアスリートまであらゆるスポーツ競技者の能力を伸ばす−, 最新版, ベースボール・マガジン社, 東京, p7, 2015.

12) 日本整形外科学会身体障害委員会, 日本リハビリテーション医学会評価基準委員会：関節可動域表示ならびに測定法. リハビリテーション医学, 11(2): 127-132, 1995.

13) 大築立志：運動制御能力テストの現状と今後の展望. 体育の科学, 66; 595-601, 2016.

14) 大築立志：巧みな動作の神経機構. In:入門運動神経生理学−ヒトの運動の巧みさを探る, 矢部京之助, 大築立志, 笠井達哉 編, 市村出版, 東京, pp.30-38, 2003.

15) Powers SK, Howle ET (内藤久士, 柳谷登志雄, 小林裕幸 他監訳)：パワーズ運動生理学−体力と競技力向上のための理論と応用−, メディカル・サイエンス・インターナショナル, 東京, pp.162-164, 2020.

16) Rubini EC, Costa ALL, Gomes PSC: The effects of stretching on strength oerformance. Sports Med, 37: 213-224, 2007.

17) Walankar P, Shetty J: Speed, agility and quickness training: a review. International Journal of Physical Education, Sports and Health, 7(6): 157-159, 2020.

18) Young WB, James R, Montgomery I: Is muscle power related to running speed with changed of direction? J Sports Med Phys Fitness, 42: 282-288, 2002.

第 4 部
第 12 章
1) Donnelly JE, Blair SN, Jakicic JM, et al: American College of Sports Medicine Position Stand. Appropriate physical activity intervention strategies for weight loss and prevention of weight regain for adults. Med Sci Sports Exerc, 41: 459-471, 2009.
2) Gary Liguori, American College of Sports Medicine: ACSM's Guidelines for exercise testing and prescription, 11th ed. Wolters Kluwer Health, 2021.
3) Inoue M, Iso H, Yamamoto S, et al: Daily total physical activity level and premature death in men and women: results from a largescale population-based cohort study in Japan (JPHC study). Ann Epidemiol, 18：522-530, 2008. DOI: 10.1016/j.annepidem.2008.03.008（2024 年 1 月 11 日確認）
4) 健康・体力づくり事業財団：健康運動指導士養成テキスト，健康・体力づくり事業財団，東京，pp.569-578, 2019.
5) 国立がん研究センター：科学的根拠に基づくがん予防. https://ganjoho.jp/public/qa_links/brochure/pdf/301.pdf
6) 厚生労働省：第 8 章　健康で安全な生活の確保. 第 2 部　現下の政策課題への対応. In：平成 29 年度版厚生労働白書−社会保障と経済成長−, p.366, 2017.
7) 厚生労働省：健康日本 21（第 3 次）の推進に関する参考資料, 2023. https://www.mhlw.go.jp/www1/topics/kenko21_11/pdff.html
8) 厚生労働省：健康づくりのための身体活動基準 2023. https://www.mhlw.go.jp/content/ 10904750/001171393.pdf（2024 年 1 月 11 日確認）
9) 厚生労働省：日本人の食事摂取基準（2020 年版），2020. https://www.mhlw.go.jp/content/10904750/ 000586553.pdf（2024 年 1 月 31 日確認）
10) Lee DH, Rezende LFM, Joh HK, et al: Long-term leisure-time physical activity iIntensity and all-cause and cause-specific mortality: a prospective cohort of US adults. Circulation, 146: 523-534, 2022. doi: 10.1161/CIRCULATIONAHA.121.058162（2024 年 1 月 11 日確認）
11) メタボリックシンドローム診断基準検討委員会：メタボリックシンドロームの定義と診断基準. 日本内科学会雑誌, 94：794-809, 2005
12) Morris JN, Heady JA, Raffle PA, et al: Coronary heart-disease and physical activity of work. Lancet, 262: 1053-1057, 1953. doi: 10.1016/s0140-6736(53)90665-5（2024 年 1 月 11 日確認）
13) 日本肥満学会：第 1 章　肥満症治療と日本肥満学会が目指すもの. In：肥満症診療ガイドライン 2022, pp.2-7, 2022.
14) 日本医師会：医の倫理の基礎知識 2018 年版. 医師と患者, B-2. インフォームド・コンセントの誕生と成長. https://www.med.or.jp/dl-med/doctor/member/kiso/inorinri_kiso2018.pdf（2023 年 11 月 20 日確認）
15) 日本糖尿病学会：糖尿病治療ガイド 2022-2023. 文光堂，東京，2022.
16) 日本運動疫学会，医薬基盤・健康・栄養研究所，東京医科大学：WHO 身体活動・座位行動ガイドライン（日本語版）. http://jaee.umin.jp/doc/WHO2020JPN.pdf（2023 年 11 月 20 日確認）
17) Pescatello LS, Kulikowich JM: The aftereffects of dynamic exercise on ambulatory blood pressure. Med Sci Sports Exerc, 33: 1855-1861, 2001.
18) Wei M et al：Relationship between low cardiorespiratory fitness and mortality in normal-weight, overweight, and obese men. JAMA, 282(16)：1547-1553, 1999.
19) Zhao M, et al：Recommended physical activity and all cause and cause specific mortality in US adults-prospective cohort study.BMJ, PMID：32611588, 2020.

第 13 章
1) 朝山正己，山崎文夫 編：運動と環境. In：イラスト 運動・スポーツ生理学，東京教学社，東京，p.97, 2020.
2) 藤本繁夫：特殊環境下でのスポーツ障害とその予防. In：新スポーツ医学，藤本繁夫，大久保衞 編，嵯峨野書院，京都，pp.57-60, 2020.
3) 古川　覚：栄養・休養と運動. In：運動生理学の基礎と応用−健康科学へのアプローチ，長澤純一，杉浦雄策，古川 覚 編，ナップ，東京，p.162, 2016.
4) 長谷川博：身体冷却. In：スポーツ現場における暑さ対策−スポーツの安全とパフォーマンス向上のために，長谷川博，中村大輔 編，ナップ，東京，p.93, 2021.
5) 長谷川博：スポーツ現場における暑さ対策の重要性. In：スポーツ現場における暑さ対策−スポーツの安全とパフォーマンス向上のために，長谷川博，中村大輔（編），ナップ，東京，p.58, 2021.
6) 長谷川博：スポーツ活動時の体温調節. In：スポーツ現場における暑さ対策−スポーツの安全とパフォーマンス向上のために，長谷川博・中村大輔 編，ナップ，東京，p.5-6, 2021.
7) 岩瀬　敏：運動と体液 4. 微小重力. In：ニュー運動生理学 II，宮村実晴 編，真興交易，東京，p.255, 2015.
8) 環境省：熱中症環境保健マニュアル 2022，環境省環境保健部安全課，p.5, 2022. https://www.wbgt.env.go.jp/heatillness_manual.php（2023 年 11 月 27 日確認）
9) 環境省：熱中症予防情報サイト. http://www.wbgt.env.go.jp（2024 年 2 月 15 日確認）
10) 彼末一之：体温調節システム. In：体温 II−体温調節システムとその適応，井上芳光，近藤徳彦 編，ナップ，東京，p.15, 2010.
11) 川原　貴，伊藤静夫，井上芳光 他：スポーツ活動中の熱中症予防ガイドブック，日本スポーツ協会，東京，p.15-17, p.25, 2019.
12) Kenney WL, Wilmore JH, Costill DL: Exercise at altitude. In: Physiology of Sports and Exercise, eighth edition, Human Kinetics, Champaign, IL, p.340, 2020.
13) 国立環境研究所 地球環境研究センター：ビタミン D 生成・紅斑紫外線量情報. https://db.cger.nies.go.jp/dataset/uv_

vitaminD/ja/index.html（2023 年 11 月 28 日確認）

14) 高山病と関連疾患の診療ガイドライン作成委員会 訳：レイクルイーズ AMS スコア 2018 年改訂版．日本登山医学会　ホームページ　http://www.jsmmed.org/info/pgams.html

15) 前田享史：運動トレーニングと寒冷順化．In：体温 II –体温調節システムとその適応, 井上芳光, 近藤徳彦 編, ナップ, 東京, p.204, 2010.

16) 水野　康：環境と運動トレーニング．In：運動生理学概論, 第 2 版, 浅野勝己 編, 杏林書院, 東京, p.153, p.164, 2013.

17) 日本生気象学会：日常生活における熱中症予防指針，第 4 版, p.15, 2022. https://seikishou.jp/cms/wp-content/uploads/20220523-v4.pdf（2023 年 11 月 27 日確認）

18) 岡﨑和伸：暑さ対策としての水分補給．臨床スポーツ医学, 35, ：677-678, 2018.

19) 岡﨑和伸：高地トレーニングとは．In：選手・指導者のための高地トレーニング利用の手引き, 第 2 版, 杉田正明, 内丸　仁, 岡﨑和伸 他監, 岐阜県, p.3, 2020.

20) 大河原一憲：身体組成・体格．In：栄養科学イラストレイテッド 運動生理学, 麻見直美, 川中健太郎 編, 羊土社, 東京, p.103, 2021.

21) Powers SK, Howley ET 著（内藤久士, 柳谷登志雄, 小林裕幸 監訳）：エルゴジェニックエイド．In：パワーズ運動生理学–体力と競技力向上のための理論と応用, メディカル・サイエンス・インターナショナル, 東京, p.614, 2020.

22) 杉田正明：高地・低酸素トレーニングの実際．In：選手・指導者のための高地トレーニング利用の手引き, 第 2 版, 岐阜県, p.31, 2020.

23) 杉田正明：真夏の高所とパフォーマンスの関係－暑さに打ち勝つには．In：なるほど最新スポーツ科学入門, 伊東浩司, 吉田孝久, 青木和浩 編, 化学同人, 京都, pp.154-155, 2020.

24) 時澤　健：環境（外界）で変化する体温調節機能．In：体温の「なぜ？」がわかる生理学－からだで感じる・考える・理解する, 永島　計 編, 杏林書院, 東京, p.124, 2018.

25) 内丸　仁：高地トレーニングの効果・効能．In：選手・指導者のための高地トレーニング利用の手引き, 第 2 版, 岐阜県, pp.7-8, 2020.

26) Wilber RL（川原　貴, 鈴木康弘 監訳）：生理学的観点からみた高地トレーニングの利点．In：高地トレーニングと競技パフォーマンス, 講談社, 東京, 2008.

第 14 章

1) Bergeron MF, Mountjoy M, Armstrong N, et al: International Olympic Committee consensus statement on youth athletic development. Br J Sports Med, 49: 843-851, 2015.

2) Booth FW: Effects of endurance exercise on cytochrome c turnover in skeletal muscle. Ann N Y Acad Sci, 301：431-439, 1977. doi: 10.1111/j.1749-6632.1977.tb38219.x

3) Bukhari SS, Phillips BE, Wilkinson DJ: Intake of low-dose leucine-rich essential amino acids stimulates muscle anabolism equivalently to bolus whey protein in older women at rest and after exercise. Am J Physiol Endocrinol Metab, 308: 1056-1065, 2015.

4) 大地陸男：生理学テキスト，第 8 版, 文光堂, 東京, 2017.

5) 石橋　彩：17. 栄養．In：スポーツ現場での暑さ対策, 長谷川博, 中村大輔 編, ナップ, 東京, 2021.

6) IOC consensus statement on sports nutrition 2010. J Sports Sci, 29：S3-4, 2010. doi:10.1080/02640414.2011.619349

7) Joint WHO/FAO/UNU Expert Consultation: Protein and amino acid requirements in human nutrition. World Health Organ Tech Rep Ser, 935: 1-265, back cover, 2007.

8) 厚生労働省：健康づくりのための睡眠ガイド 2023．https://www.mhlw.go.jp/content/10904750/001181265.pdf（2024 年 2 月 16 日確認）

9) 厚生労働省：日本人の食事摂取基準（2020 年版）．https://www.mhlw.go.jp/content/10904750/000586553.pdf（2023 年 11 月 28 日確認）

10) Lemon PW, Mulin JP: Effect of initial muscle glycogen levels on protein catablism during exercise. J Appl Physiol Respir Environ Exerc Physiol, 48: 624-629, 1980. doi: 10.1152/jappl.1980.48.4.624

11) Maughan RJ, Burke LM, Dvorak J, et al: IOC consensus statement：dietary supplements and the high-performance athlete. Int J Sport Nutr Exerc Metab, 28: 104-125, 2018. doi: 10.1123/ijsnem.2018-0020

12) Mountjoy M, Ackerman K, Bailey D, et al: 2023 International Olympic Committee's (IOC) consensus statement on relative energy deficiency in sport (REDs). Br J Sports Med, 57: 1073-1097, 2023.

13) Rey E, Padrón-Cabo A, Barcala-Furelos R, et al: Practical active and passive recovery strategies for soccer players. Strength & Conditioning Journal, 40(3): 45-57, 2018. doi:10.1519/SSC.0000000000000247

14) Romijn JA, Coyle EF, Sidossis LS, et al: Regulation of endogenous fat and carbohydrate metabolism in relation to exercise intensity and duration. Am J Physiol, 265: 380-391, 1993. doi: 10.1152/ajpendo.1993.265.3.E380

15) Swinburn BA, Ravussin E: Energy and macronutrient metabolism. Baillieres Clin Endocrinol Metab, 8: 527-548, 1994. doi: 10.1016/s0950-351x(05)80285-x

16) Tarnopolsky MA, et al: Evaluation of protein requirements for trained strength athletes. J Appl Physiol, 73: 1986-1995, 1992.

17) Thomas DT, Erdman KA, Burke LM: American College of Sports Medicine joint position statement. nutrition and athletic performance. Med Sci Sports Exerc, 48: 543-568, 2016.

索　引

■編者略歴

長澤 純一（NAGASAWA Junichi）

日本大学文理学部体育学科 教授（運動生理学，体力学，環境生理学）

1962 年生まれ。早稲田大学教育学部体育学専修卒業，順天堂大学大学院修了（体力学専攻）後，中京大学大学院体育学研究科博士後期課程（体育学専攻）において石河利寛教授に師事し，単位取得退学。学術博士。早稲田大学人間科学部助手，日本社会事業大学講師，電気通信大学大学院情報理工学研究科准教授を経て現職。現在，生理学，運動生理学および身体科学などの科目を担当。これまでに大学院の分子細胞生物学基礎といった講義のほか，バドミントン，トレーニング，ハンドボール，フライングディスクなどの実技種目を担当。研究テーマは，酸化ストレス，心拍変動など。主な著書に，「大学生のための最新健康スポーツ科学」（八千代出版：編著），「フライングディスク競技指導者テキスト」（日本フライングディスク協会：共著），「運動生理学の基礎と応用」（ナップ：編著），「からだづくりのための栄養と運動」（ナップ：共著），「メタボリック・カリキュレーション・ハンドブック」（ナップ：翻訳），「体力とはなにか」（ナップ：編著），「運動生理生化学辞典」（大修館書店：編著）など。

運動生理学ミニペディア

2024 年 4 月 6 日　第 1 版　第 1 刷

編　者	長澤　純一	
発行者	腰塚　雄壽	
発行所	有限会社ナップ	

〒 111-0056　東京都台東区小島 1-7-13 NK ビル
TEL 03-5820-7522／FAX 03-5820-7523
ホームページ　http://www.nap-ltd.co.jp/
印　刷　三報社印刷株式会社